AF535997

Buddha Shakyamuni

Guru Rinpoche

Zintri

Die Worte meines vollendeten Lehrers

Begleitband

Zintri

Die Worte meines vollendeten Lehrers

BEGLEITBAND

NGAWANG PALZANG

Arbor Verlag
Freiburg im Breisgau

Originaltitel:
Notes de Mémoire sur le Chemin de la Grande Perfection
Aus dem Französischen von Padmakara-Übersetzungen (Sabine von Minden).

1. Auflage 2017

Umschlagabbildung: © Foto Matthieu Ricard
Lektorat: Lothar Scholl-Röse
Druck und Bindung: Kösel, Krugzell
Hergestellt von mediengenossen.de

Dieses Buch wurde auf 100% Altpapier gedruckt und ist alterungsbeständig.
Weitere Informationen über unser Umweltengagement finden Sie unter
www.arbor-verlag.de /umwelt

www.arbor-verlag.de

ISBN 978-3-86781-165-1

Inhalt

Dritter Teil

Der direkte Pfad der Bewusstseinsübertragung

Liste der Abbildungen

Vimalamitra

Vorwort

VON ALAK ZENKAR THUBTEN NYIMA RINPOCHE

Khenchen Ngagi Wangpo wurde in Thromtha, einer Region von Kham, als Reinkarnation des allwissenden Longchen Rabjam geboren. Er erhielt vom großen Khenpo Lungtok, Herzenssohn von Dzogchen Palge Tulku, mehrmals die Übermittlung von *Die Worte meines vollendeten Lehrers*, eine Anleitung für die vorbereitenden Übungen der *Herzessenz der weiten Dimension* des Dzogchen. Bei verschiedenen Gelegenheiten machte er auch Notizen zu den auf Patrul Rinpoche zurückgehenden mündlichen Unterweisungen von Khenpo Lungtok und zu den sich „nach der Erfahrung richtenden Unterweisungen" seines eigenen Meisters. Das Ganze wurde von seinen Schülern zusammengetragen und ist unbearbeitet und unkorrigiert in Khenpo Ngagas gesammelten Werken enthalten.

Tsetrul Pema Wangyal Rinpoche hatte eine Reihe von Übersetzern aus verschiedenen Ländern zu einer englischen Übersetzung dieser Notizen auf Basis sowohl indischer wie tibetischer Ausgaben inspiriert. Ich möchte allen dafür meine große, von Herzen kommende Dankbarkeit ausdrücken.

Mein Wunsch ist, dieses Buch möge dazu dienen, die Samen der Befreiung im Geist einer großen Zahl von Lesern zu säen, den Keim von Bodhichitta in ihnen zum Wachsen zu bringen, und so ihr eigenes Wohl sowie das der anderen zu bewirken.

Einführung der Übersetzer

Seit der Veröffentlichung Mitte des 19. Jh. ist Patrul Rinpoches *Kunzang Lama'i Shelung* – deutschen Lesern als *Die Worte meines vollendeten Lehrers* bekannt – als unentbehrliche Anleitung zu den vorbereitenden Übungen (*Ngöndro*) betrachtet worden. Und zwar nicht nur für die Anhänger der Longchen-Nyingtik-Tradition der Nyingma-Schule des tibetischen Buddhismus, für die der Text ursprünglich verfasst worden war, sondern auch für all jene, die ernsthaft die buddhistischen Lehren praktizieren möchten. Patrul Rinpoches Text nimmt mit seinem direkten, oft humorvollen Stil und seinem Schatz an Anekdoten einen besonderen Platz in der kommentierenden tibetischen Literatur ein. Er versteht es, die Lehren für Anfänger unmittelbar zugänglich zu machen, und weist gleichzeitig erfahrene Praktizierende auf Hindernisse hin, die leicht zu einem Scheitern führen können.

Patrul Rinpoche hat mit seinem *Kunzang Lama'i Shelung* niedergeschrieben, was bis dahin lediglich in Form mündlicher Unterweisungen von Meister zu Schüler weitergegeben worden war, was jedoch nicht bedeutete, dass diese Tradition mit der Veröffentlichung seines Buches zu Ende ging. Auch für Schüler, die nun die Chance des Zugangs zu den Lehren in gedruckter Form hatten, blieb es immer noch genauso wichtig, direkte Übermittlung und Unterweisungen von ihren Lehrern zu erhalten. Diese mündliche Übermittlung (*lung*) gilt in der buddhistischen Tradition als eine wesentliche Voraussetzung zum Studium der Schriften und der dazugehörigen Kommentare sowie für das Praktizieren der Anleitungen für die Rituale. Durch die beim ursprünglichen Lehrer (in diesem Fall Rigdzin Jigme Lingpa) beginnende und dann die gesamte Linie hindurch erfolgende Übermittlung von Mund zu Ohr wird das Vermögen der Schüler enorm gefördert, die ihnen auf diese Weise überlieferten Worte zu verstehen und zu realisieren, und damit ihre Fähigkeit, sie nun ihrerseits an die folgende Generation von Schülern weiterzugeben. Gleichsam so, als ob die Schüler die Lehren direkt von dem, der sie verfasst hat, erhalten würden. Darüber hinaus ist die buddhistische Lehre in ihrer Reichweite so immens, dass kein Text, wie umfassend und vollständig er auch sein mag, ihr jemals gerecht werden könnte. Jeder Schüler, der einen bestimmten Text studiert, ist auf mehr oder weniger ausführliche Kommentare dazu angewiesen, um ihn wirklich zu verstehen, und auch Patrul Rinpoches *Die Worte meines vollendeten Lehrers* bildet davon keine Ausnahme.

Im Sinn dieser mündlichen Übermittlung und der Erläuterung des Originaltextes haben, angefangen mit Patrul Rinpoche, alle Meister der Linie bis zum heutigen Tag ihren Schülern *Die Worte meines vollendeten Lehrers* bei vielen Gelegenheiten erklärt. Um eine solche Erläuterung handelt es sich bei diesem Buch, dem *Kunzang Lama'i Shelung Zintri*, die Khenpo Ngawang Palzang als junger Mann von einem Schüler Patrul Rinpoches, Lungtok Tenpai Nyima, erhalten und aufgeschrieben hat.

Khatok Khenpo Ngawang Palzang (1879–1941)[1]

Khenpo Ngawang Palzang, auch als Ösel Rinchen Nyingpo Pema Lendrel Tsel bekannt und allgemein Khenpo Ngakchung oder Ngaga genannt, ist ein bemerkenswertes Beispiel für eine besondere Art von Linienhalter unter den vielen unterschiedlichsten Persönlichkeiten der Halter und Übermittler der verschiedenen Traditionen des tibetischen Buddhismus. Obwohl alle gleich in ihrer Weisheit und ihrem Mitgefühl, unterscheiden sie sich sehr in der Gestalt, die sie annahmen, um die Lehren anderen auf wirksamste Art und Weise weiterzugeben. Manche Lamas waren anerkannte Tulkus, als Oberhaupt von großen Klöstern inthronisiert, mit beträchtlichem Einfluss auf die ihnen unterstellte große Mönchsgemeinde und die lokale Laienbevölkerung. Andere, wie Patrul Rinpoche oder Milarepa, wurden respektiert wegen ihres völligen Desinteresses an Reichtum, Ruhm und sozialer Stellung. Sie lehrten und inspirierten durch das Beispiel ihrer Bescheidenheit und ihres einfachen Lebensstils. Andere wiederum zogen es vor, sich viele Jahre lang einer akademischen Ausbildung zu unterziehen, um sich nach der Meisterung der Sutra- und Tantratexte als Khenpos zu qualifizieren. Die Khenpos waren gelehrte, für die Erziehung der Tulkus und Mönche in den Klöstern verantwortliche

Professoren und gleichzeitig makellose Halter des Vinaya, die diese Überlieferung weiterführten, indem sie Tausende von Mönchen ordinierten und ihre Schulung überwachten. Was jedoch nicht immer hieß, dass sie sich nur auf ihre Pflichten gegenüber den Klöstern beschränkten. Viele von ihnen verbrachten Jahre meditierend in Klausur, um die Texte, die sie lehrten, zu innerer spiritueller Verwirklichung werden zu lassen. Und auch wenn sie nicht als Inkarnationen anerkannt wurden, will das nicht notwendigerweise bedeuten, dass sie in früheren Leben nicht „jemand" gewesen wären.

Im Fall von Khenpo Ngakchung handelte es sich bei diesem „jemand" um einen aus einer Reihe verwirklichter Wesen aus Indien und Tibet, Gelehrte, Yogis, Übersetzer, Dharmakönige und Schatzentdecker. Der Bedeutendste unter ihnen war Vimalamitra, der große indische Meister, der zusammen mit Guru Rinpoche die Nyingtik-Lehren in Tibet eingeführt hatte, und der, als er nach Indien zurückging, versprach, alle hundert Jahre eine Emanation nach Tibet zu senden. Khenpo Ngakchung war außerdem in einem vorherigen Leben der indische Meister Sthiramati gewesen, Vasubandhus bedeutendster Abhidharma-Schüler, was ihm dann später beim Studium dieser schwierigen Materie zugutekam.

Sein Lehrer, Nyoshul Lungtok Tenpai Nyima (1829–1901 oder 1902), eine Inkarnation des großen Abtes Shantarakshita, verbrachte achtundzwanzig Jahre mit Patrul Rinpoche, von dem er die gesamten Nyingtik-Lehren erhielt, sie dann unter seiner Führung praktizierte und die volle Verwirklichung des Dzogchen erlangte. Als ihm Patrul Rinpoche dann eines Tages sagte, es sei nun an der Zeit, zurückzugehen, brachte er es nicht über sich, von ihm Abschied zu nehmen. Doch Patrul Rinpoche tröstete ihn mit den Worten, er werde bald Kunkhyen Longchenpa begegnen. Diese Voraussage erfüllte sich später, als er nach einer Reihe von bedeutsamen Träumen mit einem kleinen Jungen bekannt gemacht wurde, dem zukünftigen Khenpo Ngakchung.

Khenpo Ngakchung war ein ungewöhnliches Kind. Schon von klein auf zeigte er Wunderkräfte und hatte Visionen von Gottheiten. Ab seinem zehnten Lebensjahr begleitete er Lungtok Tenpai Nyima, diente ihm, hörte seinen Belehrungen zu und praktizierte sie in seiner freien Zeit. Schon bevor er die vorbereitenden Übungen beendet hatte, hatte er meditative Erfahrungen, die normalerweise mit Dzogchen in Zusammenhang stehen. Während der Praxis des Mandala erschien ihm in einer Vision Longchenpa und führte ihn in die Natur des Geistes ein. Doch Lungtok Tenpai Nyima zeigte sich von diesen Erfahrungen nicht weiter beeindruckt und bestand darauf, dass Ngawang Palzang, um eine stabile Verwirklichung zu erlangen und den Wesen wirklich nützen zu können, den Weg in seiner Gesamtheit und in der vorgeschriebenen Reihenfolge absolvierte. Im Alter von einundzwanzig Jahren hatte Ngawang Palzang alle Stadien der Praxis abgeschlossen – die vorbereitenden Übungen, Sadhana-Rezitationen, Yogas und die beiden Aspekte des Dzogchen, Trekchö und Thögal. Er wurde von seinem Lehrer als sein Dharma-Erbe anerkannt und in das Dzogchen-Kloster geschickt, um an der dortigen Shri Singha Shedra (Universität) zu studieren. Dort begegnete er Mipham Rinpoche, der ihm die *Einführung in die Gelehrsamkeit*, deren Niederschrift er soeben beendet hatte, anvertraute. Zwei Jahre später, nach dem Tod von Lungtok Tenpai Nyima, schloss Ngawang Palzang mehrere Klausuren ab, alle mit außerordentlichen Anzeichen der Meisterung. Er studierte und praktizierte, erhielt weitere Lehren und Initiationen von anderen großen Lehrern, insbesondere von Kathog Situ, Chökyi Gyatso (1880–1925) und begann nun selbst zu lehren. Im Alter von dreißig wurde er dazu berufen, an der neu eröffneten Shedra des Kathog-Klosters zu lehren, zuerst als Assistent von Khenpo Kunpel, dem Verfasser eines wichtigen Kommentares zu Patrul Rinpoches Lehren über das *Bodhicharyavatara*, und später als Khenpo, wozu ihn eine Vision von Patrul Rinpoche ermutigte, in der dieser die Bedeutung der monastischen Erziehung und Gelübde betonte. Er hielt diese Stellung dreizehn Jahre lang inne, lehrte, erteilte Initiationen und ordinierte Tausende von Mönchen.

Die sich nach der Erfahrung richtenden Unterweisungen (*myong khrid*), die Lungtok Tenpai Nyima von Patrul Rinpoche erhalten und an Khenpo Ngagchung weitergegeben hatte, wurden im Kathok-Kloster zur Tradition der Nyingtik-Praxis, und Lungtok Tenpai Nyimas Schüler waren es, die das Nyoshul-Kloster in Derge errichteten, dessen erster Abt Khenpo Ngawang Palzang wurde. Nach den Jahren in Kathog reiste Khenpo Ngawang Palzang durch das östliche Tibet, richtete Klöster und Shedras ein, gab Belehrungen, praktizierte in Klausur und verfasste seine Schriften, die dreizehn Bände umfassen und Kommentare zu Madhyamaka-Abhandlungen von Chandrakirti und Aryadeva enthalten, Texte über die Praxis von Sadhanas, Kommentare zum Vajrayana und Schriften über Dzogchen. Außerdem verbreitete er die von Shenga Rinpoche erhaltenen Lehren über Nagarjunas grundlegende Madhyamaka-Schriften.

Die Visionen, meditativen Erfahrungen, Ereignisse und Wunder in Khenpo Ngakchungs Leben scheinen wie Legenden aus einer fernen Zeit, und doch liegen sie kaum weniger als siebzig Jahre zurück und auch von seinen Schülern sind ein oder zwei noch am Leben.

Die spirituelle Erneuerung in Osttibet, mit der er aufs Engste verbunden war, ist umso bemerkenswerter durch die Tatsache, dass diese Region keineswegs immer ein Hort des Friedens war, sondern von Unruhen und Aufständen heimgesucht wurde. Heute hat sich seine Aktivität zum Wohl der Wesen auf den Westen verbreitet, wo Buddhisten die Nyingtik-Lehren praktizieren unter Anleitung von Meistern, deren Linie über seine Schüler Nyoshul Shedrup Tenpai Nyima, Jamyang Khyentse Chökyi Lodrö und Chatral Rinpoche auf ihn zurückgeht. Dies, und die Tatsache, dass der *Zintri* nun auch in westlichen Sprachen vorliegt, hat Khenpo Ngakchung vielleicht in einem Traum vorausgesehen, in dem er sah, wie ein riesiger Stupa von einem nach Westen ins Meer fließenden Fluss hinweggerissen wurde, dazu ertönte eine Stimme aus dem Himmel, die sagte, Millionen von Wesen würden davon profitieren. Als er den Traum seinem Meister erzählte, erklärte Lungtok Tenpai Nyima ihm, dieser Traum würde die Vernichtung des Dharma im Osten und seine Verbreitung im Westen bedeuten.

Der Text

Während Patrul Rinpoches *Die Worte meines vollendeten Lehrers* vor allem eine Quelle der Inspiration ist, gibt Khenpo Ngakchungs Text als Grundlage für die Praxis den theoretischen Hintergrund dazu. Um ein Beispiel dafür zu nennen: Patrul Rinpoche ermahnt uns im Kapitel über die Zuflucht, Vertrauen in die Drei Juwelen zu haben, und Khenpo

Ngakchung gibt im entsprechenden Kapitel des *Zintri* eine detaillierte, lange Beschreibung der Drei Juwelen. Im Kapitel über Bodhichitta führt er in die Madhyamaka-Philosophie ein, die die Basis transzendenter Weisheit ist und deren Verständnis wesentlich ist für alle, die versuchen, Dzogchen zu praktizieren. Patrul Rinpoches Beharren auf der Aufrichtigkeit des Bekennens im Kapitel über Vajrasattva wird vervollständigt von Khenpo Ngakchungs Beschreibung, warum negatives Verhalten den Fortschritt auf dem Weg behindert, und von einer nützlichen Liste negativer Taten, die wir bekennen sollten. In den Kapiteln über die Vergänglichkeit und über das Mandala-Opfer erweitert der *Zintri* Patrul Rinpoches Beschreibung der buddhistischen Kosmologie um eine verblüffende Vision des Universums, die uns unser Verständnis von Raum und Zeit überdenken lässt. Und im Kapitel über Guru-Yoga wird die Rolle des Lehrers in den verschiedenen Fahrzeugen verglichen und gezeigt, weshalb der Meister in der Praxis des Dzogchen einen solch großen Stellenwert hat.

Khenpo Ngagkchung bezieht die Stufen der Praxis generell auf die Lehre des Buddha von den vier edlen Wahrheiten, die Praxis des Dzogchen setzt er in Beziehung zu einem interessanten Überblick über die neun Fahrzeuge (*yanas*). Auf diese Weise geht er Kapitel für Kapitel durch die Gesamtheit von *Die Worte meines vollendeten Lehrers,* gibt Hintergrundinformation dazu und stellt jedes Thema in einen größeren Zusammenhang.

Doch ist der *Zintri* keineswegs ein Buch der trockenen Theorie. Gelegentlich blitzt der charakteristische Witz von Patrul Rinpoches Linie auf, Khenpo Ngakchung nimmt kein Blatt vor den Mund, wenn er über unechte Lehrer und blasierte Praktizierende spricht. Außerdem enthält es eine Menge durch und durch praktische Ratschläge. Das erste Kapitel enthält einen Abschnitt darüber, wie man den Tag in Meditationssitzungen und die Zeit innerhalb der Sitzung einteilt. Dies wird auf jede der vorbereitenden Übungen erweitert und so erhält man einen detaillierten Zeitplan für die Praxis vom Moment des Hinsetzens auf das Meditationskissen bis zum Abschluss der Praxis. Besonders hilfreich ist die Art und Weise, wie im Kapitel über Bodhichitta Schritt für Schritt das Geistestraining in Liebe und Mitgefühl erklärt wird.

Wenn Anfängern dieser Text manchmal etwas komprimiert und schwierig erscheinen mag, sollten sie nicht vergessen, dass er gleichzeitig Anweisungen für erfahrene Praktizierende wie auch für Neulinge auf dem buddhistischen Weg enthält. Als Folge davon können einzelne Passagen, die auf die Erzeugungs- und Vollendungsphase oder die Praxis des Dzogchen Bezug nehmen, nur von denen richtig verstanden werden, die die entsprechenden Unterweisungen erhalten und etwas Erfahrung in der Praxis gewonnen haben. Belehrungen dieser Art, an ein so unterschiedliches Publikum gerichtet, sind nichts Ungewöhnliches. Sie enthalten alle Unterweisungen, die völlige Anfänger benötigen, und zeigen, welche Verbindung zwischen den entsprechenden Übungen und der Hauptpraxis besteht. Für die schon weiter auf dem Weg Fortgeschrittenen sind sie eine Erinnerungsstütze. Denn die vorbereitenden Übungen sind keineswegs nur eine Art Grundkurs, der, sobald man sich für die Hauptpraxis qualifiziert hat, ein für alle Mal erledigt ist. Sie bilden vielmehr die Basis für fortgeschrittenere Übungen und viele der großen Meister haben sie nicht nur einmal, sondern mehrere Male abgeschlossen.

Nachdem jedes Segment einhunderttausend Mal wiederholt wurde, geht man weiterhin jeden Tag, wenn auch nur kurz, durch die gesamte Praxis der vorbereitenden Übungen und verstärkt auf diese Weise die Grundlage für jede weitere Praxis. Weil die vorbereitenden Übungen auf jeder Stufe des Weges eine neue Dimension gewinnen, sind sie alles andere als eine lästige Pflicht, die man rasch hinter sich bringen sollte, um mit der richtigen Praxis anfangen zu können. Die aus Letzterer kommenden Einsichten geben den vorbereitenden Übungen neue Tiefe, und durch die vorbereitenden Übungen festigt sich die Grundlage mehr und mehr, was unentbehrlich ist, um Fehler zu vermeiden, die wir auf dem Weg machen können. Praktizierende, die meinen, sie könnten die vorbereitenden Übungen, einmal abgeschlossen, als erledigt betrachten, laufen Gefahr, allen Arten von Schwierigkeiten zu begegnen.

Danksagung

Die Padmakara-Übersetzer danken ihren Lehrern Pema Wangyal Rinpoche und Jigme Khyentse Rinpoche sowie Khenpo Pema Sherab und vor allem Alag Zenkar Rinpoche für die Großzügigkeit, mit der sie uns ihre Zeit und ihr Wissen für die Beantwortung unserer Fragen zur Verfügung gestellt haben.

Die Übersetzung aus dem Englischen ins Französische erfolgte anfänglich von Kim Anh Lim und wurde später von Christian Bruyat völlig neu überarbeitet. Die deutsche Übersetzung stammt von Sabine von Minden und erfolgte zur ersten Hälfte aus der englischen Ausgabe (*A Guide to the Words of my Perfect Teacher*, Shambala, 2004) und zur zweiten Hälfte aus der französischen Ausgabe (*Notes de Memoire sur le Chemin de la Grande Perfection*, Editions Padmakara, 2014).

Bezüglich der buddhistischen Terminologie in diesem Buch wird auf das ausführliche Glossar in „Die Worte meines vollendeten Lehrers. Patrul Rinpoche" (Arbor Verlag, 2012) verwiesen.

Kunkhyen Longchen Rabjam (1308–63)

Einleitung

Verehrung dem Meister, dessen Mitgefühl frei von Konzepten ist.

Sammle deine Gedanken
Und höre mit allerbester Gesinnung zu.
Wer zerstreut ist, wird den Segen Vajrasattvas
und der anderen Buddhas der drei Zeiten nicht erhalten.

Wie es in diesem Zitat aus dem *Vajra Gipfel* heißt, sollten wir, wenn wir den erhabenen Dharma hören, erklären oder praktizieren, am Anfang unseren Geist nach innen wenden und unsere Gedanken überprüfen.

Menschliche Wesen können nur drei Arten von Gedanken haben, nämlich negative in Verbindung mit Gier, Hass und Konfusion; positive des Vertrauens, der Entschlossenheit, sich zu befreien, und des Erleuchtungsgeistes; und neutrale, indifferente Gedanken. Wenn ihr negative Gedanken habt, solltet ihr beschämt sein und sie auf der Stelle aufgeben, so wie es ein Sprichwort sagt: Säubere die Lampe, solange sie warm ist, gib dem Schwein mit dem Stock eins auf die Schnauze.[2]

Unterlasst also negative Gedanken, ändert neutrale Gedanken in positive, und hört zu, lehrt und praktiziert mit ausgesprochen positiven Gedanken. Wenn ihr nämlich nur euer äußerliches Verhalten und das, was ihr sagt, ändert, seid ihr Heuchler, wie es in der *Sammlung der überlegten Worte* heißt:

Es ist weder durch die langen Haare noch durch den Stab …[3]

Und der Buddha sagte:

Gewinnt Herrschaft über euren Geist!
Dies ist die Lehre des Buddha.

Er sagte nicht, seine Lehre bestehe darin, sein Äußeres und seine Worte zu ändern.

In den Sutras heißt es dazu:

Wenn der Geist rein ist, wird der Körper rein,
aber den Körper zu reinigen, reinigt nicht den Geist.

Weil sich die Leute auf der Suche nach spirituellem Schutz und Beistand für Verstorbene an die klösterliche Gemeinschaft wenden, sollten Mönche und Nonnen zuerst ihren Geist von dem heilen, was ihn krank macht. Und was die Krankheit des Geistes, nämlich Karma und negative Emotionen, heilt, ist der Dharma. Das Wort „Dharma" hat zehn verschiedene Bedeutungen, hier handelt es sich um den Dharma, der erhaben genannt wird. Er wird folgendermaßen definiert: Ebenso wie Medikamente Krankheiten heilen, transformiert der Dharma den Geist, indem er ihn vom falschen Weg und von dem, was schädlich ist, abwendet. In diesem Sinne haben „Dharma", „heilen" und „transformieren" die gleiche Bedeutung. Ihr solltet Vertrauen in das Heilmittel des Dharma haben. Wenn ihr einmal erkannt habt, dass er euch vor allen Ängsten in Samsara und den niederen Bereichen schützt, die Quelle des Wohls und Glücks in diesem und im künftigen Leben ist, und dass die Lehren des geheiligten Dharma euch nie, weder in diesem Leben noch in den kommenden oder im Zwischenzustand, im Stich lassen, müsst ihr mit festem Vertrauen darauf bauen.

Tag und Nacht wende das kostbare Rad des Vertrauens
auf dem Pfad der Tugend an.

Und

Vertrauen kommt vor allem anderen.
Gleich einer Mutter gebiert es alles:
Vertrauen ist die Wurzel des Dharma.

Wer war es, der den geheiligten Dharma gelehrt hat? Es war der kostbare Buddha, der unübertroffene Lehrer, der unvergleichliche König der Shakyas, der Löwe der Shakyas, der als Dharmakaya Samantabhadra ist, als Sambhogakaya der große Vajradhara und in seiner Nirmanakaya-Form Shakyamuni, der Beschützer der Wesen.

Ebenso wie er als Lehrer mit nichts zu vergleichen ist, war es auch sein Streben nach Erleuchtung, als er als Brahmanen-Minister „Tropfen des Ozeans“[4] geboren wurde, und unvergleichlich ist auch seine Lehre.

Unter den unvorstellbaren und wunderbaren Lehren der Buddhas,
wird die allerhöchste drei Mal erscheinen.

So steht es in den *Sieben Kapiteln* geschrieben.

Das geheime Mantrayana erschien vor mehr als zehn Millionen Kalpa, als es während des Kalpa „Vollständige Reihe“ von dem Buddha „Schon einmal gekommener König“ gelehrt wurde. Im künftigen Kalpa „Form der Blume“, wenn Buddha Manjushri lehren wird, wird das Geheime Mantrayana in großem Maßstab verbreitet. Heute, da die Lehre von Buddha Shakyamuni noch erhalten ist, wird das Geheime Mantrayana in aller Ausführlichkeit gelehrt. Nur in diesen drei Kalpas sind die Wesen fähig, die Lehre des Geheimen Mantrayana aufzunehmen.

Was ist dann mit dem folgenden Auszug aus Manjushris *Magisches Netz der Illusionen* gemeint?

Die Buddhas der Vergangenheit haben es gelehrt,
Und auch die Buddhas der Zukunft werden es lehren.

Es bedeutet, dass das Geheime Mantrayana zwar gelehrt wird, jedoch nicht in großem Maßstab.

Buddha Shakyamunis Bereich der Aktivität, die tausend millionenfaltige Saha-Welt, die Welt ohne Angst, heißt nicht etwa so, weil sie so positiv wäre, eher wegen ihres großen Übels. Die Wesen in ihr haben nämlich keine Angst vor Gier, Hass und Unwissenheit.

Buddha Shakyamuni, dieser unvergleichbare Lehrer, lehrte den höchsten Schutz, den kostbaren geheiligten Dharma, der aus 84 000 einzelnen Teilen besteht. Zusammengenommen bilden sie die drei Körbe oder Pitakas. Die drei Körbe werden bezeichnet als „Der kostbare Dharma der Überlieferung und Verwirklichung des Siegreichen", und zwar deshalb, weil, so wie wir Griffe benutzen, um einen Tontopf oder Ledersack zu tragen[5], Worte benutzt werden, um zum Dharma der Verwirklichung zu gelangen. Der Inhalt der drei Körbe ist der Weg der dreifachen Schulung des Dharma der Verwirklichung.

Weshalb diese Schulung überlegen genannt wird? Weil es in nicht buddhistischen Traditionen ebenfalls Meditationen und asketische Übungen gibt, in denen man z. B. Hunde oder Ochsen imitiert, jedoch nicht die Möglichkeit, Befreiung und Allwissenheit[6] zu erlangen, während Buddhisten auf dem Pfad des Buddha der überlegenen dreifachen Schulung den Zustand der Befreiung und Allwissenheit erreichen.

Weder im Sutrayana noch im Mantrayana finden sich Lehren, die nicht im Tripitaka und der dreifachen Schulung enthalten wären. In den drei Pitakas – Vinaya, Sutra, Abhidharma – ist der Gegenstand der Lehre des Kleinen Fahrzeugs die dreifache Schulung in Disziplin, Konzentration und Weisheit.

Auf dem Bodhisattva-Pfad gehören die Regeln, die die Hauptvergehen erklären, zum Vinaya-Pitaka. Hier ist das Hauptthema die Schulung in Disziplin. Im Sutra-Pitaka sind die Sutras enthalten, die die Methoden zur Entwicklung der Konzentration lehren, Hauptthema ist hier die Schulung in Konzentration, die Meditation darüber, wie schwierig es ist, die Freiheiten und Vorteile zu finden usw. Die Erklärung der sechzehn oder zwanzig Kategorien der Leerheit gehört zum Abhidharma-Pitaka. Hier ist die Schulung in Weisheit das Hauptthema. Die Beschreibung der Samayas des Geheimen Mantrayana gehört zum Vinaya-Pitaka mit dem Hauptthema der Disziplin. Die Erläuterung der allgemeinen Erzeugungs- und Vollendungsphase gehört zum Sutra-Pitaka, mit der Übung in meditativer Versenkung, und die Erläuterung des Dzogchen gehört zum Abhidharma-Pitaka, mit dem Hauptthema der Schulung in Weisheit.

Wer ist der Halter der kostbaren Lehre der Übermittlung und Verwirklichung des Siegreichen? Es ist der unvergleichliche Führer auf dem Weg, der kostbare Sangha. Anders gesagt, Halter der Lehre sind ausschließlich die Mitglieder des Sangha und nicht etwa Götter, Dämonen oder die Herrscher des Universums[7].

Den Dharma zu halten meint, den Dharma der Übermittlung zu hören und zu lehren und den Dharma der Realisierung durch die Praxis und innere Erfahrung zu besitzen.

Da ihr euch zweifellos zum Sangha zählt, schaut nicht wie Hunde nach unten, sondern wie Vögel nach oben.[8] Wenn ihr nach unten schaut und euch wie gewöhnliche Menschen verhaltet, wird man euch korrupte, verdorbene Mönche oder Nonnen heißen, d. h., Mönche oder Nonnen, deren Disziplin beklagenswert, deren Konzentration schwach ist und die ohne Weisheit sind. Richtet stattdessen euren Blick nach oben und folgt den Drei Juwelen.

Was den Weg zur Befreiung und Allwissenheit weist, ist der vom Buddha gelehrte Dharma der Übermittlung und der Realisierung. Die uns auf dem Weg begleiten, sind der edle Manjushri und die spirituellen Freunde mit reinem Verhalten. Da ihr Mitglieder des Sangha seid, müsst ihr Halter des Dharma der Übermittlung und Realisierung sein und dürft ihn nicht entehren. Sangha heißt „nach Heilsamem streben" und bezieht sich allein auf diejenigen, die nach dem Pfad der überlegenen dreifachen Schulung streben, und nicht auf solche, die Gefallen finden an unheilsamen Taten, Geschäften, Streitereien oder Gewalt.

Der Ausdruck „Führer" bezeichnet jemanden, der, nachdem er die Lehren des Weges zur Befreiung erhalten hat, zur Befreiung gelangt ist, und danach den gewöhnlichen Wesen den Weg zur Befreiung und Allwissenheit zeigt, indem er sie begleitet, so als würde er sie bei der Hand nehmen.

Gewöhnliche Menschen haben als Führer die Herrscher ihres Landes, negative Taten als Weg und als Gefährten Geschäftemacher, Diebe, Jäger, Freunde, die lügen, und solche, die ihnen jede verbleibende Tugend verderben. Deshalb solltet ihr euch sagen: Solchen Wegen werde ich niemals folgen, denn ich weiß nun, was heilsam und was schädlich ist.

Dies also sind die Drei Juwelen: der unvergleichliche Lehrer, der kostbare Buddha, die unvergleichliche Zuflucht, der kostbare, geheiligte Dharma, und der unvergleichliche Führer, der kostbare Sangha. Mit anderen Worten, die drei Seltenen und Erhabenen. In dieser Welt sind Kostbarkeiten wie Gold, Silber oder wunscherfüllende Edelsteine vergleichsweise gar nicht so selten und rar. Alte Leute mit viel Verdienst können manchmal einen kostbaren wunscherfüllenden Edelstein finden – und König Indrabhuti soll ebenfalls einen gefunden haben –, der zwar für dieses Leben eine Quelle von Nahrung, Kleidung, Unterkunft und Besitz sein mag, aber nicht die Ängste und Leiden dieses Lebens und künftiger Leben beseitigt. Die Drei Juwelen beseitigen alle Ängste und Leiden und bringen alles Wohl und Glück in diesem und im kommenden Leben. Weil die Drei Juwelen also sehr rar sind in dieser Welt, werden sie selten und erhaben genannt und nicht etwa: im Überfluss vorhanden. Es sollte euch klar sein, dass die Drei Juwelen alles umfassen, sodass ihr, wenn immer ihr den geheiligten Dharma hört, erklärt oder praktiziert, euch nie aus dem Bereich ihrer Aktivität begebt. Unter den Drei Juwelen ist es der Buddha, der uns den Weg zur Befreiung und Allwissenheit zeigt, doch wie er uns sagt:

> *Ich habe euch die Methoden gezeigt, die zur Befreiung führen,*
> *aber die Befreiung hängt von euch selbst ab, bemüht euch also.*[9]

Der Dharma ist es, der uns beschützt, weil selbst der Buddha das nicht kann. Als Devadatta in Verzweiflung nach dem Fuß des Buddha griff und aufschrie: „Gautama, ich verbrenne, das Feuer verzehrt mich", konnte der Buddha nicht viel mehr für ihn tun, als ihn den Dharma mit folgenden Worten zu lehren:

> *Devadatta, wiederhole aus tiefem Herzen:*
> *Ich nehme Zuflucht zum Buddha,*
> *ich nehme Zuflucht zum Dharma,*
> *ich nehme Zuflucht zum Sangha.*

Wir sollten uns den Buddha nämlich nicht wie eine Schleuder vorstellen, die uns gleich einem Kieselstein zur Ebene der Befreiung hinaufschießt. Niemand kann das tun, ihr müsst den Dharma selber praktizieren.

Die Mitglieder des Sangha sind die Halter des Dharma, der 84 000 Elemente beinhaltet, die in zwölf Kategorien von Lehren zusammengefasst werden können, die alle in den drei Pitakas enthalten sind. Sie bilden den kostbaren Dharma unter seinen beiden Aspekten – den der Übermittlung und den der Realisierung.

Will man den Dharma in Fahrzeuge unterteilen, so gibt es das sogenannte weltliche oder Fahrzeug der Götter und Menschen und das transzendente Fahrzeug, oder Fahrzeug der vollständigen Befreiung.

Das weltliche Fahrzeug wird deshalb so genannt, weil es uns von der Existenz in den drei niederen Bereichen in die drei höheren Bereiche der Götter und Menschen bringt.

Das transzendente Fahrzeug umfasst zwei Fahrzeuge, das Kleine Fahrzeug oder Hinayana, das so genannt wird, weil es zu Nirvana führt, dem Zustand der Shravakas und Pratyekabuddhas, und das Große Fahrzeug oder Mahayana, so genannt, weil es uns zur vollkommenen Buddhaschaft bringt, jenseits der zwei Extreme.

Die Texte, die diese stufenweisen Wege aufzeigen, sind die Lehren des Buddha selbst[10] und die Shastras seiner Schüler, die im immens weitläufigen buddhistischen Kanon in einer großen Zahl von Kommentaren und den vielfältigen Kernunterweisungen zu finden sind. Die Materie ist also unübersehbar und in dieser Zeit des Niedergangs, da die Lebensspanne kurz ist, ist es nicht möglich, alles zu studieren, geschweige denn, zu praktizieren. Wie Saraha sagt:

Trinkt vom kühlenden, besänftigenden Nektar
der Unterweisungen des Meisters bis zur Sättigung,
oder verendet vor Erschöpfung in der jammervollen Wüste
des Durstes nach weiteren Lehren in Millionen von Schriften.

Fasst man die drei Fahrzeuge zu einem einzigen Stufenweg zusammen, dann umfasst das weltliche Fahrzeug die Stufen für Wesen mit geringeren

Fähigkeiten, das Kleine Fahrzeug der Shravakas und Pratyekabuddhas den Weg für Wesen mit durchschnittlichen Fähigkeiten und das Große Fahrzeug die Stufen des Weges für Wesen mit großen Fähigkeiten. Dazu kommen die niederen, mittleren und höheren Stufenwege der Neuen Tradition, die Sakya-Lehren über die Drei Erscheinungen und die Drei Ströme, und die Dzogchen-Lehren der Nyingma-Tradition über das Verweilen in der Natur des Geistes – wozu man auf die Kernunterweisungen eines Meisters angewiesen ist.

Der Weg des Großen Fahrzeugs oder Mahayana kann in drei unterteilt werden: in den langen Weg des Fahrzeugs der Merkmale, den kurzen Weg des Vajrayana und den raschen Weg des Dzogchen – der Strahlenden Großen Vollkommenheit. Welchen sollten wir nun wählen? Auf dem langen Weg erreicht man Buddhaschaft nach einem Kalpa – das dauert zu lange. Auch der kurze Weg des Vajrayana kann in einen langen, einen kurzen und einen raschen Weg unterteilt werden. Auf dem langen Weg der drei äußeren Tantras – Kriya, Upa, Yoga – erlangt man Buddhaschaft nach fünf, sieben oder sechzehn menschlichen Leben, was ebenfalls zu lange ist. Auf dem kurzen Weg des Mahayoga und Anuyoga ist es möglich, den Zustand des Einsseins in einem Körper in einem Leben zu erreichen. Doch wenn ihr in der Erzeugungsphase nicht einmal eine Gottheit von der Größe eines Fingers klar visualisieren könnt und in der Vollendungsphase nicht einmal einen Atemzyklus meistert, wird es kaum möglich sein, die Frucht der Praxis zu erlangen. Durch die strahlende Große Vollkommenheit jedoch kann man den Zustand der Einheit innerhalb von Jahren oder Monaten erlangen. Hierfür müsst ihr den Kernunterweisungen des Lehrers folgen, denn ohne sie wisst ihr nicht, wie zu praktizieren ist. Aus diesem Grund sagt Saraha:

Die Kernunterweisungen des Meisters sind wie Nektar.
Nimm sie in deinem Geist auf, und du brauchst nichts Weiteres.

Die Tantras der Großen Vollkommenheit belaufen sich auf 6 400 000, unterteilt in drei Sektionen: Geist, Raum, Kernunterweisungen. Die Gruppe der Kernunterweisungen besteht aus vier Zyklen, dem äußeren, dem inneren, dem geheimen und dem unübertroffenen allergeheimsten Zyklus. Im *Großen Ornament des ursprünglichen Zustands* steht:

Der äußere Zyklus, vergleichbar dem Körper, lehrt ausführlich die konventionelle Bedeutung.

Was die Bestimmung des auf ursprünglicher Reinheit basierenden Trekchö angeht, so sind der äußere und innere Zyklus mehr oder weniger gleich. Was die Bestimmung des auf spontaner Gegenwärtigkeit basierenden Thögal angeht, so enthält der äußere Zyklus sehr ausführliche Erläuterungen des Grundes – der natürlichen Seinsweise –, erklärt aber weder, wie der Weg praktiziert wird, noch die Visionen, die im Zwischenzustand erscheinen, oder wie man als höchste Frucht Befreiung erlangt.

Der innere Zyklus, vergleichbar mit den Augen, lehrt mittels Zeichen.

Im inneren Zyklus wird der Weg lediglich durch Einführung mittels Analogien, Bedeutungen und Zeichen erklärt. Es wird weder die natürliche Seinsweise erklärt noch wie man letztendlich Befreiung findet.

Der geheime Zyklus ist wie das Herz, die Lehren werden erinnert.

Der geheime Zyklus lehrt die besonderen Meditationen des Weges, erklärt aber nicht die natürliche Seinsweise, noch wie letztendlich Befreiung erlangt wird.

Der unübertroffene allergeheimste Zyklus ist hingegen nach dem *Großen Ornament des ursprünglichen Zustands:*

Wie jemand, dessen Körper und Sinnesorgane
in allen Punkten perfekt ist,

denn er gibt weitreichende Erklärungen über die ursprüngliche Seinsweise, über den Weg der Sicht, der Meditation und des Verhaltens und darüber, wie die Frucht, d. h. Befreiung, erlangt wird.

Dieser unübertroffene allergeheimste Zyklus hat siebzehn Tantras, plus das Tantra der zornvollen Schutzgottheit Ekajati, was zusammen achtzehn macht. Zum Kern ihrer Bedeutung verdichtet, ergeben sich daraus zwei Zyklen: der weiträumige Zyklus der Pandits und der tiefgründige der Kusalis.[11] Ersterer schließt Longchenpas *Sieben Schätze* mit ein und im Letzteren finden sich Padmasambhavas Khandro Nyingtik und Vimalamitras Sangwa Nyingtik, die zwei Mütter genannt, zusammen mit den die zwei Töchter genannten Khandro Yangtik und Lama Yangtik sowie der Quintessenz aus beiden, Zabmo Yangtik.[12]

Das Wesentliche aus allem ist zusammengefasst in der *Herzessenz der weiten Dimension der Großen Vollkommenheit*, die in Grund, Pfad und Frucht eingeteilt ist.

Der Weg des Dzogchen – der Großen Vollkommenheit – hat eine Seite der zur Reife bringenden Ermächtigungen und eine andere der zur Befreiung führenden Unterweisungen. Wenn man die zur Reife bringenden Ermächtigungen erhalten hat, kann man die Unterweisungen über die vorbereitenden Übungen und über die Hauptpraxis erhalten. Die Unterweisungen über die Hauptpraxis beinhalten die Unterweisungen über die allgemeine Praxis der Erzeugungs- und Vollendungsphase sowie über die außergewöhnliche Praxis von Trekchö, auf der ursprünglichen Reinheit beruhend – dem Weg für träge Menschen, Befreiung ohne Anstrengung zu erreichen –, und von Thögal, auf spontaner Gegenwärtigkeit beruhend –, der Weg, durch den ausdauernde Menschen Befreiung finden können.

Die Worte meines vollendeten Lehrers handeln von den Unterweisungen über die vorbereitenden Übungen in zwei Teilen, die gewöhnlichen vorbereitenden Übungen und die außergewöhnlichen.

Erster Teil

Die gewöhnlichen oder äußeren vorbereitenden Übungen

Die vorbereitenden Übungen tragen ihren Namen aus folgendem Grund: Um die Unterweisungen für die Hauptpraxis zu erhalten, müssen wir zuerst die Erde unseres Geistes pflügen, indem wir ihn mit den vorbereitenden Übungen trainieren. Nachdem wir uns auf diese Weise mit den gewöhnlichen oder äußeren vorbereitenden Übungen präpariert haben, können wir anfangen, das Getreide anzupflanzen, und alles Weitere tun, bis zum schließlichen Mahlen des Korns, d. h. dem Praktizieren der außergewöhnlichen Vorbereitungen, angefangen mit der Zuflucht. Wenn das Getreide dann essbar ist, erhalten wir die Unterweisungen für die Hauptpraxis. Diese sind 1. die ausführlichen Unterweisungen, die angepasst an den Fortschritt der Schüler gegeben werden, und 2. die allgemeinen Unterweisungen, die sich an ein breiteres Publikum richten. Was Erstere angeht, so gibt es nach Vimalamitras ausführlichen *Perlmutter-Buchstaben*-Unterweisungen[13] zweierlei Arten von Unterweisungen: Schritt für Schritt gegebene Unterweisungen und solche, die in ihrer Gesamtheit in systematischer Reihenfolge erteilt werden. Der Dharma-König Longchenpa, der seinem Meister Kumaraja sechs Jahre folgte, ist ein Beispiel für die Schritt für Schritt gegebenen Unterweisungen. Zu dem Zeitpunkt, an dem sein Meister die Unterweisungen abgeschlossen hatte, erlangte der Schüler die Frucht des Weges – der Große Allwissende erlangte die Ebene der Erschöpfung der Phänomene in ursprünglicher Reinheit und die Ebene des Höhepunkts des Gewahrseins in der spontanen Gegenwärtigkeit. Diesem Vorbild sollten wir folgen.

In seinem *Ozean der Befreiung*, der die Samayas beschreibt, spricht Longchenpa diese Abschiedsworte als eine Art von Vermächtnis:

Später sollten meine Schüler ihrem Meister lange folgen, und lange Zeit sollten sie seine Unterweisungen erhalten.

Das Gegenteil der Unterweisungen, die sich nach dem Fortschritt des Schülers richten, sind die eine Woche oder einen Monat dauernden Unterweisungen für ein allgemeines Publikum. Hier geht der Lehrer wie ein Rennpferd durch die Unterweisungen und meint, die Lehren damit gegeben zu haben, während die Schüler der Meinung sind, die Lehren tatsächlich erhalten zu haben. Nach dem Sprichwort: Die Zunge herausreißen, bevor der Kopf fertig gekocht ist. Die Beine ausstrecken, bevor das Bett angewärmt ist.[14]

Der Lehrer hat nicht die Zeit, sich um seine Schüler zu kümmern, und die Schüler haben keine Zeit, in Gegenwart ihres Lehrers zu studieren. Ohne die vorbereitenden Übungen ordentlich zu praktizieren[15], reden sie voller Ehrgeiz nur von der Hauptpraxis, und man fühlt sich an den Spruch erinnert: Wenn man den Kopf hochbindet, fällt der übrige Körper zusammen.[16]

Heutzutage rühmen sich die Leute, Dharmapraktizierende zu sein, doch was sie sagen und was sie tun, passt nicht zusammen. Der äußere Schein und die innere Einstellung stimmen nicht überein und ihr Geist und der geheiligte Dharma gehen getrennte Wege. Sie sitzen in Meditationshaltung und schauen bewegungslos vor sich hin, aber dieses scheinbare Praktizieren wird kein Fünkchen Fortschritt in ihrem Inneren bewirken.

Hier beschäftigen wir uns mit den mündlichen, in systematischer Reihenfolge in ihrer Gesamtheit gegebenen und die Schüler zur Reife bringenden Unterweisungen. Sie sind dreigeteilt: die gewöhnlichen oder äußeren vorbereitenden Übungen, die außergewöhnlichen oder inneren vorbereitenden Übungen und als Teil der Hauptpraxis der rasche Pfad der Übertragung.

Weshalb werden die gewöhnlichen oder allgemeinen Vorbereitungen allgemein[17] genannt? In den Schriften wird es damit erklärt, dass das, worüber in diesen Vorbereitungen meditiert wird, für alle drei Fahrzeuge gilt. In den Kernunterweisungen wird es damit erklärt, dass sie für alle drei Typen von Wesen gelten. Und was ist es, was die außergewöhnlichen, nicht allgemeinen oder inneren Vorbereitungen außergewöhnlich macht? In den Schriften heißt es, dass sie im Hinblick auf das weltliche Fahrzeug und das Fahrzeug der Shravakas und Pratyekabuddhas außergewöhnlich sind. Die Kernunterweisungen erklären es damit, dass sie außergewöhnlich sind im Hinblick auf Wesen mit mittlerer und geringer Eignung. Weil das, worüber die Wesen mit großer Eignung meditieren, außergewöhnlich ist, spricht man über außergewöhnliche vorbereitende Übungen.

Was die Übertragung angeht, so heißt es: Wer nicht genug Übung hat, kann durch Bewusstseinsübertragung empfangen werden. Jene, die keine Zeit für die Hauptpraxis haben, und jene, die sie zwar erhalten, aber keine Zeichen des Fortschritts in den meditativen Übungen hinsichtlich Geburt, Tod und Zwischenzustand[18] und noch keine Stabilität auf dem Weg erreicht haben, setzen ihre Übung dank der Übertragung fort.

Dieser rasche Pfad der Übertragung ist Teil der Hautpraxis der Vollendungsphase und gehört zu den sechs Yogas.

Rigdzin Jigme Lingpa (1730–98)

1. Kapitel

Wie schwer es ist, die Freiheiten und Vorteile vorzufinden.

Die gewöhnlichen oder äußeren vorbereitenden Übungen sind in sechs Abschnitte aufgeteilt, von denen die ersten vier die vier Gedanken oder vier Kontemplationen sind, die den Geist von Samsara abwenden und Überdruss daran entstehen lassen. Ihr müsst Gebrauch von diesen vier Gedanken machen, um euren Geist von den Dingen dieses Lebens und künftiger Leben abzuwenden, und dank des Erleuchtungsgedankens euren Geist daran hindern, seine selbstsüchtigen Ziele zu verfolgen.

Das Nachdenken über die Schwierigkeit, die Freiheiten und Vorteile zu finden, wendet den Geist von den Belangen dieses Lebens ab, während das Nachdenken über die Mängel von Samsara und über das Gesetz von Ursache und Wirkung eure Einstellungen und Verhaltensweisen hinsichtlich zukünftiger Leben ändert. Als Besonderheit von Longchenpas und Jigme Lingpas Lehren müsst ihr darüber hinaus euren Geist von eigennützigem Verhalten und ichbezogenen Interessen abkehren. Eure Einstellung und euer Verhalten zu ändern bezieht sich also auf drei Dinge: die Belange dieses Lebens, künftiger Leben und eigennützige Interessen.

Wenn das geschehen ist, müsst ihr nach Befreiung suchen und deshalb über ihre Vorteile nachdenken.

Und weil einzig und allein ein authentischer Lehrer oder spiritueller Freund und niemand anderes den Weg zur Befreiung lehren kann, müsst ihr wissen, wie man dem spirituellen Freund folgt.

In *Die Worte meines vollendeten Lehrers* geht dem Hauptthema des ersten Kapitels, der Lehre über die Schwierigkeit, die Freiheiten und Vorteile vorzufinden, eine Beschreibung voraus über die richtige Art und Weise, spirituellen Unterweisungen zuzuhören.

I. Die richtige Art und Weise, den Unterweisungen zuzuhören.

Der erste Abschnitt bezieht sich gleichermaßen auf die richtige Art und Weise, den Unterweisungen zuzuhören, wie auf die rechte Art und Weise, zu praktizieren und zu meditieren. Für all dies gelten zwei Aspekte: die richtige Motivation, nämlich die unermessliche Gesinnung des Erleuchtungsgeistes verbunden mit den unermesslichen Methoden des Geheimen Mantrayana, und richtiges Verhalten. Die richtige Motivation hat hauptsächlich mit Gedanken zu tun, während richtiges Verhalten mehr das betrifft, was wir tun und sagen.

1. Die Motivation

Das tibetische Wort für Motivation ist *kun slong* und kann folgendermaßen erklärt werden: *kun* bedeutet die Vielfalt der diskursiven Gedanken, *slong* einen Gedanken, den man aufkommen lässt. Dieser Gedanke, diese Absicht, kann negativ, neutral oder positiv sein.

(A) Die negative Motivation

Hier gibt es zweierlei Arten: 1. sich vor Ängsten in Sicherheit bringen und 2. seinen Ehrgeiz befriedigen wollen.

(1) Schutz vor Angst suchen

Wenn ihr den Dharma praktiziert, um in diesem Leben vor der Angst vor Krankheiten, bösen Geistern, Verfolgung, Hungersnöten usw. Schutz zu finden, dann werdet ihr wohl vor diesen Ängsten beschützt – egal, ob ihr den grundlegenden Übungen des Shravaka-Fahrzeugs folgt oder den fortgeschrittensten des Dzogchen –, doch abgesehen davon wird es keinerlei heilsame Resultate geben. Aus diesem Grund solltet ihr diese Motivation meiden.

(2) Seinen Ehrgeiz befriedigen wollen

In der Absicht, den Dharma für eigennützige Ziele zu benutzen und ihn damit herabzuwürdigen, denkt man sich: „Ich werde eine Unterweisung samt den Ermächtigungen und Übermittlungen erbitten, und wenn ich dann die Sadhana in Klausur praktiziere, werde ich davon profitieren, die Leute werden mich bewundern und ich werde berühmt." Mit dieser auf Profit, Bewunderung und Bekanntheit gerichteten Motivation könnt ihr möglicherweise Nahrung, Bekleidung und andere Annehmlichkeiten dieses Lebens erlangen.(Gewinn, Bewunderung, Ruhm, Vergnügen und ihr jeweiliges Gegenteil, also Dinge, die wir uns nicht wünschen, stellen die acht weltlichen Anliegen dar.) Wenn ihr mit einer derartigen Motivation den Dharma für eure Bedürfnisse nutzt, dann kann es sein, dass ihr euch Pferde und Dzos[19] kaufen könnt, wenn eure Geschäfte gut laufen, oder wenn ihr weniger erfolgreich seid, zumindest Schaf- oder Yakwolle von minderer Qualität. Aber nichts auf Erden ist schändlicher, als den Dharma zur Erfüllung weltlicher Begierden zu benutzen. Wer die unbezahlbaren Lehren des geheiligten Dharma für weltliche Werte und Güter wie Nahrung und Kleidung eintauscht, ist schlimmer als ein alter Mann, der sich ein Gewehr beschafft, um seinen Lebensunterhalt durch Jagen zu verdienen.[20] Der unvergleichliche Dagpo sagt:

> *Wenn ihr den Dharma nicht in Übereinstimmung mit dem Dharma praktiziert,*
> *wird der Dharma selbst zur Ursache für niedere Wiedergeburten.*

Diejenigen, die mit Opfergaben nicht auf die rechte Art und Weise umgehen, werden das Verbrennen ihrer Roben, das Verbrennen ihrer Almoseschalen, den glühenden Hammer, das verbrennende, geschmolzene Eisen usw. erleben.[21] Benutzt also Opfergaben nicht für euch selbst.

In der Sakya-Lehre *Sich von den vier Anhaftungen trennen* heißt es: „Wer an diesem Leben hängt, ist kein Praktizierender des Dharma."

Von denen, die, wie eben beschrieben, Tauschhandel treiben mit der Lebenskraft des Dharma, kann man sagen, dass sie die Drei Juwelen erniedrigen und den Dharma entehren. Ihr solltet das meiden wie Gift.

Mit der Motivation, eure Lebensumstände zu verbessern, könnt ihr sehr wohl den Eindruck erwecken, den Dharma – sei es Hinayana oder auch Dzogchen – zu praktizieren. Ihr mögt euch viele Jahre in einer Einsiedelei[22] von der Welt abschließen, es mag so aussehen, als ob ihr eifrig in Klausur praktiziert, und ihr mögt dadurch möglicherweise Besitz, Anerkennung, einen guten Ruf erwerben, aber nach Abu (Patrul Rinpoche, Anm. d. Übers.) wird diese Art, den Dharma zu praktizieren, nicht einmal dazu verhelfen, den Samen für die Befreiung im nächsten Leben zu säen. Wie ein Betrüger, der ein Rehfell über das Fleisch eines Esels breitet, um es als Wildbret zu verkaufen, habt ihr das Eselfleisch eures üblen Wesens mit dem Rehfell des geheiligten Dharma bedeckt und ihn entwürdigt. So, wie man jemandem, der sein Erbe verschleudert, einen Nichtsnutz nennt, wird man von euch sagen: „Das ist jemand, der versagt und den Dharma entehrt hat."

(B) Die neutrale Motivation

Leute mit einer neutralen Motivation haben kein wirkliches Ziel. Ohne großes Interesse fragen sie nach ein paar Unterweisungen, einfach, weil das so Sitte ist. Sie verhalten sich wie Affen, die Menschen imitieren, oder wie ein Hund, der einem Vorbeigehenden nachläuft. Ohne Sinn für richtig oder falsch sind sie wie jemand, der ziellos einen Pfeil in die Luft schießt. Nach Abu werdet ihr mit einer derartigen Einstellung nicht einmal den Samen für die Befreiung säen. Doch mein eigener Lehrer sagte von der neutralen Einstellung, sie sei, wenn auch nicht gut, so doch auch nicht schlecht, und der Samen für die Befreiung werde immerhin gesät.

(C) Die positive Motivation

Es gibt drei Arten von positiver Motivation, die den drei Fähigkeiten der Wesen entsprechen: geringere, mittlere und überlegene.

(1) Die Motivation von Wesen mit geringer Eignung

Diese möchten den drei niederen Bereichen von Samsara entgehen und für sich allein die Ebene der Götter oder Menschen erreichen. Zu diesem Zweck praktizieren sie die verschiedenen Lehren, von denen der Shravakas bis hin zur Großen Vollkommenheit. Aufgrund dieser Motivation sind dies nur entweder lange, kurze oder schnelle Wege zu einer höheren Wiedergeburt, ermöglichen aber nicht, die Buddhaschaft zu erreichen. Obwohl sie möglicherweise die 253 Pratimoksha-Regeln einhalten und die drei Dharma-Roben tragen, ist ihre Motivation nicht besser als die eines alten Mannes und sie gleichen einfach nur einem Greis, der die Gelübde ablegt, oder einem moralisch disziplinierten Greis. Und wenn sie die friedvollen Gottheiten der Erzeugungsphase auf eine gewöhnliche Art und Weise visualisieren[23], werden sie als Gott in der Welt der Begierde wiedergeboren. Und wenn sie eine zornvolle Gottheit auf gewöhnliche Art und Weise visualisieren, werden sie als Dämon oder Rudra wiedergeboren, wie Abu sagt:

„Wenn ihr mit offenem Mund und rollenden Augen über die Gottheit meditiert, werdet ihr als böse Geister wiederkehren."

Wenn ihr mit dieser Motivation die auf ursprünglicher Reinheit beruhende Trekchö-Meditation und die auf spontaner Gegenwärtigkeit beruhende Thögal-Meditation praktiziert, werdet ihr lediglich in den vier Bereichen ohne Form oder in den siebzehn Ebenen der Welt der Form wiedergeboren, vorausgesetzt, dass ihr eure Praxis mit der Anhäufung von Verdienst sowie durch Reinigung von Trübungen untermauert habt. Wenn nicht, dann steht euch nur eine Wiedergeburt als Ratte, Bär oder dergleichen bevor. Sakya Pandita bemerkt dazu:

Jene, die Mahamudra auf dümmliche Art und Weise praktizieren,
enden meist im Bereich der Tiere.

Ihr solltet die Motivation der Wesen mit geringer Eignung vermeiden, denn wie es heißt: Wenn ihr noch an Samsara hängt, habt ihr nicht die Entschlusskraft, euch daraus zu befreien.[24]

(2) Die Motivation von Wesen mit mittlerer Eignung

Diese haben erkannt, dass die sechs Daseinsbereiche zutiefst jammervoll sind und einem Werkzeug zur Erzeugung von Leiden gleichen, einem flammenden Höllenschlund, einer Insel voller Ungeheuer, der Schneide eines Rasiermessers. Sie suchen Befreiung aus den sechs Bereichen von Samsara, um für sich allein das Nirvana der Shravakas und Pratyekabuddhas zu erreichen. Aber, ob sie nun den langen, den kurzen oder den raschen Pfad praktizieren, er wird ihnen nur dazu verhelfen, die Ebene eines Shravaka-Arhat oder eines Pratyekabuddha-Arhat zu erlangen, und sie keineswegs zur Buddhaschaft führen.

Als sich der unvergleichliche Jowo Atisha in Tibet aufhielt, sagte er, als er eines Morgens dabei war, seinen Tee zu trinken, plötzlich: „O weh!" Der Bodhisattva Drom Tönpa, der gerade bei ihm war, fragte ihn, was los sei, und Atisha antwortete ihm: „Ich habe in Indien einen Schüler, der Hevajra praktiziert, aber heute Morgen hat er den Shravaka-Weg der Beendigung eingeschlagen."

Drom Tönpa fragte erstaunt, wie es möglich sei, sich mit der Praxis von Hevajra auf dem Shravaka-Pfad der Beendigung zu befinden.

Atishas Antwort: „Wenn jemand nicht die richtige Motivation hat und deshalb die Gottheit nicht meistert, kann ihn das Praktizieren der Hevajra-Sadhana in den Bereich der Höllen, der Pretas oder der Tiere führen. Wenn er hingegen weiß, wie richtig praktiziert wird, kann er die Ebene der Buddhaschaft erreichen. Deshalb ist die Motivation, oder wie man praktiziert, wichtiger als das, was man praktiziert."

Aus diesem Grund heißt es: „Wo die eigenen Interessen im Vordergrund stehen, gibt es kein Bodhichitta."[25]

Heutzutage hört man Leute aus allen Bereichen sagen: „Ich muss meditieren, um im Tod den Ängsten und Halluzinationen zu entgehen", was nach meinem Lehrer eine selbstsüchtige Motivation ist.[26]

(3) Die Motivation von Wesen mit überlegener Eignung

Alle vier bisher genannten Arten der Einstellung laufen darauf hinaus, dass man seine eigenen egoistischen Wünsche erfüllt haben möchte. Deshalb sollten wir uns sagen: „Von nun an will ich die ichbezogene Motivation und eigennütziges Verhalten als Fehler, als meine Feinde betrachten. Ohne an meine eigenen Interessen zu denken, werde ich alle Wesen vom Leiden und seinen Ursachen befreien und ihnen helfen, den Zustand vollkommener Buddhaschaft jenseits der beiden Extreme zu erreichen."

Dies ist die umfassende Bodhichitta-Gesinnung, der Erleuchtungsgedanke. Damit er in unserem Geist aufkommt, müssen wir erkennen und darüber meditieren, dass alle Wesen unsere Mütter waren, wir müssen uns an ihre Güte erinnern und so fort. Wenn das nicht geschieht, mag der Lehrer wohl mit ernster Miene sagen: „So weit der Raum reicht, gibt es fühlende Wesen ...", der Schüler wohl darüber meditieren, beide bekümmert „Ach, die Armen ..." murmelnd – doch wird das nur Theater sein, ohne Konsequenzen. Das ist heutzutage die große Gefahr, dass die Leute sich einbilden, Lehrer oder Schüler zu sein, und nicht einmal ein gutes Herz haben, von den anderen Eigenschaften ganz zu schweigen. Deshalb müsst ihr also zu Anfang erkennen, dass alle Wesen eure Mütter waren, euch an ihre Güte erinnern, ihnen ihre Güte vergelten wollen und wünschen, sie zum allwissenden Zustand der Buddhaschaft zu bringen.

I.1 Die umfassende Bodhichitta-Gesinnung

Ihr Kern ist, den Erleuchtungsgeist in sich zu erwecken, der zwei Aspekte hat. Maitreya sagt:

> *Bodhichitta ist der Wille, vollkommene Buddhaschaft zum Wohl der anderen zu erlangen.*[27]

Der erste Aspekt ist, sich mit Mitgefühl auf alle Wesen zu konzentrieren und den Willen zu haben, sie alle vom Leiden und seinen Ursachen zu befreien. Der zweite Aspekt ist, sich mit Weisheit auf vollkommene Erleuchtung zu konzentrieren, in der Absicht, sie zu erlangen. Wir müssen beides haben, verbunden mit Liebe und Mitgefühl. Wenn wir nämlich nicht den Willen entwickeln, die Wesen zur Ebene der Buddhaschaft zu bringen, wird unser Bodhichitta – obwohl wir sagen „zum Wohl aller

Wesen" – einfach nur Mitgefühl sein. Und wenn wir, ohne daran zu denken, dass es zum Wohl der Wesen ist, die Absicht haben, Erleuchtung zu erlangen, wird unser Bodhichitta einfach nur Liebe sein. Die umfassende Bodhichitta-Gesinnung besteht also darin, zu wollen, dass alle Wesen vom Leiden und seinen Ursachen befreit werden und vollkommene Buddhaschaft erlangen.[28]

Wie wird über dieses Bodhichitta meditiert? Indem ihr mit eurer eigenen Mutter anfangt und dann allmählich in eure Meditation alle Wesen in den Weiten des Alls miteinbezieht.

(A) Sich mit Mitgefühl auf alle lebenden Wesen konzentrieren

(1) Einsehen, dass alle Lebewesen eure Mütter waren

Zuerst müsst ihr daran denken, dass überall, wo der Raum ist, fühlende Wesen sind, und dass überall, wo fühlende Wesen sind, es die durch ihr Karma bedingte Wahrnehmung von Leiden gibt. Unter all diesen Wesen ist keines, das während anfangsloser Zeiten nicht euer Vater, eure Mutter, ein Freund gewesen ist. Es gibt kein einziges Wesen, das nicht als Mutter mit großer Güte für euch gesorgt hätte. Eure jetzige Mutter ist so viele Male eure Mutter gewesen, wie ihr seit anfangslosen Zeiten durch Samsara irrt. Es gibt keinen Ort von der Größe eurer Hand, wo ihr nicht viele, viele Male geboren und gestorben seid, und jedes Mal seid ihr von einer Mutter geboren worden. Mit Ausnahme der Höllen und der meisten Götterbereiche habt ihr nie ohne eine Mutter Geburt angenommen. Wie viele Male jedes einzelne Wesen eure Mutter gewesen ist, entzieht sich eurer Vorstellungskraft, es war nicht nur einmal, sondern unvorstellbar viele Male, wie Nagarjuna sagt:

„Um die Anzahl eurer Mütter zu zählen, würden Kügelchen groß wie Wacholderbeeren, geformt aus der Erde der ganzen Welt nicht ausreichen …"[29]

Wie schwer es ist, die Freiheiten und Vorteile vorzufinden.

(2) Sich an ihre Güte erinnern

Denkt besonders an die Güte eurer jetzigen Mutter. Von dem Augenblick an, da ihr als das umherirrende Bewusstsein, ein Driza, auf der Suche nach einem Körper, in den Schoß dieser großherzigen Person eingetreten seid, hat sie euch neun Monate und zehn Tage lang unter Nichtachtung aller Härten und aller Kritik dort beherbergt.[30] Die Säfte und Nährstoffe ihres Körpers gelangten durch die Nabelschnur in euch, sodass euer Körper sich entwickeln und wachsen konnte. Nach der Geburt ließ diese gütige Mutter euch nicht sterben, dieses schwache, zarte Ding, das ihr wart, kaum lebendig und nicht in der Lage, allein den Kopf zu heben. Sie ließ euch nicht zugrunde gehen, sondern empfand die tiefe Freude einer Mutter über die Geburt ihres Kindes. Sie wedelte zu eurer Unterhaltung mit den Fingern vor eurem Gesicht, sorgte voller Liebe für euch, schaute euch mit einem Lächeln an und gab euch zärtliche Kosenamen. Eure erste Nahrung war die süße Milch ihrer Brust, eure erste Umhüllung die Wärme ihres Körpers. Sie gab euch die leckersten Stücke von ihrem eigenen Essen und kleidete euch mit dem Besten, was sie hatte. Sie befühlte euren Bauch, um zu sehen, ob ihr hungrig wart, kaute euch das Essen vor, wischte euch den Rotz mit ihren Lippen ab und entfernte eure Fäkalien mit ihren Händen. Als ihr noch nicht in der Lage wart, zu essen, lehrte sie euch, zu essen, als ihr noch nicht sprechen konntet, lehrte sie euch, zu sprechen, als ihr noch nicht gehen konntet, lehrte sie euch, zu gehen. Sie fütterte euch, wenn ihr hungrig wart, gab euch Dinge wie Kleider, als ihr nichts hattet. Denkt nach darüber, wie gut sie zu euch war, euch mit so großer Liebe aufzuziehen. Erinnert euch an ihre Güte, euch einen Körper verschafft, das Leben gegeben, für eure Bedürfnisse gesorgt und euch gezeigt zu haben, wie das Leben in der Welt funktioniert. Dies alles stellt die weltliche Seite ihrer Güte dar.

Vom Dharma her gesehen, war es eure Mutter, die euren kostbaren menschlichen Körper, ausgestattet mit den achtzehn Freiheiten und Vorteilen, das Licht der Welt erblicken ließ. Das Erzeugen von Bodhichitta am Anfang, die unzähligen Bodhisattva-Übungen in der Mitte und sogar das Erreichen vollkommener Buddhaschaft am Ende sind nur dank der Güte eurer Mutter möglich. Ohne die Wesen, die unsere Mütter waren, wäre es nicht möglich, Bodhichitta zu ihrem Wohl zu erzeugen, sich dann auf dem Weg des Bodhisattva zu üben und Erleuchtung zu erlangen. Und auch all die günstigen Umstände, die es euch ermöglichen, den Dharma zu praktizieren, wie ein Ort für die Praxis, ein Bett und andere unentbehrliche Dinge, hängen von anderen Wesen ab, die eure Mütter waren.

Auf diese Weise solltet ihr euch an die Güte eurer Mütter erinnern.

(3) Ihre Güte zurückzahlen wollen

Eure jetzige Mutter und eure früheren Mütter haben euch in ihrer Güte unendlich viel geholfen, sie haben ihren Kindern alles gegeben und Verlust und Fehlschläge ertragen. Sie haben mit allen erdenklichen materiellen Dingen für euer Glück gesorgt und dafür negative Taten, Mühen und Kritik auf sich genommen. Jetzt ist es an uns, die wir ihre Kinder waren, an das Wohlergehen unserer früheren Mütter zu denken. Sie alle wollen Glück, vom flüchtigen Vergnügen eines sonnigen Tages bis hin zur Glückseligkeit der Buddhaschaft, doch wissen sie nicht, was zu tun ist, um die Ursachen für Glück – heilsames Verhalten – zu schaffen, dem erhabenen Pfad zu folgen und die Worte eines spirituellen Freundes oder Lehrers zu hören, der ihnen den Weg lehrt. Allen möglichen Plagen ausgesetzt, von der Verbrennung durch ein Fünkchen Glut angefangen, wünschen sie sich keines der Leiden in Samsara und schrecken doch nicht davor zurück, die Ursachen des Leidens – Karma und negative Emotionen – zu schaffen. Und so macht alles, was sie tun, das zunichte, was sie sich wirklich wünschen.

Shantideva drückt es so aus:

Wir sehnen uns nach Glück, doch wegen unserer Unwissenheit
zerstören wir es wie einen verhassten Feind.[31]

Da Glück so selten ist wie ein Stern bei Tag und da die Wesen die Wahrheit vom Leiden direkt und die Wahrheit vom Ursprung des Leidens indirekt erfahren, sollten wir auf die drei Bindeglieder zurückgreifen:

- Das Bindeglied des Wunsches, indem man denkt: „ Welche Freude es wäre, wenn alle Wesen frei sein könnten vom Ursprung oder den Ursachen des Leidens – Karma und negative Emotionen – und von den daraus hervorgehenden Leiden in den drei Welten von Samsara."
- Das Bindeglied des Wunschgebets: „Wenn sie doch frei sein könnten von diesen Leiden und deren Ursache."
- Das Bindeglied des Engagements: „Ich selbst werde dafür sorgen, dass sie befreit werden."

Diese drei Bindeglieder im Sinn beschwört die Drei Juwelen, die nie versagende Zuflucht, und verlasst euch auf sie, um eure früheren Mütter vom Leiden und seinen Ursachen zu befreien. Rezitiert das Gebet: „Zu den Meistern und Buddhas …" gefolgt von: „Ach! Mitfühlende Drei Juwelen …" und „Mutiger, der du die Macht des Mitgefühls besitzt …" und so weiter.

Dies war der erste Aspekt – sich mit Mitgefühl auf die Lebewesen konzentrieren.

(B) Sich mit Weisheit auf vollkommene Erleuchtung konzentrieren.

Nachdem wir die Wesen vom Leiden und seinen Ursachen befreit haben, stehen wir vor der Frage, wohin sie bringen, und da haben wir die Wahl: Was die höheren Daseinsbereiche betrifft, so haben unsere Mütter den Zustand von Brahma, Indra und anderer Götter schon viele Male erfahren. Doch diese Bereiche sind nicht jenseits des Leidens, und da sie vergänglich sind und das Extrem von Samsara bedeuten, sollten wir sie nicht dorthin bringen wollen.

Was den Zustand des Friedens der Shravakas und Pratyekabuddhas betrifft, so ist man hier völlig frei von Leiden und wird wie jemand, der einmal die Pocken gehabt hat[32], nie wieder in Samsara zurückfallen. Dieser Zustand hat jedoch nicht die Bodhisattva-Ebenen, noch als Resultat des Bodhisattva-Weges irgendeine der Qualitäten des Buddha.

Wir würden die Wesen somit zum Extrem von Nirvana bringen, was wir ebenfalls nicht tun sollten.

Wir sollten uns also mit der Notwendigkeit befassen, die Wesen zur vollkommenen Buddhaschaft zu bringen, die jenseits dieser beiden Extreme ist.

Der zweite Aspekt – sich mit Weisheit auf vollkommene Erleuchtung konzentrieren – beinhaltet drei Stufen von Mut: großen, mittleren und geringeren.

Wer den großen Mut hat, denkt: „Bevor ich vollkommene Erleuchtung erlange, werde ich das Wohl aller Wesen bewirken."

Der mittlere Grad von Mut schließt den Gedanken ein: „Ich will weder vorausgehen noch zurückbleiben, ich werde Buddhaschaft zur gleichen Zeit wie alle anderen erreichen."

Der geringere Grad von Mut wird mit dem Beispiel einer verkrüppelten Mutter ohne Arme beschrieben, deren Kind von den Fluten davongetragen wird. Man denkt sich: „Da ich im Gegensatz zum Buddha noch nicht die Fähigkeit habe, die Wesen zu befreien, werde ich mich bemühen, zuallererst Buddhaschaft zu erlangen, und wenn dann durch die Realisierung mein Geist befreit ist, werde ich meinerseits aus Mitgefühl alle Wesen befreien und sie den Pfad zur Befreiung lehren. Solange, bis Samsara geleert ist, will ich das Wohl der Wesen bewirken, so wie es die Buddhas und die Vidyadharas der drei Zeiten und zehn Richtungen getan haben.

Dies war der zweite Aspekt – sich mit Weisheit auf vollkommene Erleuchtung konzentrieren.

Diese Weisheit ist die, die das Wohl der anderen bewirkt. Beginnt damit, dies für eure Mutter zu entwickeln, dann für euren Vater, eure Brüder, Schwestern, Freunde, für die Freunde und Verwandten eures Vaters, eurer Mutter, das ganze Land. Weitet sie während eurer Sitzung allmählich auf das ganze All aus. Es ist wichtig, auf diese Art stufenweise zu meditieren, anderenfalls wird euer Verständnis verschwommen bleiben.

● Die drei erhabenen Methoden

Der große, allwissende Longchenpa sagt:

Sich vorbereiten mit dem Erzeugen von Bodhichitta,
die Hauptpraxis frei von Konzepten lassen,
und zum Schluss das Verdienst widmen,
dies sind die drei Kernpunkte für den Weg zur Befreiung.

(A) Die Vorbereitung

Erzeugt am Anfang als geschicktes Mittel Bodhichitta, um sicherzugehen, dass euer Tun zu einer Quelle des Heilsamen wird. Dazu gehört der Gedanke „Ich werde alle Wesen vom Leiden und seinen Ursachen befreien und sie zur vollkommenen Erleuchtung bringen." Mit dieser Absicht bündelt ihr die Quelle des Heilsamen für die Zukunft, so wie man Heu mit einem Rechen zusammenrecht.

(B) Der Hauptteil

Um zu verhindern, dass euer Verdienst[33] durch Umstände zunichtegemacht wird, haltet die Praxis des Hauptteils frei von Konzepten.

Welches sind die Umstände, die das Verdienst vernichten können?

1. Wenn ihr das Verdienst nicht dem Erlangen der Buddhaschaft zum Wohl der anderen widmet, wird das aus der positiven Tat resultierende Glück nur einmal erfahren und damit aufgezehrt sein.
2. Hassgefühlen nachgeben

Gute Werke, angehäuft in Tausenden von Zeitaltern,
wie Taten der Freigebigkeit
oder Opfergaben für die Glückseligen –
ein einziger Hassanfall zerschmettert sie.[34]

In dem Moment, wo ihr euch von Hass hinreißen lasst, sind alle heilsamen Taten, die ihr durch Freigebigkeit und Disziplin über Tausende großer Kalpas angesammelt habt, vernichtet.

3. Wenn ihr eure positiven Taten später bereut, ist ihr Potenzial für zukünftiges Glück verbraucht. So bereut ihr es z. B., den Drei Juwelen Opfergaben gebracht oder gewöhnlichen Wesen großzügig gespendet zu haben, und macht es dann in Gedanken rückgängig, indem ihr euch sagt, die Hälfte oder ein Drittel davon hätte es auch getan. Durch solches Bedauern wird das Verdienst eurer guten Tat aufgezehrt.
4. Wenn ihr mit eurer positiven Tat protzt, hat sich ihr Verdienst ebenfalls verbraucht. So knüpft ihr beispielsweise ein Dung[35] an eure Mala und schwört, das Mani hundert Millionen Mal rezitiert zu haben (egal, ob es stimmt oder nicht). Ihr zeigt jedermann eure Mala, versperrt Leuten, die zu Fuß unterwegs sind, den Weg oder baut euch vor denen zu Pferd auf, um ihnen von dem bisschen an Verdienst zu erzählen, das ihr angehäuft habt. Auf diese Weise werden positive Taten vergeudet.

Um diese vier Arten der Vernichtung eures Vorrats an Verdienst zu vermeiden, müsst ihr die Madhyamaka-Sicht als den Grund, die Mahamudra-Sicht als den Weg und die Sicht des Dzogchen als die Frucht realisieren. Mein Lehrer meint, ihr könnt etwas, was dem ähnelt, erzeugen, indem ihr die Gewissheit entwickelt, dass die drei Konzepte, obwohl auftretend, keine eigenständige Existenz haben, einer magischen Illusion, einem Traum, einer Gandharva-Stadt[36] gleichen oder wie die Spiegelung des Mondes im Wasser sind. Für Anfänger reiche das aus, denn für sie ist es schwierig, am Anfang im Hauptteil der Praxis frei von Konzepten zu sein – ebenso schwierig, wie es ist, an seiner Nase zu ziehen, um zu sehen, ob sie in den Mund passt. Shantideva fügt im *Bodhicharyavatara* hinzu:

Bindet den verrückten Elefanten eures Geistes
am Pfeiler des Nachdenkens über die Lehren fest
und erlaubt ihm nicht, sich davonzumachen.[37]

Bei der Meditation über die Schwierigkeit, die Freiheiten und Vorteile zu finden, ist es wichtig, zwischen analytischer Meditation und ausruhender Meditation abzuwechseln.

(C) Der Abschluss, die Widmung

Zum Schluss widmet das Verdienst, damit es immer weiter zunimmt. Im *Sutra der Fragen von Sagaramati* ist zu lesen:

Ebenso wie ein in den Ozean fallender Wassertropfen
solange überdauert wie der Ozean,
überdauert das der völligen Erleuchtung gewidmete Verdienst
solange, bis Buddhaschaft erlangt ist.

In gleicher Weise, wie ein ins Meer fallender Wassertropfen bis zum Ende eines großen Kalpas dort bleibt, erschöpft sich das der allwissenden Buddhaschaft gewidmete Verdienst solange nicht, bis Erleuchtung erlangt ist. In der Zwischenzeit kann es dazu führen, dass man in der edlen Abstammungslinie der Brahmanen, als hochrangiger Kshatriya[38] oder wohlhabender Laie wiedergeboren wird, und am Ende wird man vollkommene Buddhaschaft erlangen.

Die Widmung kann von zweierlei Art sein, je nachdem, ob sie mit Konzepten vergiftet ist oder nicht.

● Unheilsame Widmung

In der *Kurzgefassten Transzendenten Weisheit* heißt es:

Der Siegreiche hat erklärt, dass Gutes mit Konzepten zu tun,
das Gleiche ist, wie ein mit Gift vermischtes gutes Gericht zu verzehren.

So, wie ein gutes, mit einer kleinen Menge Gift vermischtes Essen köstlich schmecken kann, aber große Schmerzen verursacht, wenn wir es verdauen, können positive Taten zwar zu einer Wiedergeburt in den höheren Daseinsbereichen führen, euch aber nicht aus Samsara befreien, sofern ihr die drei Konzepte für real haltet. Vermeidet deshalb diese Art von Widmung.

● Heilsame Widmung

Die nicht vergiftete Widmung ist eine Widmung, die rein ist, frei von den drei Konzepten. Sie kann authentisch sein oder annähernd.

Über die authentische Widmung sagt die *Kurzgefasste Transzendente Weisheit*:

> *Die Weisheit, frei von den drei Kreisen, meistert alle Aktivitäten.*

In anderen Worten, die authentische Widmung besteht darin, die Sicht der Leerheit, erhaben in allen Aspekten, anzuwenden, die sich manifestiert als Liebe, Mitgefühl, Bodhichitta, Widmung, Gebet und so fort.

Die annähernde Widmung besteht darin, alles, was wir an Verdienst in der Vergangenheit angesammelt haben, gegenwärtig ansammeln und in Zukunft ansammeln sowie das unbefleckte Verdienst der Buddhas und Bodhisattvas und das befleckte aller Wesen, im Geist zusammenzufassen und es dafür zu widmen, dass alle Wesen in den drei Welten vom Leiden und seinen Ursachen frei werden und vollständige Buddhaschaft erlangen.

● Wie gewidmet wird

Denkt euch: „In der gleichen Weise, wie die Buddhas und Bodhisattvas eine völlig reine Widmung, frei von den drei Konzepten machten, will auch ich das Verdienst widmen.“ Rezitiert dann die folgenden Verse:

> *Die Helden Manjushri,*
> *Samantabhadra*
> *und alle mit Weisheit Begabten nachahmend,*
> *führe auch ich eine vollendete Widmung*
> *aller positiven Taten aus.*

Ebenso wie die Buddhas der Vergangenheit, Gegenwart und Zukunft
widme auch ich gänzlich alles Verdienst.

Auf diese Weise wird es eine authentische, reine Widmung, frei von den drei Konzepten.

Es gibt keine Praxis in der Mahayana-, Sutra- und Mantra-Tradition, die nicht in den drei erhabenen Methoden mit inbegriffen ist, wir brauchen also nicht viel mehr, um vollkommene Buddhaschaft zu erreichen, weniger wird allerdings nicht ausreichen. Arya Nagarjuna sagt:

Mögen dank der Quellen des Guten alle Wesen
die Ansammlung von Verdienst und Weisheit vollenden
und die zwei erhabenen Kayas erlangen,
die aus Weisheit und Verdienst hervorgehen.[39]

Die erhabene Vorbereitung – das Erzeugen von Bodhichitta – und der erhabene Abschluss – die Widmung – stellen die „sichtbare" Ansammlung von Verdienst mit Konzepten dar, während der erhabene Hauptteil die „nicht sichtbare" Ansammlung von Weisheit ohne Konzepte bedeutet.[40]

Die „sichtbare" Ansammlung von Verdienst schafft die direkte Ursache für das Erlangen des Rupakaya und die „nicht sichtbare" Ansammlung von Weisheit schafft die unterstützenden Bedingungen dafür. Die „nicht sichtbare" Ansammlung von Weisheit schafft die direkte Ursache für das Erlangen des Dharmakaya und die „sichtbare" Ansammlung von Verdienst schafft die unterstützenden Bedingungen dafür. Um die zwei Verdunkelungen des Grundes zu reinigen, um die zwei Ansammlungen auf dem Weg zu erfüllen und als Frucht, die zwei Kayas zu erlangen, braucht ihr also nicht viel mehr – aber auch nicht weniger – als die drei erhabenen Methoden, die Sutrayana und Mantrayana gemeinsam sind.

I.2 Weitreichendes Geschick in den Methoden: Die Gesinnung der Vidyadharas des geheimen Mantrayana

Wenn wir anfangen, das geheime Mantra-Vajrayana zu studieren oder zu praktizieren, sind die Gesinnung des Mahayana und ein starkes Band zwischen Lehrer und Schüler unentbehrlich.

In der *Leuchte der drei Methoden* heißt es:

Es hat das gleiche Ziel, ist aber frei von jeder Unklarheit.
Es ist reich an Methoden und ohne Schwierigkeiten.
Es ist für die mit größten Fähigkeiten.
Das Mantrayana ist außerordentlich erhaben.

Obwohl Sutrayana und Mahayana beide als höchstes Ziel die vollkommene Buddhaschaft haben, unterscheiden sie sich im Weg zu diesem Ziel. Vier Dinge machen das Mantrayana überlegen: die Sicht, die frei ist von Konfusion, mannigfache Methoden der Meditation, ein Verhalten ohne asketische Härten und Lehren für jene mit höchsten Fähigkeiten.

Zur Sicht: Die Sicht von beiden, Sutrayana und Mantrayana, hat als Gegenstand die Dimension des Absoluten, aber die eine Sicht ist verschwommen, die andere klar. Im kausalen Fahrzeug der Merkmale (das sich auf die Sutras stützt) wird die absolute Wahrheit oder absolute Natur als die Große Leerheit, frei von den acht konzeptuellen Extremen, gesehen, aber nicht als von Natur aus die Einheit von absolutem Raum und ursprünglicher Weisheit. Wenn dieser trübende Aspekt ausgeschaltet ist (im Mantrayana), ist die Sicht der absoluten Natur ohne Konfusion.

Im kausalen Fahrzeug der Merkmale werden die relativen Phänomene als voneinander abhängig und wie magische Illusionen betrachtet, jedoch noch nicht als die Kayas und Weisheiten. Diese Form der Unwissenheit ist es, die im Geheimen Mantrayana geklärt wird, wo die Entfaltung der Kayas und Weisheiten als der große Dharmakaya gesehen wird, d. h. als die Untrennbarkeit der zwei Wahrheiten, die seit anfangslosen Zeiten untrennbare Einheit von absolutem Raum und ursprünglicher Weisheit.

Zur Meditation: Die Meditation des Geheimen Mantrayana ist erhaben, weil sie die Erzeugungsphase enthält, welche die geschickten Mittel bedeutet, und die Vollendungsphase, die mit der Weisheit in Zusammenhang steht.

Zum Verhalten: Das Verhalten im Mahayana ist erhaben, weil es keine Askese erfordert. Im kausalen Fahrzeug der Merkmale gibt es keinen Weg, auf dem man nicht von den fünf Sinnesfreuden lassen müsste, während im Geheimen Mantrayana, wo der Geist schnell und einfach geschützt werden kann[41], die fünf Sinnesfreuden nicht abgelehnt werden, sondern als Weg genutzt. Die Ebene des Vajra-Halters der Einheit[42] kann in einem Leben und in einem Körper erlangt werden.

Das Fahrzeug des Geheimen Mantra ist erhaben, weil die, die es praktizieren, extrem ausgeprägte Fähigkeiten haben und im Allgemeinen über die fünf Kräfte verfügen, die die völlige Reinigung bewirken, und im Besonderen, weil ihr extrem geschärfter Geist einerseits mit der Kraft begabt ist, die tiefgründige Sicht des Geheimen Mantra zu realisieren, und andererseits mit der Kraft des Vertrauens, das ihnen die Furchtlosigkeit verleiht, vor dem extremen Charakter bestimmter Verhaltensweisen nicht zurückzuschrecken.

● Die fünf Vollkommenheiten

Beim Studieren und Praktizieren des Geheimen Mantra-Vajrayana ist es ganz wesentlich, sich ständig an die fünf Vollkommenheiten zu erinnern. Jigme Lingpa sagt:

Wer den Lehrer als Mensch sieht,
wird nicht viel mehr Verwirklichung als ein Hund erlangen.[43]

Der Lehrer muss die Schüler als Buddhas und die Schüler müssen den Lehrer als Buddha sehen. Alles andere bedeutet einen Bruch der Samayas, denn im Geheimen Mantra-Vajrayana besteht der Unterschied zwischen denen, die die Samaya bewahren, und denen, die sie brechen, darin, dass Erstere die Phänomene als Gottheiten sehen und Letztere Erde einfach als Erde, Wasser einfach als Wasser usw.[44]

Die erste der fünf Vollkommenheiten besteht also darin, zu realisieren, dass der Lehrer der Buddha ist. Es gibt zwei Möglichkeiten, dies zu erreichen: über die Schriften und durch Schlussfolgerung.

Dass der Lehrer der Buddha ist, wird in den Schriften an unzähligen Stellen erwähnt. Aryadeva sagt zum Beispiel:

Der wahrhaft vollendete Buddha,
der einzige Herrscher, die große Gottheit,
gibt die Kernunterweisungen direkt,
aus diesem Grund ist der Vajra-Meister der Größte.

Und an anderer Stelle steht:

Der Lehrer ist der Buddha,
der Lehrer ist der Dharma,
der Lehrer ist auch der Sangha,
der Lehrer ist der, der alles meistert,
der Lehrer ist der glorreiche Vajradhara.

Und weiter:

Meister, ursprünglicher Buddha, denke an uns!

Und:

Meister, glorreicher Buddha …

Man könnte noch viele andere Beispiele aufzählen.

Zur Erkenntnis, dass der Lehrer der Buddha ist, kann man auch durch Analyse gelangen. Der unermessliche Weisheitsgeist des Lehrers ist der Dharmakaya. Diese ursprüngliche Weisheit manifestiert sich als der Rupakaya, dessen Essenz der Dharmakaya ist. Die untrennbare Einheit von Rupakaya und Dharmakaya ist der Vajra-Körper.

Der Vajra-Körper ist die große ursprüngliche Weisheit des Lehrers, die sich als Formkörper manifestiert – Erscheinung und Leerheit nicht voneinander zu trennen. Die Vajra-Rede ist die große Weisheit, erklingend als seine Rede – Klang und Leerheit, nicht voneinander zu trennen. Der Vajra-Geist ist die große Weisheit, die sich als sein Geist entfaltet – Gedanken und Leerheit untrennbar. Da seine Natur diese drei Vajras sind, erscheint sein großer Weisheitsgeist als Rupakaya und ursprüngliche Weisheit, welche die Essenz des Rupakaya ist.[45] Die Untrennbarkeit von Rupakaya und Dharmakaya ist der Vajradhara der Einheit, die Personifikation aller Zufluchten – der Lehrer.

Die gesamte Versammlung – ob ihre Mitglieder es realisiert haben oder nicht – ist von der Buddha-Natur durchdrungen, so wie Sesamsamen von Öl durchdrungen sind. Sie alle sind Buddhas, wie es im *Hevajra-Tantra* steht:

Alle Wesen sind Buddhas,
doch wird dies von hinzugekommenen Befleckungen verdeckt.
Wenn diese geläutert sind, offenbart sich ihre Buddhaschaft.

Ihre reine Natur ist Buddha, ihre ursprünglich reine Essenz ist Buddha und ihre spontanen Qualitäten sind die des Buddha. Nur kann ihre Buddhaschaft nicht zum Ausdruck kommen, weil sie von hinzugekommenen Befleckungen verdeckt wird. Da sie jedoch in Wirklichkeit Buddhas sind, sollten sie als Dakas und Dakinis der jeweiligen Buddha-Familie wahrgenommen werden.[46]

Da der Lehrer und die Versammelten Buddhas sind, ist auch der *Ort* rein und sollte als Akanishta, „das Unübertroffene", oder ein anderes Buddha-Gefilde gesehen werden.

Die *Lehre* ist hier die Große Vollkommenheit. Die *Zeit* ist das unablässig sich drehende Rad der Lehren, in einer ununterbrochenen Linie von Samantabhadra bis zu eurem gegenwärtigen Meister von Mund zu Ohr übermittelt.

Betrachtet diese fünf Vollkommenheiten als von jeher präsent.[47] Wir versuchen nicht, uns zu überzeugen, dass ein Esel ein Pferd sei, oder dass Kohle Gold wäre, wir denken einfach daran, dass es sich um die allem zugrunde liegende Buddha-Natur handelt, aus der sich die Phänomene manifestieren.

2. Das Verhalten

Es gibt zwei Arten von Verhalten, eines das wie Gift gemieden und eines das wie ein Heilmittel übernommen werden sollte.

2.1 Was vermieden werden soll

2.1.1 Die drei Mängel des Gefäßes

Der Ausdruck „Mängel des Gefäßes" wird folgendermaßen erklärt: Wenn man Gift in einen Topf mit Nektar füllt, wird der Nektar zu Gift. In gleicher Weise wird der Dharma, wenn er Schülern gelehrt wird, die ungeeignete Gefäße sind, nicht nur nicht als Gegenmittel zu ihren negativen Emotionen wirken, sondern sie ganz im Gegenteil eher noch verstärken.

Der erste der Mängel ist, dass ihr wie ein umgedrehter Topf seid, wenn ihr den Belehrungen nicht richtig zuhört. Die Flüssigkeit, die ausgegossen wird, gelangt nicht in den Topf. Euer Körper ist anwesend, euer Geist nicht. Wenn ihr den Worten eures Lehrers nicht zuhört, versteht ihr nichts von dem, was er sagt. Ihr müsst also die Ohren spitzen und zuhören.

Es nützt nichts, wenn ihr zwar richtig zuhört, doch nicht behaltet, was ihr gehört habt. So werdet ihr weder die Worte noch ihre Bedeutung verstehen. Ihr müsst die Belehrungen erinnern können.

Wenn euer Geist voller negativer Emotionen ist, zieht ihr den Dharma in den Schmutz. Ihr häuft negatives Karma an, wenn ihr an dem Ort, wo der Dharma gelehrt wird, Gier, Hass und Unwissenheit aufkommen lasst. Aus diesem Grund wird es mit einem mit Gift gefüllten Topf verglichen, wenn man den Belehrungen mit einem von negativen Emotionen erfüllten Geist zuhört.

Das Gegenmittel zu diesen drei Mängeln wird in den Sutras aufgezeigt: „Hört auf die rechte Weise zu und behaltet sie, dann gebe ich euch die Lehren."

Damit wollte der Buddha Ananda klarmachen, dass er ihm die Unterweisungen geben wird, wenn er ihm zuhört, den Sinn erinnert und keine negativen Emotionen damit vermischt. Er sagte nicht: Wenn du einen von Gier und Abneigung erfüllten Geist hast, nicht zuhörst, und nicht erinnerst, was ich sage, dann werde ich dir die Lehren geben.

Hört also mit einer von Gier und Hass freien Gesinnung zu, ohne jemals den Erleuchtungsgedanken preiszugeben, nehmt die Worte wirklich auf und erinnert ihre Bedeutung!

2.1.2 Die sechs Befleckungen

Hochmut, mangelndes Vertrauen und kein Bemühen,
äußere Ablenkungen, innere Verspanntheit und Entmutigung,
dies sind die sechs Befleckungen.

Hochmut ist das Gefühl der Überlegenheit, wenn man unter einem Stehende betrachtet. Sowie Hochmut aufkommt, verachtet man die, die einem unterlegen sind, ist eifersüchtig auf die, die besser sind als man selbst, und rivalisiert mit Ebenbürtigen. Deshalb heißt es:

Das Wasser guter Qualitäten
dringt niemals in den eisernen Block des Hochmuts.

Wenn ihr eingebildet seid, seht ihr eure eigenen Fehler nicht und werdet blind für die guten Eigenschaften anderer. Um dies zu verhindern, solltet ihr eure eigene Unzulänglichkeit erkennen, eure versteckten Fehler offenlegen, nicht die Aufmerksamkeit auf euch lenken, unauffällige Kleider tragen und jedermann schätzen, ganz gleich, welche Qualitäten die Betreffenden haben.

Wenn ihr wenig Glauben habt, habt ihr kein Vertrauen in die Lehren und den Lehrer. Das Gegenmittel hierfür ist die feste Überzeugung, dass weder der Dharma noch der Lehrer euch jemals im Stich lassen.

Was das Bemühen betrifft: Wenn ihr kein Interesse am Dharma habt, seid ihr nicht motivierter als ein Pferd, dem ein Knochen, oder ein Hund, dem ein Büschel Gras vorgesetzt wird. Um dies zu beheben, solltet ihr im Wissen darum, wie schwer es ist, auf den Dharma zu treffen und einen spirituellen Freund zu finden, ein unersättliches Interesse an jedem einzelnen Wort der Lehre und ihrem Sinn entwickeln.

Äußere Ablenkungen können negative Emotionen hervorrufen, wie z. B. Begehren. Um das zu beheben, solltet ihr euch konzentrieren und euren Geist nach innen wenden.

Solltet ihr euch im Gegensatz dazu zu sehr konzentrieren, kann euch das dumpf und müde machen. Lernt also, in angemessener Entspanntheit zuzuhören.

Was Entmutigung angeht: Wenn ihr euch vom Zuhören der Belehrungen abschrecken lasst, weil ihr hungrig oder durstig werdet, wenn eine Belehrung zu lange dauert, oder weil euch Sonne oder Regen usw. zu schaffen machen, dann besteht die Gefahr, dass ihr aufstehen und weggehen möchtet. Um nicht dieses schlechte Karma anzuhäufen, solltet ihr zuvor beten, den Lehrer wieder zu treffen und erneut Belehrungen zu erhalten und erst dann die Versammlung verlassen. Es ist in der Tat wichtig, den Belehrungen mit Freude zuzuhören und zu denken: „Bisher habe ich mein Leben sinnlos vergeudet, jetzt aber ist es wert, krank zu werden, hungrig und durstig zu sein, um den geheiligten Dharma zum Wohl aller Wesen zu hören. Während ich in Jambudvipa, diesem reinen Land von Buddha Shakyamuni, in dem ich das Glück hatte, geboren zu sein, zuhöre, läutert das kleinste Kopfweh zahlreiche negative Taten von Wesen in anderen Bereichen, wie in der Vajra-Hölle. Ich erschöpfe eine unermessliche Menge schlechten Karmas und sammle unzählig viel Verdienst an. Ich habe allen Grund zur Freude!“

2.1.3 Die fünf unrichtigen Arten des Behaltens

Sie bestehen darin, den Dharma in irgendeiner Weise anders zu erinnern, als er in des Buddhas kostbaren Lehrsätzen der Übermittlung und Verwirklichung gelehrt wurde.

Erstens: Sich nur für Fabeln, unterhaltsame Anekdoten und Ähnliches zu interessieren, ohne an ihren Sinn zu denken, oder zu meinen, es genüge, die Worte mitzubekommen, die man dann als Aneinanderreihung ohne Sinn erinnert.

Zweitens: Manche sehen sich gern als große Nyingmapa-Meditierende und erklären, die Art, wie die Lehren ausgedrückt werden, sei nichts als eine Aneinanderreihung leerer Worte. Das Einzige, was man verstehen müsse, sei das Wesen des Geistes. Sie zeigen auf ihr Herz und behaupten, den unverhüllten essenziellen Sinn zu begreifen, ohne sich mit den Worten abgeben zu müssen.

Das Mittel, um dies beides zu beheben, besteht darin, sowohl die Worte zu erinnern als auch ihren Sinn.

Drittens: Wenn man beides erinnert, doch ohne es zu verstehen, verwechselt man die zweckdienliche mit der endgültigen Bedeutung[48], die wirkliche Absicht mit der indirekten Absicht[49] und versteht das Gegenteil von dem, was mit den vier Arten von Vertrauen[50] gemeint ist. Um dies zu beheben, solltet ihr euch mehr auf die Lehre verlassen als auf die Person des Lehrers, so berühmt dieser auch sein mag. Wenn der Betreffende nicht in Übereinstimmung mit dem Mahayana-Weg und der Lehre von Ursache und Wirkung handelt, wird er euch nicht von Heil sein. Und wenn er die Mahayana-Lehren praktiziert, muss auch er – ganz gleich, wer er ist – sich auf den Dharma stützen. Des Weiteren solltet ihr euch nicht so sehr auf die Worte verlassen, sondern auf ihren Sinn. Was die zweckdienliche Bedeutung und die endgültige angeht, so solltet ihr euch auf die endgültige stützen, und was diese betrifft, nicht auf intellektuelles Wissen, sondern auf Weisheit.

Viertens: Die Belehrungen fehlerhaft zu erinnern, heißt missverstehen, was gemeint ist. Als Folge davon mögt ihr, sobald ihr einige Unterweisungen über das Geheime Mantrayana erhalten habt, glauben, ihr könntet euch Alkohol und Sex erlauben und die Praxis der Vereinigung und Befreiung ausführen. Um diesen Fehler zu vermeiden, muss der Zeitpunkt für das Praktizieren besonderer Aktivitäten sorgfältig gewählt werden. Euer Verhalten muss dem Grad eurer spirituellen Entwicklung angepasst sein, d. h., dass ihr Zeichen des Fortschritts in meditativer Konzentration erhalten und die Fähigkeit habt, Farbe, Geruch und Geschmack des Alkohols durch die Rezitation der drei Silben zu transformieren, oder Wesen durch eure erleuchtete Aktivität zu töten und sie dann durch eure Verwirklichung wieder ins Leben zurückzurufen. Wenn ihr dies nicht könnt und euch unbekümmert, ohne die Verwirklichung der tiefgründigen geheimen Wahrheiten erlangt zu haben, die geheim gehaltenen Übungen erlaubt[51], werdet ihr unweigerlich als Dämon oder Rudra enden.

Fünftens: Die verschiedenen Ebenen miteinander zu vermischen, heißt, die Belehrungen über die Hauptpraxis zu hören, bevor man die Belehrungen über die vorbereitenden Übungen erhalten hat, oder die inneren Vorbereitungen vor den gewöhnlichen oder äußeren Vorbereitungen zu praktizieren. Um das zu beheben, solltet ihr die Lehren des vollkommenen Buddha in ihrer Reihenfolge praktizieren, so wie man die Sprossen einer Leiter hochsteigt.

2.2 Was übernommen werden soll

2.2.1 Die vier bildlichen Vergleiche

Ihr solltet euch als Kranke sehen und eure Schwäche erkennen, insbesondere müsst ihr erkennen, dass euer Geist mit der Krankheit der drei Gifte geschlagen ist und mit ihrem Resultat, den drei Arten des Leidens. Die drei anderen bildlichen Vergleiche sind einfach zu verstehen.

2.2.2 Die sechs Paramitas

Die sechs transzendenten Vollkommenheiten betreffen sowohl die Person, die den Belehrungen zuhört, als auch auch den Lehrer, der sie erteilt. Was die Zuhörer betrifft, so ist das von Patrul Rinpoche beschrieben. Hier geht es um die sechs Paramitas in Bezug auf den Lehrer:

- Freigebigkeit beinhaltet, die Lehren zu erklären, ohne Hoffnung auf Gewinn, Anerkennung oder Ruhm.
- Disziplin beinhaltet, nicht spöttisch oder herablassend usw. zu sein.
- Geduld heißt, immer und immer wieder Fragen zu beantworten, ohne gereizt zu reagieren.
- Eifer besteht darin, unermüdlich Tag und Nacht den Dharma zu lehren.
- Konzentration heißt, die Aufmerksamkeit auf die Worte und ihren Sinn zu sammeln.
- Weisheit heißt, frei vom Glauben an eine Realität der drei Konzepte zu sein und die Schüler zu Studium und Nachdenken anzuregen.

II. Die eigentliche Belehrung

Dieser Teil, die eigentliche Erläuterung, umfasst sechs Kapitel, die sich mit der Schwierigkeit, die Freiheiten und Vorteile vorzufinden usw., befassen. Die Bedeutung des Wortes „Dharma" ist bereits erklärt worden: Das, was dazu dient, unseren Geist unter Kontrolle zu bringen. Denn wie bereits gesagt: „Nicht durch die Haartracht, noch durch den Stab …" wird uns das gelingen. Wir sollten deshalb immer wieder aufs Neue über die Freiheiten und Vorteile und das Weitere nachdenken. Die verschiedenen Namen dieser Meditationen – die vier Gedanken, die den Geist von Samsara abwenden, die vier Kontemplationen, die Überdruss an Samsara entstehen lassen, die vier Meditationen über den Entschluss, frei zu werden – bezeichnen alle dasselbe.

Zuerst müsst ihr euren Geist von den Belangen dieses Lebens abwenden, indem ihr darüber meditiert, wie schwer es ist, die Freiheiten und Vorteile zu finden, und über die Vergänglichkeit des Lebens. Wir lesen in *Die vier Anhaftungen hinter sich lassen*:

Wer an diesem Leben haftet, ist kein Dharmapraktizierender.
Die Freiheiten und Vorteile sind wie „die Udumbara-Blume, einmal zu

finden und dann kaum wieder, wie der Wunsch erfüllende Edelstein, den zu finden weitreichende Konsequenzen hat".

Ihr müsst wissen, dass eure jetzige Existenz der Moment ist, wo ihr wie mit den Zügeln, mit denen man ein Pferd lenkt[52], euch nach oben oder nach unten bewegt.

Das Leben ist vergänglich, auf die Geburt folgt natürlicherweise der Tod. Ihr solltet also begreifen, dass es nichtig und sinnlos ist, die der Vergänglichkeit und dem Tod unterworfenen Dinge dieses Lebens zu erkämpfen, und stattdessen euer Interesse auf künftige Leben richten.

Und um den Geist von samsarischen Beschäftigungen abzukehren, müsst ihr über Samsara nachdenken und über das, was die Ursache für Samsara ist.

Was das Abwenden des Geistes von Samsara angeht, so wenden Wesen mit geringeren Fähigkeiten ihren Geist von den drei niederen Daseinsbereichen ab und streben danach, in den höheren Bereichen geboren zu werden, während Wesen mit mittleren Fähigkeiten ihren Geist von allen samsarischen Bereichen abwenden und nach Befreiung streben. Einige Lehrtraditionen erwähnen nur dies beides, während es nach der Tradition von Longchenpa und Jigme Lingpa darüber hinaus auch nötig ist, seinen Geist von egozentrischen Interessen abzukehren.

Das Nachdenken über die Mängel in Samsara ruft Traurigkeit und Desillusionierung hervor und führt zu dem Entschluss, uns zu befreien. Doch welchen Nutzen hat es, wenn wir am Ende nur für uns selbst Befreiung erlangen? Nichts wäre schändlicher, als diese gütigen Mütter zurückzulassen, die seit anfangslosen Zeiten liebevoll für uns gesorgt haben. Deshalb solltet ihr euch sagen: „Ich muss allen Wesen zur Buddhaschaft verhelfen", und die feste Entschlossenheit entwickeln, euch von den beiden Extremen zu befreien.

Die Entschlossenheit, frei zu werden, kann vier Formen annehmen: einfache Entschlossenheit von Wesen mit geringeren Fähigkeiten, die Entschlossenheit der Shravakas und die der Pratyekabuddhas sowie die große Entschlossenheit der Bodhisattvas.

Wenn wir den Entschluss gefasst haben, von Samsara in allen seinen Aspekten frei zu werden, müssen wir wissen, wohin wir uns wenden sollen – von daher das Streben nach Allwissenheit. Der Weg zur Befreiung ist nichts, was wir einfach aus uns selbst heraus wissen können, und auch unsere Eltern und Bekannten können ihn uns nicht lehren. Wir sind dazu auf einen authentischen spirituellen Freund angewiesen. Doch nicht jeder, den wir treffen, ist der Richtige. Wir müssen einem geeigneten Lehrer oder spirituellen Freund folgen, die drei Arten, ihn zu erfreuen, nutzen und von seiner Verwirklichung und seinen Aktivitäten lernen.

Die Unterweisungen, die mit dem Nachdenken darüber beginnen, wie schwierig es ist, die Freiheiten und Vorteile vorzufinden, können vom Lehrer entweder dem Stadium der Reife des Schülers angepasst gegeben werden, oder einfach nur auf Wunsch. Heutzutage werden lediglich Letztere gegeben. Sie ersetzen seit den Zeiten des großen Jigme Lingpa die detaillierten, dem Fortschritt des Schulers angepassten Unterweisungen.

Die Unterweisungen beginnen mit dem Nachdenken darüber, wie schwierig es ist, die Freiheiten und Vorteile zu finden. Ihr Gegenstand ist unser Körper, denn dieser kostbare menschliche Körper gibt uns die Möglichkeit der Wahl zwischen zwei Zielen:

Gut genutzt, ist dieser Körper unser Fährschiff zur Freiheit.[53]
Schlecht genutzt, ein Mühlstein um den Hals für die Abgründe von Samsara.

In anderen Worten, wenn wir unseren Körper dazu nutzen, den geheiligten Dharma auf richtige Weise zu praktizieren, haben wir Aussicht auf Glück und Frieden und werden am Ende Befreiung und Allwissenheit erlangen. Und wenn wir über Dzogchen – die Strahlende Große Vollkommenheit – meditieren, werden wir entweder in diesem Leben Befreiung finden oder im Zwischenzustand oder im nächsten Leben.

Wenn wir unseren Körper zur Befriedigung weltlicher Bedürfnisse nutzen, können wir nichts anderes als Angst und Leiden erwarten.

Freiheiten bezieht sich auf den Körper, der – frei von widrigen Umständen – uns die Möglichkeit gibt, den Dharma zu praktizieren. Im Gegensatz dazu spricht man von den acht Arten des Mangels an Freiheit, den acht Umständen, die nicht diese Gelegenheit bieten. Dazu zählen vier nicht menschliche und vier menschliche Umstände.

Beginnt damit, über die Höllenbereiche zu meditieren, die zu den nicht menschlichen Umständen zählen, und denkt immer wieder darüber nach, ob sie die Chance geben, den Dharma zu praktizieren.

Dies geschieht am besten in Sitzungen mit dazwischenliegenden Pausen. Man kann sich den Tag auf verschiedene Arten einteilen, in zwei, drei, vier oder sechs oder mehr Sitzungen, je nach den verschiedenen Traditionen. Hier ziehen wir vier Sitzungen in Betracht, zwei während des Tages und zwei bei Dunkelheit, das ist für Anfänger das Geeignetste. Fangt die Morgensitzung früh beim ersten Vogelzwitschern an und führt sie durch, bis es hell wird. Wenn die Luft sich dann erwärmt, macht eine Pause, während der ihr euch mit dem Opfern von Wassertormas, dem weißen Rauchopfer und eurer täglichen Yidamrezitation beschäftigt. Dann kommt die Vormittagssitzung, die bis zum Mittag dauert, wenn die Sonne am höchsten steht. Schließt die Sitzung ab, nehmt euer Mittagessen ein, dann studiert ein wenig und entspannt euch bis zum späten Nachmittag, wenn die Schatten länger werden. Fangt dann die Nachmittagsitzung an und schließt sie bei Sonnenuntergang ab. Danach solltet ihr den Dharmaschützern opfern, die bekannten Widmungs- und Wunschgebete rezitieren und das rote Rauchopfer darbringen. Bei Einbruch der Dämmerung – die Zeit der dunklen Gesichter –, wenn ihr die Leute noch seht, aber nicht mehr erkennt, fangt mit der Abendsitzung an und beendet sie spät in der Nacht.

Auf diese Weise in vier Sitzungen zu praktizieren bekommt dem Geist gut. Anfänger mögen zwar geneigt sein, zu versuchen, zwischen den Sitzungen zu meditieren, aber der wesentliche Punkt wird ihnen entgehen und besonders der Fehler von schläfrigem Dösen und Abgelenktheit wird verstärkt auftreten. Deshalb lasst eure Meditation sich in den Pausen entspannen und konzentriert euch nur auf das Rezitieren von Gebeten und das Ausführen von verdienstvollen Tätigkeiten.[54]

Jede Sitzung sollte aus den vorbereitenden Übungen, dem Hauptteil und dem Abschluss bestehen.

(A) Die vorbereitenden Übungen für jede Sitzung

Sie sind eingeteilt in die Vorbereitung und in die eigentlichen vorbereitenden Übungen.

(1) Die vorausgehenden Vorbereitungen

Putzt euch die Nase, wascht euch und erledigt alles Notwendige[55], damit ihr nicht vor dem Ende der Sitzung aufstehen müsst. Dann setzt euch auf euer Lager[56] und entspannt Körper und Geist. Fasst den festen Entschluss, die Sitzung nicht zu unterbrechen und Täuschungen nachzugeben, selbst wenn euer guter alter Vater plötzlich vor euch auftauchte. Versprecht, von diesem Entschluss nicht abzuweichen, auch wenn man euch zu Tode quälte, indem man euch das Fleisch mit Zangen aus dem Körper reißt.

(2) Die eigentlichen Vorbereitungen

Der wesentliche, den Körper betreffende Punkt ist, in Vairochanas Sieben-Punkte-Haltung zu sitzen, d. h., die Beine in der Vajra-Stellung gekreuzt, die Hände in der Geste der Meditation, das Rückgrat gerade wie aufeinandergestapelte Münzen, die Schultern auseinandergereckt und entspannt, das Kinn leicht eingezogen, die Zunge den Gaumen berührend und die Augen auf die Nasenspitze gerichtet.

Der wesentliche, die Rede betreffende Punkt ist, die verbrauchte Luft auszustoßen. Das geschieht neunmal hintereinander, dreimal durch das rechte Nasenloch, dreimal durch das linke und dreimal durch beide Nasenlöcher. Oder auch nur dreimal, einmal durch das rechte, einmal durch das linke Nasenloch und einmal durch beide Nasenlöcher. Oder einfach nur dreimal durch beide Nasenlöcher. Macht mit der linken Hand eine Vajra-Faust und presst damit den großen Kanal in eurem linken Oberschenkel. Mit der rechten Hand in der Drei-Punkte-Vajra-Geste haltet das rechte Nasenloch zu, atmet langsam durch das linke Nasenloch ein und presst die Luft nach unten. Stellt euch dabei vor, dass all das Karma, die negativen Emotionen, negativen Taten, Trübungen, Verletzungen der Samayas sowie die drei Fehler der Meditation – Dumpfheit, Schläfrigkeit, Vergesslichkeit –, die ihr alle eure Leben hindurch seit anfangslosen Zeiten angesammelt habt, sich in schwarzen Rauch verwandeln, der sich beim Ausatmen nach draußen verflüchtigt. Wenn ihr den Atem ausstoßt, stoßt ihn aus auf eine Weise, die an die Form eines Buchweizenkorns erinnert[57], am Anfang sanft, dann kräftiger und schließlich mit voller Kraft. Diese Übung kommt der Reinigung eines Gefäßes gleich.[58]

Der wesentliche den Geist betreffende Punkt ist, eure Motivation zu prüfen. Stellt euch die Frage: „Mit welcher Einstellung beginne ich diese Sitzung? Möchte ich mich vor den Ängsten, Krankheiten und anderem Ungemach dieses Lebens in Sicherheit bringen, möchte ich mein Schicksal verbessern, möchte ich etwas gewinnen, Anerkennung finden?“ Jede Motivation dieser Art müsst ihr wie ein Gift meiden. Sollte eure Gesinnung neutral sein, müsst ihr sie ändern. Die Gesinnung von wenig motivierten Wesen ist wie die eines gewöhnlichen alten Mannes, der kein Interesse mehr an den Aktivitäten dieses Lebens hat: Ihr habt nicht die Absicht, den Weg wirklich zu gehen. Die Einstellung mittlerer Wesen ist von egoistischen Wünschen motiviert und sollte ebenfalls vermieden werden. Die Haltung großer Wesen besteht darin, zu denken: „Ich werde darüber meditieren, wie schwierig es ist, die Freiheiten und Vorteile zu finden, sodass alle Wesen vom Leiden und seinen Ursachen frei werden und vollkommene Buddhaschaft erlangen.“ Dies ist die perfekte, reine Motivation, die ihr entwickeln solltet.

Als Nächstes kommt das Gebet zum Lehrer. Visualisiert über eurem Scheitel einen voll erblühten Lotos mit 1000 Blütenblättern. Auf seinen ausgebreiteten orangefarbigen Staubfäden befindet sich ein Löwenthron mit feinen Seidenkissen, auf denen euer Meister sitzt. Visualisiert ihn so, wie er ist, gekleidet als Mönch oder Tantrika, und rezitiert das Gebet, das so anfängt: „Verkörperung der Buddhas der drei Zeiten, kostbarer Meister …“ – wobei ihr euch an die fünf Argumente, ihn als einen Buddha zu sehen, erinnert. Rezitiert des Weiteren die Bittgebete zu Anfang und am Schluss der Praxis der vier Gedanken, die den Geist von Samsara abkehren. Während ihr so mit aufrichtiger verehrender Hingabe betet, zergeht der Meister aus großem Mitgefühl in Licht und löst sich in euch hinein auf. Sein Geist verschmilzt vollkommen mit dem euren. Verweilt, solange es geht, in diesem Zustand des Einsseins, ohne Gedanken an die Vergangenheit nachzuhängen, an die Zukunft zu denken oder sich in den augenblicklichen Gedanken zu ergehen.

All dies ist die vorbereitende Praxis für jede Sitzung.

(B) Der Hauptteil der Sitzung

1. Über das Wesen der Freiheiten nachdenken

Beginnt mit der Meditation über die acht Freiheiten, angefangen mit den vier nicht menschlichen Umständen, in denen es keine Möglichkeit gibt, den Dharma zu praktizieren. Fangt mit den Höllenbereichen an. Meditiert hintereinander über den Ort, den Körper der dort befindlichen Wesen, ihr Leiden und die Dauer ihres Lebens.

In den heißen Höllen ist der *Ort* durch tiefe Finsternis gekennzeichnet. Der Boden besteht aus rot glühendem Eisen wie die brennende Kohle in einer Schmiede. Es gibt kein Fleckchen gewöhnlicher Erde, um seinen Fuß darauf zu setzen. Dunkelrote Vulkane brechen aus und glühende Asche, brennende Felsen und Waffen regnen herab.

Der *Körper* der Höllenwesen ist viermal so groß wie der der Bewohner dieser Welt und hat die Farbe von gekochtem Blut. Ihre Haut ist empfindlich wie die eines neugeborenen Prinzen und zerreißbar wie hauchdünne Wollfäden. Ihr Körper ist fleischig und zart, und wie das Auge extrem empfindlich für Berührung. Ihr Haar ist nach oben gezwirbelt, die Augen sind dreieckig, ihre Körperbehaarung ist gesträubt und sie haben große Hände, Füße und Bäuche. Allein der Anblick dieser Höllenwesen würde – wie der von zornvollen Gottheiten – genügen, um jemanden aus unserer Welt in Ohnmacht fallen zu lassen.

Was das *Leiden* angeht, so gibt es für die Höllenwesen weder eine Erholungspause bei Tag noch Schlaf bei Nacht. Für sie existieren Tag und Nacht nicht. Von scharfen Waffen aufgeschlitzt, verbrennen sie von oberhalb durch einen Regen glühender Felsbrocken und von unten durch den Boden aus glühendem Eisen. Ihr Leiden kennt keine einzige Sekunde der Erleichterung.

Die *Lebensdauer*, die diese Wesen ertragen müssen, kann nicht in Jahren gezählt werden, ihr Leben erstreckt sich über Zeiträume von der Dauer eines Zwischenkalpas.

Die kalten Höllen bestehen aus schneebedeckten Gebirgsketten und von Schneestürmen umtobten Gletschern. Die Körper der dortigen Wesen gleichen denjenigen der Wesen in den heißen Höllen. Das Leiden, das sie erfahren, ist die Folter der Kälte und ihr Leben dauert eine unendliche Anzahl von Jahren.

Denkt hierüber immer wieder nach und fragt euch, ob es für jemanden, der in den heißen oder kalten Höllen geboren wird, irgendeine Möglichkeit gibt, den geheiligten Dharma zu praktizieren. Wenn ihr dieser analytischen Meditation müde werdet und nicht mehr weiter könnt, praktiziert ausruhende Meditation, ohne etwas zu fabrizieren. Folgt nicht Gedanken an die Vergangenheit, ermuntert nicht Gedanken an die Zukunft und lasst euren augenblicklichen Gedanken nicht freien Lauf. Wenn dann wieder Gedanken aufkommen, nehmt die Analyse wieder auf, und wenn ihr dann müde werdet und damit nicht mehr fortfahren möchtet, ruht wieder aus. Praktiziert so abwechselnd analytische Meditation und ausruhende Meditation.

Meditiert nun über die Pretas. Sie leben an steinigen Orten voller verbrannter Baumstümpfe und übersät mit derben und giftigen Dornen. Überall erstrecken sich ausgetrocknete Flussbetten und vertrocknete Sümpfe.

Der Körper der Pretas gleicht uralten Skeletten, vertrockneten Pilzen oder steif gewordenen Buttersäcken.[59] Ihre Köpfe sind groß wie chinesische Töpfe, ihre Kehlen eng wie ein Pferdehaar, ihre Bäuche groß wie ganze Täler und ihre Glieder dünn wie Grashalme. Wenn ein Preta geht, verursacht das ein Geräusch, als rollte ein Wagen mit fünfhundert Rädern vorbei und von seinen Gelenken stieben rot glühende Funken.

Was ihr Leiden angeht, so empfinden sie im Sommer das Licht des Mondes als heiß und im Winter das Sonnenlicht als eiskalt. Manchmal nehmen sie in der Ferne einen Obsthain mit üppigen Früchten wahr, doch sobald sie sich nähern, verschwinden die Bäume. Manchmal erblicken sie die wie ein Strang von Kristallperlen schimmernden Wellen eines Sees, doch kaum haben sie ihn gesehen, vertrocknet er und sie sind noch jämmerlicher und frustrierter als zuvor.

Die längste Lebensspanne der Pretas beträgt zehntausend menschliche Jahre, die kürzeste ist nicht festgelegt. Fragt euch, ob es irgendeine Gelegenheit gibt, den Dharma zu praktizieren, wenn ihr an derartigen Orten geboren werdet, und wechselt ab zwischen analytischer und ausruhender Meditation.

Danach meditiert über den Bereich der Tiere. Die meisten Tiere leben in den Meerestiefen in so dichter Dunkelheit, dass sie nicht sehen können, ob ihre Glieder ausgestreckt oder angezogen sind.

Was ihre Körper betrifft, so haben einige die Form von verschiedenen Arten von Fischen und Seeungeheuern, so groß, dass sie sich dreimal um den Berg Meru winden können. Andere wiederum haben winzige Körper, nicht größer als Staubkörnchen oder eine Nadelspitze.

Ihr Leiden ist im Allgemeinen das der Unwissenheit und Dummheit, ohne eine Ahnung von richtig und falsch. Und ganz besonders erleben sie die unendliche Qual, aufgefressen zu werden. Die Kleineren werden von den Größeren gefressen und die Größeren von den Kleineren durchbohrt und als Unterkunft oder Hülle benutzt.

Die langlebigen Götter weilen im Nordosten der Stadt der vierten Konzentration, einem dunklen Ort, dessen Farbe an verkohlte Baumstümpfe erinnert.[60] Ihre Körper sind mentale Körper, wie Körper im Traum.[61] Sie sind in einem Zustand wie dem des Tiefschlafs und haben keine Wahrnehmung von Glück und Leiden, von positiven und negativen Taten. Die Beschreibung, dass sie in der vierten Konzentration leben, entspricht der zweckmäßigen Bedeutung.[62] Die Frage „Warum nicht der gleiche Ort, wo sie gestorben sind?“[63] wird so beantwortet: Wo immer diese Götter sterben, bleiben sie achtzig große Kalpas[64] lang in einem Zustand der mentalen Betäubung ohne Wahrnehmungen. Das Licht des geheiligten Dharma leuchtet nicht, die Möglichkeit, ihn zu praktizieren, ist nicht gegeben.

Denkt über all dies sorgfältig nach und praktiziert analytische und ausruhende Meditation.

Über die vier menschlichen Zustände, die keine Gelegenheit geben, zu praktizieren, meditiert wie oben und verbindet analytische mit ausruhender Meditation.

(C) Abschluss der Sitzung

Fügt zu dem Verdienst aus dieser Sitzung eure positiven Taten der Vergangenheit, Gegenwart und Zukunft hinzu sowie alle unbefleckten positiven Taten der Buddhas und Bodhisattvas und die befleckten aller lebenden Wesen. Widmet dies, damit alle Wesen vom Leiden und seinen Ursachen befreit werden und vollkommene Buddhaschaft erlangen, und rezitiert:

Dem Beispiel des Helden Manjushri,
dessen Weisheit fehlerlos ist,
und dem von Samantabhadra folgend,
widme ich mein gesamtes Verdienst.

Wenn ihr das sprecht, denkt daran, dass ihr damit dem Vorbild der Buddhas und Bodhisattvas folgt, die ihr Verdienst auf völlig reine Weise frei von den drei Konzepten widmen.

Anstatt nun geradewegs von der Sitzung aufzustehen, haltet einen Augenblick inne und stellt euch die Frage, ob ihr während der Sitzung unter den Einfluss der Illusion gefallen seid und euer Versprechen zu Beginn der Sitzung gebrochen habt. Solltet ihr eine perfekte Sitzung ohne eine Sekunde der Verblendung abgeschlossen haben, seid ihr vielleicht erfreut und stolz, ihr solltet aber euren Stolz dämpfen und euch sagen: Die Tatsache, dass meine Sitzung gut war, verdanke ich einfach nur dem flüchtigen Wirksamwerden eines schwachen Verdienstes. Kein Grund, darauf stolz zu sein. Mal sehen, ob ich es in der nächsten Sitzung ebenso gut mache.

Sollte im Gegensatz dazu euer Geist abgeirrt sein, seid ihr möglicherweise deprimiert und denkt: „Ich tauge zu nichts", und möchtet aufgeben. Sprecht euch Mut zu, sagt euch: „Es war nicht gut, dass ich in Verblendung gefallen bin, doch was nützt es, deprimiert zu sein? Ich bin seit anfangslosen

Zeiten verblendet und muss immer noch in Sitzungen mit Pausen dazwischen praktizieren. Wäre das nicht so, und wäre ich nicht von Anfang an verblendet, würde ich bereits erleuchtet sein. Obwohl ich in dieser Sitzung von Verblendung beeinflusst war, werde ich mich in der nächsten auf keinen Fall ablenken lassen.“ Versprecht auf diese Weise, euer Bestes zu tun.

Dann steht langsam auf und wendet euch euren Beschäftigungen zwischen den Sitzungen zu. Wenn ihr jedoch in den Pausen nicht an die acht Freiheiten, über die ihr soeben meditiert habt, denkt, seid ihr wie ein Stück rot glühenden Eisens, das wieder dunkel wird, sobald es aus dem Feuer kommt: Während der Sitzung mag sich euer Geist zwar etwas ändern, doch zwischen den Sitzungen gebt ihr euch den Launen des weltlichen Lebens hin und lauft Gefahr, dass euer Geist unempfänglich für den Dharma wird, d. h., es ändert sich nichts, ganz gleich, ob ihr in der Sitzung über die Freiheiten nachgedacht habt oder nicht.

2. Nachdenken über die zehn besonderen Vorteile bezogen auf den Dharma

2.1 und 2.2 Die fünf individuellen und die fünf durch Umstände bedingten Vorteile

Das Vorhandensein der acht Freiheiten allein hilft noch nichts. Um den Dharma praktizieren zu können, müssen zusätzlich fünf Faktoren hinsichtlich der eigenen Umstände zusammenkommen und fünf hinsichtlich der von außen bedingten Umstände. Wenn ihr über die ersten drei individuellen Vorteile und die ersten drei der durch Umstände bedingten Vorteile verfügt, könnt ihr euch darüber freuen. Was die euch noch fehlenden individuellen und durch Umstände bedingten Vorteile angeht, müsst ihr jede Anstrengung unternehmen, sie ebenfalls zu besitzen. Teilt dabei eure Praxis in Sitzungen mit Pausen ein und wechselt zwischen analytischer und ausruhender Meditation ab.

2.3 Die acht eindringenden Umstände, die nicht die Freiheit lassen, den Dharma zu praktizieren.[65]

Die achtzehn Freiheiten und Vorteile können mit achtzehn Schafen verglichen werden und die eindringenden Umstände mit einem Wolf, der plötzlich auftaucht und ein oder zwei Schafe tötet, sodass nur noch siebzehn oder sechzehn übrig bleiben. Auch wenn keiner dieser eindringenden Umstände heute oder in einer bestimmten Sitzung oder zu Beginn der Sitzung auftritt, so können sie doch jederzeit eintreten, morgen, in der nächsten Sitzung oder am Ende einer Sitzung. Prüft euch deshalb sorgfältig und wendet das geeignete Gegenmittel für den jeweiligen Fall an.

Was den ersten dieser Umstände (unter den Einfluss der fünf Gifte geraten) betrifft, so heißt es, man soll sich darin üben, das Gegenmittel für die stärkste seiner negativen Emotionen anzuwenden. Meditiert als Gegenmittel für Begehren über Hässlichkeit, als Gegenmittel für Hass über Liebe und als Gegenmittel für Verwirrung über die achtzehn Sinnesbereiche.

Die Unfähigkeit wenig intelligenter Wesen, beim Zuhören die Lehren zu verstehen, durch Nachdenken den Sinn herauszufinden und in der Meditation die Realisierung der natürlichen Seinsweise zu entwickeln, ist Ausdruck ihrer früheren negativen Taten und Verdunkelungen. Das Heilmittel hierfür ist ein volles Bekenntnis, das die vier Kräfte enthält, sowie Gebete zum erhabenen Manjushri. Von den acht großen nahen Söhnen oder Bodhisattvas, die jeder ein bestimmtes Bestreben und eine bestimmte Aktivität haben, ist er derjenige, der den Wesen hilft, Weisheit zu entwickeln.

Um nicht Schüler eines falschen spirituellen Freundes zu werden, wendet man als Gegenmittel die Prüfung an, ob er echt ist. Was nicht heißt, ihr sollt auf äußere Zeichen achten wie Wunderkräfte oder Hellsichtigkeit. Ihr sollt vielmehr versuchen zu sehen, ob in seinem Geist Bodhichitta, das kostbare Juwel, vorhanden ist. Ist das der Fall, so wird jede Verbindung mit ihm sinnvoll sein, und ihr solltet euch darüber freuen. Wenn nicht, solltet ihr dieser Art von falschem spirituellem Freund den Rücken kehren, ohne Rücksicht darauf, ob die Trennung gut oder schlecht verläuft.

Wenn negatives Karma euch zu schaffen macht, ist das Heilmittel hierfür, als Erstes einen spirituellen Freund zu finden, dann seinen Belehrungen zuzuhören und darüber nachzudenken und schließlich, wenn Hindernisse in der Meditation auftreten, Vertrauen in das Gesetz der Kausalität zu entwickeln und eure negativen Taten der Vergangenheit zu bereuen und nicht zu denken: „Warum muss mir das passieren?“ Im Diamantschneider-Sutra heißt es: „Bodhisattvas, die transzendente Weisheit praktizieren, gehen durch Qualen, große Qualen“ (weil das Karma für künftiges Leiden schon in diesem Leben reift).

Um Trägheit entgegenzuwirken, solltet ihr tief über Tod und Vergänglichkeit nachdenken und eifrig, ausdauernd und mit Begeisterung praktizieren.

Wenn ihr versklavt seid, gezwungen werdet, einem Lama oder reichen Mann zu dienen, besteht die Lösung darin, den richtigen Weg zu finden, sich aus dieser Situation zu befreien.

Wenn die Suche nach Schutz vor Gefahren eure Motivation ist, den Dharma zu praktizieren, müsst ihr, um das zu ändern, den festen Entschluss fassen, von Samsara frei zu werden, und echtes Bodhichitta entwickeln.

Das Gegenmittel für scheinheiliges Praktizieren besteht darin, zu erkennen, wie falsch es ist, Pläne für weltlichen Erfolg in diesem Leben zu machen, und sie fallen zu lassen.

2.4 Die acht Unvereinbarkeiten, die nicht die Freiheit lassen, den Dharma zu praktizieren

Es gibt zwei tibetische Namen für die acht Unvereinbarkeiten. Sie heißen entweder *ris chad* (das, was uns isoliert), weil sie unseren Geist vom Weg zur Befreiung und Allwissenheit absondern, oder aber *rigs chad* (was uns von der Familie der Erleuchtung abschneidet), weil das Auftreten eines dieser Umstände den frischen Spross der drei Arten der Erleuchtung verdorren lässt, und wir von jeder Art der Befreiung abgeschnitten sind.

Das Heilmittel für eine fehlende Desillusionierung besteht darin, die Mängel der drei Welten von Samsara zu erkennen und den Entschluss zu fassen, sich daraus zu befreien.

Mangel an Glauben sollte behoben werden durch Nachdenken über die heilsamen Qualitäten des Dharma und des Lehrers. Entwickelt einen Glauben, der durch nichts zu erschüttern ist.

Das Heilmittel für intensives Begehren besteht darin, sich an die Vergänglichkeit von allem zu erinnern.

Für üble Lebensführung gibt es kein ausgesprochenes Gegenmittel.[66]

Das Gegenmittel für den Bruch der Gelübde ist ein gründliches Wissen über die vier Ursachen, die zum Fall führen. Und selbst wenn ihr eines der vier allgemeinen Pratimoksha-Wurzel-Gelübde gebrochen habt, haltet die drei übrigen ein. Und wenn ihr alle vier Gelübde gebrochen habt, bekennt es auf die richtige Art und Weise. Denn:

Es ist besser, einen Bruch der Gelübde bitter zu bereuen,
als Stolz gebläht über ihr perfektes Einhalten zu sein.

Wenn ihr die Gelübde abgelegt habt und sie, ohne sie zu brechen, einhaltet – hisst ihr das Siegesbanner der Lehre des Buddha und senkt Maras Kriegsstandarte. Sollte euch das nicht gelingen, solltet ihr ein Gelübde brechen, hisst ihr durch richtiges Bekennen ebenfalls das Siegesbanner des Dharma und Maras Kriegsflagge wird gesenkt. Es ist also wichtig, Verfehlungen zu bekennen und nicht zu denken, sie würden nichts ausmachen. Bekennt sie aufrichtig und fasst den festen Entschluss, nicht wieder Fehler zu begehen. Wenn ihr euch darüber freut, wie andere ihre Gelübde einhalten, werdet ihr besser in der Lage sein, eure eigenen zu halten.

Wenn ihr das Bodhichitta des Bestrebens und der Anwendung übertretet und dies vor Tagesanbruch bekennt, wird daraus kein radikaler Bruch, deshalb müsst ihr es vor dem Ende der sechsten Periode des Tages bekennen.[67]

Wenn ihr eure Mantrayana-Gelübde brecht, solltet ihr das gleiche Heilmittel wie für den Bruch von Bodhichitta anwenden. Die Mantrayana-Gelübde lassen sich zusammenfassen in die Samayas von Körper, Rede und Geist.

Samaya des Körpers ist, seinen Lehrer und die Vajra-Brüder und -Schwestern nicht respektlos zu behandeln.

Samaya der Rede ist, nicht das Gegenteil von dem zu tun, was der Lehrer und die Vajra-Geschwister sagen, und wie die besten Praktizierenden das Mantra des Yidam mit der Stetigkeit eines dahinströmenden Flusses[68] zu rezitieren. Mittlere Praktizierende rezitieren es an den sechs besonderen Tagen des Monats, wie am Vollmond- oder Neumondtag, oder aber wenigstens einmal im Monat oder im schlimmsten Fall während des ersten Monats des neuen Jahres.

Samaya des Geistes besteht im Wesentlichen darin, die zehn Geheimnisse zu wahren und den Lehrer und die Vajra-Geschwister nicht zu verärgern.

3. Nachdenken über bildliche Vergleiche, die deutlich machen, wie schwer es ist, die Freiheiten und Vorteile zu finden

Gemäß der Tradition der Kernunterweisungen sollte man beim Nachdenken darüber, wie schwierig es ist, die Freiheiten und Vorteile zu finden, zuallererst an ihre Ursache denken. Wie Trakpa Gyaltsen es sagt:

Diese freie und günstige menschliche Existenz
ist nicht das Resultat eures Einfallsreichtums,
sondern rührt von dem Verdienst her, das ihr angesammelt habt.

Hier gibt es zwei Aspekte, einen allgemeinen und einen besonderen.

Zum allgemeinen: Wenn ihr eure in der Vergangenheit angesammelten positiven Taten anseht sowie diejenigen, die ihr jetzt ansammelt, so mögen sie zusammengenommen ein bisschen Verdienst abgeben. Doch habt ihr ebenfalls eine unvorstellbare Zahl von negativen Taten angehäuft, es ist also schon etwas, allein die Freiheiten gefunden zu haben! Könnt ihr da überhaupt erwarten, auch noch die Vorteile zu bekommen?

Zum besonderen: Um die Freiheiten zu erlangen, müssen wir fehlerlose Disziplin haben, und um die Vorteile zu erlangen, müssen wir einen immensen Vorrat an Verdienst schaffen – durch das Praktizieren von Freigebigkeit u. Ä. Darüber hinaus müssen diesen primären Ursachen reine Wünsche hinzugefügt werden.

Wenden wir uns zuerst der Disziplin zu, welche die primäre Ursache für das Erlangen der Freiheiten ist. Die Pratimoksha-Gelübde umfassen 253 Vorschriften für das, was unterlassen, und 47 für das, was getan werden soll. Wenn ihr euch sorgfältig prüft und mit den vier Wurzel-Gelübden anfangt, so kann man euch vielleicht nicht skandalöses Verhalten vorwerfen, wie z. B. eine unerlaubte Beziehung zu haben, aber könnt ihr abgesehen davon sicher sein, nichts getan zu haben, worüber ihr erröten müsstet? Seid ihr sicher, die Pratimoksha-Gelübde eingehalten zu haben, um die Freiheiten zu erlangen? Es ist in keiner Weise einfach, derartig perfekte Disziplin zu haben!

Was die Bodhisattva-Gelübde angeht, so gibt es in der Tradition der Tiefgründigen Sicht[69] die zwanzig Wurzel-Fehler (achtzehn Wurzel-Fehler und das Aufgeben des Bodhichittas des Bestrebens und der Anwendung) und die achtzig Zweig-Fehler, die noch schwieriger zu vermeiden sind. Und nach der Tradition der Weiten Aktivität[70] gibt es die Wurzel-Fehler, die vier Einstellungen, acht Anwendungen und die 46 Zweig-Fehler, die es zu halten bzw. zu vermeiden gilt.

Sich auf ihr Einhalten zu verlassen, um in den Besitz der Freiheiten zu gelangen, wird sehr schwer sein!

Im Geheimen Mantra-Vajrayana gibt es die 25 yogischen Verhaltensweisen, dann die allgemeinen, die äußeren und die inneren Gelübde der fünf Buddha-Familien, die vierzehn Wurzel-Fehler und die acht weniger schwerwiegenden Fehler. Im Dzogchen sind für diejenigen, deren Realisierung sich stufenweise vollzieht und für die es etwas gibt, was einzuhalten ist, die 27 Wurzel-Samayas in Bezug auf Körper, Rede und Geist des Lehrers sowie die 25 Zweig-Samayas zu beachten. Für diejenigen Praktizierenden mit plötzlicher Realisierung, für die es nichts Einzuhaltendes gibt, sind es die vier Samayas der „Nichtexistenz", „Offenheit/Gleichheit"[71], „Nur das" und „spontane Gegenwärtigkeit". Außerdem gibt es die 100 000 Zweig-Samayas. Denkt einmal nach: Würde die Ursache für das Erlangen der Freiheiten vom Einhalten all dieser Samayas abhängig sein, wären sie so rar wie ein Stern bei Tag.

Solltet ihr es irgendwie schaffen, reine Disziplin zu bewahren und damit die Ursache für das Erlangen der Freiheiten, kommt dann die weitere Schwierigkeit, die Ursachen für das Erlangen der Vorteile zu erreichen, nämlich das Praktizieren von Tugenden wie Freigebigkeit usw. Prüft euch und denkt daran, wie schwer es fällt, freigebig zu sein, sei es gegenüber den Drei Juwelen oder gegenüber Bettlern.

Nun setzt eure Untersuchung weiter fort und fragt euch, ob die primären Ursachen, d. h. das Einhalten eurer Gelübde und das Praktizieren von Freigebigkeit und der anderen Tugenden auch verbunden waren mit der beitragenden Ursache, reinen Wunschgebeten. Diese müssen nicht unbedingt auf das Erlangen der Freiheiten und Vorteile abzielen. Wenn Samen gesät werden zu dem Zweck, im Herbst das Korn zu ernten, erscheinen damit gleichzeitig auch die Blätter und Stängel. In gleicher Weise werdet ihr, wenn ihr eine wirklich positive Tat mit der Absicht, allwissende Buddhaschaft zu erlangen, begeht, automatisch die außerordentlichen Umstände einer Geburt als Mensch oder Gott erlangen und vorübergehend durch zahlreiche Wiedergeburten in der edelsten Kaste der Brahmanen, der Kshatriyas usw. gehen.

Auf diese Art und Weise solltet ihr nachdenken, die Einzelheiten analysieren und zwischen analytischer und ausruhender Meditation abwechseln.

Wichtig ist das rechte Verhalten. Es heißt: „Um zu sehen, was du in der Vergangenheit getan hast, schau an, was du jetzt bist.“ Dass ihr jetzt diesen kostbaren menschlichen Körper habt, ist das Resultat des Verdienstes, das ihr in der Vergangenheit durch rechtes Verhalten angehäuft habt. Und weiter heißt es: „Um zu sehen, wo du nächstes Mal geboren wirst, schau an, was du jetzt tust.“ Wenn ihr jetzt das richtige Verhalten habt, werdet ihr – wie Apu Rinpoche sagt – bestimmt nicht unter Nomaden, die Sauermilch trinken, und Bauern, die sich von Brot ernähren, geboren werden.[72]

Heutzutage rezitieren diejenigen, die in Dörfern Zeremonien abhalten, tagelang, ohne überhaupt die Erzeugungs- und Vollendungsphase zu praktizieren. Sie sprenkeln grünlich verfärbtes Amrita und Rakta auf schimmelbedeckte Tormas und singen mit rollenden Augen: „Von dem, was ohne Essenz ist, nehme ich die Essenz der Meisterschaft, KAYA SIDDHI OM …“[73] und so fort. Nichts könnte sinnloser sein als das.

Diesen kostbaren menschlichen Körper, charakterisiert durch 36 unreine Bestandteile, hingegen richtig zu nutzen, dafür, den geheiligten Dharma zu praktizieren, ist das wahre KAYA SIDDHI OM.[74]

Dieser euer jetziger Körper ist der Hebel eures Schicksals, ähnlich dem Zügel, mit dem einem Pferd die Richtung gegeben wird. Es liegt jetzt an euch, die Wahl zu treffen zwischen Glück oder Leiden, so wie man sich entweder für das Dzo oder das Salz entscheiden muss.[75]

Wenn ihr Glück wählt und den Dharma praktiziert und so etwas Verdienst anhäuft, wird der spätere Teil eures Lebens glücklicher sein als der erste. Im Zwischenzustand werdet ihr glücklicher sein als am Ende eures Lebens. Im nächsten Leben werdet ihr glücklicher sein als im Zwischenzustand und danach wird euer Glück immer mehr zunehmen, so wie wir im *Bodhicharyavatara* lesen:

Denn wer könnte jemals vom Pferd des Bodhichitta,
das alle Müdigkeit vertreibt,
abgeworfen werden,
auf einem solchen Ross von Freude zu Freude reitend?[76]

Und:

Wenn Verdienst die Ursache für körperliches Glück ist
und Weisheit die Ursache für geistiges Glück,
was könnte jene ermüden, die Mitgefühl haben,
die in Samsara bleiben zum Wohl der Wesen?[77]

Durch die „sichtbare" Ansammlung von Verdienst werdet ihr körperliches Wohlergehen erfahren, in einer guten Familie geboren werden und viele ausgezeichnete Eigenschaften haben. Und mit der Weisheit der Realisierung des Nichtvorhandenseins eines Selbst werdet ihr glücklich sein, weil ihr seht, dass alle Phänomene auf der Ebene der absoluten Wahrheit frei von jedem Konzept sind und auf der Ebene der relativen Wahrheit magischen Illusionen gleichen, was zur Folge hat, dass ihr keine Angst mehr vor den Leiden in Samsara habt.

Solltet ihr im Gegensatz dazu Leiden suchen, liegt das ebenfalls in eurer Hand. Wenn euer Verhalten vorwiegend negativ ist, werdet ihr im späteren Abschnitt eures Lebens mehr leiden als im ersten, im Zwischenzustand mehr als am Ende eures Lebens. Im nächsten Leben werdet ihr mehr leiden als im Zwischenzustand und danach werdet ihr durch endlose Wiedergeburten in den niederen Daseinsbereichen gehen.

Es ist also ganz entscheidend, euren jetzigen menschlichen Körper voll zu nutzen, das heißt, den heiligen Dharma zu praktizieren.

Wie kann das Potenzial dieses kostbaren menschlichen Lebens voll realisiert werden? Wesen mit geringeren Fähigkeiten erkennen die drei niederen Bereiche als Leiden und streben danach, als Gott oder Mensch in den höheren Bereichen wiedergeboren zu werden. Hierfür sammeln sie Verdienst an mittels der Disziplin, die zehn negativen Verhaltensweisen zu vermeiden und die zehn positiven auszuüben. Sie sammeln Verdienst an durch Freigebigkeit, indem sie den Drei Juwelen Opfergaben darbringen und Bedürftigen Almosen geben. Und sie sammeln das Verdienst an, das sich aus der Meditation ergibt, indem sie die Meditation der vier Konzentrationen und der vier Zustände ohne Form praktizieren. Obgleich sie so vielleicht das Potenzial der Art der weniger befähigten Wesen voll realisieren, ist dies lediglich eine Stütze für den Weg und nicht der tatsächliche Weg. Sie realisieren nicht das volle Potenzial der mittleren oder überlegenen Art.

Wesen mit durchschnittlichen Fähigkeiten praktizieren die kostbare dreifache Übung, besonders die Übung in der Weisheit der Realisierung des Nicht-Selbst, was der hauptsächliche Aspekt der Wahrheit vom Weg ist, sowie die Übungen in Disziplin und Konzentration, welches die Nebenaspekte sind. Obgleich sie möglicherweise das volle Potenzial dieses mittleren Weges realisieren, realisieren sie nicht das des höheren Weges.

Ihr solltet deshalb über die Notwendigkeit nachdenken, das volle Potenzial der Freiheiten und Vorteile nach Art der großen Wesen zu realisieren, entweder über den langen Weg des Fahrzeugs mit Merkmalen oder den kurzen Weg des Vajrayana, der sich wiederum aufteilt in den langen Weg der äußeren Tantras (Kriya, Upa und Yoga), den kurzen Weg der zwei inneren Tantras (Mahayoga und Anuyoga) und den raschen Weg des Dzogchen.

Sagt euch insbesondere: Ich muss das volle Potenzial des Weges des Dzogchen realisieren, denn dadurch kann ich den Regenbogenlichtkörper der großen Übertragung im Zeitraum von Monaten oder Jahren erlangen. Meditiert immer und immer wieder darüber, wechselt dabei ab zwischen ausruhender und analytischer Meditation und teilt eure Praxis in Sitzungen und Pausen ein.

Im Beispiel von der Schildkröte (siehe WMVL) symbolisiert das Meer die Ausdehnung und Tiefe der drei niederen Bereiche und die Endlosigkeit des Leidens. Die Blindheit der Schildkröte ist ein Symbol für die Wesen in den niederen Bereichen, die keine Augen haben, um Gut und Böse zu unterscheiden. Die Tatsache, dass sie nur alle hundert Jahre einmal zur Oberfläche auftaucht, beschreibt die Schwierigkeit, aus den niederen Bereichen zu entkommen. Das einzige Loch im Joch ist ein Symbol dafür, wie rar es ist, als Mensch oder Gott wiedergeboren zu werden, und der der Wind, der das Joch hin und her treibt, versinnbildlicht die Tatsache, dass dies von positiven Ursachen abhängig ist.

Meditiert über den Sinn dieser Analogie und wechselt dabei zwischen analytischer und ausruhender Meditation ab.

2. Kapitel

Die Vergänglichkeit des Lebens

Ihr werdet niemals vom Vorteil profitieren, dieses kostbare menschliche Leben zu haben, wenn ihr euch jede Menge Zeit lasst, denn ihr seid dem Tod und der Vergänglichkeit unterworfen. Das Nachdenken über die Vergänglichkeit hat sieben Aspekte.

I. Die Vergänglichkeit des Universums

Denkt zuerst darüber nach, wie das äußere Universum mit den darin lebenden Wesen entstanden ist: Unsere Welt, die äußere Umgebung, hat sich von unten nach oben gebildet, und die es bevölkernden Wesen sind von oben nach unten erschienen. Teilt euch die Meditation darüber in Sitzungen mit dazwischenliegenden Pausen ein, wie ihr es für die Schwierigkeit, die Freiheiten und Vorteile zu finden, getan habt.

Der Hauptteil der Sitzung besteht im Nachdenken über Folgendes:

Bevor sich ein Universum wie das unsrige bildet, gibt es ein Kalpa der Zerstörung und danach nur leeren Raum, ein Zustand, der zwanzig Zwischenkalpas währt. Danach nimmt das Universum Gestalt an. Als Resultat des gemeinsamen Verdienstes der Wesen in diesem Kalpa erscheint die Basis des Universums. Sie ist ein rein mentaler Raum in Form eines nachtblauen Dreiecks umgeben von einem Ring aus Licht von der Farbe des Himmels.

Darüber erscheint, da, wo der Wind aus dem Osten den Westen trifft, der Wind aus dem Westen den Osten, der Wind aus dem Süden den Norden und der Wind aus dem Norden den Süden, das Mandala des Windes in Form einer dunkelgrünen Swastika, umgeben von einem Lichtschein. Ein Regen aus der Wolke mit dem goldenen Kern fällt darauf hernieder, und das klare weiße Mandala des Wassers, umgeben von einem klaren weißen Lichtschein, bildet sich. Darüber formt der Wind, der die besten Elemente entbindet, den Berg Meru, der Wind, der die zweitbesten Elemente entbindet, die sieben goldenen Berge, und der Wind, der die am wenigsten guten Elemente entbindet, formt die vier Kontinente mit der sie umgebenden Kette von Bergen aus Eisen.

Die Wesen dieses Universums haben es von oben nach unten bevölkert. Von der Welt, genannt Gipfel der Existenz, sind sie in dem Maße, wie ihre Gedanken immer gröber wurden, allmählich in die Höllenbereiche gefallen, wo das erste Wesen nach einer Zeitspanne von zwanzig Zwischenkalpas geboren wurde.

Danach beginnt ein Zeitraum der Dauer, in dem die Lebensspanne der Wesen unermesslich anwächst, bevor sie schließlich auf zehn Jahre absinkt. Dann wächst sie wieder auf achtzigtausend Jahre an, um anschließend wieder auf zehn Jahre abzusinken, was einen Zyklus ausmacht. Nach achtzehn solcher Zyklen von Zunahme und Abnahme wächst die Lebensspanne wieder ins Unermessliche an. Wenn sie danach wieder abnimmt, erscheint der Buddha *Unendliches Streben*[78] und die Lebenspanne sinkt auf achtzigtausend Jahre ab. Dies ist das letzte kurze Zwischenkalpa, das die Dauer eines Universums ausmacht, nämlich zwanzig Zwischenkalpas.

Der Zeitraum der Zerstörung beginnt, wenn die Lebensspanne achtzigtausend Jahre beträgt. Kein Wesen wird mehr in den Höllen dieses Universums wiedergeboren. Die dazu Bestimmten werden nun in den Höllenbereichen anderer Universen geboren. Und die, deren entsprechendes Karma sich erschöpft hat, nehmen Geburt in höheren Bereichen an. Die Höllen sind nun leer – abgesehen von ein paar Wesen unter dem Vajra-Thron in Bodhgaya[79], die die fünf Freveltaten mit sofortigen Folgen begangen haben, d. h. den Dharma aufgegeben oder die Mantrayana-Verpflichtungen gegenüber dem Meister gebrochen haben. Auch die Bereiche der Pretas und die der Tiere leeren sich allmählich. Dann zieht sich jemand aus dem Bereich der Menschen in die Einsamkeit zurück, erreicht die zweite Konzentration und verkündet: „Oh, welche Freude und welches Glück sich aus dem Leben in der Einsamkeit ergeben!“ Wenn die anderen Menschen davon hören, meditieren sie ebenfalls, erreichen ebenfalls die zweite Konzentration und nehmen, nachdem sie einer nach dem andern gestorben sind, unter den Göttern des Klaren Lichtes im Bereich der zweiten Konzentration Geburt an.

Dann erreichen die Götter im Bereich der Vier Großen Könige, im Himmel der Dreiunddreißig und in den vier Himmelsorten[80] – wie die Menschen – einer nach dem anderen die zweite Konzentration und werden im Bereich der zweiten Konzentration wiedergeboren. Danach wechseln die Götter der ersten Konzentration zur zweiten Konzentration über, was bedeutet, dass es von den tiefsten Höllen bis unterhalb der zweiten Konzentration keinen Hauch von Leben mehr gibt.

Es fällt kein Regen mehr und alle Pflanzen und Bäume vertrocknen.[81] Sieben Sonnen erscheinen eine nach der anderen am Himmel und lassen den Berg Meru, die vier Kontinente und die himmlischen Bereiche in Flammen aufgehen. Sie werden zu einer einzigen brüllenden Feuermasse, deren Flammen nach unten schlagen und die verlassenen niederen Daseinsbereiche verbrennen. Wenn sie auf die Feuer der Höllen treffen, verstärken sich die Flammen, die nach oben schlagen, und dann – als Folge der ungeheuren Kraft des Karma – bewirkt das Feuer des Endzeitkalpas, dass die Flammen der Höllen nach unten schlagen und die oberen Höllen verzehren. Wenn sie dann die Hölle der höchsten Qualen verbrennen, werden die sich dort befindenden Wesen in einem einzigen Augenblick in den Höllen der höchsten Qual anderer Universen wiedergeboren.

Danach schlagen die Flammen wieder nach oben und verzehren die verlassenen Daseinsbereiche der Götter, alles bis zum Bereich der zweiten Konzentration geleert hinterlassend. Wenn alles zu einem Berg von Asche geworden ist, wechseln die Wesen aus dem Bereich der zweiten Konzentration zum Bereich der dritten Konzentration über und im Bereich der zweiten Konzentration bildet sich „die Wolke mit dem Wasserkern“. Aus ihr fallen riesige Regentropfen von der Größe eines Jochs oder Pfluges, die den Ascheberg zu Schlamm machen. Die Wesen im Bereich der dritten Konzentration erreichen die vierte Konzentration und wechseln nach dorthin über.

Der gekreuzte Vajra des Windes am Grund des Universums erhebt sich mit Brausen, macht alles bis zum Ort der vierten Konzentration zu Staub und nur leerer Raum bleibt übrig. All dies findet in zwanzig Zwischenkalpas statt.

Daran schließen sich zwanzig Zwischenkalpas mit nichts als leerem Raum an. Die Dauer dieser vier Zeiträume der Entstehung, Dauer, Zerstörung und Leere beträgt also achtzig Zwischenkalpas, die das bilden, was ein großes Kalpa genannt wird.

Dies ist eine Möglichkeit der Meditation über die Vergänglichkeit. Es finden sich aber auch andere Beschreibungen.[82]

II. Die Vergänglichkeit der Wesen im Universum

Ebenso wie das äußerliche Universum mit den in ihm lebenden Wesen vergänglich ist, ist es auch innerlich euer Körper und euer Bewusstsein.

Der Zeitraum von der Empfängnis bis zur Geburt ist der der Entstehung. Der Zeitraum von der Kindheit bis zur Krankheit ist der der Dauer und der von der tödlichen Krankheit bis zum Tod der der Zerstörung. Zum Zeitpunkt des weißen Pfades löst sich das Wasserelement auf, zum Zeitpunkt des roten Pfades das Feuerelement und zum Zeitpunkt des Pfades der völligen Dunkelheit das Windelement.[83] Der Zeitpunkt, an dem man das Bewusstsein verliert, entspricht dem Zeitraum der Leere.

Meditiert in dieser Weise über die Vergänglichkeit des Universums und der Wesen und wechselt dabei ab zwischen analytischer und ausruhender Meditation und teilt euch die Praxis in Sitzungen und Pausen ein.

Denkt darüber nach, dass zum Zeitpunkt des Todes das Einzige, was euch helfen wird, eure positiven Taten sind und das Einzige, was euch von Schaden sein kann, eure negativen Taten. Wenn ihr unheilsame Taten begangen habt, bekennt sie, denn wie Jetsun Mila sagt: „Es ist nichts Gutes an negativen Taten, außer dass sie durch Bekennen geläutert werden können."

Wenn ihr bisher keinerlei positive Taten angesammelt habt, setzt alles daran, nur noch Gutes zu tun. Wacht von jetzt an über euer Verhalten.

Wenn ihr das erst dann tut, wenn ihr im Sterben liegt und nur negative Taten und keinerlei positive begangen habt, müsst ihr euch voller Verzweiflung auf den Weg zum nächsten Leben machen, mit tränenüberströmten Augen, auf eurer Brust die Kratzspuren eurer Fingernägel und euch sagen: „Ich habe mein Leben sinnlos vertan, alles habe ich falsch gemacht."

Überzeugt euch davon, dass zum Zeitpunkt des Todes euch nichts außer der Dharmapraxis helfen wird, und denkt immer und immer wieder darüber nach.

*VI. Die Ungewissheit der Umstände des Todes**

Wenn ihr über die Ungewissheit des Zeitpunktes des Todes nachdenkt (und dabei eure Praxis in Sitzungen mit dazwischenliegenden Pausen einteilt), solltet ihr über drei Punkte meditieren: dass ihr ganz sicher sterben werdet, dass ihr nicht wisst, wann, und dass euch im Tod absolut nichts helfen kann.

(A) Die Gewissheit der Vergänglichkeit

Was geboren wird, muss sterben. Unser Leben verrinnt mit jedem Augenblick, mit jeder Sekunde, so, wie die Sonne hinter den Bergen im Westen versinkt. Wir sind wie Tiere auf dem Weg zum Schlachthaus. Nehmt jemanden, der heute achtzig Jahre alt ist und ein Baby, das letzte Nacht geboren wurde. Beide müssen sterben und in hundert Jahren sieht es so aus, als hätten sie niemals existiert. Das ist leicht zu verstehen, das Problem ist nur, wir denken nie daran, dass der Tod jeden Augenblick eintreten kann.

* Khenpo Ngakchung springt hier zum 6. Teil des Kapitels über Vergänglichkeit in WMVL.

(B) Die Ungewissheit des Zeitpunktes des Todes

Ihr mögt denken, dass ihr doch noch jung seid, aber ist das eine Garantie dafür, dass ihr nicht sterben müsst? Ihr mögt denken, dass doch alles in Ordnung ist, dass ihr Essen und Kleider usw. habt, aber ist das eine Versicherung gegen das Sterben? Ihr mögt denken, dass ihr doch bei guter Gesundheit seid, aber wie kann euch das die Zuversicht geben, nicht zu sterben?

Die einzige Möglichkeit, sicher zu sein, dass ihr noch nicht sterben müsst, wäre, wenn der Buddha in seiner Allwissenheit euch dies bestätigen würde. Oder, wenn ihr mittels eurer übernatürlichen hellseherischen Kräfte wüsstet, nicht vor einer bestimmten Zeit zu sterben. Oder, wenn ihr den Herrn des Todes treffen und mit ihm freundschaftlich aushandeln könntet, euch nicht vor einem bestimmten Tag abzuholen. Davon abgesehen gibt es kein Wissen darüber, wie lange dieses Leben dauern wird. Ebenso wie es unmöglich ist, zu sagen, wie weit ein Pfeil fliegen oder wie lange eine Butterlampe brennen wird. Weil das abhängt von der Kraft der Finger des Bogenschützen oder davon, wie viel Öl noch vorhanden ist. In gleicher Weise könnt ihr nicht wissen, ob euer Leben heute oder morgen zu Ende geht, in der zweiten Hälfte des Monats, nächsten Monat, nächstes Jahr. Wann ihr sterben müsst, ist gänzlich ungewiss.

Wenn die euch zugemessene Lebensspanne abgelaufen ist und ihr im Begriff seid, zu sterben, kann niemand euren Tod aufhalten, nicht der Buddha der Medizin mit einem Medikament, nicht Amitayus mit einer Langes-Leben-Ermächtigung noch der Schutz von Vajrapani.

Obwohl es Methoden gibt, einen plötzlichen Tod zu verhindern, können Ursachen wie die 404 Arten von Krankheiten, die 80 000 negativen Kräfte oder die 360 von bösen Geistern verursachten Unglücksfälle ganz unerwartet einen plötzlichen Tod bewirken. So, wie der Wind eine Butterlampe ausbläst, bevor das Öl verbraucht ist. Das macht die Dauer unseres Lebens auf dieser Erde ziemlich unkalkulierbar. Wo immer ihr auch hingeht, der Tod wartet auf euch. Mit wem auch immer ihr zusammen seid, ihr werdet sterben. Egal, in welchem Land ihr lebt, ihr werdet sterben. Ob ihr Besitz und Eigentum oder nichts habt, ihr werdet sterben. Ihr habt keine Ahnung, ob eure Lebensspanne möglicherweise heute schon abgelaufen ist. Und auch, wenn sie noch nicht abgelaufen ist, könnt ihr aufgrund der plötzlichen Todesursachen jederzeit sterben. Denkt immer und immer wieder darüber nach.

(C) Im Tod seid ihr ohne jede Begleitung

Wenn ihr im Sterben liegt, hilft euch außer dem geheiligten Dharma nichts; euer Essen, eure Kleider, euer Heim, euer Bett, Eltern, Verwandte, Freunde, Partner nützen euch nichts. Auch ein Lama mit tausend Mönchen kann keinen Einzigen von ihnen mitnehmen. Ein Staatsoberhaupt, das über Millionen Menschen herrscht, kann keinen einzigen Diener mitnehmen, wer allen Reichtum der Welt besitzt, nicht einmal eine Nadel und einen Faden. Ihr müsst Abschied nehmen und alles zurücklassen, selbst euren Körper, an dem ihr so hängt und um den ihr euch so gekümmert habt. Ihr seid ausgestreckt auf eurem letzten Lager, esst eure letzte Mahlzeit, tragt eure Kleider zum letzten Mal, sprecht eure letzten Worte und eure Verwandten und Freunde versammeln sich zum letzten Mal um euch. Wenn der Zeitpunkt des Todes gekommen ist, kann nichts und niemand ihn auf später verschieben.

Es steht nicht in eurer Macht, länger zu bleiben. Eure Verwandten und eure Besitztümer, an denen ihr so hängt[84], können euch nicht begleiten. Ihr macht euch auf den Weg ins nächste Leben, nackt und mit leeren Händen. Die Bürde der negativen Taten, die ihr für eure Eltern, Verwandten und Freunde begangen habt, könnt ihr niemand anderem aufladen. Ihr müsst sie alleine tragen und von dannen gehen. Nunmehr können euch nur noch eure negativen Taten schaden, niemand auf der ganzen Welt, selbst euer größter Feind, kann auch nur einen Pfeil auf euch abschießen. Und selbst wenn euch der Reichtum der ganzen Welt gehört hat, seid ihr nicht in der Lage, außer dem geheiligten Dharma irgendetwas mitzunehmen. Nun wird der Dharma euch Schutz und Zuflucht sein. Er wird wie eine Insel für euch sein, euer Freund, ein Licht, eine Lampe. Deshalb solltet ihr von jetzt an die euch zur Zeit des Todes hilfreichen Unterweisungen praktizieren.

Was diese Unterweisungen betrifft, so erkennen Wesen mit geringeren Fähigkeiten die drei niederen Daseinsbereiche als leidvoll und sammeln mit der Absicht, in den drei höheren Bereichen wiedergeboren zu werden, die drei Arten von Verdienst an. Obwohl sie die Unterweisungen als Vorbereitung auf den Tod gemäß ihrer Tradition möglicherweise erfolgreich praktizieren, meistern sie doch nicht diejenigen der Tradition der mittleren oder großen Wesen.

Die Wesen mit mittleren Fähigkeiten ihrerseits erkennen, dass die drei Welten von Samsara leidvoll sind, entsagen der Welt mit dem Wunsch, Befreiung für sich allein zu finden, und praktizieren die kostbare dreifache Übung des überlegenen Weges. Obgleich sie möglicherweise die Unterweisungen für die mittleren Wesen über die Vorbereitung auf den Tod meistern, meistern sie jedoch nicht die für die großen Wesen.

Wesen mit größeren Fähigkeiten haben die Bodhichitta-Gesinnung, den Wunsch, anderen zu helfen. Sie praktizieren entweder die Unterweisungen für die Vorbereitung auf den Tod des langen Weges des Fahrzeugs mit Merkmalen oder des raschen Pfades des Dzogchen, der Strahlenden Großen Vollkommenheit, und meistern die authentischen Unterweisungen ihres jeweiligen Weges über die Vorbereitung auf den Tod.

Für diejenigen, die die Unterweisungen des Dzogchen für die Vorbereitung auf den Tod praktizieren, entfällt das Bindeglied zwischen Tod und Wiedergeburt.

Praktiziert deshalb mit zwei felsenfesten Vorsätzen: Erstens schwört, was immer auch geschehen mag, die Zitadelle wahrer Unsterblichkeit zu erobern, und zweitens, diesen Entschluss nie aufzugeben.

Teilt euch hierzu eure Praxis in Sitzungen mit dazwischenliegenden Pausen ein und wechselt ab zwischen analysierender und ausruhender Meditation.

VII. Der siebte Teil dieses Kapitels in Die Worte meines vollendeten Lehrers *handelt vom Nachdenken über die Vergänglichkeit zwischen den Sitzungen.*

3. Kapitel

Die Bedrängnis in Samsara

Tod und Vergänglichkeit sind also wie beschrieben eine Tatsache. Wenn der Tod so wäre wie Feuer, das erlischt, oder Wasser, das vertrocknet, wäre es damit zu Ende. Doch lösen wir uns, wie Patrul Rinpoche sagt, nicht einfach in Nichts auf. Ihr müsst eine neue Geburt annehmen. Und da ihr nach dem Tod nirgendwo anders hingehen könnt als in die samarischen Welten, müsst ihr über die Bedrängnis in Samsara nachdenken.

Samsara umfasst die drei Welten und deren Mängel sind die drei Arten von Leiden.

Auch wenn ihr ein kostbares menschliches Leben mit den achtzehn Freiheiten und Vorteilen erlangt habt, so ist es doch der Vergänglichkeit, dem Tod unterworfen. In diesem Leben verfolgt vom Leiden der Geburt, der Krankheit, des Alters und des Todes, erwartet euch im Zwischenzustand Leiden, und im nächsten Leben seid ihr wieder mit Leiden verkettet.

Wenn ihr im Bardo aus dem Zustand der Bewusstlosigkeit erwacht, wisst ihr zunächst nicht, dass ihr gestorben seid. Ihr sagt zu euren weinenden Verwandten und Freunden: „Ich bin nicht tot. Schaut her, hier bin ich!" Wenn sie euch dann weder sehen noch hören, fragt ihr euch unsicher, ob ihr tot oder am Leben seid. Wenn ihr versucht, das herauszufinden, seht ihr, dass ihr keinen Schatten mehr werft, keinen Fußabdruck im Sand hinterlasst und euch nicht im Wasser widerspiegelt. Dann merkt ihr, dass ihr wirklich gestorben seid. Die Panik, die euch nun erfasst, provoziert die Wahrnehmung von vier grauenerregenden Geräuschen: ein Geräusch, als würde das Universum von Grund auf erschüttert, ein Geräusch, als ginge der gesamte Kosmos mit seinen Billionen Universen in rasendem Feuer auf, ein Geräusch, als würde der gesamte Kosmos mit seinen Billionen Universen vom Wind verwüstet, und ein Geräusch, als würde der gesamte Kosmos mit seinen Billionen Universen vom Wasser weggewaschen.

Dann nehmt ihr drei furchterregende Abgründe wahr, die an die aufeinanderfolgenden Farben des Sonnenuntergangs erinnern: Wo immer ihr hinschaut, die Natur der Gier lässt alles in einem unruhigen Rot erscheinen, die Natur des Hasses alles in einem flackernden Weiß und die Natur der Unwissenheit alles als schwarze Nacht.[85]

Zu diesem Zeitpunkt werden jene mit gutem Karma von Dakas und Dakinis willkommen geheißen und geradewegs zur Befreiung gehen. Jene, die eines der Verbrechen mit unmittelbarer Vergeltung begangen haben, nehmen Höllenknechte wahr (so genannt im Mantrayana, in den Sutras heißen sie Yamas Gefolgsleute) und stürzen geradewegs in die Höllen.

Alle anderen bleiben 49 Tage, drei oder vier Wochen oder eine unbestimmte Zeit lang im Zwischenzustand. Wenn ihr 49 Tage dort bleibt, nehmt ihr in der ersten Hälfte dieser Zeit den Körper wahr, den ihr in diesem Leben hattet, und in der zweiten Hälfte den, den ihr im kommenden Leben haben werdet. Solltet ihr in den Höllenbereichen wiedergeboren werden, fühlt ihr euch, als würdet ihr euch mit dem Kopf nach unten herum bewegen. Wenn ihr als Tier wiedergeboren werdet, kriecht ihr auf allen Vieren und fühlt euch, als würden auf eurem Kopf Hörner wachsen. Wenn ihr Geburt annehmt als Gott oder Mensch, geht ihr mit erhobenem Haupt umher und eurer Körper strahlt Sonnen- oder Mondlicht aus.

Und dann beginnen – mit den Leiden im Bardo als Übergang – die Leiden des nächsten Lebens.

Als der Tathagata die vier edlen Wahrheiten lehrte, sagte er als Erstes: „Erkennt das Leiden." In anderen Kommentaren werden zuerst die Unterweisungen über Karma, Ursache und Wirkung, gegeben, hier aber muss als Erstes das Leiden anerkannt werden, d. h. die Bedrängnis in Samsara. Dies wird als Erstes gelehrt und danach die Ursache des Leidens, d. h. Taten, Ursache und Wirkung.

Daran schließen sich die Unterweisungen über den spirituellen Weg an, den man begehen wird: das Nachdenken über den Nutzen der Befreiung und wie man dem spirituellen Freund folgt, was eine Vorbereitung für den Weg ist. Dann kommt der tatsächliche Weg, von der Zuflucht bis zum Guru-Yoga. Und schließlich werden die Unterweisungen über das zu realisierende Ende des Leidens gegeben, d. h. die Hauptpraxis der Großen Vollkommenheit. Sie bestehen aus den Lehren über Trekchö, das sich auf ursprünglicher Reinheit gründet und der Weg ist, auf dem träge Leute ohne Anstrengung Befreiung finden können, und über Thögal, das sich auf die spontane Gegenwärtigkeit gründet und der Weg ist, durch den eifrige Leute Befreiung erlangen können.

Nun also als Erstes zu der Bedrängnis in Samsara. Sie wird unter zwei Überschriften zusammengefasst:

I. Die Bedrängnis in Samsara ganz allgemein
II. Die Bedrängnis in Samsara im Einzelnen

I. Die Bedrängnis in Samsara ganz allgemein.

Dieser erste Teil umfasst sechs Aspekte:

- Der Ort, wo die Wesen kreisen[86]
- Die Wesen, die dort kreisen
- Die Zeit, während der sie dort kreisen
- Die Art und Weise, wie sie dort kreisen
- Die Ursache dafür, dass sie kreisen
- Bildliche Vergleiche dafür

Studiert jeden dieser Punkte und wechselt dabei zwischen analytischer und ausruhender Meditation.

Die Wesen in Samsara beginnen im Glück und enden im Leiden, während jene, die den Dharma wählen, zuerst durch Härten gehen und später im Glück enden. Diese allgemeine Art des Nachdenkens über die Leiden in Samsara sollte genügen, eure Einstellung zu ändern. Sollte sie es nicht, folgt nun eine Beschreibung der jeweiligen Leiden der sechs Kategorien von Lebewesen.

II. Die Leiden, durch die die Wesen in den sechs Daseinsbereichen gehen

Man kann über die Höllen als ein acht Stockwerke hohes Metallgebäude meditieren. Doch mehr allgemein gesehen ist Hölle ein Begriff, der eine unvorstellbare Zahl von verschiedenen Orten und Leiden umfasst, die im *Sutra des erhabenen Dharma der klaren Erinnerung* beschrieben sind. Ihr müsst dort nachschlagen. Überhaupt solltet ihr für die Mängel in Samsara und die Ursachen und Auswirkungen von Taten wiederholt das *Sutra von hundert Taten*, das *Sutra des erhabenen Dharma der klaren Erinnerung* sowie die *Geschichte der Realisation von Purna* lesen.

Beim Nachdenken über die zahlreichen unterschiedlichen Leiden fühlt euch nicht einfach wie ein Zuschauer, der mit ansieht, wie andere in Stücke geschnitten und zerhackt werden. Stellt euch vor, dass ihr tatsächlich in einem dieser Bereiche geboren wurdet und diese Leiden am eigenen Körper erlebt.

Beim Nachdenken darüber folgt dem gleichen Schema wie beim Nachdenken über die Freiheiten: Denkt an den Ort, den Körper als Basis des Leidens, die verschiedenen Arten von Leiden und die Dauer des Lebens.

Die Traurigkeit, die euch überkommt, wenn ihr solchermaßen nachdenkt, wird Desillusionierung genannt. Der Wunsch, von diesen Zuständen befreit zu sein, wird die Entschlossenheit, von Samsara frei zu werden, genannt. Letztere hat zwei Aspekte: Entschlossenheit, frei zu werden als Resultat[87], und Entschlossenheit, frei zu werden als Absicht. Hier ist Letzteres gemeint und wird im Folgenden erklärt.

Allgemein gesprochen ist die Ursache für eine Geburt in den Höllenbereichen die Häufung einer der von den drei Giften motivierten negativen Taten. Die schwerwiegendsten sind solche begangen aus Hass, wie Töten. Ihr habt seit anfangslosen Zeiten eine unübersehbare Zahl solcher Taten in eurem Bewusstseinskontinuum angesammelt. Bekennt sie also vollständig, benutzt dabei die vier Kräfte als Gegenmittel und gelobt, nie wieder eine von Hass motivierte Tat zu begehen, selbst wenn ihr zu Tode gefoltert werdet, indem man euch das Fleisch in Stücken aus dem Körper reißt.

Erkennt, dass alle in den Höllen geborenen Wesen einmal eure Mütter waren, erinnert euch an ihre Güte und fasst den Wunsch, sie ihnen zurückzuzahlen. Mit diesen drei Bindegliedern – dem des Wunsches: „Mögen sie frei sein von diesen Leiden und ihren Ursachen!"; dem des Bestrebens: „Wie gut es wäre, wenn sie davon frei würden" und dem des Engagements: „Ich werde es sein, der sie davon befreien wird" – betet innig zu den Drei Juwelen, der nie versagenden Zuflucht, dass sie sowohl von den Ursachen des Leidens wie auch dem daraus resultierenden Leiden befreit sein mögen. Sagt euch: „Mögen alle Wesen in den Höllen, meine ehemaligen Mütter, auf der Stelle, während ich hier sitze, frei werden vom Leiden und seinen Ursachen!"

Rezitiert folgendes Gebet zu den Drei Juwelen:

Ach! Mitfühlende Drei Juwelen ... Glorreiche Beschützer der Welten ...
Helden, die die Kraft des Mitgefühls besitzen ...

In der Tradition des Allwissenden Vaters und Sohnes[88] heißt es, dass durch die Rezitation dieser Gebete sich automatisch unser egozentrisches Kreisen um uns selbst ändert.

Für die anderen fünf Daseinsbereiche gilt die gleiche Praxis: Denkt nach über alle Einzelheiten von Ort, Körper, Leiden, Lebensspanne usw. Entwickelt Desillusionierung und den Entschluss, frei zu werden. Erkennt alle Wesen als eure früheren Mütter, erinnert euch an ihre Güte usw. Geht auf diese Weise durch alle anderen Etappen.

4. Kapitel

Karma, das Gesetz von Ursache und Wirkung

Als zweite der vier edlen Wahrheiten lehrte der Buddha den Ursprung des Leidens, von dem es sich zu befreien gilt. Deshalb nun die Erklärung über Karma, das Gesetz von Ursache und Wirkung.

(A) Allgemeine Einführung

In den sechs Bereichen samsarischer Existenz entstehen die verschiedenen Orte und Lebensräume, die verschiedenen Körper, die unterschiedlichen Freuden und Leiden, die unterschiedlichen Lebensspannen alle aufgrund des Gesetzes von Ursache und Wirkung. Dies ist der Sinn der Formel „*Ye dharma … shramana*“, die das Siegel der Lehren des Buddha ist.[89] Sie wird üblicherweise am Anfang mit der Silbe OM gesprochen und am Ende mit SVAHA, um sie dauernd zu machen. Alle Pandits haben sie mit diesen beiden Elementen versehen, um sie zu weihen und Glück verheißend zu machen.

Hier die Übersetzung der Worte:

Alle Phänomene entstehen aus Ursachen.
Diese Ursachen und was ihnen ein Ende setzt,
sind beschrieben worden vom Tathagata selbst.
So wurde es vom Großen Shramana verkündet.[90]

Auf was bezieht sich der Plural „alle Phänomene“? Auf alles, was gewusst werden kann, auf alle denkbaren Phänomene sowohl in Samsara, Nirvana und auf dem Weg.

„Entstehen aus Ursachen“ heißt nach buddhistischer Sicht, dass die Phänomene, produziert durch Entstehen in gegenseitiger Abhängigkeit, auf dem Gesetz von Ursache und Wirkung beruhen. In den nicht buddhistischen Schulen gibt es die 360 unrichtigen Anschauungen, nach denen die Dinge nicht durch Ursachen entstehen, oder aber von einer Entität her erscheinen, die keine Ursache hat. Diese Sichtweisen sind alle mit eingeschlossen in einer der fünf Tarkas oder sophistischen Schulen[91] und können zusammengefasst werden als entweder eternalistisch oder nihilistisch.

Für die Nihilisten sind Gautama[92] Sicht und die der Eternalisten unrichtig, weil für sie die Phänomene einfach von alleine auftreten. Sie behaupten, dass unsere Körper sich einfach wie ein Regenbogen am Himmel oder wie Pilze auf der Wiese manifestieren. Der Körper ist für sie wie Schnee und der Geist wie die Spur, die ein Wolf darin hinterlässt. So wie die Spuren des Wolfs verschwinden, wenn der Schnee schmilzt, kann – abgesehen von dem, was wir im gegenwärtigen Augenblick wahrnehmen – nichts existieren. Es gibt keine zukünftigen Leben, keine Erleuchtung oder Befreiung. Im Tod löst sich der Körper in die fünf Elemente auf, der Geist verschwindet mit ihnen und hört auf zu existieren. In der Lehre des Schwarzen Ishvara heißt es dazu:

Das Aufgehen der Sonne, das Abwärtsfließen des Wassers,
die Rundheit der Erbsen, die Spitze und Schärfe der Dornen,
die Schönheit der schillernden Augen auf den Schwanzfedern des Pfaus –
niemand hat sie erschaffen, sie sind einfach von selbst entstanden.

Für die Eternalisten ist Gautamas Lehre falsch, weil es für sie zwar vergangene und künftige Leben gibt, diese aber nicht durch Ursache und Wirkung zustande kommen, sondern von einem Schöpfer im Außen erschaffen werden. Und wer ist dieser Schöpfer, der alles erschaffen hat? Ein großer, allmächtiger Gott[93], der ewig, einzigartig und autonom ist. Bringt man ihm eines seiner Kinder oder ein Teil seines Viehs zum Opfer, ist er wohlgefällig und gewährt Glück, erregt man seinen Unwillen, bringt er Unglück über die Welt. Glück und Unglück werden demnach von etwas außerhalb von uns selbst produziert.

Eine andere Gruppe von Eternalisten glaubt an eine ursprüngliche Substanz, *Prakriti*, einen Zustand des Gleichgewichts zwischen Freude,

Leid, Indifferenz oder zwischen Gier, Hass, Unwissenheit.[94] Aus dem „Prakriti-Kornsack"[95] des ewigen Alls bewirkt das innere Bewusstseinsprinzip – *Purusha* – die Manifestation von Partikeln und erfährt sie. Wenn es sie dann als die Manifestation von *Prakriti* erkennt, zieht sich *Prakriti* scheu zurück und flieht.[96] Daraufhin vergehen alle Manifestationen in der Dimension von *Prakriti*, und wenn *Purusha* frei von diesen Manifestationen ist, wird die Befreiung erlangt. Diese Eternalisten glauben, dass es im Inneren des Herzens ein unsichtbares ewiges Selbst gibt von der Größe eines Daumens. Für sie gleicht der Körper einem Gefäß mit einem Vögelchen im Inneren – dem Bewusstsein. Wenn der Körper zerfällt, so sagen sie, ist das Bewusstsein frei und kann fliegen, wohin es will.

Der buddhistischen Lehre nach sind beide Weltanschauungen, die eternalistische sowie die nihilistische falsch. Alle Phänomene von Samsara, Nirvana oder des Weges gehen aus Ursachen hervor.

Doch auf welche Weise die Phänomene aus ihren Ursachen hervorgehen, das ist etwas, was kein Wesen verstehen kann, auch nicht die Götter, nicht Brahma noch der Herr des Paranirmitavasavartin-Reichs, der König der Maras, nicht große Könige wie König Bimbisara, König Ajatashatru oder Sharava, ebenso wenig wie die sechs nicht buddhistischen Lehrer[97] und ihresgleichen. Und unter den Buddhisten auch nicht die Söhne des Buddha, sein Regent Maitreya und Manjushri, sie konnten es nur den Worten des Buddha folgend erklären. Der Grund dafür, dass ihrem Wissen derartige Grenzen gesetzt waren, war, dass sie sich noch nicht von ihren Verdunkelungen und gewohnheitsbedingten Neigungen freimachen konnten. Weder Nagarjuna noch Asanga oder die „Sechs Schmuckstücke" Genannten und die Zwei Erhabenen konnten es verstehen, noch die Schüler des Buddha, die Shravakas und Pratyekabuddhas.[98] Obwohl sie den Worten des Buddha folgten, führte keiner ihrer jeweiligen Wege zu diesem Wissen.

Bei den Shravakas gibt es vier Gründe dafür, dass etwas nicht gewusst werden kann:

1. Weil es zu weit entfernt hinsichtlich des Ortes ist
2. Zu entfernt hinsichtlich der Zeit

3. Weil der Abstand zwischen Ursache und Wirkung zu groß ist
4. Weil sie nicht die Gesamtheit der mannigfaltigen Qualitäten des Buddha kennen.

Und weiter heißt es im vorher zitierten *Ye dharma*: „Diese Ursachen … sind vom Tathagata selbst verkündet worden.“ Samsara und Nirvana gehen beide aus Ursachen hervor und der Tathagata hat dies wie folgt gelehrt:

Die wirkliche Seinsweise aller Phänomene ist die absolute Wahrheit, die absolute Dimension, die höchste Vollkommenheit, die makellose Wahrheit. Wenn die Meditation und Realisation dieser letzten Wahrheit ihren Höhepunkt erreicht hat, offenbart sie sich in ihrer Gesamtheit und das ist dann die „ursprüngliche Weisheit, zu wissen, wie es wirklich ist“. Durch diese Realisierung der Leerheit kann jedes einzelne Phänomen von Samsara, Nirvana oder des Weges unmittelbar gesehen werden, wie ein Abbild in einem Spiegel oder eine Amla-Frucht in der Handfläche, dies ist „die ursprüngliche Weisheit, jedes einzelne Ding zu wissen“.

Letztere kann unterteilt werden in das Wissen von allem, das gewusst werden kann, und das spezifische Wissen von allem, was wirklich wichtig ist.

1. Das Wissen von allem, was gewusst werden kann.

Für den Buddha waren Dinge, die für Devadatta völlig im Dunkeln lagen, klar und deutlich. Wurden einige Halme Kushagras in Wasser getaucht und anschließend in Asche, wusste er, ob die Aschereste an den Grashalmen von einer bestimmten Stadt kamen, von Bäumen im Wald oder von der sonnigen oder schattigen Seite eines Tales. So wie es heißt:

Jede einzelne der leuchtenden Farbtöne eines Pfaus
hat Ursachen, die unterschiedlich und andersgeartet sind.
Sie zu kennen heißt allwissend sein.
Ohne die Weisheit der Allwissenheit kann man sie nicht kennen.

Diese Art des Wissens kann ein gewisses Maß an Glauben bei den Schülern bewirken, ist jedoch nicht besonders nützlich.

2. Das Wissen von dem, was wirklich wichtig ist.
Wenn man Ursache und Wirkung von Samsara und Nirvana kennt, was der Wahrheit vom Ursprung des Leidens und der Wahrheit vom Leiden entspricht, sowie die Ursache für Nirvana, was der Wahrheit vom Weg entspricht, und was dessen Frucht ist, was die Wahrheit vom Ende des Leidens darstellt, so weiß man im Sinne der vier Wahrheiten genau, was es zu tun und was es zu unterlassen gilt.

Gewisse Nichtbuddhisten glauben, man könne eine Auswirkung verhindern, ohne die Ursache auszumerzen. Das wäre so, wie einer Krankheit ein Ende setzen zu wollen, ohne damit aufzuhören, das sie verursachende Gift weiter zu sich zu nehmen. Tatsächlich ist es aber unmöglich, eine Auswirkung zu verhindern. Die Ursache ist es, die es zu verhindern gilt. Wenn man das Gift nicht einnimmt, entsteht die Krankheit nicht. In Analogie dazu müssen wir den negativen Taten und Emotionen, die die Ursache für das nächste und für künftige Leben sind, ein Ende setzen. Dafür gibt es verschiedene Methoden, die den drei Klassen von Wesen entsprechen.

Um den zu einer der drei Arten von Befreiung oder Erleuchtung führenden Weg praktizieren zu können, ist es an erster Stelle nötig, eine spezifische Art der Existenz zu haben. Wesen mit geringeren Fähigkeiten haben begriffen, dass die drei niederen Bereiche Leiden bedeuten, und um davon frei zu werden, streben sie nach den höheren Existenzbereichen der Götter und der Menschen. Sie unterlassen die zehn unheilsamen Taten, üben sich in den zehn positiven und möglicherweise auch in den unerschütterlichen Verhaltensweisen[99] der acht Konzentrationen und formlosen Versenkungen. Auf diese Weise erreichen sie zwar die höheren Daseinsbereiche der Menschen und Götter, haben aber ihre positiven Taten nur dazu genutzt, das Reifen ihrer negativen Taten aufzuschieben. Den negativen Emotionen haben sie kein Ende gesetzt.

Die Wesen mit großer oder mittlerer Eignung erkennen, dass der gesamte Samsara Leiden ist. Sie haben ihren Geist von allen sechs Daseinsbereichen abgewendet, um Nirvana und seine Ursachen zu erlangen. Die vier Wahrheiten, wie im *Shrimaladevi Simhanada-Sutra* erklärt, sind für sie entweder vollständig realisiert oder noch nicht völlig.[100]

Die Wesen mit mittleren Fähigkeiten wissen, dass Samsara Leiden ist, doch gibt es für die, die die Shravaka- oder Pratyekabuddha-Ebenen[101] erreicht haben, immer noch die Unwissenheit ohne negative Emotionen[102], die angeborene Unwissenheit, die konzeptuelle Unwissenheit, es gibt immer noch einen mentalen Körper, unbeflecktes Karma, unvorstellbaren Tod und Übergang.[103] Sie wissen nichts vom Leiden aufgrund der Faktoren subtilen Entstehens in Abhängigkeit und erkennen nicht vollständig die Wahrheit vom Leiden. Und deshalb ist diese noch nicht vollständig „erreicht".

Was die Ursache des Leidens, die aufgegeben werden muss, betrifft, so haben sie Karma und negative Emotionen hinter sich gelassen. Da sie aber noch ihre konzeptuellen Trübungen haben, ist die Ursache des Leidens ebenfalls noch vorhanden, auch diese Wahrheit ist deshalb noch nicht „erreicht".

Auf dem Weg, der gegangen werden muss, haben sie realisiert, dass es kein wirklich existierendes persönliches Selbst gibt, und den festen Glauben an eine eigenständige Existenz der Phänomene teilweise ausgeräumt. Weil sie aber die Sichtweisen der Wege der drei großen Traditionen noch nicht realisiert haben, bleibt auch die Wahrheit vom Weg noch unvollständig.

Was die Frucht betrifft, so müssen sie, wenn sie die Ebene des Arhats erreicht haben, aus diesem Zustand der Beendigung durch Lichtstrahlen, die von den Buddhas[104] ausgehen, geweckt werden, um Buddhaschaft zu erlangen. Und so ist auch die Wahrheit von der Beendigung des Leidens noch unvollständig.

Nachdem die Wesen mit durchschnittlichen Fähigkeiten die Leidhaftigkeit der sechs Daseinsbereiche erkannt haben, suchen sie für sich selbst Befreiung davon. Die Ursachen für das Leiden in Samsara sind Karma und negative Emotionen, deren Wurzel der Glaube an ein Selbst ist. Das Heilmittel hierfür ist die Weisheit, die das Nichtvorhandensein eines Selbst realisiert. Doch kann diese nicht sofort entwickelt werden, deshalb nehmen sie mit der Absicht, Befreiung zu erreichen, die Pratimoksha-Ordination und beherrschen ihren Geist mithilfe völlig reiner Disziplin, meditieren über die acht Konzentrationen und formlosen Versenkungen. Dann müssen sie Weisheit hervorbringen, wozu sie untersuchen, wo ein persönliches

Selbst, das sogenannte Ich sich befinden könnte, ob es eins ist mit den fünf Aggregaten oder davon verschieden. Durch diese Meditation erkennen sie, dass es weder eins damit noch verschieden davon ist, sie erkennen, dass es kein Selbst gibt. Dies ist das Stadium des Eintretens in den Strom und entspricht dem Pfad des Sehens. Das Stadium des Einmalzurückkehrens und das des Nichtmehrzurückkehrens entspricht dem Pfad der Meditation.

Wenn die Wesen mit mittleren Fähigkeiten auf diese Weise erkannt haben, dass es kein Ich gibt, haben sie Karma und negative Emotionen, die vom Glauben an ein Ich herrühren, zu Ende gebracht, ähnlich wie mit dem Tod eines Zauberkünstlers seine magischen Schöpfungen aufhören. Als Folge davon erlangen sie das Nirvana des Arhat, mit und ohne Rest. Dies entspricht dem Pfad des Nicht-mehr-Lernens.

Die Wesen mit größten Fähigkeiten wenden ihren Geist nicht nur von der Gesamtheit von Samsara ab, sondern auch vom Frieden von Nirvana, den Shravakas und Pratyekabuddhas für das allerhöchste halten. Von da an ist das Leiden, das gewusst werden muss, vollständig beendet. Da die Ursache des Leidens in Karma und negativen Emotionen besteht, zusammen mit den konzeptuellen und den durch die gewohnheitsbedingten Tendenzen hervorgerufenen Trübungen, und sie all dies hinter sich gelassen haben, haben sie auch die Ursache des Leidens, die aufgegeben werden muss, zu Ende gebracht.

Was die Wahrheit vom Weg betrifft, so realisieren sie die natürliche Seinsweise aller Phänomene, die absolute Natur, deren Wesen das Nichtvorhandensein der zwei Arten des Selbst ist. Von da an ist auch der Weg, der gegangen werden muss, völlig beendet.

Als Folge davon erlangen sie den Dharmakaya, Buddhaschaft, und es gibt nichts mehr zu erlangen. Die „Beendigung" ist abgeschlossen.

Nachdem sie ihren Geist von Samsara und von Nirvana abgekehrt haben, fassen Wesen mit größten Fähigkeiten den Entschluss, sich zu befreien. Sie praktizieren Disziplin[105], halten die Gelübde der Sutras und Tantras ein, was der lange Weg des Fahrzeugs mit Merkmalen ist. Ihre Meditation betrifft die acht Konzentrationen der Form und die ohne Form sowie die Erzeugungs- und Vollendungsphase des Mantrayana. Ihre Weisheit ist die Realisierung der Sicht der drei großen Traditionen.

Vom Shravakayana bis einschließlich Anuyoga werden Konzepte mithilfe von Konzepten überwunden. Im Atiyoga reinigen, befreien, vernichten, durchschneiden die Praktizierenden allein durch das Aufrechterhalten der Sicht von der ursprünglichen Reinheit frei von Kompliziertheit alle guten und schlechten Gedanken in der Dimension der umfassenden ursprünglichen Weisheit. Nachdem sie alle Trübungen vollständig beseitigt haben – jene aufgrund des Karma und der negativen Emotionen sowie die durch Konzepte und die durch gewohnheitsbedingte Tendenzen bedingten –, erlangen sie Buddhaschaft, den Dharmakaya. Von da an erwirken sie durch den Rupakaya – Sambhogakaya und Nirmanakaya – das Wohl der Wesen.

Auf diese Weise hat der Lehrer, der voll erwachte Bhagavan, der unvergleichliche König der Shakyas, der Löwe der Shakyas, die vier Wahrheiten erklärt.

(B) Was praktiziert werden soll

Hier gibt es drei Punkte:

I. Negatives Verhalten, das unterlassen werden muss.

II. Heilsame Verhaltensweisen, die wir uns aneignen müssen.

III. Die alles entscheidende Qualität unserer Taten.

I. Negatives Verhalten, das unterlassen werden muss

Die Zahl der negativen Verhaltensweisen ist endlos, doch können sie bezüglich ihrer Häufigkeit zu zehn zusammengefasst werden (drei körperlicher Art, vier der Rede, drei des Geistes). Ihre Antriebskraft sind die drei Gifte. In der *Juwelengirlande des Mittleren Weges* steht:

> *Gier, Hass und Unwissenheit:*
> *Taten, aus diesen drei heraus begangen, sind negativ.*

Die drei Gifte sind von Natur aus negativ und die von ihnen motivierten Taten zwangsläufig ebenfalls.

Was die Emotionen aktiviert, ist nach den Schriften des Abhidharma der mentale Faktor der Gedanken[106], während es nach den Kernunterweisungen der konzeptuelle Geist ist.

Wenn negative Emotionen aufkommen, so zwangsläufig in Bezug auf ein Objekt. So entsteht Gier in Bezug auf ein anziehendes, Hass in Bezug auf ein abstoßendes und Unwissenheit gegenüber einem Objekt, das weder anziehend noch abstoßend ist.

(Zur Beschreibung ihrer Auswirkungen siehe die vier Arten der karmischen Auswirkungen in WMVL.)

II. Heilsames Verhalten, das wir uns aneignen müssen

Die Zahl der heilsamen Verhaltensweisen kennt keine Grenzen, doch können sie ebenfalls zu zehn zusammengefasst werden (drei körperliche, vier der Rede, drei des Geistes). Zu dem, was sie motiviert, heißt es:

Positive Taten rühren her von einem Geisteszustand,
der frei ist von Gier, Hass und Unwissenheit.

Sich dafür zu entscheiden, die zehn negativen Verhaltensweisen zu unterlassen und zu denken: „Von jetzt an werde ich, auch wenn es mich das Leben kostet, keine negative Tat begehen“, ist die „Disziplin des Unterlassens der zehn negativen Verhaltensweisen“.[107]

Zu den zehn positiven Verhaltensweisen gehört ganz besonders, keinem Wesen das Leben zu nehmen, sondern es vielmehr zu schützen.

Ihr Resultat sind die vier karmischen Auswirkungen (siehe WMVL. Anm. d. Übers.).

Meditiert über die heilsamen und unheilsamen Verhaltensweisen, indem ihr über die Beziehung zwischen Ursache und Wirkung nachdenkt.

III. Die alles entscheidende Qualität der Taten

Im *Sutra der Hundert Karmas* steht geschrieben:

> *Die Freuden und Leiden der Wesen*
> *rühren allesamt von ihren Taten her …*

Diese Taten können sein: entweder ausschließlich positiv, ausschließlich negativ oder ein Gemisch aus positiv und negativ.

Bei positiven Taten sind Absicht und Ausführung beide positiv. Ihr Resultat ist Wiedergeburt in den himmlischen oder menschlichen Bereichen mit der Erfahrung von Glück und Wohlstand.

Bei negativen Taten sind beide, Absicht und Tat negativ. Deshalb bewirken sie Wiedergeburt in den drei niederen Daseinsbereichen mit der Erfahrung größten Leidens.

Gemischte Taten sind

a. Negative Taten von Körper, Rede und Geist mit einer positiven Absicht begangen, sind einem Bodhisattvas erlaubt, wenn er sie ohne jeden eigennützigen Gedanken begeht, wie im Fall des Kapitäns *Mitfühlendes Herz*, der den Schwarzen Speerträger tötete.

b. Positive Taten mit einer negativen Absicht begangen, z. B. eine positive Tat, die mit der Absicht begangen wird, einen persönlichen Vorteil zu erreichen.

c. Taten mit gemischter Absicht und Ausführung, wo beides manchmal positiv und manchmal negativ ist, was zu einer Geburt unter den Menschen der vier Kontinente oder in den verstreuten Götterbereichen führt.[108]

Wurde eine Tat nicht ausgeführt, gibt es kein Resultat. Doch einmal begangen geht ihre Auswirkung nie wieder verloren. Sie betrifft ausschließlich die Person, die die Tat begangen hat, und nicht ihre Verwandten oder ihren Besitz. Auch reift sie nicht in der Erde oder auf einem Felsen heran, sondern nur in den von dem betreffenden Bewusstseinskontinuum zusammengehaltenen Aggregaten.

Das Heranreifen kann sich auf dreierlei Art vollziehen: Die Auswirkung der Tat wird in diesem Leben erfahren, im nächsten Leben oder in später folgenden Leben.

Ein Beispiel für die Auswirkung von negativem Tun in diesem Leben ist das Königreich von Aparantaka (siehe WMVL), das unter einem Regen aus Erde begraben wurde. Die Auswirkung von positiven Taten ist in der Geschichte von Vajra, der Tochter des Königs Prasenajit, beschrieben.[109]

Bei Taten, deren Auswirkung im nächsten Leben erfahren wird, handelt es sich um jene mit unmittelbarer Vergeltung (siehe WMVL, Glossar, „Fünf Verbrechen mit unmittelbarer Vergeltung").

Taten mit Auswirkung in späteren Leben sind der Mord eines Menschen, eines Pferdes oder anderer Wesen.

Die Auswirkung von Taten verfällt nicht einfach wie etwas, das sich zersetzt oder vertrocknet, sie geht nicht einfach verloren. Sie wird nur dadurch erschöpft, dass sie erfahren wird. Allerdings können Wesen, die noch nicht Bodhisattvas sind, mithilfe des Gegenmittels eines vollen Bekennens im Verein mit den vier Kräften (siehe WMVL) den karmischen Effekt abschwächen, so wie die Sonne die Dicke der Schneedecke verringert. Und bei Bodhisattvas, in deren Geist Bodhichitta geboren wurde, reinigen sich negative Taten von selbst, so wie Dunkelheit von der Sonne vertrieben wird.

Die Auswirkung von positiven Taten hingegen kann verloren gehen, und zwar durch die vier Bedingungen, die unseren Vorrat an Verdienst aufbrauchen.

Wo nun sind die karmischen Auswirkungen dieser Taten gespeichert? Nach Auffassung der Madhyamikas existiert keine Basis, in der sie gespeichert wären. Ihrer Auffassung zufolge endet das Karma einer Tat, nachdem sie begangen wurde, in Leerheit. Wenn eine Auswirkung erfahren wird, erscheint diese durch die Interdependenz aus der Leerheit. Für die Chittamatrin-Schule gibt es als Basis den Alaya, den Allurgrund. In der Mantrayana-Tradition ist im verunreinigten Zustand das Bestehen von unreiner Energie und unreinem Geist – als der Same für die sechs Bereiche – die Grundlage, von der aus sich die Auswirkung der Taten manifestieren kann.

Erfahren wird die Auswirkung der Taten unterschiedslos von allen, den Buddhas oben und den Wesen unten. Alle – Buddhas, Bodhisattvas, ihre Schüler, die Versammlung der Vidyadharas und die übrigen – haben die Auswirkung ihrer Taten zu erfahren.

Die Schwere einer Tat hängt von der dahinterstehenden Absicht ab sowie von drei Kriterien: Andauer, Stärke der Absicht und fehlendes Gegenmittel. Darüber hinaus spielt es auch eine Rolle, wem die Tat gilt, jenen mit guten Eigenschaften, solchen, die uns geholfen haben, oder solchen, die leiden. Den größten Nutzen bzw. Schaden haben positive oder negative Taten in Bezug auf die Drei Juwelen und im Vajrayana insbesondere in Bezug auf den Lehrer, da er die Verkörperung der Drei Juwelen ist. Wenn wir unseren Eltern und denen, die uns geholfen haben, Hilfe geben bzw. Schaden zufügen, sind die karmischen Folgen großes Heil bzw. großes Unheil. Entsprechendes gilt für das Verhalten gegenüber Kranken oder sonst wie Leidenden.

In welcher Reihenfolge die Auswirkung der Taten heranreift, dazu heißt es:

Zuerst reift die Auswirkung der schwerwiegendsten Taten heran,
dann die der am kürzesten zurückliegenden,
dann die der gewohnheitsmäßigsten,
und schließlich die jener, die zuerst begangen wurden.

Welche eurer positiven und negativen Taten wird die erste Auswirkung nach sich ziehen? Es wird die sein, die den stärksten Effekt hatte. Wenn es Taten mit dem gleichen Gewicht waren, wird es die Auswirkung jener sein, die zur Zeit des Todes in eurem Geist die nächstliegende war. Wenn es sich dabei um Taten mit dem gleichen Gewicht handelt, wird es die sein, die euch die gewohnheitsmäßigste war. Wenn diese gewohnheitsmäßigen Taten alle das gleiche Gewicht haben, wird es die sein, die ihr zuerst begangen habt.

Jede positive Tat führt entweder zu einer Existenz in Samsara oder zum Frieden von Nirvana. Ihr müsst euren Geist prüfen, um zu wissen, was von beiden es sein wird. Wenn ihr die zehn positiven Taten und die acht

Konzentrationen und formlosen Versenkungen in der Absicht praktiziert, die höheren Daseinsbereiche zu erlangen, führen sie zu einer Existenz in Samsara. Werden die zehn positiven Taten mit dem Ziel begangen, Befreiung aus den sechs Daseinsbereichen zu finden, führen sie Wesen mit durchschnittlichen Fähigkeiten zum Frieden von Nirvana, müssen allerdings, da sie nur den Aspekt der geschickten Mittel darstellen, mit Weisheit gepaart sein.[110] Und wenn ihr die zehn positiven Taten mit dem Ziel begeht, die Allwissenheit der Wesen mit überlegenen Fähigkeiten zu erlangen, führen sie zum Frieden von Nirvana der Wesen mit großen Fähigkeiten, wobei die drei erhabenen Methoden zur Anwendung gebracht werden müssen.

Die Auswirkungen hängen also von den Taten ab. Je nachdem, ob eine Ursache positiv oder negativ ist, wird als Konsequenz Glück oder Leiden daraus hervorgehen – dies ist abhängiges Entstehen.

Nagarjuna sagt:

Es gibt keinerlei Phänomene
außerhalb des Entstehens in Abhängigkeit.

So ist das Säen von Samen im Frühling die Ursache, ohne die es im Herbst keine Ernte geben würde. Es ist von dieser Ursache, dem Säen der Gerste im Frühling abhängig, wenn als Folge das Resultat eintritt. Ohne falsche Sichtweise, Hass usw. als Ursache gibt es das Resultat des Leidens nicht. Ohne die zehn positiven Taten als Ursache zu praktizieren, ist es nicht möglich, eine Existenz im Bereich der Götter und Menschen zu erlangen. Sie sind die Ursache dafür, dass durch die Interdependenz ihr Resultat, das Erlangen der höheren Bereiche eintritt. In gleicher Weise führen die drei den drei Arten der Erleuchtung entsprechenden Pfade als Ursache durch die Interdependenz – d. h. dem Entstehen in Abhängigkeit – zu den drei Arten der Erleuchtung.

Würden in all diesen Fällen die Dinge so existieren wie im Glauben an eine wahre Existenz der Dinge angenommen, könnten sie niemals Teil des Entstehens in Abhängigkeit sein. Wie Nagarjuna feststellt:

Deshalb gibt es keinerlei Phänomene
außerhalb der Leerheit.

Würden die Ursachen, wie z. B. Gerstenkörner, etwas sein, was wirklich eigenständig existierte, aus seiner eigenen Natur heraus, aus seinen eigenen Merkmalen, wäre der Vorgang des Heranreifens im Herbst unmöglich. Nur weil die Ursache, das Gerstenkorn, keine eigenständige Existenz hat, ist dieser Prozess, der zum Resultat führt, möglich. Nagarjuna sagt:

Nur weil die Dinge leer sind,
sind sie überhaupt möglich.

Wenn das Gerstenkorn als die Ursache verschwindet, erscheint als Resultat der Spross. Der Spross seinerseits entwickelt sich stufenweise zum Halm und so fort. Würde nun die Ursache (das Gerstenkorn) etwas sein, was wirklich aus sich heraus und eigenständig existierte, müsste es selbstbestimmt, unzerstörbar und unvergänglich sein. Und gäbe es ein Resultat (die Ernte im Herbst), das ohne jede Ursache existierte, würde das bedeuten, dass es keinen Vorgang von Ursache und Wirkung gibt, von etwas, das hervorbringt und etwas, das hervorgebracht wird.

Würden in Analogie dazu falsche Sicht, Hass und die anderen negativen Verhaltensweisen etwas sein, was eigenständig aus sich heraus existierte, müssten sie von Anfang an und immerwährend, ohne von einem Objekt abzuhängen, existieren. Kein Gedanke könnte sie unterbrechen, und sie würden nicht das Resultat des Leidens produzieren. Doch das ist nicht der Fall.

Alle negativen Verhaltensweisen haben, obwohl sie auftreten, gleichwohl keine wirkliche Existenz. Von der absoluten Wahrheit her gesehen erweist sich ihre Natur als ungeboren, daher heißt es: „Taten sind leer." Sie gehen aus der schöpferischen Kraft der Leerheit, die in keiner Weise als irgendetwas qualifiziert werden kann, ununterbrochen durch Interdependenz hervor, deshalb heißt es: „Leerheit, das sind die Taten." Taten erscheinen als Leerheit und Interdependenz, unteilbar ineinander enthalten, ihr Erscheinen ist frei vom Extrem der Existenz und ihre Leerheit frei vom Extrem der Nichtexistenz, insofern als sie erscheinen, aber ohne jedes wahre Wesen sind, so wie die Widerspiegelung des Mondes im Wasser. Und deshalb heißt es: „Es gibt kein anderes Handeln als Leerheit, und es gibt keine andere Leerheit als Handeln." Dieser vierfache Zugang zur Leerheit sollte mittels logischen Nachdenkens untersucht werden.

Würden Glaube und andere Ursachen, die den Pfad der drei Arten der Erleuchtung ausmachen, wirklich eigenständig aus sich heraus existieren, dann würden sie ohne Rücksicht auf ein Objekt existieren, könnten durch nichts unterbrochen werden, und könnten nicht Teil eines Vorgangs werden, durch den sich Erleuchtung als ihr Resultat entwickelt. Und würde das Resultat, die drei verschiedenen Arten der Erleuchtung, wirklich existieren, könnte es sich nicht als die von Ursachen hervorgebrachte Auswirkung entwickeln.

In all diesen Fällen entledigt man sich der zwei extremen Sichtweisen auf diese Weise: Freiheit von der extremen Sicht des Eternalismus liegt in der Tatsache, dass die Ursachen nicht in ihren Resultaten fortbestehen und dass alles ungeboren ist. Freiheit von der extremen Sicht des Nihilismus liegt in der Tatsache, dass es ein unaufhörliches Entstehen von Resultaten gibt, die auf vorhergehenden Ursachen beruhen. Es ist wichtig, für sich selbst herauszufinden, dass alle Ursachen und Resultate leer sind, dass sie leeres abhängiges Entstehen sind, unteilbar und ineinander enthaltene Leerheit und Interdependenz.

Was produziert die Anhäufung der Taten produziert? In den Sutras sagt der Buddha dazu:

Sie gehen aus den Gedanken hervor,
nicht aus der Abwesenheit von Gedanken.

Und im *Bodhichittavivarana* von Nagarjuna heißt es:

Die relativen Phänomene[111] *stammen aus negativen Emotionen und Taten,*
und Taten stammen aus dem Geist,
und der Geist ist eine Ansammlung gewohnheitsbedingter Tendenzen.
Glückseligkeit ist Freiheit von diesen karmischen Neigungen,
und dieser glückselige Geist ist Friede (Nirvana).

Im *Lankavatara-Sutra* steht:

Das nach etwas greifende Bewusstsein[112] *ist tief und subtil,*
die Samen in ihm strömen wie ein Fluss dahin.
Da man dies fälschlicherweise für das Ich halten könnte,
gebe ich denen, die nicht reif dafür sind, diese Lehre nicht.

Der große allwissende Longgchenpa erklärt, dass Taten entweder zu Samsara oder Nirvana führen.[113]

Die vier Wahrheiten stehen alle in Beziehung zur Interdependenz, dem Entstehen in Abhängigkeit. Und von woher kommt die Interdependenz? Von der absoluten Wahrheit. Und wie entsteht sie? Alle relativen Phänomene des unfehlbaren Prinzips von Ursache und Wirkung gehen aus der ursprünglichen, reinen Essenz der Wirklichkeit als Ursache hervor, und zwar nicht im Sinn von etwas, das hervorbringt, und etwas, das hervorgebracht wird, sondern eher so, dass ohne sie die Phänomene sich nicht manifestieren würden, so wie es ohne Himmel keine Wolken gäbe, ohne Meer keine Wellen und ohne Sonne kein Licht. Wenn ihr einmal verstanden habt, dass relative und absolute Wahrheit auf diese Weise nicht voneinander zu trennen sind, ist dank dieser Weisheit eure Sicht rein.

Ihr müsst aber verstehen, dass es vom Gesichtspunkt der Verblendung her[114] Taten gibt, die entweder unterlassen oder ausgeführt werden müssen, und dass es wichtig ist, im Hinblick auf das Gesetz der Kausalität die richtige Wahl zu treffen. Wie der große Meister von Oddiyana sagt: „Obwohl meine Sicht höher als der Himmel ist, ist das Achten auf mein Tun und seine Auswirkung feiner als Mehlstaub."

Um Taten im Hinblick auf Ursache und Wirkung zu unterlassen oder auszuführen, müssen wir Geschickte Mittel anwenden, um so die Reinheit unseres Verhaltens zu bewirken.

Auf diese Weise die zwei Ansammlungen oder die zwei Wahrheiten vereinigend, werdet ihr die Ebene erreichen, auf der die zwei Kayas untrennbar sind.

Anfänger müssen sich davor hüten, zu meinen, die Tatsache, dass im Absoluten nichts existiert, bedeute, dass überhaupt nichts existiert. Es ist notwendig, gute Taten auszuführen und negative zu unterlassen. Dies geschieht durch Sicherinnern, Wachsamkeit und Anwendung.

- Sich erinnern heißt, nicht zu vergessen, was getan und was nicht getan werden soll. Dies ist der Torhüter.
- Wachsamkeit ist, seine Taten, Worte und Gedanken zu überprüfen. Dies ist der Aufpasser.
- Anwenden heißt, äußerste Sorgfalt anzuwenden bei dem, was zu tun richtig ist und was nicht. Dies ist wie eine Braut.[115]

Nutzt diese drei Methoden, um – wie ein Hirte über seine Herde – über eure Taten, Worte und über euren Geist zu wachen. Achtet besonders auf euren Geist, dessen Gedanken positiv, negativ oder neutral sein können, und wenn ein negativer Gedanke auftaucht, bezwingt ihn so, wie man einem Schwein mit dem Stock eins auf die Schnauze gibt, oder ein Moxa mit dem Fingernagel auslöscht.

Damit ist das Kapitel über Ursache und Wirkung abgeschlossen.

Und nun, da wir unseren Geist von Samsara abgewendet haben, müssen wir prüfen, welches Ziel wir anstreben. Aus diesem Grund müssen wir darüber nachdenken, welchen Gewinn uns die Befreiung bringt.

5. Kapitel

Der Lohn der Befreiung

Nachdem ihr euch mithilfe der vier Gedanken von Samsara in seiner Gesamtheit abgekehrt habt, denkt nun über die Vorteile der Befreiung nach.

Bislang dachtet ihr, in Samsara gäbe es Glück, ihr habt es nicht als Leiden erkannt. Aber nun, da ihr über seine Mängel nachgedacht habt, überlegt euch, welche Vorteile die Befreiung hat. Denkt an den friedvollen, kühlenden Zustand der Befreiung und die Qualitäten der Erlösung und Realisierung, die das Merkmal der drei Ebenen der Erleuchtung sind. Solltet ihr zwischen ihnen wählen können, so ist es die Allwissenheit, die ihr versuchen solltet zu meistern.

Nachdem ihr darüber nachgedacht habt, wie schwer es ist, die Freiheiten und Vorteile zu finden, denkt darüber nach, wie schwer es ist, sie auch zu nutzen. Dann wendet dieses Vorgehen auf die Qualitäten an, die mit der Zuflucht und mit den anderen zur Hauptpraxis führenden Etappen verbunden sind.

Wie die drei Ebenen der Erleuchtung – die Befreiung – erlangt werden, ist in den Wegen für die drei Arten von Wesen zusammengefasst. Es ist wichtig, das zu erinnern.

(A) Der Weg für Wesen mit geringeren Fähigkeiten

Es ist notwendig, diesen Weg zu praktizieren, um einen geeigneten Körper als Stütze für den Weg zu den drei Arten der Erleuchtung zu erlangen.

Das Fahrzeug ist dasjenige der gewöhnlichen Welt; man hat die Absicht, eine höhere Wiedergeburt zu erlangen; die Quellen des Guten sind positive Taten, die lediglich Verdienst erzeugen, d. h. Taten, die zu einer Wiedergeburt in Samsara führen; die Sicht ist die korrekte weltliche Sicht.[116]

Die Quellen des Guten der Wesen mit geringeren Fähigkeiten sind alle Taten, ob klein oder groß, die man begeht ohne die Entschlossenheit, sich aus Samsara zu befreien, ohne die Sicht der Leerheit und ohne Bodhichitta.

Die korrekte weltliche Sicht zu praktizieren, führt als Resultat zum Zustand der Götter und Menschen.

(B) Der Weg für Wesen mit durchschnittlicher Eignung

Das Fahrzeug steht über dem Weltlichen und ist Teil der Lehre des Buddha; die Motivation besteht darin, sein eigenes Wohl zu erlangen; die Quellen des Guten sind Taten, die zur Befreiung gemäß dem Hinayana führen;

Der Dharma der Übermittlung ist der des Tripitaka, der Dharma der Realisierung besteht in dem dreifachen Training, d. h. dem Training in Disziplin, wie im Vinaya gelehrt; dem Training in Konzentration z. B. auf das, was abstoßend ist usw., wie in den Sutras gelehrt; dem Training in Weisheit, wie es im Abhidharma gelehrt wird. Hier realisiert man, nachdem man geprüft hat, wo das sogenannte Ich oder Selbst seinen Sitz hat, ob es identisch oder verschieden von den fünf Aggregaten, den sechs Elementen usw. ist, das Nichtvorhandensein eines wirklich existierenden persönlichen Selbst sowie das Nichtvorhandensein einer wirklich existierenden Entität in den Phänomenen. Indem man sich an dieses Verständnis über einen langen Zeitraum hinweg – drei Leben, tausend Jahre lang und mehr – gewöhnt, erlangt man den Zustand des Arhat mit oder ohne Überrest. Die Sicht der Pratyekabuddhas ist, von kleineren Unterschieden abgesehen, wie die der Shravakas; die Quellen des Guten sind in Übereinstimmung mit der Befreiung des Hinayana alle Taten, die man begeht mit der Absicht, frei zu werden von Samsara, sowie mit einer begrenzten Realisierung der Leerheit, jedoch ohne Bodhichitta.

Erinnert euch an den Satz: „Um zu wissen, was du in der Vergangenheit getan hast, sieh deinen jetzigen Körper an." Aufgrund einer immensen Fülle von in früheren Leben begangenen guten Taten habt ihr diesen jetzigen Körper erlangt. Weiter heißt es: „Wo du das nächste Mal geboren wirst, hängt von deinen jetzigen Taten ab." In anderen Worten, es hängt von uns ab. Was wir meistern sollen, sind nicht die Wege zu den höheren Bereichen oder die der Shravakas und Pratyekabuddhas. Wir müssen uns vielmehr auf den Weg der Wesen mit überlegenen Fähigkeiten machen, um Buddhaschaft zu erlangen.

(C) Der Weg für Wesen mit überlegenen Fähigkeiten

Die Motivation ist der Erleuchtungsgeist, die Quelle des Guten ist alles, was zur Befreiung gemäß dem Mahayana führt. Für den langen Weg sind dies die zwei Ansammlungen, für den kurzen Weg die Erzeugungs- und die Vollendungsphase und für den raschen Weg ist es Trekchö, beruhend auf ursprünglicher Reinheit, und Thögal, beruhend auf spontaner Präsenz.

Die Sicht ist die der drei großen Traditionen. Sich an die Verwirklichung dieser Sicht zu gewöhnen, gipfelt in der Frucht, dem Erlangen der Buddhaschaft gemäß der Sutra-Tradition, und gemäß der Mantra-Tradition im Erlangen der Ebene der Einheit von Vajradhara.

Die Quellen des Guten sind kurz gesagt alle Taten, ob klein oder weitreichend, die man mit der Gesinnung des Erleuchtungsgeistes begeht, mit der Entschlossenheit, sich aus Samsara zu befreien, und mit der Weisheit, die das Nichtvorhandensein eines Selbst im Individuum sowie einer wirklich existierenden Entität in den Phänomenen erkennt.

Wenn ihr zwischen dem langen, dem kurzen und dem raschen Pfad wählen könnt, wählt den raschen Weg des Dzogchen – der Strahlenden Großen Vollkommenheit.

Auf dem langen Weg des Fahrzeugs mit Merkmalen benötigt man drei unermessliche Kalpas, um den riesigen Ozean von Vollendung, Reife und Übung zu überqueren. Wie im *Gebet der guten Taten* erklärt, ist ein Ozean von Wesen zur Reife zu bringen, ein Ozean von Universen zu reinigen, ein Ozean von Buddhas durch Opfergaben zu erfreuen, ohne ihnen jemals zu missfallen, sowie ein Ozean der zwei Ansammlungen durchzuführen. Ohne dies kann Buddhaschaft niemals erlangt werden.

Auf dem kurzen Weg des Vajrayana hingegen wird man durch Ermächtigung zur Reife gebracht. Im Kriya, Upa und Yogatantra geschieht dies durch die allgemeine Ermächtigung der fünf Familien. Danach übt man Disziplin, indem man die entsprechenden Samayas auf perfekte Weise einhält und die Yogas mit und ohne Bezugspunkt praktiziert, und kann so Buddhaschaft nach drei, fünf oder sieben Leben erlangen.

Im Maha- und im Anuyoga hält man nach der Ermächtigung – dem Zugang zur Praxis des Rituals der Gelübde[117] – mithilfe der Disziplin die Samayas vollkommen rein und kann, nachdem man die mit den geschickten Methoden verbundene Erzeugungsphase und die mit Weisheit in Zusammenhang stehende Vollendungsphase praktiziert hat, die Ebene von Vajradhara in einem einzigen Leben erlangen.

In der Tradition des Dzogchen hingegen kann – nachdem man die Ermächtigungen, ausführliche, unkomplizierte usw., erhalten, Disziplin durch vollkommene Reinhaltung der Samayas geübt und Trekchö und Thögal praktiziert hat – der Regenbogenlichtkörper innerhalb von Jahren oder auch Monaten erlangt werden.

Deshalb also solltet ihr unter den verschiedenen Pfaden, dem langen, kurzen und raschen Pfad, Letzteren wählen.

6. Kapitel

Wie dem spirituellen Freund zu folgen ist

Kein gewöhnliches Wesen, kein Gott, kein Dämon und auch nicht Brahma, der Herrscher über die Wesen, ist fähig, uns den Weg zu zeigen. Und auch, die uns lieben, unsere Eltern, liebevolle Freunde, Verwandte usw. können es nicht.

Wer also kann uns den Weg zeigen? Der Lehrer oder der spirituelle Freund! Und da er derjenige ist, der unser Wohl bewirken kann, müssen wir ihm und auch den spirituellen Gefährten folgen. Ohne uns auf sie zu stützen, wissen wir nicht, wie die Ebenen der Befreiung und Allwissenheit zu meistern sind. Nirgendwo in den Sutras, Tantras oder Shastras wird behauptet, Befreiung und Allwissenheit könne ohne einen spirituellen Meister aus eigener Kraft und eigenem Können erlangt werden.

Denkt nach, ob ihr den Weg zur Befreiung allein meistern könnt, und ihr werdet mit eigenen Augen sehen, dass es nicht möglich ist. Ihr müsst einem Lehrer und euren spirituellen Gefährten folgen. Doch ist es keinesfalls der erste Beste, den ihr trefft, der euch führen kann. Wenn ihr als euren Lehrer einen wählt, der falsche Ansichten und falsches Verhalten lehrt, wird er euer dämonischer Lehrer sein. Versucht daher, einen spirituellen Freund mit der erforderlichen Eignung zu finden. Dazu müsst ihr ihn zuerst prüfen.

I. Den Lehrer prüfen

Prüft den Lehrer, indem ihr euch aus einem gewissen Abstand umhört, was über ihn gesagt wird, schaut ihn euch dann aus der Nähe an, oder benutzt solche Mittel wie Orakel und Spiegelbefragung. Und vor allem prüft ihn speziell im Hinblick auf den Dharma.

Ein Shravaka- oder Pratyekabuddha-Lehrer ist jemand mit den Eigenschaften eines gelehrten und disziplinierten Mönchs, der die Pratimoksha-Gelübde abgelegt und sie zehn Jahre lang mit nie nachlassender Disziplin eingehalten hat. Ein Bodhisattva-Lehrer ist jemand, der über die zehn Tugenden verfügt, friedvoll, diszipliniert und vollkommen befriedet ist. Ein Vajrayana-Lehrer ist einer, der die in den Texten der verschiedenen Abteilungen der Tantras beschriebenen Qualitäten aufweist. Besonders im Mahayoga und Anuyoga ist der Lama jemand, der die acht Qualitäten hat: „Er ist der Halter des Schatzes der Lehren, hat den Strom der Übermittlungen gemeistert" und alles Weitere.[118]

Den Lehrer, der Kernunterweisungen gibt, solltet ihr ganz besonders sorgfältig daraufhin prüfen, ob er all die folgenden Qualitäten hat:

- Sein Geist muss gereift sein durch die für den Weg des Dzogchen spezifischen Ermächtigungen, welche eine Vertiefung der vierten Ermächtigung der niederen Tantras sind: die ausführliche Ermächtigung, die unkomplizierte Ermächtigung usw.[119]
- Er muss Disziplin praktiziert haben, indem er die Reinheit der Samayas bewahrt hat: die Samayas, bei denen etwas eingehalten werden muss, d. h. die Samayas für Praktizierende, deren Realisierung sich stufenweise entwickelt. Sie bestehen aus den siebenundzwanzig Wurzel-Samayas in Bezug auf Körper, Rede und Geist des Lehrers sowie den fünfundzwanzig Zweig-Samayas. Und die Samayas, bei denen nichts einzuhalten ist, für Praktizierende mit plötzlicher Realisierung, genannt „nicht existierend" und „allgegenwärtig", was sich auf die Praxis der ursprünglichen Reinheit bezieht, und „einzigartig" und „spontan gegenwärtig", was sich auf die Praxis der spontanen Gegenwärtigkeit bezieht.
- Er muss die absolute Natur durch die befreienden, auf ursprünglicher Reinheit basierenden Trekchö-Unterweisungen und die auf spontaner Gegenwärtigkeit basierenden Thögal-Unterweisungen wirklich sehen.
- Er muss das Verständnis, die Erfahrung oder die Verwirklichung der vier Visionen als die Meilensteine auf dem Weg haben.

- Er muss für seine Schüler sorgen, ohne einen Unterschied zwischen guten und weniger guten zu machen.
- Er muss im Besitz des Segens der Linie sein, ohne ihre goldene Gliederkette mit irgendeinem Samaya-Bruch befleckt zu haben.
- Und schließlich muss er wie eine randvolle Vase den Segen der Meister einer von Mund zu Ohr übermittelten Linie aufgenommen haben.

Eines der wichtigsten Kriterien für die Prüfung des Lehrers ist jedoch die Frage, ob er Bodhichitta hat. Ist das der Fall, wird jede Art von Verbindung mit ihm sinnvoll sein. Eine gute Verbindung wird zur Buddhaschaft in einem einzigen Leben führen, und eine negative Verbindung wird dazu führen, dass man am Ende aus Samsara herausfindet.

Ein weiteres Kriterium ist die Frage, ob er jemand ist mit Verständnis, Erfahrung und Verwirklichung der Sicht der drei großen Traditionen.

II. Dem Lehrer folgen

Ihr solltet dem Lehrer folgen, indem ihr ihm, während ihr in seiner Gegenwart seid, mit den „drei Arten, ihm zu gefallen“ dient. Während ihr das tut, konzentriert euch mehr darauf, seinen Lehren zuzuhören und über sie nachzudenken, als darauf, sie zu praktizieren.

III. Die Verwirklichung und das Verhalten des Lehrers nachahmen

Bevor ihr das tut, solltet ihr verstanden haben, was die Essenz seines Weisheits-Geistes ist. Es wäre scheinheilig, das Verhalten des Lehrers und seine Taten nachzuahmen, ohne vorher den Grad seiner Realisierung begriffen zu haben.

Zweiter Teil

Die außergewöhnlichen oder inneren vorbereitenden Übungen

Die außergewöhnlichen oder inneren vorbereitenden Übungen stehen in Beziehung zur letzten der vier Arten, die Wesen an sich zu ziehen, nämlich sich im Einklang mit den Lehren zu verhalten.

Sie sind aufgeteilt in sechs Kapitel.

Jigme Gyalwai Nyugu(1765–1843),
Jigme Lingpas Schüler und eigentlicher
Meister von Patrul Rinpoche

1. Kapitel

Zufluchtnahme, die Ausgangsbasis aller Pfade

Weshalb „Ausgangsbasis aller Pfade"? Weil die Zufluchtnahme eine notwendige Voraussetzung für jeden Pfad von Sutrayana und Mantrayana ist.

Jedermann kann Gelübde ablegen
doch ohne Zufluchtnahme sind es nicht wirkliche Gelübde.[120]

Auch Nichtbuddhisten können verschiedene Gelübde ablegen, doch da sie nicht mit der Zufluchtnahme beginnen, sind ihre Gelübde nicht wirklich hilfreich.

Wenn wir an die Wahrheit vom Weg denken, so hängt die Weisheit, die das Nichtvorhandensein eines Selbst realisiert, vom Geist ab, also von meditativer Konzentration, und Konzentration wiederum beruht auf perfekter Disziplin.

Durchdringende Einsicht gepaart mit Geistiger Ruhe
entzieht den negativen Emotionen den Boden.
Dies wissend, wende dich zuerst geistiger Ruhe zu,
die der findet, der voll Freude der Welt entsagt.[121]

Wenn ihr also Disziplin üben wollt, müsst ihr, um Gelübde abzulegen, zuerst Zuflucht nehmen.

Um was handelt es sich bei dem Begriff Zufluchtnahme? Es ist ein Engagement, ein Entschluss, den Schutz eines speziellen „Objektes" zu suchen aus Angst vor den eigenen Leiden und dem anderer in Samsara. Etwa so, wie ein von einem Hund verfolgtes kleines Kind sich zu einem Erwachsenen flüchtet, um dort Schutz zu finden.

Die Besonderheit der Mahayana-Tradition ist, dass wir aus Angst vor den beiden Extremen Samsara und Nirvana Zuflucht nehmen.

So wie die Zufluchtnahme das Tor zu allen Pfaden öffnet, öffnet gläubiges Vertrauen das Tor zur Zufluchtnahme. Gläubiges Vertrauen hat vier Stufen.

Die erste ist inspiriertes Vertrauen, dessen Ursache nicht unbedingt klar sein muss. Es kann einfach dadurch entstehen, dass man z. B. eine Buddha-Statue sieht, einen Band mit den Schriften oder auch nur jemanden, der die Roben mit den safranfarbenen Vierecken eines buddhistischen Mönchs oder einer Nonne trägt.

Ersehnendes Vertrauen ist der Wunsch, Befreiung zu erlangen, nachdem man die Mängel von Samsara erkannt und über die Vorteile der Befreiung nachgedacht hat.

Zuversichtliches Vertrauen ist beispielsweise Vertrauen in das Gesetz von Ursache und Wirkung. Es geht aus der Erkenntnis dessen hervor, was der Buddha, der Dharma und was der Sangha ist – man erkennt die Qualitäten der Drei Juwelen.

Der unübertroffene Lehrer ist der kostbare Buddha,
der unübertroffene Schutz ist der kostbare, geheiligte Dharma,
der unübertroffene Führer ist der kostbare Sangha.

Zuversichtliches Vertrauen ist die Erkenntnis, dass die Drei Juwelen und insbesondere der Lehrer uns niemals im Stich lassen.

Wer die Zuflucht auf diese Weise versteht, wird als Upasaka, Laien-Halter der dreifachen Zuflucht[122] bezeichnet. Auf ihn bezieht sich der oben zitierte Satz aus den *Siebzig Versen über die Zuflucht*: „ Jedermann kann Gelübde ablegen …“ Ohne vorher Zuflucht genommen zu haben, gibt es keine Gelübde zu halten. Ohne Gelübde einzuhalten, gibt es keine Disziplin, und wenn wir keine Disziplin einhalten, ist es unmöglich, all die Lehren auf dem Weg zu meistern. Aus diesem Grund sind zuversichtliches Vertrauen und unerschütterliches Vertrauen fundamental. Wenn ihr Vertrauen habt, spielt es keine Rolle, ob der Gegenstand, den ihr als Repräsentation der Zuflucht benutzt, hochwertig ist oder nicht, wie das

Beispiel der alten Frau zeigt, die Buddhaschaft durch Niederwerfungen vor einem Hundezahn erlangte (siehe WMVL).

I. Die verschiedenen Arten, Zuflucht zu nehmen

Den drei Arten von Wesen entsprechend unterscheidet man drei verschiedene Arten der Motivation.

Wesen mit geringeren Fähigkeiten sind gekennzeichnet durch die Motivation, Zuflucht zu nehmen, um selbst von den drei niederen Daseinsbereichen frei zu werden und Wiedergeburt in den Bereichen der Götter und Menschen zu erlangen. Die Dauer, für die sie Zuflucht nehmen, ist befristet, für die Zeit ihres Lebens und höchstens solange, bis sie die Geburt in diesen Bereichen erlangt haben. Der Gegenstand ihrer Zuflucht kann in einer Buddha-Statue, einem Stapel von Schriften des geheiligten Dharma und dem Sangha der gewöhnlichen Wesen mit den klösterlichen Gelübden, und nicht notwendigerweise dem Sangha der erhabenen Wesen bestehen. Ihr Verständnis davon, was Zuflucht bedeutet, ist eher einfach.

Diese Wesen mit geringeren Fähigkeiten, die Zuflucht zu den Drei Juwelen genommen haben, sollten unterschieden werden von nichtbuddhistischen Wesen mit geringeren Fähigkeiten, die nicht Zuflucht genommen haben.

Wesen mit mittleren Fähigkeiten sind die, die dem Weg der Shravakas und Pratyekabuddhas folgen. Sie haben ein gewisses Verständnis dessen, was Zuflucht bedeutet. Ihre Motivation ist der Wunsch, für sich allein Freiheit von den sechs Daseinsbereichen zu erlangen, die sie als nichts anderes als Leiden erkannt haben. Die Dauer, für die sie Zuflucht nehmen, ist langfristig, bis sie die Ebene eines Arhat erreicht haben, und kurzfristig, solange sie leben. Was das Objekt ihrer Zufluchtnahme angeht, so ist der Buddha für sie einfach nur ein Shravaka-Arhat oder ein Pratyekabuddha-Arhat. Also nicht jemand, der die perfekten Qualitäten erlangt hat, die aus der Eliminierung und Realisierung hervorgehen, und über das Leiden hinausgegangen ist zur Ebene jenseits der beiden Extreme.

Für sie ist es seinem durch drei unermessliche Kalpas hindurch angesammelten Verdienst und seiner hohen Geburt als universaler Herrscher zu verdanken, dass er über den Shravakas und Pratyekabuddhas steht, die Weisheit der Allwissenheit hat und mit den großen und kleineren Zeichen geschmückt ist.

Sie nehmen nicht Zuflucht zu seiner physischen Person, die sie als aus gereiftem Karma und dem Samen seines Vaters Shuddhodana und dem Ei seiner Mutter Mayadevi entstanden begreifen und deshalb als einen unreinen Überrest der Wahrheit vom Leiden. Sie nehmen vielmehr Zuflucht zu seinem zur vollkommenen Beendigung gelangtem Geist.

Sie anerkennen nicht das, was wir das Große Fahrzeug nennen, weil sie der Meinung sind, dass es nicht vom Buddha selbst gelehrt wurde. Der Dharma ist für sie der Tripitaka und die drei Übungen des Hinayana. Von den beiden Aspekten des Dharma – dem der Übermittlung und dem der Realisierung – ist letzterer das Objekt ihrer Zufluchtnahme. Der Dharma der Realisierung hat seinerseits ebenfalls zwei Aspekte: die Wahrheit vom Weg und die Wahrheit von der Beendigung – und Letztere wird von ihnen als Zuflucht genommen.

Was den Sangha betrifft, so nehmen sie Zuflucht nicht zum Sangha der gewöhnlichen Wesen, sondern zum Sangha der In-den-Strom-Eingetretenen, Einmalwiederkehrenden und Nichtmehrwiederkehrenden. Da sie die physischen Formen als zur Reife gekommene Aggregate, also als Überreste der Wahrheit vom Leiden und deshalb als unrein betrachten, nehmen sie den perfekten Geist des zur Beendigung gelangten Sangha als Zuflucht. Da für sie ein Arhat ein Buddha ist, betrachten sie unseren Lehrer, das Juwel des Buddha, als Arhat. Sie nehmen Zuflucht zum Buddha als dem Lehrer, zum Dharma als dem Weg und zum Sangha als den Gefährten auf dem Weg.

Wesen mit großer Eignung haben als Besonderheit die Motivation, Buddhaschaft nicht zum eigenen Wohl, sondern zu dem der anderen zu erlangen. Diese Absicht entspricht der ersten der drei erhabenen Methoden, dem Erzeugen des Erleuchtungsgeistes.[123] Die Dauer ist die Zeit, die sie brauchen, das Herz der Erleuchtung zu erlangen. Man kann sich fragen, warum es von da an nicht mehr nötig ist, Zuflucht zu nehmen.

Die Antwort ist, weil man dann ein Wesen ist, das über die zehn Kräfte und die zehn Mächte verfügt, deshalb keine Angst mehr hat und anderen Schutz geben kann.

Das Objekt der Zuflucht großer Wesen: Das gewöhnliche oder äußere Objekt sind die Drei Juwelen – der Buddha begabt mit den vier Kayas und den fünf Weisheiten; der Dharma der Übermittlung und Realisierung des Großen Fahrzeugs und der erhabene Sangha, der die Bodhisattvas von der fünften Ebene bis zum letzten Stadium der zehnten Ebene umfasst.

Das außergewöhnliche oder innere Objekt ihrer Zuflucht ist der Lehrer als die Quelle allen Segens, der Yidam als Quelle der Siddhis und die Dakini als Quelle der Aktivitäten.

Die Zuflucht nach der erhabenen Methode der Vajra-Essenz umfasst die Kanäle als das feste Element, die Energien als das bewegliche Element und Bodhichitta als die Struktur.

Höchste unfehlbare Zuflucht ist die unzerstörbare natürliche Seinsweise.

• Erläuterung des Zufluchtgebetes

Wenn es heißt „zu den Sugatas der drei Wurzeln, die Drei Juwelen …“[124] bedeutet dies, dass der Dharma und der Sangha nur eine temporäre Zuflucht sind, während einzig und allein der Buddha die höchste Zuflucht ist, da er die Drei Juwelen verkörpert. Maitreya sagt:

Die zwei Dharmas und der Sangha
sind keine verlässliche Zuflucht,
weil Erstere zum einen aufgegeben werden müssen und zum anderen täuschend sind
und weil der Sangha unvollkommen und noch der Angst unterworfen ist.

Es ist der Sinn des Dharma der Übermittlung, der realisiert werden muss, und wenn das geschehen ist, sind die Worte nicht länger nützlich, sie werden aufgegeben wie ein Boot, das zurückgelassen wird, wenn man den Fluss überquert hat.

Der Dharma der Realisierung ist vergänglich und eine Täuschung, weil man im Zuge des Fortschreitens auf dem Weg sich nicht mehr auf die vorhergehende Realisierung verlässt.

Mit dem unvollkommenen Sangha ist gemeint, dass die erhabenen Shravakas und Pratyekabuddhas nicht die Qualitäten der erhabenen Bodhisattvas haben und die erhabenen Bodhisattvas nicht die des erhabenen Buddha.

Und die Bodhisattvas, die gewöhnliche Wesen sind, fürchten sich immer noch vor den niederen Bereichen. Aus all diesen Gründen sind Dharma und Sangha nicht die höchste Zuflucht.

Dies also sind die vier Gründe dafür, dass der Dharma und der Sangha keine beständige Zuflucht bilden.

Der Buddha andererseits ist als Essenz der Drei Juwelen die höchste Zuflucht:

Weil der Siegreiche der Körper der Lehre ist,
ist er gleichfalls der höchste Sangha.

Der Buddha ist unser Lehrer Shakyamuni. Der Dharma ist der Körper der realisierten und der übermittelten Lehre. Der Sangha ist das, was nie von den Qualitäten vom erleuchteten Geist des Buddha getrennt war und getrennt sein wird. Und so bedeutet in Wahrheit der Buddha allein die höchste Zuflucht.

Die drei Wurzeln und die Kanäle, Energien und Essenzen werden später erklärt, hier soll nur erwähnt werden, dass „die essenzielle Natur, der natürliche Ausdruck und Mitgefühl" die Zuflucht im Dzogchen sind, dass die Kanäle, Energien und Essenzen ihre Stütze sind und ihre Natur Bodhichitta ist, die strahlende ursprüngliche Weisheit. All dies kann zusammengefasst werden als das, was im Sutrayana Buddha-Natur genannt wird und im Mantrayana die einzige Essenz, die spontan entstandene ursprüngliche Weisheit. Wenn man diese in zwei Aspekte aufteilt, spricht man von der Weisheit der seit jeher reinen großen Leerheit und von der Weisheit der spontan präsenten Manifestation. Man kann dies auch in drei Aspekte aufteilen: die Weisheit der leeren Essenz, die

Weisheit der lichthaften Natur und die Weisheit des allgegenwärtigen Mitgefühls. Letzteres hat zwei Seiten, das nach außen strahlende Mitgefühl und das innere leuchtende Mitgefühl, welches Erscheinungen und Leerheit voneinander untrennbar ist. Das ist die große Untrennbarkeit von essenzieller Natur, natürlichem Ausdruck und Mitgefühl.

Was die jeweilige Dauer, für die man Zuflucht nimmt, angeht, so ist es im Kausalen Fahrzeug der Merkmale solange, bis man das Herz der Erleuchtung erlangt hat, äußerlich, wenn man unter dem Bodhi-Baum sitzt oder bis man das innere Herz der Erleuchtung erlangt, d. h. die Buddha-Natur realisiert hat. Im Mantrayana nimmt man Zuflucht solange, bis das Gewahrsein im Chakra der himmlischen Götter erwacht ist.[125]

Die Zuflucht des Mahayana mit diesen drei Merkmalen kann wiederum eingeteilt werden in die kausale Zuflucht und die resultierende Zuflucht.

Die kausale Zuflucht hat zwei Aspekte, die verbale Zufluchtnahme und die echte Zuflucht, die darin besteht, den Weg zu praktizieren. Erstere bedeutet, in den Drei Juwelen den Lehrer, den Weg und die Gefährten auf dem Weg zu erkennen, das Zufluchtsgebet einhunderttausend Mal zu rezitieren und an die Motivation, die Dauer und das Objekt der Zuflucht zu denken. Das Praktizieren des Weges besteht darin, Buddha, Dharma und Sangha wirklich als Lehrer, Weg und spirituelle Gefährten zu nehmen und auf diese Weise die Zufluchtnahme zu einer lebendigen Erfahrung zu machen, indem ihr das Gelübde, das ihr abgelegt habt, anwendet.

Die resultierende Zuflucht besteht nach dem Sutrayana im Bodhichitta der Absicht oder eurer besonderen Motivation während der Zufluchtnahme.

Im Mantrayana bezieht sich die resultierende Zuflucht auf die spontan sich erhebende ursprüngliche Weisheit, die große Untrennbarkeit von essenzieller Natur, natürlichem Ausdruck und Mitgefühl. Dies ist die natürliche Seinsweise, und wenn man sie realisiert, ist man geschützt, gemäß der Definition von Mantra als „das, was den Geist schnell und ohne Schwierigkeit schützt“[126], weil alles begriffliche Denken zur Ruhe kommt, sich auflöst, befreit, ein Ende findet, sich von selbst im Raum jenseits von Konzepten und Merkmalen reinigt.

Im Fahrzeug der Merkmale wird das Versprechen, die von jemand anderem realisierten Qualitäten der Drei Juwelen selbst zu erlangen, als resultierende Zuflucht bezeichnet.

Das Mantrayana macht das Resultat zum Weg, indem es die zwei Kayas als Weg nimmt, d. h. die Erzeugungsphase – also den Aspekt der geschickten Mittel – dazu benutzt, den Rupakaya als Weg zu nehmen, und die Vollendungsphase – den Weisheitsaspekt –, um den Dkarmakaya als Weg zu nehmen, und so werden die Übungen, die zu den drei Kayas[127] als der Frucht in Beziehung stehen, zum Weg.

II. Wie man Zuflucht nimmt

Hier beschäftigen wir uns mit der Art und Weise, wie große Wesen Zuflucht nehmen.

Ihre Motivation besteht in der selbstlosen Absicht, alle Wesen zur Buddhaschaft, der Quintessenz der Drei Juwelen, zu bringen. Die Zeitdauer, für die sie Zuflucht nehmen, erstreckt sich vom Augenblick des Gelübdes an bis zur vollkommenen Erleuchtung.

Das Objekt ihrer Zuflucht sind der Buddha und jene erhabenen Wesen, die volle Verwirklichung erreicht haben, sowie der Dharma in deren Geist.

Wenn in *Die Worte meines vollendeten Lehrers* von der speziellen, erhabenen Methode der Vajra-Essenz die Rede ist, bezieht sich das auf die Tatsache, dass die anfänglich groben kausalen Kanäle, Energien und Essenzen, obwohl komplett und rein in uns vorhanden, noch nicht voll aktualisiert sind, und deshalb ist im Mantrayana das Objekt der Zuflucht die Weisheitsgottheit. Wir meditieren über uns mit unseren groben Kanälen, Energien und Essenzen als die Samaya-Gottheit und über die subtilen Kanäle, Energien und Essenzen als die Weisheitsgottheit. Dies als Objekt der Zuflucht ermöglicht das Erlangen voll manifester Buddhaschaft.

Die Kanäle werden meist als die drei Hauptkanäle und die fünf Chakras unterschieden. Die drei Hauptkanäle sind *uma*, der zentrale Kanal, *roma,* auf der rechten Seite, und *kyangma*, auf der linken Seite.[128]

Die fünf Chakras sind das Rad der großen Glückseligkeit im Scheitelzentrum, das Rad der Freude in der Kehle, das Rad des Dharma im Herzen, das Rad der Manifestation im Nabelzentrum und das glückseligkeitsbewahrende Rad im geheimen Zentrum.

Wenn von den sieben Chakras die Rede ist, sind damit die obigen gemeint, zuzüglich des Rads des Feuers, das angezündet werden muss, und des Rads des Windes, das anfacht.

In der Tradition des Dzogchen wird vom Rad der perfekten Anordnung im Kopf mit 360 strahlenförmig davon ausgehenden Kanälen gesprochen, vom Geschmack sammelnden Rad in der Kehle, mit 16 davon ausgehenden Speichen, dem Rad im Herzzentrum, wo alle Erinnerungen gegliedert werden, mit 8 davon ausgehenden Speichen und dem Chakra im Nabelzentrum mit 60 davon ausstrahlenden Speichen. Die Speichen sind gewölbt wie das Ende eines *gyaling* und zeigen abwechselnd nach oben oder nach unten.[129]

Das, was Vajra-Körper genannt wird, besteht aus den festliegenden Kanälen und den in ihnen zirkulierenden Energien. Diese sind im Wesentlichen die Energien der fünf Elemente oder auch die fünf Hauptenergien sowie die fünf Zweigenergien. Die Hauptenergien sind die lebensstützende Energie, die aufsteigende Energie, die absteigende Energie, die der Ausscheidung dient, die Feuer ausgleichende Energie und die durchdringende Energie. Die Zweigenergien sind die, welche in den fünf Sinnesorganen zirkulieren.

Zur Zirkulation der Energie: Bei einer jungen, gesunden Person zählt man über einen Zeitraum von 24 Stunden 21 600 Ein- und Ausatmungen. Und innerlich gibt es 120 600 sich bewegende Energien, die in den Verzweigungen der subtilen Kanäle zirkulieren.[130]

Die Essenzen sind die roten und weißen Elemente der „Struktur von Bodhichitta", getragen von den Energien durchdringen sie alle Kanäle, ähnlich wie Öl den Sesamsamen durchdringt.

Die diamantene Zuflucht der natürlichen Seinsweise ist Bodhichitta, der Erleuchtungsgeist, gegründet auf die Kanäle, Energien und Essenzen.

In ihrem reinen Aspekt sind die Kanäle das Juwel des Sangha und der Nirmanakaya; die Energien das Juwel des Dharma und der Sambhogakaya;

und die Essenzen das Juwel des Buddha und der Dharmakaya. Die leere essenzielle Natur ist der Buddha, der strahlende natürliche Ausdruck der Dharma; das alldurchdringende Mitgefühl, die ursprüngliche Weisheit als Einheit von Erscheinung und Leerheit, der unerschütterliche Sangha.[131]

All diese – die Drei Wurzeln, die Kanäle, Energien und Essenzen, und die essenzielle Natur, der natürliche Ausdruck und Mitgefühl –, wie sie oben beschrieben wurden, sind in den Drei Juwelen enthalten und nichts anderes als sie. Wenden wir uns deshalb den Drei Juwelen im Einzelnen zu. Und zwar unter drei Überschriften, nämlich Definition, Unterteilung, Qualitäten.

(A) Der Buddha

(1) Definition

Der Buddha ist derjenige, der den Gipfel der Befreiung und Verwirklichung erlangt hat. Wie ist er dazu gelangt?

Shravakas und Pratyekabuddhas haben das Nichtvorhandensein eines Selbst im Individuum realisiert, den gröberen Glauben an ein Selbst in den Phänomenen aufgegeben und sich dadurch von Karma und negativen Emotionen befreit, nicht aber von den konzeptuellen Trübungen und den Trübungen durch die gewohnheitsbedingten Neigungen.

Bodhisattvas auf der ersten Ebene haben auf dem Pfad des Sehens die Wahrheit der absoluten Natur realisiert und sich gleichzeitig von den konzeptuellen Trübungen gereinigt. Nachdem sie fünfhundert große Kalpas hindurch meditiert haben, sind sie von der negativen Emotion des Geizes befreit und haben die transzendente Tugend der Freigebigkeit perfektioniert.

Ab der zweiten Ebene schreiten sie fort zur jeweils nächsten, sich dabei von den spezifischen Trübungen befreiend und die für jede Ebene spezifische Verwirklichung erlangend. Während sie fortschreiten und ihre Verwirklichung zunimmt, lösen sie sich auf direkte Weise von den negativen Emotionen und schwächen von der ersten Ebene an auf indirekte Weise die konzeptuellen Trübungen mehr und mehr ab. Beim Erreichen der siebten

Ebene sind sie dann völlig frei von jedem Rest an negativen Emotionen. Von den groben und subtilen konzeptuellen Trübungen befreien sie sich ab den drei reinen Ebenen, und auf der letzten, der zehnten Bodhisattva-Ebene, merzen sie mithilfe der vajragleichen Weisheit, die das Gegenmittel für die gewohnheitsbedingten Neigungen ist, diese völlig aus und realisieren alle verschiedenen Formen der Weisheit. Nun ist nichts mehr zu befreien und keine Verwirklichung mehr zu erlangen. Der Gipfel der Befreiung und Realisierung ist erreicht. Das ist es, was einen Buddha definiert.

(2) Unterteilungen

Die verschiedenen Aspekte des Buddha
Dies sind die Körper, die Weisheiten und die Aktivität.

(a) Die vier Kayas des Buddha

Der Svabhavikakaya des Buddha wird in der Neuen Tradition anders gesehen als in der Alten. In der Neuen Tradition wird er betrachtet als Leerheit ohne die Aggregate. Für sie ist diese Leerheit reines Nichts und deshalb könne es nicht etwas geben wie die Weisheit der Allwissenheit des Buddha.[132] In der Alten Tradition ist der Svabhavikakaya die Einheit von absoluter Dimension und Weisheit oder die Leerheit mit der Essenz der Weisheit.

Der Dharmakaya ist die Weisheit des strahlenden natürlichen Ausdrucks. Die ursprüngliche Bedeutung des Wortes *kaya* in Sanskrit ist „versammeln". Im Dharmakaya sind also die einundzwanzig Kategorien nicht verunreinigter Qualitäten der Weisheit versammelt.

Diese beiden Kayas sind der Geist-Aspekt des Buddha, die Weisheit der Allwissenheit, und demnach vom Buddha her definiert.

Sambhogakaya und Nirmanakaya beziehen sich auf die Sicht anderer, nämlich der Wesen, denen geholfen werden soll, und diese sind von zweierlei Art: reine Wesen und unreine.

Der Sambhogakaya erscheint reinen Wesen einerseits durch die Kraft des natürlichen Mitgefühls des Buddha und seiner Gebete und andererseits durch das Verdienst der zu führenden Wesen, den Bodhisattvas auf der zehnten Ebene. Der Sambhogakaya ist charakterisiert durch die fünf Gewissheiten.[133]

- Der vollkommene Ort ist das unübertroffene Buddhagefilde der Dichten Anordnung.
- Der vollkommene Lehrer umfasst die Buddhas der fünf Familien, die fünf Hemasgara-Buddhas, jeder von ihnen umgeben von fünf Unter-Familien.[134] Wo immer Raum ist, ist er durchdrungen vom Dharmakaya, was immer vom Dharmakaya durchdrungen ist, ist auch durchdrungen vom Sambhogakaya, um den reinen Wesen zu nützen.
- Die vollkommene Lehre ist die des Großen Fahrzeugs, die jenseits von Lauten und Worten ist.
- Die vollkommene Versammlung sind die Bodhisattvas der zehnten Stufe.
- Die vollkommene Zeit ist das stets sich drehende Rad der Kontinuität, was nicht heißen soll, dass die Zeit von Natur aus ewig wäre, sondern dass der Lauf der Zeit nie zu Ende geht.[135]

Unreinen Wesen erscheinen die Buddhas in ihrer erhabenen Nirmanakaya-Form durch die Kraft der Gebete der Sambhogakayas und durch das Verdienst der Wesen, deren Heil bewirkt werden soll.

Es gibt vier Arten von Nirmanakayas: erhabene, solche, die sich durch Geburt manifestieren, solche, die sich auf dem Gebiet der Kunst manifestieren, und solche, die sich in anderen mannigfaltigen Formen manifestieren.

Erhabene Nirmanakaya-Manifestationen

Es heißt, niemand könne einem erhabenen Nirmanakaya begegnen, außer denjenigen, die sich im Strom des Dharma auf dem größeren Pfad der Ansammlung oder auf den vier Stufen des Pfades des Zusammenbringens befinden. In einer der Traditionen wird jedoch gesagt, dass auch Frösche und Fledermäuse[136] dem Buddha begegnen konnten, als er in diese Welt kam. Wie dem auch sei, wer die zwölf Taten eines Buddha in perfekter Weise demonstriert, ist eine erhabene Nirmanakaya-Manifestation.

Nirmanakayas, die sich durch Geburt manifestieren

Dies sind die sechs Munis der sechs Daseinsbereiche sowie spirituelle Meister, die die Wesen auf dem Pfad führen. Im *Nirvana-Sutra* lesen wir:

> *Ananda, sei nicht traurig.*
> *Ananda klage nicht.*
> *Nach Ablauf von fünfhundert Jahren*
> *werde ich in Gestalt von spirituellen Meistern wiederkehren,*
> *um für dein Wohl und das der anderen zu wirken.*

Nirmanakayas, die sich im Bereich der Kunst manifestieren

In einer Tradition werden sie als Manifestationen des Königs der Künstler, Vishvakarma,[137] beschrieben. Andere meinen, dass es Handwerker wie Maurer und Schmiede sein können oder auch Skulpturen, Statuen, Bilder und andere Gegenstände, die Verdienst bewirken und durch deren Erwerb man Verdienst anhäufen kann.[138]

Verschiedenartige Nirmanakaya-Manifestationen

Das kann alles sein, was für die Wesen eine Hilfe ist und was sie glücklich macht, von Booten, Schiffen, Brücken und Rastplätzen bis hin zu einer kühlenden Brise bei sengender Hitze, oder einer Wärmequelle, wenn es bitterkalt ist.

(b) Die fünf Weisheiten des Buddha

Ebenso wie es im Geist gewöhnlicher Wesen verschiedene Aspekte gibt, gibt es in der Weisheit des Buddha fünf Aspekte.

Die Weisheit des absoluten Raumes
Dies ist die Realisierung der absoluten Wahrheit, die wirkliche Seinsweise aller Dinge.

Die spiegelgleiche Weisheit
So wie sich in einem Spiegel alles widerspiegelt, spiegelt die Weisheit der absoluten Natur alle Phänomene von Samsara und Nirvana wieder; diese ungehinderte, vollkommen klare Widerspiegelung ist die spiegelgleiche Weisheit.

Die Weisheit der Gleichheit
So wie die Abbilder in einem Spiegel einfach Widerspiegelungen und weder gut noch schlecht sind, besteht die Weisheit der Gleichheit darin, Samsara und Nirvana als gleich, von einem Geschmack zu sehen.

Die alles unterscheidende Weisheit
Sie ist das Wissen darum, dass zwar von der absoluten Wahrheit her alle Phänomene gleich sind, von den Phänomenen her gesehen aber alle Dinge in Samsara und Nirvana klar unterscheidbar und unverwechselbar sind.

Die alles vollbringende Weisheit
So wie ein Arzt eine Krankheit diagnostiziert, indem er den Puls der Patienten prüft und dann alles unternimmt, um die Krankheit zu behandeln und zu heilen, so handeln auch die Buddhas: Mit ihrer alles vollbringenden Weisheit erwägen sie die Art und Weise, den Wesen zu Hilfe zu kommen, und erscheinen dann spontan und mühelos, ohne vom Dharmakaya abzuweichen, um ihnen zu helfen.

Diese fünf Weisheiten können zusammengefasst werden als zum einen die Weisheit, die die Natur der Phänomene kennt – dazu gehören die Weisheit des absoluten Raums, die spiegelgleiche Weisheit sowie die Weisheit der Gleichheit –, und zum anderen die Weisheit, die die Vielfalt der Phänomene kennt, d. h. die alles unterscheidende Weisheit und die alles vollbringende Weisheit. Alle zusammengenommen sind sie die ursprüngliche Weisheit der Allwissenheit.

(c) Die Aktivitäten des Buddha

Der Buddha bringt die Wesen der niederen Daseinsbereiche in die höheren und die Wesen der höheren Daseinsbereiche auf die Pfade der drei Familien von Praktizierenden, d. h. Shravakas, Pratyekabuddhas und Bodhisattvas.

Letztere kann der Buddha anfänglich nur auf ihre eigene Ebene der Befreiung bringen und nicht auf die der Buddhaschaft. So zeigt er ihnen zunächst den Weg, der mit ihren Bestrebungen in Einklang ist, um sie dann zur höchsten Buddhaschaft zu bringen.

Die Aktivitäten des Buddha sind in dreierlei Hinsicht denen der Shravakas, Pratyekabuddas und Bodhisattvas überlegen: Sie sind konstant, sie sind alles durchdringend und sie sind spontan. Konstant heißt, dass er nicht nur in der Vergangenheit zum Wohl der Wesen wirkte, sondern es auch heute noch tut. Alles durchdringend heißt, seine Aktivitäten durchdringen alle zehn Himmelsrichtungen und die drei Zeiten, es ist nicht so, dass er seine Taten im Osten vollbringt und nicht im Westen. Und spontan bedeutet, dass keine willentliche Anstrengung damit verbunden ist.

(3) Die Qualitäten des Buddha

Die Qualitäten des Buddha sind zweifach: die des Dharmakaya und die des Rupakaya.

Die Qualitäten des Dharmakaya sind die einundzwanzig Gruppen der makellosen unbefleckten Qualitäten, wie die zehn Kräfte, die vier Furchtlosigkeiten, die achtzehn exklusiven Qualitäten.

Die Qualitäten des Rupakaya des Buddha sind die seines physischen Körpers, d. h. die dreißig Hauptmerkmale und die acht Nebenmerkmale; die seiner Rede, d. h. die sechzig Zweige von Brahmas melodischer Stimme; und die seines Geistes, d. h. Wissen, Liebe und Macht.

Die Qualitäten des Wissens: die Weisheit, die das Wesen aller Phänomene kennt, die die absolute Natur von allem in Samsara und Nirvana klar sieht. Und die Weisheit, die die Vielfalt der relativen Phänomene kennt, sie deutlich sieht wie frische Kyururasamen auf der Handfläche, ohne sie miteinander zu verwechseln.

Die Qualitäten seiner Liebe sind das Mitgefühl, mit dem er während der sechs Perioden von Tag und Nacht wie eine Mutter über ihr einziges Kind unparteiisch über alle Wesen wacht und sieht, wer gedeiht und wer zurückbleibt.

Über die Macht des Buddha, die Wesen zu beschützen, wird in den Sutras gesagt:

> *Selbst wenn es irgendwie möglich wäre, dass im Meer, dem Wohnort der Nagas,*
> *die Gezeiten, Ebbe und Flut nicht rechtzeitig einsetzten,*
> *so würde der Buddha für seine Kinder, den Wesen, denen er helfen muss,*
> *es niemals versäumen, zum rechten Zeitpunkt zu handeln.*

Bei Shravakas, Pratyekabuddhas und Bodhisattvas kann es vorkommen, dass sie – obwohl es der richtige Augenblick wäre, den Wesen zu helfen – aus Trägheit, Vergesslichkeit oder irgendeinem anderen Grund die Gelegenheit verpassen. Der Tathagata hingegen verhalf, selbst als er schon auf seinem Sterbebett lag und kurz davor war, in Nirvana einzugehen, noch seinem menschlichen Schüler Pramudita, dem Vagabunden, und seinem nichtmenschlichen Schüler Rabga, dem Gandharva, zur Realisierung der Wahrheit.

Einst machten sich fünfhundert Kaufleute auf der Suche nach Juwelen auf die Reise über das Meer, als eine plötzliche Windböe ihr Schiff in den geöffneten Rachen eines Seeungeheuers trieb. Die Kaufleute beteten zu den Göttern der Berge, des Waldes, zu Baumgeistern und Ähnlichem um Hilfe, doch der Kapitän, der ein Bodhisattva war, sprach: „Wir müssen Zuflucht zum Tathagata nehmen.“ Und so riefen alle mit lauter Stimme: „Wir nehmen Zuflucht zum Buddha!“ Als es den Namen des Tathagata hörte, wurde das Ungeheuer von Furcht ergriffen und sank zurück ins Meer. Danach hielt es sein Maul geschlossen und verhungerte deshalb.

Weil es jedoch den Namen des Buddha gehört hatte, wurde es im Himmel der Dreiunddreißig wiedergeboren und erlangte in der Folge die Realisation der Wahrheit. Derartig ist die Aktivität des Buddha – dass allein seinen Namen zu hören vor den Gefahren in Samsara und einer Wiedergeburt in den niederen Bereichen schützt.

(B) Der Dharma

(1) Die Definition

Der erhabene Dharma besteht in den Methoden und Unterweisungen darüber, wie sich von den Trübungen der negativen Emotionen, den konzeptuellen Trübungen und denen der gewohnheitsbedingten Neigungen zu befreien. Frei zu sein, meint die Wahrheit von der Beendigung, die der Zustand des Freiseins von negativen Emotionen der Shravakas, Pratyekabuddhas und Bodhisattvas ist. Sich von den Trübungen zu befreien, bezieht sich auf die Wahrheit vom Weg.

(2) Unterteilungen

Der Dharma ist unterteilt in einen Dharma der Übermittlung und in den Dharma der Realisierung.

(a) Der Dharma der Übermittlung

Der Dharma der Übermittlung kann in vierundachtzigtausend Elemente eingeteilt werden, die zusammengefasst werden zu den zwölf Kategorien der Lehre des Buddha, die sich ihrerseits zu den drei Pitakas zusammenfassen lassen.

Für das Kausale Fahrzeug der Merkmale ist der Dharma der Übermittlung allein das, was im Geist der Mitglieder des Sangha gegenwärtig ist. Schriftzeichen und Bücher sind lediglich äußerliche Stützen.

Für das Geheime Mantrayana gilt, dass der Dharma dreierlei Formen annimmt: geschriebene Zeichen (Symbole), gedachte Zeichen und gesprochene Zeichen.

Der Dharma, der in Zeichen niedergeschrieben ist, sind die Worte des Buddha, die Form annehmen als Bücher. Der Dharma, der in Symbolen (Zeichen) gedacht wird, ist der Dharma der Übermittlung, der sich im Geist des Sangha manifestiert. Der Dharma, der in Zeichen ausgesprochen wird, sind die sprachlich formulierten Worte der Lehre.

Was damit gemeint ist, wenn man von der kostbaren Lehre des Buddha in ihren beiden Aspekten des Dharma der Übermittlung und der Realisierung spricht, ist, dass der Dharma der Übermittlung ein sicheres Verständnis der Unterweisungen beinhaltet, und der Dharma der Realisierung die praktische Ausführung dessen, was die Unterweisungen sagen, z. B. nicht zu töten.

(B) Der Dharma der Realisierung

Er umfasst den Pfad des kostbaren dreifachen Trainings.
Im Hinayana ist das dreifache Training so, wie es in den Schriften der Shravakas und Pratyekabuddhas gelehrt wird, ihr Dharma der Übermittlung.

Im Mahayana besteht er in der Übung in Disziplin, wie im Mahayana-Vinaya erklärt. Dem Training in Konzentration, wie im Mahayana-Sutra-Pitaka erklärt. Und dem Training in Weisheit, dem Großen Mittleren Weg, erklärt in den Sutras der langen, mittleren und abgekürzten Prajnaparamita sowie anderen Texten des Abhidharma-Pitaka.

Im Mantrayana gehören die Rituale der Initiationen und die Gelübde zum Vinaya. Das Thema ist die Übung in Disziplin mit den verschiedenen Ebenen der Samayas. Die vier oder sechs Klassen der Tantras gehören zum Sutra-Pitaka, Thema ist die Übung in Konzentration der Erzeugungs- und Vollendungsphase.

Die Tantras des Dzogchen gehören zum Abhidharma, Thema ist das Training in der höchsten Weisheit mit Trekchö und Thögal.

Kurz: Alles, was Worte oder Erklärungen sind, ist der Dharma der Übermittlung, und alles, was ihr Sinn oder Gegenstand ist, der Dharma der Realisierung.

(3) Qualitäten des Dharma

Mit dem Satz „die Qualitäten des Dharma sind unvorstellbar"[139] ist gemeint, dass der Dharma alle Fehler eliminiert und alles hervorbringt, was vollkommen ist, ob in Samsara oder Nirvana.

(C) Der Sangha

(1) Definition

Zwei Qualitäten zeichnen den Sangha aus: Weisheit und Befreiung. Sehen, Weisheit, Realisation sind hier Bezeichnungen, die ein und dasselbe bedeuten.

Die Mitglieder des Sangha der Shravakas und Pratyekabuddhas erlangen die vier Resultate eines nach dem anderen, sehen die Natur der vier edlen Wahrheiten und reinigen sich teilweise von den entsprechenden Trübungen. Der Sangha der Bodhisattvas erkennt oder realisiert auf dem Pfad des Sehens die Wahrheit der absoluten Natur und reinigt sich dadurch von den entsprechenden Trübungen, um dann bis zum letzten Augenblick der letzten Stufe – der zehnten Bhumi – von allen entsprechenden emotionalen und konzeptuellen Trübungen sowie denen der gewohnheitsbedingten Neigungen frei zu werden.

(2) Unterteilungen

Der Sangha kann in zwei Kategorien aufgeteilt werden, in den des Hinayana der Shravakas und Pratyekabuddhas und in den Mahayana-Sangha der erhabenen Wesen. Eine weitere Klassifizierung spricht vom gewöhnlichen Sangha der Shravakas, Pratyekabuddhas und Bodhisattvas und vom außerordentlichen oder inneren Sangha der Vidyadharas.

(a) Der gewöhnliche Sangha

(i) Der Shravaka-Sangha

Er besteht aus dem gewöhnlichen Sangha und dem erhabenen.

Der Sangha der gewöhnlichen Shravakas: Das sind im Wesentlichen jene, die mit der Entschlossenheit, frei zu werden, als Motivation die Gelübde der acht verschiedenen Pratimoksha-Ordinationen[140] ablegen. Sie halten reine Disziplin, üben sich in meditativer Konzentration, entwickeln Weisheit und folgen dem Pfad der Ansammlung und dem des Vereinigens, bis sie die Wahrheit sehen.[141]

Der Sangha der erhabenen Shravakas: Die In-den-Strom-Eingetretenen haben die sechzehn Unterabteilungen (Vergänglichkeit etc.) der vier edlen Wahrheiten realisiert und sind in den Strom (dieser Realisation) eingetreten.

Die Einmalwiederkehrenden haben sich auf dem Pfad der Meditation noch nicht von den neun Ebenen der emotionalen Trübungen der Welt der Begierde befreit und müssen noch ein weiteres Mal Geburt in dieser Welt annehmen.

Die Nichtmehrwiederkehrenden haben sich von allen emotionalen Trübungen der Welt der Begierde gereinigt und nehmen nicht mehr in ihr Geburt an.

Die Arhats haben alle Feinde besiegt, d. h. die negativen Emotionen der drei Welten. Es gibt zweierlei Arhats, solche mit verbleibenden Resten und solche ohne diese.

(ii) Der Pratyekabuddha-Sangha

Pratyekabuddhas beginnen wie Shravakas den Weg mit dem Ansammeln von Verdienst während einhundert großer Kalpas. Als Ergebnis der vier Wunschgebete, die sie gemacht haben – nämlich: 1. in einer Welt wiedergeboren zu werden, in der kein Buddha erschienen ist, 2. Erleuchtung alleine, ohne einen Lehrer zu erlangen, 3. den Dharma nicht durch Worte zu lehren, sondern 4. die Wesen durch Wunder zu inspirieren, die sie durch ihren Körper bewirken –, werden sie in einer Welt ohne Buddhas oder Shravakas geboren, haben einige der kleineren und Hauptkennzeichen und finden kein Gefallen am Leben eines Laien. Sie fühlen sich von einsamen Orten angezogen, begeben sich zu Leichenäckern und erkennen dank ihres in früheren Leben erworbenen Wissens die Kleidungsstücke, die sie dort finden, als die drei Dharma-Roben. Sie zerschneiden sie, nähen sie dann zusammen und bekleiden sich damit. Beim Anblick der Knochen auf dem Leichenacker fragen sie sich: „Wie sind diese Knochen zustande gekommen?“ und begreifen, dass sie durch Geburt entstanden sind. Sie begreifen, dass Geburt durch Werden erfolgt und so fort. Und so gehen sie in umgekehrter Reihenfolge durch die zwölf Glieder des Entstehens in Abhängigkeit, um zum Verständnis zu gelangen, dass Unwissenheit am Anfang steht. Sie sehen, dass sich von der Unwissenheit die bedingenden Faktoren herleiten und daraus Bewusstsein etc. Auf diese Weise gehen sie in chronologischer Reihenfolge durch die zwölf Glieder des abhängigen Entstehens bis zu Alter und Tod. Dann fragen sie sich: „Was kann zur Beendigung von Alter und Tod führen?“, und erkennen, dass Geburt anzuhalten, Alter und Tod anhält und gehen nun in umgekehrter Richtung durch die Reihenfolge der Beendigung.

Sie erkennen dann, dass, wenn Unwissenheit beendet ist, die bedingenden Faktoren beendet sind und so fort. Auf diese Weise durchdenken sie die zwölf Glieder des abhängigen Entstehens in der Reihenfolge ihres Entstehens bis zur Beendigung von Alter und Tod. Indem sie all dies sorgfältig durchdenken, erkennen sie das Wesen des abhängigen Entstehens in der Reihenfolge seines Entstehens und in umgekehrter Richtung und erlangen als Folge davon wie die „In-den-Strom-Eingetretenen“ Shravakas die vierte Konzentration.

Shravakas mit einem scharfen Verstand brauchen keine Gefährten, sondern bleiben allein wie Nashörner. Andere mit weniger scharfem Verstand brauchen die Gesellschaft von Freunden und leben wie ein Papageienschwarm in Gemeinschaften.

(iii) Der Bodhisattva-Sangha

Er umfasst ebenfalls einen Sangha gewöhnlicher Bodhisattvas und einen erhabener Bodhisattvas.

Der Sangha gewöhnlicher Bodhisattvas

Gewöhnliche Mitglieder dieses Sangha sind solche, die mit dem Wunsch, alle Wesen mögen Buddhaschaft erlangen, das erhabene Bodhichitta erzeugen und das Bodhisattva-Gelübde nach einer der beiden Traditionen[142] ablegen. Sie praktizieren perfekte Disziplin im Einhalten der Gelübde ihrer jeweiligen Tradition und üben sich in den Methoden des Erreichens, Reifens und Reinigens, was mit den sechs Paramitas gleichbedeutend ist. Diese gewöhnlichen Bodhisattvas praktizieren auf den Pfaden des Ansammelns oder auf dem des Zusammenbringens, auf denen die Praxis ein Bestreben ist.

Der Sangha erhabener Bodhisattvas

Der Sangha der erhabenen Wesen besteht aus Bodhisattvas auf dem Pfad des Sehens und den höheren Pfaden. Sie haben die Wahrheit der absoluten Natur auf dem Pfad des Sehens direkt erfahren und das Nichtvorhandensein einer wahren Existenz der zweierlei Arten des Selbst realisiert. Sie haben sich von den auf dem Pfad des Sehens zu reinigenden konzeptuellen Trübungen befreit und zwölfhundert Qualitäten erlangt. Sie sind in der Lage, eine Vision von hundert Buddhas zu haben, hundert Wesen zur spirituellen Reife zu bringen, hundert Buddha-Gefilde aufzusuchen, hundert Welten zu erhellen, hundert Welten mit Wunderkräften zu erschüttern, hundert Arten von Konzentration zu erlangen und hundert Ebenbilder zu manifestieren, deren jedes einzelne eine Gefolgschaft von hundert Begleitern manifestiert.[143]

Von der zweiten Ebene an bleiben sie ständig in dem meditativen Fluss, an den sie sich auf dem Pfad des Sehens gewöhnt haben. Dadurch befreien sie sich stufenweise von den auf dem Pfad der Meditation zu beseitigenden Trübungen der angeborenen Unwissenheit. Die Qualitäten, die sie erlangen, reichen von einer Anzahl von zwölfhunderttausend[144] bis hin zu einer Zahl, die der Zahl der Atome im Universum gleichkommt. Dann können sie einen Ozean von Wesen zur Reife bringen, einen Ozean von Welten reinigen, einen Ozean von Buddhas erfreuen, ohne je ihr Missfallen zu erregen, und einen Ozean der zwei Ansammlungen schaffen. Kurz: Weil sie Wesen glücklich machen und nie verstimmen und weil sie Buddhas erfreuen und nie ihr Missfallen erregen, sammeln sie unendlich viel Verdienst und Weisheit an und erreichen unendlich viele Arten der Konzentration. Diese Wesen mit solch unvorstellbaren Qualitäten machen den Sangha der erhabenen Wesen aus.

(b) Der außerordentliche innere Sangha der Vidyadharas

(i) Kriyatantra

Kriyatantra ist das erste der drei äußeren Tantras – Kriya, Upa und Yoga. Die Ermächtigung ist die Eingangspforte zu Kriya, für die Rituale der Gelübde, für die zur Reife bringenden Faktoren, denn Kriya gehört zum Mantrayana. Praktizierende des Kriya erhalten zuerst die allgemeine Ermächtigung des Wissens: die drei Ermächtigungen mit dem Wasser von Akshobhya, der Krone von Ratnasambhava, dem Vajra von Amitabha, zusammen mit der zusätzlichen Ermächtigung, in der sie gewaschen, (mit einem Kushagrashalm) abgebürstet und (durch die Berührung mit dem Vajra, das der Meister in der Hand hält; Anm. d. Übers.) geschützt werden. Anschließend praktizieren sie Disziplin und halten die entsprechenden Samayas auf perfekte Weise ein. Dies ist der Faktor der Reifung.

Was die Praxis der befreienden Unterweisungen angeht, so gibt es im Kriyatantra die Yogas mit und ohne „Darstellungen", ohne dass von einer Erzeugungs- und Vollendungsstufe gesprochen wird. Im ersten dieser Yogas meditiert man gemäß der Alten Tradition über die vier grenzenlosen Qualitäten und löst dann alles mit dem Svabhava-Mantra in Leerheit auf. Aus der Einheit von Leerheit und Mitgefühl heraus meditiert man über die sechs Ausdrucksformen der Gottheit, indem man sich selbst als die Samaya-Gottheit visualisiert und die Weisheitsgottheit als überlegen, anders gesagt: die Samaya-Gottheit und die Weisheitsgottheit werden als verschieden betrachtet. Zum Schluss bittet man die Weisheitsgottgeit, sich zurückzuziehen, und löst die Samaya-Gottheit auf in den Zustand frei von Konzepten. In der Zeit nach der Meditation ernährt man sich von den drei weißen und den drei süßen Substanzen und betont in seinem Verhalten Waschungen und Reinlichkeit.

Praktizierende des Kriya bleiben solange gewöhnliche Wesen, bis sich als Resultat der Praxis die Zeichen der Meisterung zeigen: Die als Stütze der Meditation genutzten Abbildungen lächeln, Butterlampen entzünden sich von selbst, die Luft ist erfüllt mit dem Duft von Räucherstäbchen. Dann erlangen sie die Siddhis und werden im gleichen Moment zu Vidyadharas der Welt der Begierde und der Form und sehen die Gottheiten der drei Familien (von Körper, Rede und Geist), um schließlich, nachdem sie sich bis zu sechzehn Leben hindurch auf dem Weg geübt haben, den Zustand des Vajradhara der drei Buddha-Familien zu erreichen. Diejenigen, die diese Praxis gemeistert haben, werden tantrische Yogis oder Yoginis des inneren Sangha der Vidhyadharas genannt.

(ii) Upatantra

Eingangspforte für Upatantra sind die drei oben genannten Ermächtigungen plus die Ermächtigung mit der Glocke von Amoghasiddhi und die Namen-Ermächtigung von Vairochana. Danach üben die Praktizierenden des Upatantra Disziplin, indem sie die spezifischen Upatantra-Samayas einhalten. Dann praktizieren sie die befreienden Unterweisungen, wobei die Meditation ähnlich der im Yogatantra ist – Samaya-Gottheit und Weisheitsgottheit werden als ebenbürtig gesehen, wie Eltern oder Freunde. Sie bleiben gewöhnliche tantrische Yogis, bis sie die Vision der Yidam-Gottheit haben. Wenn sie dann zu Vidyadharas geworden sind, mit göttlichem Körper und einem Reichtum, der dem der Götter der Welt der Begierde und der Form gleichkommt, haben sie die Vision der Gottheit und erlangen die erhabenen Siddhis. Von da an, bis sie im Lauf der Übung auf dem Weg während sieben menschlicher Leben hindurch den Zustand des Vajradhara der vier Buddha-Familien erreicht haben, werden sie erhabene tantrische Yogis oder Yoginis genannt.

(iii) Yogatantra

Eingangspforte oder reifmachender Faktor für Yogatantra sind die fünf allgemeinen Ermächtigungen der Weisheit, die Ermächtigung des Vajra-Königs ohne Grenzen und die zusätzlichen Initiationen mittels der acht Glückszeichen und der acht Glück verheißenden Gegenstände. Die Praktizierenden üben Disziplin, indem sie die Samayas des Yogatantra perfekt einhalten. Die befreienden Unterweisungen legen die Betonung nicht auf Waschungen und reines Verhalten, sondern auf innere Meditation. Die Praktizierenden meditieren mithilfe der fünf Faktoren der Erleuchtung über die Samaya-Gottheit und die Weisheitsgottheit als voneinander untrennbar. Wenn die als Stütze der Praxis benutzten Abbildungen Licht ausstrahlen, lächeln oder ähnliche Zeichen auftreten, erhalten die Praktizierenden die Siddhis und werden zu Vidyadharas der Welt der Begierde und der Welt der Form. Wenn sie dann eine Vision der Yidam-Gottheit erfahren haben, erlangen sie, was im Sutrayana das Sehen der Wahrheit genannt wird und in Mantrayana die höchsten Siddhis. Von da an, bis sie am Ende im Lauf der Übung auf dem Weg während fünf Lebenszeiten die Ebene eines Vajradhara der fünf Buddha-Familien erlangt haben, werden sie gewöhnliche Yogis und Yoginis genannt und dann erhabene Yogis und Yoginis.

Dies ist der innere Sangha der Vidyadharas der drei äußeren Tantras.

Nach der Alten Tradition umfasst Anuttarayoga die drei Yogas Maha, Anu und Ati.

(iv) Mahayoga

Der Zugang oder reifmachender Faktor oder das Ritual der Gelübde besteht im Mahayoga in einer Initiation, wie der der friedvollen und zornvollen Gottheiten der Klasse der Tantras oder der der acht Herukas der Klasse der Sadhanas. Keine andere Initiation wie die des Weges kann als Grund-Initiation dienen.

Was die Klasse der Tantras betrifft, so sind die zu erhaltenden Initiationen folgende: die zehn äußeren nützlichen Initiationen, die fünf Fähigkeit verleihenden inneren Initiationen und die drei tiefgründigen geheimen Initiationen. Der Meister beginnt damit, den Schüler reif zu machen (durch die Initiation). Daran schließen sich die verschiedenen Etappen an, von der Vorbereitung zum Zufluchtsgelübde[145] bis zu denen des Bodhichitta-Gelübdes. Wenn man einen Vergleich mit dem Herstellen von Bier ziehen will, besteht dieser erste Teil im Kochen der Gerste.

Um ein würdiges Gefäß zur Aufnahme der Initiation zu werden, visualisiert der Schüler sich nun in Form einer Gottheit. In deren drei Zentren erscheinen die drei Silben in Form der drei Gottheiten von Körper, Rede und Geist, von denen Lichtstrahlen ausgehen, die das gesamte All erfüllen. Aus der Unendlichkeit der Buddha-Gefilde der zehn Himmelsrichtungen und besonders aus dem Buddha-Gefilde Akanishta werden die Weisheitsgottheiten eingeladen. Ihr Körper, ihre Rede, ihr Geist kommen als die Form der Gottheit, Buchstaben und Attribute herbei und lösen sich in den Schüler hinein auf. Schüler mit größten Fähigkeiten realisieren mit der Initiation die ursprüngliche absolute Weisheit, Schüler mit mittleren Fähigkeiten haben die Erfahrung von Glückseligkeit, Klarheit und Abwesenheit von Gedanken und selbst Schüler mit minderen Fähigkeiten gelangen zu der Überzeugung, dass die drei Pforten die drei Vajras sind. Dieser Teil entspricht dem Einbringen der Hefe in die Gerste.

Dann erhält der Schüler eine nach der anderen die vier Initiationen und legt zum Abschluss das Versprechen ab, das alle Samayas zusammenfasst:

„Was immer der erhabene Meister von mir verlangt, ich werde es tun." Dieser Abschnitt lässt sich mit dem Fermentieren der Gerste vergleichen.

Wenn er jedoch in der Folge nicht die Disziplin beachtet und die Reinheit der Samayas, die die Lebenskraft der Initiationen erhalten, nicht bewahrt, ist das Resultat vergleichbar einem Bier, das verdorben wird durch ungünstige Einflüsse[146] oder bestimmte Besucher. Und das, obwohl das Kochen der Geste und das Einbringen der Hefe perfekt durchgeführt wurden und die Fermentierung begonnen hat.

Im *Tantra der authentischen Initiation von Vajrapani* steht:

Was die Initiation lebendig hält, sind die Samayas.
Sind sie verdorben, ist sie wie ein verbranntes Samenkorn.

Selbst wenn ihr eine authentische Initiation erhalten habt, wird das wenig Wert haben, wenn ihr anschließend die Reinheit der Samayas nicht auf perfekte Weise bewahrt. Zwischen denen, die die Samayas bewahren, und denen, die sie verderben, besteht ein großer Unterschied. Wenn man Erde als Erde sieht, sind die Samayas verdorben, denn um sie intakt zu halten, muss man sie als den weiblichen Buddha *Lokana* sehen. Heutzutage sehen die Praktizierenden des Mantrayana, die alles als die Entfaltung von Gottheit, Mantras und Weisheit wahrnehmen sollten, überall Phantome und Gyalpo-Geister und verstören damit sich selbst und andere. In solchen Praktizierenden gibt es keine Spur des Geheimen Mantra. Denn im Gegensatz zu den Gelübden der persönlichen Befreiung, die leicht zu halten sind, da sie hauptsächlich die Rede und das äußere Verhalten betreffen, und zu den Bodhichitta-Gelübden, die schwieriger zu halten sind, weil sie auf dem guten oder negativen Aspekt der Gedanken beruhen, sind die Samayas des Mantrayana extrem schwierig zu bewahren, da sie sich auf die ursprüngliche Weisheit gründen. Doch heutzutage verstehen es die meisten Leute genau umgekehrt, sie denken, es sei schwierig die Gelübde der persönlichen Befreiung zu respektieren, während die Gelübde des Mantrayana kein wirkliches Achtgeben erforderten.[147]

Die Praktizierenden des Mahayoga üben sich in Disziplin, indem sie die Samayas des Mahayoga einhalten, und was die befreienden Unterweisungen betrifft, so meditieren sie hauptsächlich über die Erzeugungsphase, den Aspekt der geschickten Methoden, und über die Vollendungsphase, die den Aspekt der Weisheit bedeutet, jedoch nur zum Teil, denn von den zwei Übungen der Vollendungsphase praktizieren sie nur die der Energien und nicht die der Essenzen.

(a) Die Erzeugungsphase

Die Erzeugungsphase – der Aspekt der geschickten Mittel – ist das Gegenmittel für gewöhnliche, unreine Konzepte. Durch diese Praxis gewinnt man die Meisterung der drei meditativen Objekte[148]:

- Das mentale Objekt, eine sehr klare Visualisierung der Form der Yidam-Gottheit
- Das greifbare Objekt, wenn die Gottheit mit ihrem Schmuck, den Attributen usw. so konkret wird, dass man meint, sie mit der Hand berühren zu können.
- Das wahrnehmbare Objekt, wenn andere meinen, den Meister (zu dem man geworden ist) unter dem Aspekt des Großen Ruhmreichen oder als Vajrabhairava oder einer anderen Gottheit zu erblicken.

Indem man sich auf diese Weise in der Erzeugungsphase übt bis zum Erreichen der acht Grade von Stabilität und Klarheit sowie der Perfektionierung der fünf Erfahrungen, kann man fähig werden, gewöhnliche Konzepte zu kontrollieren und in die Gottheit zu verwandeln.

Wenn man sich jedoch nicht von einem Anhaften an der Gottheit befreit, kann man eine starke Bindung an sie entwickeln und sie für etwas Wundervolles halten. Das Heilmittel hierfür ist die Vollendungsphase, der Aspekt der Weisheit.

(b) Die Vollendungsphase

Ihr Objekt sind die Energien und die Essenzen.

Zuallererst: Wenn die Energien nicht in dem für die Praxis der Essenzen erforderlichem Zustand sind, kann Letztere nicht richtig durchgeführt werden. Aus diesem Grund muss zuerst die Erzeugungsphase richtig praktiziert werden. Dann benutzt man die so gewonnene Stabilität dazu, sich selbst nicht als einen gewöhnlichen Körper zu visualisieren, sondern als den äußeren leeren Rahmen des Körpers der Gottheit.[149] Einfach nur ein- und auszuatmen bringt keinen Nutzen in der Vollendungsphase, es ist sehr wichtig, zuerst in der Erzeugungsphase Stabilität zu gewinnen. Dann kann man sich in dem Ein- und Ausatmen der Praxis der Vase in vier Etappen[150] üben.

Als Folge davon treten Geist und Energie in den Zentralkanal ein, bleiben dort und lösen sich dort auf. Während die Energie schrittweise in den Zentralkanal eintritt, erheben sich im Geist die vier Erfahrungen der Leerheit: die Erfahrung der einfachen Leerheit, wenn sich das Bewusstsein der Sinnesorgane in das mentale Bewusstsein auflöst; die Erfahrung der großen Leerheit, wenn sich das mentale Bewusstsein in das emotionale Bewusstsein auflöst; die Erfahrung der äußersten Leerheit, wenn sich das emotionale Bewusstsein in das Bewusstsein des universellen Grundes auflöst; die Erfahrung der totalen Leerheit, wenn das Bewusstsein des universellen Grundes sich in die ursprüngliche Weisheit auflöst.

Diese vier Erfahrungen bewirken, dass sich im Geist das illustrative klare Licht erhebt.

Danach erlangt man durch das klare Licht der drei Erscheinungen als Ursache und durch die fünf Lichtstrahlen der Energien als Bedingung die Fähigkeit, sich als unreiner illusorischer Körper zu manifestieren, als der nicht fabrizierte, einer Illusion gleichende Körper der Gottheit, nur aus Geist und Energien bestehend.

Diese beschleunigende Praxis, durch die das illustrative klare Licht mit dem wahren klaren Licht verbunden werden kann, wird gemäß dem Mahayoga-Weg auf zweierlei Arten ausgeführt. Bei der einen ist es notwendig, die wiederholbare Praxis[151] von sechs Monaten in der Gruppe durchzuführen, bei der anderen ist das nicht nötig. Voraussetzung für ein solches Praktizieren in einer Gruppe ist, dass alle, Meister wie Schüler, Stabilität in der Erzeugungsphase und in der Praxis der Energien erreicht haben. Sie sollten die Weisheit des Stadiums der Wärme auf dem Pfad des Zusammenbringens erreicht haben und ihre Anzahl muss die gleiche sein wie die der Gottheiten im Mandala. Alles für diese Praxis Nötige muss von ihnen vorbereitet sein: der dreistöckige Mandala-Palast, die „Waffen" zum Zurückdrängen der feindlichen Kräfte, Medizin gegen Krankheiten und Nahrung für die Beteiligten. Wenn in dieser Versammlung auch nur einer ist, der die Wurzel-Samayas gebrochen hat, wird die Praxis aller anderen wertlos und niemand wird die höchsten Siddhis erlangen. Vielleicht erlangen einige gewöhnliche Siddhis, doch die Sadhana-Praxis der Versammelten wird in ihrer Gesamtheit vergeblich gewesen sein. Wie Indrabodhi sagt:

Ein degenerierter Yogi
verdirbt alle anderen Yogis.
So wie ein mit Pusteln bedeckter Frosch
alle anderen Frösche in Umkreis ansteckt.

Wenn alle Praktizierenden mit unbefleckten Samayas eine sechsmonatige wiederholbare Gruppenzeremonie durchführen sowie die zusätzliche Praxis zum Ausgleich der Mängel, deren Notwendigkeit von den Fähigkeiten der Praktizierenden abhängt, werden nach Ablauf der sechs Monate bei Dämmerung ineinander verflochtene rote und blaue Lichtstrahlen leuchten und die Praktizierenden erhalten von den Gottheiten die Siddhis. Um Mitternacht führen sie die Praxis der Befreiung mit den drei Befriedigungen[152] aus und nehmen die Siddhis von den feindlichen Kräften. In der Morgendämmerung benützen sie den Pfad der Mudra, bei dem sie die Hilfe des Körpers eines anderen nutzen[153]: Wenn die Essenz von oben nach unten fließt, erhebt sich im Geist die „substanzielle angeborene Weisheit", d. h., Weisheit, die nicht von der Erfahrung der Glückseligkeit getrennt ist. Wenn die Essenz von unten nach oben steigt, erhebt sich im Geist die „natürliche gleichzeitig erscheinende Weisheit", d. h. die absolute Weisheit ohne jedes Hängen an der Erfahrung von Glückseligkeit, Klarheit und Freisein von Gedanken. In diesem Augenblick realisieren die männlichen Partner die Weisheit der Glückseligkeit und die weiblichen Partner die Weisheit der Leerheit.

In der Nachmeditation sind die Praktizierenden fähig, sich als die nicht fabrizierte Gottheit der Vollendungsphase zu manifestieren, der reine illusorische Körper, der die Ebene der Einheit des Pfades des Lernens ist, die Einheit von Körper und Geist. Praktizierende auf dem Pfad des Ansammelns schreiten fort zum Pfad des Zusammenbringens, diejenigen auf dem Pfad des Zusammenbringens schreiten fort zum Pfad des Sehens, diejenigen auf dem Pfad des Sehens schreiten fort zur zweiten Bodhisattva-Ebene etc.

Wenn alle die Samayas eingehalten haben, können sogar die Hähne, Hunde und Kühe (in der Umgebung) die Vidyadhara-Ebene realisieren. Wenn alle Beteiligten der Gruppen-Sadhana vorher die Stufe der Wärme erlangt haben, meistern sie während der sechs Monate die „Gipfel"- und die „Akzeptanz"-Ebene, und wenn sie die Siddhis erhalten, erlangen sie die Weisheit des letzten Augenblicks (auf dem Pfad des Zusammenbringens), die der „erhabenen weltlichen Ebene", und in der Folge den Pfad des Sehens – gemäß dem Sutrayana oder gemäß dem Mantrayana die erhabene Meisterschaft des Mahamudra.

Nach der kanonischen Linie von Zur[154] und den *Stufen des Weges*:

Einige waren fähig, andere nicht,
der Pfad des Sehens ist zweigeteilt.

Anders gesagt: Jene, die die fähig waren, den gewöhnlichen Körper mit dem Feuer der Konzentration zu reinigen und in einen subtilen Körper zu verwandeln, erwerben die Macht des unsterblichen Lebens und werden „Vidyadharas mit der Meisterung der Lebensspanne" genannt. Andere waren nicht fähig, ihren Körper zu reinigen, haben aber ihren Geist zum Körper der Gottheit gereift, sie werden „reife Vidyadharas" (oder Vidyadharas mit karmischem Körper) genannt. Diejenigen auf der zweiten bis zur neunten Bodhisattva-Ebene sind „Mahamudra-Vidyadharas". Und am Ende des Weges, wenn Buddhaschaft erlangt ist, sind sie „spontan vollendete Vidyadharas".

Nach Longchenpa sind jene am Ende des höheren Pfades des Ansammelns, deren Körper nicht zum Körper der Gottheit gereift ist, deren Geist jedoch zum Körper der Gottheit gereift ist, „gereifte Vidyadharas". Praktizierende auf dem Pfad des Sehens sind Mahamudra-Vidyadharas. Einige, die ihren Körper in einen subtilen Körper verwandelt und Kontrolle über die Dauer ihres Lebens haben, sind Vidyadharas mit Meisterung der Lebensspanne, die den erhabenen Weg vollendet haben. Andere, die nicht die Lebensspanne meistern konnten, erreichen den Pfad des Sehens in diesem Leben und im Zwischenzustand die zweite Bodhisattva-Ebene. Nachdem sie sich in der Nachmeditation auf dem Niveau der Einheit des Pfads des Lernens manifestiert haben, bleiben sie Mahamudra-Vidyadharas bis zum Ende der zehnten Bodhisattva-Ebene. Wenn sie höchste Buddhaschaft realisiert haben, sind sie spontan vollendete Vidyadharas.

Praktizierende auf diesen vier Vidyadhara-Stufen werden Dakas und Dakinis der Mahayoga-Tradition genannt und bilden den inneren Sangha der Vidyadharas.

(v) Anuyoga

Im Anuyoga beinhalten die zur Reife bringenden Initiationen die äußeren Ermächtigungen – die zehn Flüsse des Tantra genannt; die inneren Ermächtigungen – die elf hervorquellenden Flüsse; die Siddhi-Ermächtigungen– die dreizehn Flüsse des Rufs genannt; und die geheimen Ermächtigungen – die zwei Flüsse der Vollendung genannt. Wenn man diese sechsunddreißig fundamentalen Initiationen erhalten und Disziplin durch das Einhalten der spezifischen Anuyoga-Samayas praktiziert hat, geht man dazu über, die befreienden Unterweisungen zu praktizieren. Nachdem man teilweise die Erzeugungsphase und dann die Vollendungsphase der Energien, wie im Mahayoga, praktiziert hat, konzentriert man sich hier hauptsächlich auf die Vollendungsphase im Zusammenhang mit den Essenzen: Der eigene Körper wird trainiert, d. h., die Kanäle werden gestreckt, die Energien gereinigt, die Essenzen gemeistert und dann bedient man sich des Körpers einer anderen Person auf dem Weg der Mudra. Zuerst bewirkt man, dass die Essenz von oben nach unten steigt, was zur substanziellen angeborenen Weisheit führt. Und wenn dann die Essenz von unten nach oben steigt, erreicht man die natürliche angeborene Weisheit. Doch für Anfänger ist es schwierig, eine Weisheit zu erreichen, die frei ist vom Hängen an Erfahrungen.

Wenn dann die illustrative Weisheit im Geist aufdämmert, kann man sich in der Nachmeditation als unreiner illusorischer Körper manifestieren, der nicht anderes ist als die einfach aus Geist und Energie bestehende Gottheit. Und wenn die absolute Weisheit im Geist aufscheint, ist man fähig, sich als reiner illusorischer Körper zu manifestieren, als eine Gottheit, die aus dem Strahlen der ursprünglichen Weisheit erscheint.

Im Anuyoga gibt es fünf Vidyadhara-Ebenen: „Bestreben und Nachdenken", was dem Pfad des Ansammelns entspricht; „Offenbarung der großen Familie", was dem Pfad des Zusammenbringens entspricht; „Meisterung großer Weissagungen", was dem Pfad des Sehens entspricht; „große Bestätigung", was dem Pfad der Meditation entspricht; „Perfektion der großen kreativen Macht", was dem Pfad des Nichtmehrlernens entspricht.

Diejenigen, die sich auf diesen fünf Ebenen befinden, sind Dakas und Dakinis des Anuyoga und bilden den inneren Sangha der Vidyadharas.

(vi) Atiyoga

Im Atiyoga ist die zur Reife bringende Initiation die kostbare Initiation des Wortes, die der vierten Ebene der Initiation der beiden vorausgehenden Yogas entspricht, von denen sie sich dadurch unterscheidet, dass sie in vier Arten unterteilt ist, in eine ausführliche, in eine einfache, äußerst einfache und total einfache.

Wenn man diese vier Ermächtigungen erhalten hat, praktiziert man Disziplin, indem man die Atiyoga-Samayas einhält. Was die befreienden Unterweisungen betrifft, kann man zwei praktizieren: Trekchö – basierend auf der ursprünglichen Reinheit –, durch welches träge Praktizierende ohne Anstrengung Befreiung finden können, und Thögal, basierend auf spontaner Gegenwärtigkeit, der Weg der Anstrengung, durch den eifrig Praktizierende Befreiung finden können.

Den Lehren nach geschieht „Die Erscheinung der vier Visionen" folgendermaßen: Die Vision „dharmata tatsächlich erscheinend" auf dem Pfad des Sehens, obwohl sie in der Praxis auf dem Pfad des Ansammelns auftritt. Das „Anwachsen der Erfahrungen" auf dem Pfad des Zusammenbringens; der „Höhepunkt des Gewahrseins" auf dem Pfad des Sehens; die „Erschöpfung der Phänomene jenseits des Intellekts", d. h. die graduelle Erschöpfung der äußeren wahrgenommenen Objekte des Geistes, der innen wahrnimmt, und der Erfahrungen, die auf der geheimen Ebene zunehmen, auf dem Pfad des Lernens und ihre vollständige Erschöpfung auf dem Pfad des Nichtmehrlernens. Praktizierende auf diesem Weg der vier Visionen bilden den inneren Sangha der Vidyadharas.

(3) Qualitäten des Sangha

Der Sangha des Atiyoga ist ein Ozean unvorstellbarer Qualitäten, wie Disziplin, Konzentration, Weisheit, Gedächtniskraft, Mut und Vertrauen.

Alle vorher beschriebenen Zufluchten können auf den Meister als einzige Zuflucht reduziert werden, oder aber in neun aufgeteilt werden.[155] Besonders wenn ihr Zuflucht nehmt zu den Kanälen, Energien und Essenzen, die in unserem Körper sind, werden die Kanäle gereinigt und der Nirmanakaya wird erlangt.

Das Besondere an der Haltung der großen Wesen ist, dass sie Zuflucht nehmen, um alle Mängel von Samsara und Nirvana zu eliminieren. Gemäß dem Kausalen Fahrzeug der Merkmale entspricht diese besondere Gesinnung auch der resultierenden Zuflucht. Was die kausale Zuflucht mit den drei speziellen Eigenheiten[156] angeht, so gibt es dazu zwei verschiedene Lehrsätze: Gemäß dem zweiten Lehrzyklus ist die kausale Zuflucht die Ursache für das Erreichen des Resultats, Buddhaschaft, was als die resultierende Zuflucht betrachtet wird. In diesem Fall gibt es eine wirkliche Ursache und ein wirkliches Resultat.

Für die Lehren des dritten Lehrzyklus ist der Grund, oder die Natur des Sugatagarbha, die natürlich sich manifestierende Weisheit, die dem Geist der Wesen innewohnt. Dieser Grund, diese Basis, ist konstant, unwandelbar, von Natur aus Leerheit, und alle Qualitäten der drei Kayas des Buddha sind spontan in ihm präsent, ohne dass sie erzeugt werden müssten. Diese Weisheit als die Natur des Sugatagarbha muss jedoch entschleiert werden, denn sie ist durch hinzugekommene Befleckungen verdunkelt. Und dafür sind Geschickte Mittel oder Bedingungen nötig, namentlich die zwei Ansammlungen, die jedoch als zweitrangige Bedingungen für das Enthüllen der Natur des Sugatagarbha gelten.

Was die vorher erwähnte kausale Zuflucht betrifft, so hat sie zwei Aspekte: das Versprechen, dem man den Namen Zuflucht gibt, und die eigentliche Zuflucht, die anschließend praktiziert wird, indem man dem Weg folgt. Der erste Aspekt beinhaltet, den Buddha als den Lehrer zu betrachten, den Dharma als den Weg und den Sangha als die Gefährten auf dem Weg sowie z. B. die Worte des Zufluchtgebets einhunderttausend Mal zu rezitieren. Der zweite Aspekt, die Zuflucht, die realisiert wird, indem man dem Weg folgt, bezieht sich auf die verschiedenen Übungen, die man praktiziert, um die zwei Ansammlungen zu vervollständigen.

Die Weisheit[157] ihrerseits wird als die Ursache beschrieben, ohne die nichts möglich ist. Solange die Wesen sie nicht erkennen, bleiben sie gewöhnliche Wesen, wenn sie sie erkennen und realisieren, sind sie Buddhas.

Ab der ersten Bodhisattva-Ebene wird eine teilweise Realisierung dieser Weisheit möglich und von da an gewöhnt man sich stufenweise an die Realisierung, bis man schließlich am Ende der zehnten Bodhisattva-Ebene angelangt ist; dies ist der Dharma der Realisierung des Weges. Dann, am Ende der zehnten Ebene, werden mit dem Gegenmittel der diamantenen Weisheit alle Trübungen, die es zu beseitigen gilt, endgültig eliminiert, und Buddhaschaft ist erlangt. Die Natur dieser Buddhaschaft ist zweifach rein, ursprünglich rein und rein, weil von den hinzugekommenen Befleckungen befreit; dies ist der Dharma der Realisierung des Resultats, der weite und tiefgründige Dharma im Geist des Buddha.

Diese Beendigung ist zweifach, eine konzeptuell und die nicht konzeptuelle. Die nicht konzeptuelle Beendigung ist die Sugatagarbha-Weisheit, die im Geist der Wesen als die ursprüngliche reine Natur vorhanden ist. Die konzeptuelle Beendigung ist der Dharmakaya-Buddha, die Reinheit erlangt durch das Sichentledigen der hinzugekommenen Befleckungen. In welcher Weise ist diese Weisheit im Geist der Wesen präsent? Wie ein Schwert in der Scheide oder wie ein schmutzverkrusteter Edelstein. Der dritte Lehrzyklus zeichnet sich dadurch aus, dass er nicht von einer kausalen und von einer resultierenden Zuflucht spricht, sondern sagt, dass die Methoden, sich von diesen hinzugekommenen Befleckungen zu reinigen, zweitrangige Bedingungen für das Realisieren der Ursache sind.

In welchem Sinn sind die drei Wurzeln als die außerordentliche oder innere Zuflucht die Drei Juwelen? Die Sutras sehen den Buddha als eine erhabene Nirmanakaya-Manifestation. In der Tradition des Geheimen Mantrayana wird der Buddha als Sambhogakaya gesehen, der Lehrer als der Sangha und die Gottheiten – die inspirierende und die einem bestimmte [158] als der Buddha. In einer anderen Tradition ist der Lehrer der Buddha, der Yidam das Juwel des Dharma und die Lehrer der Linie sind der Innere Sangha der Vidyadharas.

Warum der Lehrer der Buddha ist, kann mithilfe schriftlicher Quellen und durch Nachdenken festgestellt werden. Hier beziehen wir uns als schriftliche Quelle auf die *Fünf Stufen*:

Der aus sich selbst geborene Buddha,
der einzigartige Herrscher, die große Gottheit,
erteilt die Kernunterweisungen auf perfekte Weise,
erhaben ist der Vajra-Meister.

Wie dies durch Nachdenken festgestellt werden kann: Der Geist des Lehrers ist die große Weisheit, die sich im Körper eines Buddha manifestiert, als die Rede eines Buddha ertönt und denkt wie der Geist eines Buddha. Und so ist der Rupakaya Ausdruck des Dharmakaya, und die Essen des Rupakaya ist der Dharmakaya. Die Untrennbarkeit dieser beiden ist der Zustand der Einheit vonVajradhara.

Weshalb der Yidam als der Dharma gesehen wird, muss im Zusammenhang mit den Tantras verstanden werden. Es gibt vier der Alten

Tradition und der Neuen Tradition gemeinsame Sektionen von Tantras. Yogatantra hat einen inneren und einen äußeren Aspekt. Der innere umfasst in der Alten Tradition die drei tiefgründigen inneren Tantras und in der Neuen Tradition die drei Tantras *Chakrasamvara*, *Hevajra* und *Guhyasamaja*.

Für all dieses gilt ein Dharma der Übermittlung und ein Dharma der Realisierung. Der Dharma der Übermittlung beinhaltet den äußeren Dharma der Übermittlung des Mantrayana, ausgedrückt in Zeichen, in Gestalt von Zeichen und in Zeichen niedergeschrieben, was den drei äußeren Tantras entspricht (Kriya, Upa und Yoga).

Der Dharma der Realisierung beinhaltet die zur Reife bringenden Initiationen und die befreienden Unterweisungen. Der Lehrer, der sie gewährt, ist der Buddha; die Initiationen und Unterweisungen, die er gibt, sind der Dharma, und diejenigen, die sie praktizieren, bilden den inneren Sangha der Vidyadharas.

In den drei inneren Tantras ist der Lehrer, der mit der Initiation den Zugang eröffnet und die befreienden Unterweisungen gibt, der Buddha; die Initiationen und die befreienden Unterweisungen sind das Juwel des Dharma, und jene, die sie praktizieren, machen den inneren Sangha der Vidyadharas aus. Und so sind die drei Wurzeln natürlicherweise in den drei Juwelen mit eingeschlossen, die man in neun Quellen der Zuflucht aufteilen kann, oder aber zu einer einzigen Zuflucht kondensieren kann, nämlich den Lehrer.

Wenn ihr einmal ein ungefähres Verständnis dessen habt, was es heißt, Zuflucht zu nehmen, könnt ihr es anwenden und in die Praxis umsetzen. Teilt euch diese wiederum in Meditationssitzungen ein und in Perioden der Nachmeditation.

(A) Die Praxis während der Sitzung

Ganz gleich, wie viele Sitzungen ihr durchführt, ob vier – zwei während des Tages und zwei, während es dunkel ist – oder acht, jede Sitzung muss aus der vorbereitenden Praxis, dem Hauptteil und dem Abschluss bestehen.

(1) Die vorbereitende Praxis für jede Sitzung

Es ist wichtig, vor jeder Sitzung vier Punkte zu beachten, die den Körper, die Rede, den Geist und die Gebete betreffen.

Der wesentliche Punkt für den Körper ist, in der Sieben-Punkte-Haltung von Vairochana zu sitzen oder in der einfacheren des Pfades der Befreiung, oder auch nur mit gekreuzten Beinen und geradem Rücken.

Der wesentliche Punkt für die Rede ist, den verbrauchten Atem auszustoßen, drei- oder neunmal, je nachdem, was ihr vorzieht. Dabei stellt euch vor, dass ihr euer seit anfangslosen Zeiten in Samsara angesammeltes negatives Karma in Form von schwarzem Rauch ausatmet: alle negativen Taten, Verfehlungen, Brüche und Schwächungen der Samayas, alles was eure Praxis auf dem tiefgründigen Weg behindert und unterbricht.

Der wesentliche Punkt für den Geist besteht darin, die richtige Einstellung zu erzeugen, jede negative Gesinnung loszuwerden, eine vage und unbestimmte Gesinnung umzuwandeln und die Bodhichitta-Gesinnung oder Motivation zu erzeugen.

Für die Gebete visualisiert ihr den Lehrer über eurem Scheitel, es spielt dabei keine Rolle, ob ihr ihn in seiner üblichen Gestalt oder in anderer Form visualisiert.[159] Stellt euch über eurem Scheitel einen voll erblühten Lotos mit einhunderttausend Blütenblättern vor und in seiner Mitte auf den ausgebreiteten orangefarbenen Staubfäden eine Mondscheibe. Darüber ist ein von Löwen gestützter Thron und auf ihm befindet sich auf einem Stapel von seidenen Kissen euer Lehrer, je nachdem, entweder in Mönchsroben oder im Gewand eines tantrischen Yogis. Seht ihn als den Buddha in Person und betet mit sehnsuchtsvoller Hingabe zu ihm, eure Wünsche zu erfüllen. Wenn ihr beispielsweise dabei seid, über die Schwierigkeiten zu meditieren, die Freiheiten und Vorteile zu finden, betet darum, dass die Qualitäten des Lehrers und sein Vermögen, die Freiheiten und Vorteile voll zu nutzen, in euch geboren werden. Zum Schluss zergeht der Meister in Licht und löst sich in euch hinein auf. Verweilt dann in Gleichmut.

Wendet dieses Gebet und diese Meditation für alle Sitzungen an. Ganz gleich, ob ihr die gewöhnlichen oder die außergewöhnlichen vorbereitenden Übungen praktiziert, betet, dass sich die Weisheit und die

Qualitäten des Geistes eures Lehrers in eurem Sein erheben, mischt dann euren Geist mit dem seinen und verweilt in Meditation.

(2) Der Hauptteil der Sitzung

Unter den drei Übungen für Bodhisattvas – Vollendung, Reifung und Training – beschäftigen wir uns hier mit dem Training, d. h. mit der Reinigung unserer Umgebung: Visualisiert den gesamten Boden als aus Edelsteinen gemachten Platten bestehend. In der Entfernung erhebt sich vor euren Augen ein Wunsch erfüllender Baum aus verschiedenen kostbaren Schmuckstücken. Auf dem mittleren seiner fünf Äste ist ein von Löwen gestützter Thron mit einem Stapel seidener Kissen, auf denen euer Meister in der Gestalt des kostbaren Guru aus Oddiyana sitzt. Über seinem Haupt sind in Sphären von fünffarbigen Lichtern die Lehrer der Linie. Um den Thron herum, der von den Yidmas der vier und sechs Klassen der Tantras umgeben ist, befinden sich alle Meister, von denen ihr Ermächtigungen und Belehrungen erhalten habt.

Auf dem Zweig rechter Hand sind die Buddhas etc. (siehe WMVL für die Beschreibung der Zweige) umgeben von den Dharmaschützern. Die männlichen schauen nach außen, ihre Aktivität besteht darin, äußere Feinde und solche, die Hindernisse schaffen, am Eindringen zu hindern. Die weiblichen Dharmaschützer schauen nach innen, ihre Aktivität besteht darin, die Siddhis nicht nach außen entweichen zu lassen. Um sie herum befinden sich die Götter des Reichtums, die Schatzhüter usw.

Sie sind allesamt die unendliche Entfaltung der großen Weisheit des Geistes des Meisters, jenseits der Vorstellung von gut und schlecht, hoch und niedrig. Alle sind im Besitz des allwissenden Geistes der Buddhas und wachen über die Wesen mit übermenschlichen Augen, hören sie mit übermenschlichen Ohren und denken an sie mit übermenschlichem Geist. Sie sind euch Führer auf dem Weg.

Was die angeht, die ihr anführt, Zuflucht zu nehmen, so ist euer Vater auf eurer rechten Seite usw. (siehe WMVL), stellt sie euch als eine die Oberfläche der Erde mit dem Schimmer ihrer Kleider und Schmuckstücke bedeckenden Menge vor.

Rezitiert nun die Worte des Zufluchtgebets, als wäret ihr der Umdze.[160] Da wir hier die Zufluchtspraxis nicht mit den Niederwerfungen verbinden[161], beweist zusammen mit allen anderen Wesen den Respekt eures Körpers, indem ihr die Handflächen zusammenlegt, drückt den Respekt eurer Rede damit aus, dass ihr die Zufluchtsverse rezitiert, und den Respekt eures Geistes, indem ihr euch aus der Tiefe eures Herzens sagt: „Von diesem Tag an, bis ich höchste Buddhaschaft erlangt habe, werde ich – ganz gleich, ob ihr mich Buddhaschaft erreichen lasst oder ob ich in die Höllen falle, ob alles gut geht oder schlecht, ob ich wenig oder sehr leide, ob ich glücklich oder jammervoll bin – weder meinen Vater noch meine Mutter um Rat fragen, und auch nicht selbst entscheiden, sondern mich an euch, meinen Lehrer und die Drei Juwelen wenden. Ihr denkt immerfort an alle Wesen! Ich habe keine andere Zuflucht, keine andere Hoffnung als euch. Euch allein werde ich nacheifern, an euch allein will ich mich wenden, euch allein werde ich folgen."

Mit diesem totalen Vertrauen rezitiert das Zufluchtsgebet.

Besonders wenn ihr Zuflucht zum Buddha nehmt als dem Lehrer, zum Dharma als dem Weg und zum Sangha als den Gefährten auf dem Weg, müsst ihr mit der Anrufung beginnen: „Meister, Buddha, Bhagavan, von diesem Jahr, diesem Monat, diesem Tag, diesem Augenblick an, wirst du, bis ich die Essenz der höchsten Erleuchtung erlangt habe, mein einziger Lehrer sein und niemand anderer."

Beginnt wieder mit der Anrufung: „Lehrer, Buddha, Bhagavan …", und sagt: „Von diesem Tag an, bis ich höchste Erleuchtung erlange, gelobe ich, deine Lehre als den Weg zum Vollenden der Befreiung und Erleuchtung zu nehmen, den geheiligten Dharma der Übermittlung und Realisierung, und keinen anderen, falschen Weg wählen."

Und wieder: „Lehrer, Buddha, Bhagavan, ich gelobe als Gefährten auf dem Weg die Mitglieder des geheiligten Sangha als Führer zu wählen, die dank Studium und Praxis deine Lehren halten, den geheiligten Dharma. Ich werde mich nicht auf andere Gefährten verlassen, nicht auf gewöhnliche Gefährten, die ihre Versprechen verraten, deren Mund voller leerer und falscher Schwüre ist und die negative Taten begehen."

Der Rest dieser Textstelle in *Die Worte meines vollendeten Lehrers*: „Dir bringe ich meine Opfergaben dar …“ etc. ist leicht zu verstehen.

(3) Abschluss

Am Ende der Sitzung strömen von den Zufluchtsgottheiten rote Lichtstrahlen aus, berühren euch sowie alle anderen Lebewesen und bewirken Befreiung und die Realisation: Alle Trübungen durch negative Emotionen und durch Konzepte, alle Trübungen durch gewohnheitsbedingte Neigungen werden gereinigt und das Potenzial – die im Geist der Wesen gegenwärtige Buddha-Natur – wird transformiert und manifestiert sich als die ursprüngliche Weisheit.

Rezitiert: „Wie ein von einem Steinwurf aufgeschreckter Vogelschwarm …“ (Siehe WMVL.) Der Lehrer löst sich nach und nach auf, von unten, von seinen Füßen und dem Thron her, und von oben, von seinem Haupt, um in seinem Herzzentrum zu zergehen. Verweilt in diesem Zustand der Ausgeglichenheit. Dies ist die absolute Zuflucht des natürlichen Zustands des Geistes.

Meditiert auf diese Weise, indem ihr abwechselt zwischen analytischer und ausruhender Meditation. Wenn sich dann in der Nachmeditation wieder Gedanken regen, visualisiert das Verdienstfeld und das Übrige wie vorher. Beendet die Sitzung, indem ihr das Verdienst mit dem Gebet „Durch das Verdienst dieser Praxis …“ widmet und rezitiert reine[162] Wunschgebete.

(B) Die Praxis zwischen den Sitzungen

Visualisiert zwischen den Sitzungen stets das Verdienstfeld, beim Essen, Schlafen, Gehen, Sitzen usw., wie in *Die Worte meines vollendeten Lehrers* beschrieben.

Bevor ihr die nächste Sitzung beginnt, leert eure Blase, putzt euch die Nase, wascht euch und erledigt alles, was ihr außen und im Inneren eurer Behausung zu erledigen habt. Kurz, bereitet alles so vor, dass ihr nicht aufstehen müsst, bevor die Sitzung beendet ist.

Wenn ihr eure überflüssigen Gedanken zwischen den Sitzungen nicht loslasst, werdet ihr sie nicht daran hindern können, in der nächsten Sitzung wieder aufzutauchen. Fasst also den festen Entschluss, euren Geist nicht unter den Einfluss von Illusionen und negativen Emotionen geraten zu lassen und versprecht, diesen Vorsatz nicht aufzugeben. Verweilt solange wie möglich, ohne Gedanken an die Vergangenheit zu folgen, Gedanken an die Zukunft einzuladen, den gegenwärtigen Gedanken freien Lauf zu lassen. Diese Methode ist gleichbedeutend mit dem Verbannen derer, die Hindernisse schaffen und mit dem Visualisieren des Schutzkreises beim Praktizieren der Erzeugungs- und Vollendungsphasen.

Als Nächstes nehmt die wesentlichen Punkte der Körperhaltung ein, wie vorher beschrieben.

Prüft nach der Sitzung, ob ihr den gefassten Entschluss einhalten konntet. Wenn es euch gelungen ist und ihr nur positive Gedanken gehabt habt, werdet ihr möglicherweise selbstgefällig sein. Ihr solltet das unterbinden, euren Stolz dämpfen und euch sagen: „Dies ist einfach dank des flüchtigen Wirksamwerdens von etwas unbedeutendem Verdienst so gewesen. Mal sehen, ob ich in der nächsten Sitzung genauso gut bin."

Wenn ihr euer Versprechen nicht halten konntet und euch von verblendeten Gedanken habt davontragen lassen, fühlt ihr euch vielleicht deprimiert und denkt: „Ich schaffe es nie." In diesem Fall sprecht euch Mut zu und erneuert euren Vorsatz: „Warum deprimiert sein? Wenn ich mich nicht von Anbeginn an von verblendeten Gedanken hätte täuschen lassen, wäre ich jetzt schon erleuchtet. Dieses Mal bin ich das Opfer von Illusionen geworden, aber ich schwöre, dass ich mich in der nächsten Sitzung nicht von Verblendung und negativen Emotionen davontragen lasse."

Wenn ihr also eine Sitzung vorhabt, macht sie entweder richtig oder besser gar nicht. Und wenn ihr sie macht, sorgt dafür, dass die drei erhabenen Methoden – Vorbereitung, Hauptteil, Widmung – auf keinen Fall fehlen.

Wacht morgens mit dem Vertrauen auf, eure Yidam-Gottheit zu sein. Stellt euch den Himmel mit Dakas und Dakinis angefüllt vor, die euch mit dem Geräusch ihrer Handtrommeln, Glocken und mit der spontanen Melodie der Vokale und Konsonanten aufwecken. Fangt dann mit den vorbereitenden Übungen für die Sitzung an und fahrt fort, wie vorher beschrieben.

III. Regeln und der Lohn der Zufluchtnahme

1. Die Regeln der Zufluchtnahme

Vereinfacht gesagt besteht der Dharma darin, niemandem zu schaden. Das heißt, dass alle, die die Pratimoksha-, Bodhisattva- und Mantrayana-Gelübde abgelegt haben, anderen keinen Schaden zufügen dürfen. Der Buddha hat nicht gesagt: „Ihr sollt andere verletzen“, und so müssen wir es, von dem Augenblick an, da wir Buddhisten geworden sind, unterlassen. Auch die Pratimoksha-Gelübde haben dies als Ausgangspunkt. Wir müssen also vermeiden, anderen Schaden zuzufügen, auch nicht in Gedanken.

Im Mantrayana verkörpert der Lehrer jegliche Zuflucht. Ihr müsst deshalb alle Worte, Taten oder Gedanken vermeiden, die seinen Körper, seine Rede, seinen Geist beeinträchtigen könnten, und dafür sorgen, dass alle eure Taten, Worte und Gedanken in Übereinstimmung mit dem sind, was er tut, sagt und denkt. Auf diese Weise seid ihr in Harmonie mit der unendlichen Zahl der Zufluchten. Und wenn ihr gegen seine Wünsche handelt, stellt ihr euch gegen die unendliche Zahl der Zufluchten, so als würdet ihr jemandem den Kopf abhacken und damit auch den übrigen Körper umbringen. Es ist also sehr wichtig, nichts zu tun, was dem Lehrer missfällt.

Diese Praxis gilt es, ein Leben lang zu üben.

Wir alle erfahren in diesem Leben Glück und Leid. Es gibt keine Alternative dazu. Leiden hat zwei Aspekte: Resultat und Ursache.

● Leiden als Resultat

Wenn ihr mit Krankheit geschlagen seid, negativen Kräften ausgesetzt oder nach einem Schlaganfall gelähmt seid, oder andere Probleme habt, solltet ihr nicht denken: „Warum muss mir das passieren?“ Im Gegenteil, meditiert auf diese Weise darüber: „Wegen des Mitgefühls der Drei Juwelen habe ich die Möglichkeit, die Auswirkung meiner negativen Taten zu erschöpfen. Dank ihrer Güte kann ich das Karma, das ich normalerweise in zukünftigen Leben erfahren müsste, jetzt erfahren und erschöpfen. Ich habe allen Grund, glücklich zu sein."

● Ursachen des Leidens

Wenn ihr Gedanken der Gier, des Hasses und der Konfusion habt, versteht, dass auch sie Beispiele für das Mitgefühl der Drei Juwelen sind. Wie kann das sein? Weil ihr dank ihrer Güte vor diesen, in eurem Geist latent vorhandenen negativen Emotionen gewarnt werdet. Ihr solltet also darüber glücklich sein, sie als etwas Notwendiges und Unentbehrliches sehen. Freut euch darüber und betet zu den Drei Juwelen, damit ihr durch die Macht ihres Mitgefühls auf immer von negativen Gedanken und Taten befreit werdet.

Auch Glück kann vom Standpunkt Ursache und Wirkung her gesehen werden.

● Ursachen des Glücks

Wenn immer ihr einen positiven Gedanken – der Ursache für Glück – wie Hingabe, Entschlossenheit, sich zu befreien, oder Bodhichitta habt, bearbeitet ihn sorgfältig, wie Apu zu sagen pflegte.[163] In anderen Worten, versucht mehr und mehr Gedanken dieser Art und noch bessere hervorzubringen. Im *Bodhicharyavatara* steht:

> *So wie ein Blitz die Nacht erhellt*
> *mit ihren düster schwarzen Wolken,*
> *so kommen durch die Macht des Buddha*
> *in der Welt für einen kurzen Augenblick gute Gedanken auf.*[164]

Betet also zum Lehrer und den Drei Juwelen, auf dass Gedanken dieser Art sich vermehren.

● Glück als Resultat

Wenn alles gut geht, ihr reichlich zu essen, eine Menge Kleider und Besitztümern habt, so nicht unbedingt deshalb, weil ihr besonders großartig oder talentiert wäret. Ihr müsst dies eher als Zeichen für das Mitgefühl und die Güte der Drei Juwelen verstehen und solltet euch jede Mühe geben, ihre Güte zurückzuzahlen, indem ihr alle Arten von Opfergaben darbringt.

Heutzutage meinen die Leute aus allen Schichten, der erste Teil ihres Essens oder Getränks, den sie in ihre Opferschale geben, sei ein Opfer an Geister und Gespenster. Sie denken nicht daran, dass sie dazu da ist, den Drei Juwelen Opfergaben darzubringen. Macht es nicht wie sie, sondern rezitiert jedes Mal, wenn ihr die erste Portion eurer Mahlzeit in die Opferschale gebt, das Gebet „Dem unübertroffenen Lehrer, dem kostbaren Buddha …" Das genügt, die täglichen Opfergaben für die Buddhas nicht zu vergessen, und ist gleichzeitig ein Mittel, die Güte der Drei Juwelen zu honorieren. Darüber hinaus solltet ihr ihnen euren Körper und Besitz opfern und euren ganzen Einfluss und eure Macht dazu nutzen, dem Dharma zu dienen, denn es ist wichtig, Verdienst anzusammeln. So, wie es heißt: „Ein einziges Fünkchen an Verdienst ist mehr wert als ein Berg von Anstrengung."

Das Objekt, das uns hilft Verdienst anzusammeln, ist der Sangha. In den Belehrungen der Kagyü-Linie heißt es:

Er ist der lebende Buddha,
der lebende Dharma,
der lebende Sangha.[165]

Wenn wir den Drei Juwelen opfern, können wir das Verdienst ansammeln, Opfergaben dargebracht zu haben, aber nicht das Verdienst, das daraus entsteht, dass sie angenommen werden. Wenn wir jedoch dem Sangha opfern, erhalten wir das doppelte Verdienst aus beidem, unserer Gabe und ihrem Angenommenwerden. Und wenn wir unseren Lehrer, der das vierte Juwel ist, Opfergaben darbringen, ist das daraus hervorgehende Verdienst grenzenlos.

2. Der Lohn der Zufluchtnahme

Der Lohn der Zufluchtnahme ist zweifach, temporär und letztendlich. Der temporäre Lohn besteht im Schutz vor den acht und sechzehn großen Gefahren, besonders vor Krankheit, negativen Kräften, Verfolgung, Hungersnöten, und führt zu allen Arten von Glück, vom Glück der höheren Bereiche bis hin zu dem der Befreiung und Allwissenheit.

Der letztendliche Lohn besteht darin, dass ihr als Resultat davon, Zuflucht zum Buddha genommen zu haben, Buddhaschaft erlangen werdet.

Als Resultat davon, Zuflucht zum Dharma genommen zu haben, werdet ihr in der Lage sein, die drei Lehrzyklen des Dharma darzulegen.

Und als Resultat davon, Zuflucht zum Sangha genommen zu haben, werdet ihr ein disziplinierter Lehrer mit disziplinierten Schülern sein, ein friedvoller Lehrer mit friedvollen Schülern, ein vollkommen friedvoller Lehrer, der um sich herum eine Gemeinschaft von vollkommen friedvollen Shravakas und Bodhisattvas versammelt.[166]

Patrul Rinpoche (1808–87)

2. Kapitel

Den Erleuchtungsgeist erzeugen, Wurzel des Mahayana

Sofern wir die weiträumige Gesinnung des Erleuchtungsgeistes haben, wird der Dharma, den wir praktizieren, auch wenn er der des kleineren Fahrzeugs ist, zum Dharma des großen Fahrzeugs. Um Anfängern den Grund für die Bezeichnung groß oder kleiner eines Fahrzeugs zu erklären: Sie bezieht sich darauf, ob es das relative Bodhichitta hat oder nicht. Abgesehen davon macht nichts im Dharma selbst aus einem Fahrzeug ein großes oder kleineres. Bodhichitta, der Erleuchtungsgeist, ist also der entscheidende Faktor – jedoch in Verbindung mit der Sicht, denn nach den Lehren des definitiven Sinns ist der absolute Erleuchtungsgeist notwendig, um das endgültige Ziel zu erreichen, relatives Bodhichitta allein genügt nicht.

Deshalb die Notwendigkeit am Anfang, eine gute Absicht zu haben.

Wenn die Absicht gut ist, sind die Ebenen und Pfade gut.
Wenn die Absicht nicht gut ist, sind die Ebenen und Pfade nicht gut.

Mit der Bodhichitta-Gesinnung werdet ihr gute Ebenen erreichen, d. h. die zehn Bodhisattva-Ebenen, und ihr folgt den guten Wegen, d. h. den fünf Pfaden der Erleuchtung. Wenn eure Absicht hingegen schlecht ist, gelangt ihr zwangsläufig zu den schlechten Ebenen, d. h. die neun Ebenen der drei Welten von Samsara und die schlechten Pfade der fünf Klassen von Lebewesen.[167]

Deshalb hängt am Anfang alles von der Bodhichitta-Gesinnung ab und nur davon. Nicht von eurer Meditation und auch nicht von der Sichtweise, denn auch die Shravakas und Pratyekabuddhas haben eine Sicht, aber wie der große Sakya Pandita dazu bemerkt:

Shravakas und Pratyekabuddhas, nachdem sie über die Leerheit meditiert haben, erlangen als Resultat die Beendigung.

Durch die Gesinnung des Erleuchtungsgeistes in Verbindung mit der Anhäufung von Verdienst und Weisheit wird es möglich, als Resultat Buddhaschaft zu erreichen. Nach den Lehren der Neuen Tradition ist relatives Bodhichitta das wichtigste. In der Alten Tradition, für die es den vorläufigen Sinn, den halbdefinitiven Sinn und den definitiven Sinn gibt, müssen wir vom Standpunkt des vorläufigen Sinns her zuerst relatives Bodhichitta haben. Vom halbdefinitiven Sinn her müssen wir relatives und absolutes Bodhichitta miteinander verbinden, und in dieser Hinsicht haben Shravakas und Pratyekabuddhas nicht die Sichtweise der drei großen Systeme. Vom Standpunkt des definitiven Sinns ist absolutes Bodhichitta das höchste Ziel.

Deshalb stellt Nagarjuna fest, dass es Bodhichitta ist, das aus dem Mahayana das große Fahrzeug macht[168], und der ruhmreiche Chandrakirti sagt in seiner *Einführung in den Mittleren Weg*[169], dass es nur ein einziges höchstes Fahrzeug gibt, und zwar durch das absolute Bodhichitta, denn ein höchstes Fahrzeug auf relatives Bodhichitta zu begründen, sei nicht möglich.

Diese altruistische Bodhichitta-Gesinnung kommt nur in jemandem auf, der gute Gedanken hat, und nicht in jemand Bösartigem. Es zu erzeugen hat drei Etappen: den Geist in den vier unermesslichen Qualitäten üben; Bodhichitta, den Erleuchtungsgeist erwecken, und die Übung in den Regeln für Bodhichitta des Bestrebens und der Umsetzung

I. Den Geist in den vier unermesslichen Qualitäten – auch die vier Grenzenlosen genannt – üben

Am Anfang muss der Geist in den vier Grenzenlosen geübt werden. Ohne diese gebt ihr niemals die Pläne und Anstrengungen auf, eure eigenen ichbezogenen Ziele zu erreichen, und was den Dharma wie auch das weltliche Leben betrifft, erreicht ihr nie das, was ihr wollt. Man muss sich einfach nur umschauen, um sich davon zu überzeugen: All jene, die nur ihre selbstsüchtigen Interessen im Auge haben, Herrscher dieser Welt, ihre Minister, die Mächtigen und Hochstehenden, können gar nicht anders, als im Unglück enden und sich selbst und andere ruinieren. Im Bereich des Dharma erreichen die nur ihr eigenes Wohl suchenden Shravakas und Pratyekabuddhas weder die Qualitäten der verschiedenen Bodhisattva-Ebenen noch die Qualitäten des Buddha, und alles wegen dieser Selbstbezogenheit. Gebt also nicht dem Drang nach, eigennützige Ziele zu verfolgen, sondern erweckt, wie Shantideva es rät, den kostbaren Erleuchtungsgeist in euch:

Der kostbare Erleuchtungsgeist,
möge er erwachen, wo er noch nicht erwacht ist,
nicht schwinden, wo er schon besteht,
sondern mehr und mehr wachsen und gedeihen.

Die erste Zeile bezieht sich auf den Wunsch, alle Wesen mögen Buddhaschaft erlangen. Das Mittel, um ihn zum Erwachen zu bringen, ist die Übung in den vier unermesslichen Qualitäten. Das Mittel, um ihn nicht schwinden, sondern mehr und mehr wachsen zu lassen, ist ihn zu pflegen und sich dann in den Regeln für Bodhichitta zu üben. Diese Methoden sollten wir also anwenden, um Bodhichitta entstehen zu lassen, wo es noch nicht entstanden ist, um zu verhindern, dass es schwindet, wenn es schon entstanden ist, und um es immer mehr zum Blühen zu bringen. Und zwar auf detaillierte Art mit der Praxis der vier Grenzenlosen oder aber einfacher durch Liebe und Mitgefühl oder einfach nur durch Mitgefühl.

● Den Geist in den vier unermesslichen Qualitäten üben

Die vier Grenzenlosen, die das Mittel sind, Bodhichitta zu erwecken, müssen unterschieden werden von den vier Zuständen von Brahma. Die Ursache, die dazu führt, in diesen Bereichen, genannt „die Priester von

Brahma", wiedergeboren zu werden, ist eine begrenzte Meditation über Liebe, Mitgefühl, Mitfreude und Unparteilichkeit. Begrenzt in dem Sinn, dass weder das Objekt noch die Gesinnung grenzenlos sind. Und weshalb sind sie nicht grenzenlos? Kurz gesagt, weil es sich dabei um Liebe, Mitgefühl, Mitfreude und Unparteilichkeit handelt, bei denen die Entschlossenheit, sich zu befreien, fehlt, bei denen Bodhichitta, die Sicht der Leerheit und die Weisheit, die das Nichtvorhandensein des Selbst realisiert, fehlen. Ihr Objektiv ist begrenzt, vergleichbar dem einer gutherzigen Frau, die als Mutter ausschließlich mit dem Glück und Wohlergehen ihres eigenen Kindes beschäftigt ist. Doch wenn man die vier Grenzenlosen auf den Weg zur Allwissenheit bringt, werden sie unermesslich. Während der Praxis auf dem Weg stellen sie die ersten vier der siebenunddreißig Elemente der Erleuchtung[170] dar, und wenn das Resultat erreicht ist, sind sie die vier unermesslichen Qualitäten des Buddha. Sie verdanken also ihren Namen der Tatsache, dass das Objekt, die Einstellung und das Resultat unermesslich sind.

In den Schriften beginnt die Reihenfolge der vier Grenzenlosen mit Liebe. Doch in der Tradition der Kernunterweisungen meditiert man zunächst über grenzenlose Unparteilichkeit, weil sonst die anderen einfach nur zu Brahma-Zuständen führen.

- Der Wunsch, alle Wesen mögen Glück und seine Ursachen haben, ist die Definition und der Ausdruck der Liebe.
- Der Wunsch, alle Wesen mögen von Leiden und seinen Ursachen frei sein, ist die Definition und der Ausdruck des Mitgefühls.
- Der Wunsch, alle Wesen mögen nie vom Glück getrennt sein, ist die Definition und der Ausdruck der Mitfreude.
- Der Wunsch, alle Wesen mögen frei sein von Attraktion und Aversion, ist die Definition und der Ausdruck der Unparteilichkeit.[171]

Man unterscheidet die vier Grenzenlosen in solche mit und solche ohne Bezugspunkt. Wenn man ihnen einen Bezugspunkt gibt, haben sie ein Objekt und einen Ausdruck. Nehmen wir zum Beispiel die Liebe. Wenn man sagt: „Mögen alle Wesen, die meine Mütter waren, und die so zahlreich sind, wie der Raum weit ist, sich an Glück und seinen Ursachen erfreuen", sind es als Objekt der Liebe die Wesen, die nicht glücklich sind, und ihr Ausdruck ist der Wunsch, dass sie alle sich an Glück und seinen Ursachen freuen könnten.

Beim Mitgefühl ist der Bezugspunkt das Leiden der Wesen und sein Ausdruck ist der Wunsch, sie mögen frei sein vom Leiden und seinen Ursachen.

Der Bezugspunkt der Mitfreude sind die Wesen, die sowohl Glück als auch seine Ursachen erleben, und sein Ausdruck ist der Wunsch, dass sie nie ohne Glück sein mögen.

Der Bezugspunkt der Unparteilichkeit ist das Anhaften und die Abneigung im eigenen Geist und in dem der anderen. Sie drückt sich im Geist als der Wunsch aus, ausgeglichen zu sein, d. h., Gedanken des Anhaftens und der Abneigung aufzugeben und stattdessen anderen helfen zu wollen.

Auf diese Weise über die vier Grenzenlosen zu meditieren, besteht also darin, ihnen ein Objekt und einen Ausdruck zu geben.

Was die vier Grenzenlosen ohne Objekt angeht, sollten Anfänger ihren Geist mithilfe der acht Sinnbilder der Illusion üben, indem sie alles wie eine magische Illusion, wie einen Traum usw. sehen. Erfahrene Praktizierende meditieren über Liebe, Mitgefühl, Mitfreude und Unparteilichkeit mit der sich als natürliche Folge ihres meditativen Zustands erhebenden, alles vollendenden nicht konzeptuellen Weisheit.

1. Unparteilichkeit

Nun kommen wir zur eigentlichen Meditation über die vier grenzenlosen Qualitäten.

Wenn wir uns nicht am Anfang in Unparteilichkeit üben, werden unsere Liebe, unser Mitgefühl, unsere Mitfreude niemals grenzenlos. Was die Art und Weise der Meditation angeht, so umfasst sie eine analytische Meditation über Liebe, Mitgefühl, Mitfreude, Unparteilichkeit sowie eine ausruhende Meditation, d. h. eine Versenkung in Liebe, Mitgefühl, Mitfreude und Unparteilichkeit. Beide Arten fallen unter die Kategorie Geistige Ruhe und nicht unter Durchdringende Einsicht. Und von den zwei Traditionen der Meditation, die in den Schriften und in den Kernunterweisungen gelehrt werden, folgen wir Letzterer. Die vorbereitende Praxis für die Sitzung ist immer die gleiche.[172]

Nun zur Hauptpraxis:

● Feinde und Freunde

Für die eigentliche Praxis stellt euch einen Widersacher auf der rechten und einen Nahestehenden oder Freund auf eurer linken Seite vor. Dann lasst ein starkes Gefühl der Abneigung gegen den Feind und ein ebenso starkes Gefühl der Zuneigung für euren Freund in euch entstehen. Denkt nun folgendermaßen über die Vergangenheit, Gegenwart und Zukunft nach: Alle unsere Leben hindurch sind wir uns gegenseitig Vater und Mutter, Liebespartner, Verwandte und sonstige enge Freunde gewesen. Diese Wesen haben mir Gutes getan, mir auf jede erdenkliche Weise geholfen, und mich vor zahlreichen Gefahren beschützt.

● Feinde

Es kann vorkommen, dass man jemanden für einen Feind hält, der Betreffende sich jedoch gar nicht als solchen sieht. Aber auch, wenn es stimmt und wenn ihr euch bekriegt und er gewinnt, macht ihn das vielleicht berühmt und zu einem Helden. Dann wird er euch nicht länger seinen Gegner nennen. Falls er euch dennoch weiterhin als Widersacher ansieht, so könnte eine dritte Person ihm vielleicht klarmachen, dass eure Fehde auf einem Missverständnis beruht, sodass er am Ende euer Freund wird, sogar ein besserer Freund als die, die ihr schon habt. Oder ihr könntet euch gegenseitig sagen: „Hör mal, du hast unrecht gehabt, aber ich genauso! Lass uns die Vergangenheit vergessen!" Oder ihr könnet euch auch mit kleinen Geschenken und freundlichen Worten entschuldigen und so zu einer Übereinstimmung kommen und als gute Freunde enden.

Die Schriften lehren uns, dass es durch Situationen geschieht, wie beraubt oder von Gegnern ruiniert zu werden, dass wir zum Dharma finden. Wenn ihr euch in einer solchen Lage befindet, solltet ihr folgendermaßen denken: „Ich bin jetzt ein Bodhisattva, ein Kind der Buddhas, und es heißt, dass es besser ist, einen Tag lang Disziplin zu wahren, als hundert Jahre Freigebigkeit zu praktizieren. Und besser, einen Tag lang über Geduld zu meditieren, als hundert Jahre lang Disziplin zu üben. Alle die großen und kleineren Zeichen des Buddha sind auf die Übung in Geduld zurückzuführen, und Widersacher bieten uns die Gelegenheit dazu. Wenn ich also über Geduld meditieren kann, verdanke ich es ihnen. Sie sind deshalb keine Widersacher, sondern tun mir Gutes! Später werden sie möglicherweise sogar zu Freunden und helfen mir."

Selbst wenn ein Widersacher uns seit anfangslosen Leben hindurch geschadet hat, uns jetzt schadet und es auch in Zukunft tun wird, so tut er uns also gleichermaßen Gutes und Böses.

● Freunde

Nun schaut euch eure Freunde an. Wie stark auch unsere Anhänglichkeit ihnen gegenüber ist, wenn wir genau nachdenken, müssen wir zugeben, dass sie ebenfalls unsere Feinde sind. Auch sie haben uns in der Vergangenheit geschadet. In diesem Leben sind sie ein Hindernis für das Praktizieren des geheiligten Dharma und in früheren Leben haben sie als Kinder uns, ihren Eltern, Leiden verursacht. Als Eltern haben sie euch geschadet, indem sie euch verheiratet und fest an Samsara gekettet haben. Dadurch, dass sie euch gelehrt haben, wie man seine Gegner überrundet, seine Familie bevorzugt, Geschäfte macht und andere austrickst, haben sie sichergestellt, dass ihr euch nie aus Samsara befreien könnt.

Aus der Perspektive des Dharma gesehen, ruiniert ihr eure Disziplin, schwächt eure Konzentration und Weisheit, wenn ihr, nachdem ihr einen echten Meister gefunden habt, eure Zeit damit verbringt, die Interessen eurer Freunde und Nächsten zu befriedigen.

Aufgrund eurer wechselseitigen karmischen Schulden sind eure Feinde aus früheren Leben heute eure Eltern, und eure Freunde, Verwandten und Nahestehenden werden in künftigen Leben eure Feinde sein. Ob in Vergangenheit, Gegenwart und Zukunft – die euch Nahestehenden sind auch eure Feinde. Was nichts daran ändert, dass sie euch den ganzen anfangslosen Samsara hindurch als eure Väter und Mütter geholfen haben. Auch jetzt noch helfen sie euch, indem sie euch Dinge wie Essen, Bekleidung und Unterkunft geben. Und auch in Zukunft werden sie aufs Neue eure Freunde sein und euch helfen. Die uns Nahestehenden sind also Wesen, die uns gleichzeitig helfen und schaden.

Um es zusammenzufassen: Was wir zum Thema Freunde und Feinde wissen müssen, ist, dass beide helfen und schaden. Wenn ihr das erkennt, fühlt ihr nicht mehr das Bedürfnis, einem Gegner zu schaden, noch einen Freund zu bevorteilen. Doch es dabei zu belassen, ist „gleichgültige Unparteilichkeit" die weder Positives noch Negatives bewirkt. Weil Freunde und Feinde alle eure Mütter gewesen sind, müsst ihr sie als gleichwertig erkennen und ihnen allen gleichermaßen eure Hilfe zukommen lassen.

Wie wird hierüber meditiert?

● Die Wesen als unsere Mütter erkennen

Soweit sich der Raum erstreckt, ist er bevölkert von fühlenden Wesen. Und wo immer fühlende Wesen sind, gibt es Leiden aufgrund begangener negativer Taten. Unter all diesen von ihrem Karma gequälten Wesen ist kein einziges, das seit anfangslosen Zeiten nicht unser Vater, unsere Mutter oder jemand war, den wir geliebt haben. Unsere Mutter ist uns das teuerste Wesen von allen, aber unser Feind unterscheidet sich in nichts von ihr: Auch er war unsere Mutter, und das nicht nur einmal, sondern unvorstellbar viele Male. Wie Nagarjuna sagt:

Die gesamte Erde würde nicht ausreichen,
wollten wir versuchen, unsere früheren Mütter zu zählen
mit Erdkügelchen, so groß wie Wacholderbeeren.

Stündet ihr in Begleitung eurer Mutter und einem Widersacher vor einem allwissenden Buddha, würde er euch sagen: „Du und dein Feind, ihr wart im vergangenen Leben menschliche Wesen, und er war deine Mutter. Im Leben davor wart ihr Götter, und dieser Feind war deine Mutter" und so fort, ein Leben nach dem anderen. Wenn ihr aus der gesamten

Erde unserer Welt kleine Kügelchen von der Größe von Wacholderbeeren rollen und sie zählen würdet, würde die Erde nicht ausreichen, um zu zählen, wie oft euer Feind eure Mutter war. Wie kann das sein? Weil wir seit anfangslosen Zeiten bis heute im Daseinskreislauf wandern und es nirgendwo einen Ort von der Größe einer Hand gibt, wo wir nicht unzählige Male geboren und gestorben sind. Die meisten Wesen – mit Ausnahme der Götter und Höllenwesen –, die im Allgemeinen eine spontane Wiedergeburt erfahren, werden aus einem Schoß geboren, und das ist nur mit einer Mutter möglich. Es ist nicht so, dass ein einziges Wesen unsere Mutter war, nein, alle Wesen waren einander Mutter und das unvorstellbar viele Male. Euer Widersacher ist also unvorstellbar viele Male eure Mutter gewesen.

Auf diese Weise nachzudenken heißt „Erkennen, dass alle Wesen unsere Mütter waren".

● Uns an ihre Güte erinnern

Als Nächstes müsst ihr euch an die Güte eurer Mutter erinnern, denn eine Mutter ist immer gütig zu ihren Kindern. Selbst die grausamsten wilden Tiere, wie Falken und Wölfe, wo die Weibchen andere Tiere töten, um ihre Jungen zu ernähren, sorgen liebevoll für ihre Nachkommen. Es erübrigt sich, Kinder zu erwähnen, die in einer wohlhabenden Familie geboren sind, sie bekommen alles, Essen, Kleider usw. Und auch, wenn die Mutter eine Bettlerin ist, so sorgt sie doch mit großer Liebe und Güte für ihr Kind. Nachts bleibt sie lange auf, mit nur den Sternen als Kopfbedeckung, noch vor der Morgendämmerung steht sie auf, mit dem Raureif als Schuh, eilig macht sie sich auf den Weg, die Falten ihres Rocks peitschen ihre Beine, Blut von ihren Füßen tropft auf den Boden, Blut von ihren Händen tropft auf die Steine, sie bettelt, ohne sich zu schämen, und lässt die Hunde an ihren Beinen zerren. Und wenn dann in den armseligen Resten, die man ihr gibt und die sie mit Leiden und negativen Taten bezahlt hat, ein kleines Stückchen Fett ist, so gibt sie es ihrem Kind. Und in der einzigen zerschlissenen Decke, die sie hat, wird sie ein Stück finden, das noch ganz ist, und daraus ein Kleidungsstück für ihr Kind machen.

Als euer heutiger Feind zu eurer Mutter wurde, wart ihr nichts als ein sich von Geruch ernährender Driza[173], ein im Zwischenzustand herumirrendes Bewusstsein auf der Suche nach einem neuen Körper und nach dem Geruch von Essen. Und dann – aufgrund des Zusammentreffens von Ursache und Bedingung, d. h. eures Karmas und der geschlechtlichen Vereinigung eurer Eltern –, seid ihr in den Schoß einer Frau eingegangen, die euch neun Monate und zehn Tage dort beherbergt hat. Sie ging durch Härten und Schwierigkeiten, musste negative Taten begehen. Sie litt und weinte allein und im Geheimen.

Ihr Körper fühlte sich an, als würde er geschüttelt und geschlagen, wie Milch aus der Butter hergestellt wird. Sie machte sich nichts aus negativen Taten, ihrem Leiden und den höhnischen Bemerkungen anderer. Alles Nährende im Essen eurer Mutter und die ganze Vitalkraft ihres Körpers gelangten durch die Nabelschnur in ihr Kind und versorgte es mit lebenswichtigen Nährstoffen, sodass sein Körper wachsen konnte.

Alles dies ist die Güte, eurem Körper ermöglicht zu haben, sich herauszubilden.

Als ihr dann geboren wurdet, wart ihr zwar am Leben, konntet aber nicht einmal den Kopf heben. Wenn ihr nicht geatmet hättet, hätte man meinen können, ihr wäret tot. Ihr wart dieses winzige, zarte, rundliche Ding, das eure Mutter in ihrer Güte vor dem drohenden Tod, dem Verdursten und Verkümmern bewahrte. Mit der großen Freude, euch geboren zu haben, sorgte sie voller Liebe für euch. Ihr Gesicht freudestrahlendend, sprach sie mit sanfter Stimme zu euch, hob euch mit unendlicher Sorgfalt auf und nahm euch auf den Schoß. Dies alles war die Güte, euch das Leben zu schenken und nicht sterben zu lassen.

Als ihr zuvor ein im Zwischenzustand umherirrendes Bewusstsein wart, ohne Geld, ohne Bekleidung, seid ihr in einem Zuhause angekommen, wo ihr niemanden kanntet und euch niemand kannte. Und diese eure gütige Mutter gab euch als eure erste Mahlzeit die süße Milch ihrer Brust. Deren reinster Teil lagerte sich in euren Augen ab und wird im Tod als Träne aus ihnen tropfen. Die gröbere Essenz ihrer Milch verbleibt in eurem Körper und ermöglicht euch heute, alles Nahrhafte aus dem, was ihr esst, zu assimilieren. Nachdem sie das Wachstum eures Körpers ermöglicht hat, wird diese „Vitalkraft des Körpers“ zur Zeit des Todes erbrochen oder in Form von Exkrementen ausgeschieden.

Eure erste Bekleidung war die einhüllende Wärme ihres Körpers, wenn sie euch eng an sich gedrückt in den Armen hielt. Als ihr dann anfingt, festere Nahrung verdauen zu können, gab sie euch das Beste von ihrem Essen, den Rahm der Milch, die dicke Haut des Joghurts, die zartesten Fleischstücke, alles, was nahrhaft und lecker war, und kaute es euch vor, bevor sie es euch in den Mund schob.

Mit den Händen wischte sie euch die Exkremente und den Speichel ab, befühlte euren Bauch, um zu sehen, ob ihr noch hungrig oder aber satt wart, mit dem Finger prüfte sie, ob eure Nahrung zu heiß oder zu kalt war. Sie kleidete ihr Kind in das Beste, das sie an Warmem und Weichem finden konnte, und all das zum Preis von Opfergaben für die Drei Juwelen, Almosen für die Bedürftigen und Gaben für die Toten. Ohne sich etwas aus ihren negativen Taten, ihrem Leiden und aus dem, was die Leute über sie sagten, zu machen, gab sie alles, was sie durch negative Taten und durch List und Betrug zusammenraffen konnte, ihrem Kind. Und auch, wenn man euch zum universalen Herrscher gekrönt hätte, wäret ihr immer ihr Kind geblieben: Wenn ihr mehr zu essen, mehr Geld, mehr Anziehsachen wolltet, sie hätte es euch gegeben. Ohne die geringste Kleinlichkeit, und ohne zu zögern, gab sie euch, ihrem Kind, alles, was sie hatte. Dies ist die Güte, für euer materielles Wohl gesorgt zu haben.

Als ihr später anfingt, auf allen Vieren herumzukrabbeln und euch Essen in den Mund zu schieben, zeigte sie euch, wie man isst, wie man sich ordentlich anzieht, wie man den Gürtel zuschnallt und die Schuhbänder zumacht. Als ihr noch nicht laufen konntet, lehrte sie euch zu laufen, als ihr noch nicht sprechen konntet, lehrte sie euch „Mama“ und „Papa“ zu sagen und all die richtigen Worte für das tägliche Leben. So teuer, so kostbar war dieses kleine Kind für seine Mutter, dass sie fühlte, als ob sie sich das Herz aus der Brust reißen und klopfend in einem Feld ablegen würde, wenn sie euch zum Schlafen in die Wiege legte. Später hat sie euch erzogen, bis ihr aufrecht stehen konntet und schließlich erwachsen wurdet. Dies war die Güte, euch in das Leben einzuführen.

Diese Vier – eurem Körper ermöglichen, sich zu formen, für euer materielles Wohl zu sorgen, euch das Leben zu schenken, euch in das Leben einzuführen – solltet ihr als die vier Arten ihrer Güte erinnern, und zwar von einem weltlichen Standpunkt aus gesehen.

Vom Standpunkt des Dharma aus hätte ohne unserer gütige Mutter dieser kostbare menschliche Körper mit seinen achtzehn Freiheiten und Vorteilen nie das Licht der Welt erblickt, und ohne die Wesen, unsere Mütter, hätten wir niemals aus eigenen Kräften alle günstigen Bedingungen zum Praktizieren und für das Erlangen der Erleuchtung – Nahrung, Bekleidung, Unterkunft, materielle Dinge – erlangen können. Erinnert euch also daran, dass all dies der Güte anderer Wesen, unserer Mütter, zu verdanken ist.

Auf dem Bodhisattva-Weg wäre es am Anfang ohne unsere Mütter als Objekt unmöglich, den Erleuchtungsgeist zu erzeugen. In der Mitte gäbe es ohne unsere Mütter als Objekt niemanden, um sich in den unendlichen Bodhisattva-Aktivitäten zu üben. Und am Ende gäbe es ohne Objekt für das Erzeugen und die Übung in Bodhichitta keine vollkommene Erleuchtung. Deshalb sind auch vom Dharma aus gesehen unsere Mütter von außerordentlicher Güte.

Beides sollte erinnert werden, ihre Güte von einem weltlichen Standpunkt aus gesehen und vom Dharma her.

● Der Wunsch, ihre Güte zurückzuzahlen

Als Nächstes sagt euch Folgendes: „Diese meine Mutter hat in ihrer außerordentlichen Güte ihrem Kind in der Gegenwart und Vergangenheit stets den Gewinn und Sieg überlassen, Verlust und Niederlage auf sich genommen und mit großer Güte für mich gesorgt. Ich bin nun den Lehren des Mahayana begegnet und von einem spirituellen Lehrer als Schüler angenommen worden, der mir gezeigt hat, welches der richtige Weg und welches der falsche ist. Jetzt bin ich an der Reihe. Meine Mutter hat in der Vergangenheit für mein Wohlergehen gesorgt, und nun ist es an der Zeit, dass ich als ihr Kind für ihr Wohl sorge." Dies ist, zu wünschen, den Wesen, unseren Müttern, ihre Güte zurückzuzahlen.

Nachdem ihr einmal in euren Widersachern eure Mütter von einst erkannt und den sehnlichen Wunsch gefasst habt, ihnen ihre Güte zurückzuzahlen, tut das Gleiche mit euren jetzigen Eltern, Verwandten, Brüdern und Schwestern und so fort, bis ihr am Ende der Sitzung alle Wesen ohne jede Anhänglichkeit an Freunde und Abneigung gegenüber Feinden als gleich seht, da sie alle eure Mütter waren. So sieht die Meditation über grenzenlose Unparteilichkeit aus.

Es kann vorkommen, dass euch diese analytische Meditation ermüdet und ihr nicht mehr weitermachen wollt. Dann lasst den Geist einfach so, wie er ist, ohne jede Manipulation und Einmischung und ohne Gedanken an die Vergangenheit, Gegenwart und Zukunft zu folgen. Das ist der Samadhi der Unparteilichkeit.

Wenn ihr dann zur analytischen Meditation zurückkehren möchtet, dann analysiert wieder und wechselt auf diese Weise zwischen ausruhender Meditation und analytischer Meditation ab und praktiziert so die Meditation der geistigen Ruhe.

Der Abschluss der Sitzung ist wie immer.

Konzentriert euch in den Pausen zwischen den Sitzungen auf die Wesen, die im Bann von Attraktion oder Aversion sind, erkennt sie als eure Mütter, erinnert euch an ihre Güte und so fort, wie eben beschrieben. Sagt euch: „Möge ihr Geist davon frei sein. Wenn sie nur davon frei sein könnten. Ich werde sie davon befreien!" Und betet zu den Drei Juwelen, dass sie Befreiung erlangen.

Als Nächstes meditiert über Unparteilichkeit ohne konzeptuelle Bezugspunkte. Unser eigener Körper sowie der aller anderen Wesen setzt sich aus allerkleinsten Partikeln zusammen, und unser Geist ist nichts anderes als eine unaufhörliche Abfolge von Momenten, die kommen und wieder verschwinden, jeder nur bis zum nächsten Augenblick dauernd. Im Absoluten haben weder unser Körper noch unser Geist eine eigenständige Existenz. Doch auf der konventionellen Ebene erhebt sich aus dieser Leerheit, die nicht als irgendetwas qualifiziert werden kann, unaufhörlich die ganze Vielfalt der Phänomene, die alle gleich sind, weil sie aus gegenseitiger Abhängigkeit entstehen und leer sind. In dieser Erkenntnis zu verweilen, ohne zu manipulieren oder einzugreifen, ist die Meditation der tiefen Einsicht.

In den Pausen zwischen den Sitzungen denkt an alle Wesen, die aufgrund ihres Anhaftens und ihrer Abneigung miteinander streiten, und ruft euch die drei Bindeglieder in Erinnerung:

- Das Bindeglied des Wunsches: „Mögen ihr Geist zu allen Zeiten und in allen Situationen frei sein von Attraktion und Aversion."
- Das Bindeglied des Bestrebens: „Wie sehr ich danach strebe, dass alle Wesen befreit werden!"
- Das Bindeglied des Engagements: „Ich werde sie davon befreien."

Mit diesen drei Bindegliedern im Sinn betet zu den Drei Juwelen (als dem vierten Bindeglied).

Nachdem ihr während der Sitzungen in der rechten Weise über Unparteilichkeit meditiert habt, beginnt euer Geist sich möglicherweise etwas zu ändern. Doch wenn ihr in den Pausen zwischen den Sitzungen nicht weiterhin darüber nachdenkt, fallt ihr in eure schlechten Angewohnheiten zurück, wie Eisen, das durch Erhitzen rot glühend wird, und wenn dann aus dem Feuer genommen, wieder matt und dunkel. Deshalb ist es sogar wichtiger, sich in der Nachmeditation darin zu üben, jede Abneigung gegenüber Feinden und das Hängen an Freunden und Verwandten aufzugeben. Alle müssen als gleich, als eure früheren Eltern gesehen werden.

2. Liebe

Mithilfe der Unparteilichkeit ist es uns gelungen, Attraktion und Aversion zu dämpfen und eine Haltung der Gleichmut gegenüber allen Wesen zu entwickeln, dank der Erkenntnis, dass sie alle unsere Eltern gewesen sind. Nun kommt die Meditation über Liebe. Am Anfang der Sitzung konzentriert euch dabei nacheinander auf bestimmte Einzelwesen und am Ende der Sitzung auf alle Wesen.

Stellt euch eure Mutter vor, so wie sie heute ist oder es zu ihren Lebzeiten war, mit all ihren charakteristischen körperlichen Merkmalen. Erinnert euch daran, dass sie nicht nur dieses Mal, sondern unendlich viele Male eure Mutter war, wie es in dem Zitat von Nagarjuna heißt:

„Die Erde würde uns ausgehen, die Reihe unserer Mütter zu zählen …"

Dann erinnert euch an ihre Güte. Ihr seid ja nicht wie ein Blitz vom Himmel gefallen oder wie eine Blume aus dem Boden gesprossen. Eure Mutter hat euch empfangen und genährt, neun Monate und zehn Tage in ihrem Bauch beherbergt und alles Nahrhafte, was sie gegessen hat, ist durch die Nabelschnur in euch geflossen wie Öl durch den Docht einer Lampe. Erinnert euch an die Güte, euch empfangen zu haben.

Während eurer Geburt wurden all ihre Gelenke mit Ausnahme des Kiefers extrem gedehnt. Sie litt mindestens eine Woche lang und der Gedanke an Geschlechtsverkehr erfüllte sie mit Schrecken. Für euch als ihr Kind war die Geburt so, als würdet ihr durch das Loch in einer Platte gezerrt. Danach wart ihr mehr tot als lebendig, abgesehen von der Tatsache, dass ihr geatmet habt. Ihr wusstet nicht zu sagen, aus welchem der sechs Daseinsbereiche ihr gekommen seid, noch wo ihr gelandet wart. Wenn diese Frau in ihrer großen Güte nicht für euch gesorgt hätte, wäret ihr mit Sicherheit nicht am Leben geblieben. Sie befreite euch von der Plazenta, durchtrennte die Nabelschnur und wusch euch mit einem Gemisch aus Wasser und warmer Milch. Obwohl ihr so nahe am Tod wart, ließ sie euch nicht sterben. Erinnert euch also an ihre Güte, euch das Leben geschenkt zu haben.

Dann denkt daran, wie sie euch als erste Nahrung die süße Milch ihrer Brust gegeben hat usw., und erinnert euch an ihre Güte, euch mit allem Lebensnotwendigen zu versorgen.

Später war eure Mutter immer in eurer Nähe, sie kümmerte sich voller Liebe um euch, hatte nur den einen Gedanken, euch zu helfen, und sorgte für euch, bis ihr in der Lage wart, die Dinge richtig zu verstehen. Erinnert euch also an ihre Güte, euch in das Leben einzuführen.

Dann denkt nach über die Güte eurer Mutter vom Standpunkt des Dharma her. Sie gab euch eine Bleibe und alle notwendigen materiellen Dinge (um praktizieren zu können). Sie war eine Quelle alles Guten. Ihre außerordentliche Güte macht sie zu einem Objekt der Meditation über Liebe. Dies alles ist die Unterstützung, die sie euch gegeben hat.

Ihr aber seid nicht auf gleiche Weise mit ihr umgegangen. Wann immer eure gute alte Mutter euch einen Rat gab und euch sagte, was ihr tun solltet und was nicht, hieltet ihr es nicht für nötig, auf sie zu hören und sagtet vielleicht wütend: „Du verhutzelte Alte, bist du immer noch nicht tot!“[174] Das war, als hättet ihr ihre liebevollen Hände mit einem Felsen zerschmettert. Und nur deshalb, weil ihr unfähig wart, euch an ihre Güte zu erinnern.

Nachdem wir uns an die Güte unserer Mutter erinnert haben, kommen wir dazu, sie ihr zurückzahlen zu wollen.

Fragt euch, was sie sich wünscht. Eure Mutter möchte glücklich sein, alles Glück der Götter und der Menschen erfahren. Sie wünscht sich ein angenehmes Leben, mit jeder Menge Nahrung und Bekleidung, ein Dach über dem Kopf, einfach alles, was sie braucht. Oder auch nur das simple Vergnügen eines sonnigen Tages oder einer guten Tasse Tee. Sie möchte nicht leiden. Aber sie hat weder die Ursachen für Glück, nämlich festes Vertrauen, die Entschlossenheit, frei zu werden, und Bodhichitta, noch das daraus resultierende Glück der Götterbereiche und der Menschen bis zur Glückseligkeit der Buddhaschaft. Stattdessen ist sie ständig damit beschäftigt, die Ursachen für Leiden zu schaffen. Auf sie, eure überaus gütige Mutter, die weder Glück noch die Ursachen für Glück besitzt, solltet ihr euch als das Objekt eurer Meditation konzentrieren. Die Form, die die Liebe in eurem Geist annimmt, ist der Gedanke: „Möge meine Mutter in diesem und allen künftigen Leben als Ursachen für Glück festes Vertrauen, die Entschlossenheit, frei zu werden, und das kostbare Bodhichitta haben. Wenn sie diese drei doch haben könnte! Ich werde dafür sorgen, dass sie sie hat!“ Und betet dann zu den Drei Juwelen, dass ihr dies vergönnt sei.

Denkt weiterhin Folgendes: „Möge sie das aus diesen Ursachen resultierende Glück der höheren Bereiche der Götter und Menschen genießen bis hin zur Glückseligkeit der Buddhaschaft. Wenn sie das doch haben könnte! Ich werde ihr dabei helfen.“ Betet für ihr Glück zu den Drei Juwelen: „Oh mitfühlende Drei Juwelen ...“ „Zu den Meistern und Buddhas, Beschützer der Wesen ...“ und „Siegreiche Beschützer der Welt ...“

Wenn ihr dann in diese Atmosphäre von Glück eingetaucht seid, lasst euren Geist solange wie möglich darin verweilen, ohne den Versuch, Gedanken anzuhalten oder ihnen zu folgen.

Was das oben Gesagte betrifft, so ist Vertrauen in das Gesetz von Ursache und Wirkung die Ursache dafür, in den höheren Daseinsbereichen wiedergeboren zu werden; die Entschlossenheit, frei zu werden, die Ursache für Befreiung; und Bodhichitta die Ursache der vollkommenen Buddhaschaft.

All das, vom Erkennen anderer Wesen als unsere früheren Mütter bis zu dem Wunsch, sie mögen Glück und seine Ursachen besitzen, gehört zur analytischen Meditation. Den Geist so zu belassen, wie er ist, ohne Gedanken zu blockieren oder ihnen zu folgen, ist der Samadhi der Liebe.

In den Pausen zwischen den Sitzungen sollten eure Taten und Worte stets voller Liebe sein. Ihr müsst liebevolle Gedanken haben, wie diesen: „Ich muss meinen einstigen Müttern zu jedem zeitweiligen und zum höchsten Glück verhelfen." Seid liebevoll zur älteren Generation und auch zu euren Haustieren, schlagt und misshandelt sie nicht. Sprecht liebevoll zu ihnen, nicht barsch und mit groben Worten. So, wie ihr in Gedanken den Wesen jedes temporäre und das höchste Glück wünscht, so müsst ihr dann in euren Taten alles versuchen, es auch herbeizuführen.

Die Praxis von Liebe ohne Objekt besteht im Erlangen der Überzeugung, dass Subjekt, Objekt und Tat zwar erscheinen, aber keine eigenständige Existenz haben.

3. Mitgefühl

Nach Atisha und Apu fängt die Meditation über Mitgefühl mit der eigenen Mutter an. Nach Rigdzin Jigme Lingpa konzentriert man sich auf ein Wesen, wie z. B. ein Schaf, das gerade geschlachtet wird, auf jemanden, der krank ist, oder ein anderes leidendes Wesen. Versetzt euch dann an seine Stelle oder denkt, es würde sich um eure Mutter handeln. Beide Methoden sind gleich gut geeignet.

Wenn ihr Anfänger seid, dann wählt eure Mutter als Objekt der Meditation. Seht sie deutlich vor euch, in Fleisch und Blut. Um in allen Wesen eure Mütter zu erkennen, denkt zuerst daran, dass eure jetzige Mutter es nicht nur einmal, sondern viele, viele Male war. Dann ruft euch ihre Güte in Erinnerung, dass sie euch einen Körper gegeben hat, wie sie für euer materielles Wohl gesorgt hat, alle Arten von Schwierigkeiten für euch ertragen und sich Tag und Nacht liebevoll um euch gekümmert hat. Und an die Güte, euch ins Leben eingeführt zu haben; als ihr noch nicht sprechen konntet, lehrte sie es euch, als ihr noch nicht laufen konntet, lehrte sie es euch, als ihr noch nicht richtig essen konntet, lehrte sie es euch; als ihr euch noch nicht anziehen konntet, lehrte sie es euch. Solange, bis ihr die Dinge wirklich verstanden hattet, sorgte sie von der Kindheit bis zur Jugend und von der Jugend bis zum Erwachsenenalter für euch.

Denkt dann an ihre Güte vom Dharma her gesehen, dass ihr die Freiheiten und Vorteile ihr zu verdanken habt, wie vorher beschrieben.

Als Nächstes fasst den Wunsch, ihre Güte zurückzuzahlen. Was möchte eine solche gütige Mutter? Alles, was sie sich wünscht, ist, glücklich zu sein, doch sie weiß nichts von den Ursachen für Glück, nämlich Vertrauen, die Entschlossenheit, frei zu werden, und Bodhichitta. Sie hat keinen Lehrer, keinen spirituellen Freund, und selbst wenn sie einen hätte, würde sie seine Unterweisungen nicht befolgen. Es ist genauso, wie im *Bodhicharyavatara* beschrieben:[175]

Sie sehnen sich nach Glück, doch in ihrer Unwissenheit
zerstören sie es wie einen verhassten Feind.

Unsere Mutter zerstört die Ursachen für Glück, positive Taten, als ob sie ihr größter Feind wären. Obwohl sie nicht leiden möchte, gibt sie sich in ihrer Verwirrung den Ursachen für Leiden, negativem Verhalten hin.

Obwohl wir ihm entfliehen möchten,
stürzen wir uns ins Leiden.

Unsere Mutter wünscht sich keines der Leiden in den drei Welten von Samsara, auch nicht ein so geringfügiges wie von einem Dorn gestochen oder von einem Funken Glut verletzt zu werden. Und doch schafft sie nichts anderes als die Ursachen für Leiden. Wenn sie etwas tut, sind ihre Taten unheilsam, wenn sie redet, sind ihre Worte unheilsam, wenn sie denkt, sind ihre Gedanken unheilsam. Sie handelt in völligem Gegensatz zu dem, was sie sich wirklich wünscht, und erfährt die Wahrheit vom Leiden direkt und die Wahrheit vom Ursprung des Leidens indirekt. Sie hat beides, die Ursache des Leidens und das daraus resultierende Leiden: Das Leiden dieses Lebens begleitet sie, das Leiden des nächsten Lebens erwartet sie und das Leiden des Zwischenzustands bildet den Übergang.

Und das ist nicht alles, denn wenn das Karma der negativen Taten heranreift, die sie allein zum Wohl ihres Kindes begangen hat, wie sich z. B. mit ihrer Umgebung zu streiten, Hunde zu verjagen, oder auch nur eine Kopflaus ihres Kindes zu zerquetschen, wird sie durch die unendlichen Qualen der Höllenbereiche gehen müssen. Sie versteht die Gefahren negativen Verhaltens nicht und erkennt nicht, dass sie die Ursache des Leidens sind. Und so umgibt sie sich pausenlos Tag und Nacht mit Leiden. Wenn ihr so mit Zärtlichkeit und Mitleid an diese gütige Mutter denkt, ist sie der Gegenstand oder Bezugspunkt eures Mitgefühls.

Sagt euch also: „Möge sie frei sein von den Leiden der drei Welten der samsarischen Existenz. Wie sehr ich mir wünsche, dass sie davon befreit sein könnte. Ich werde sie befreien" und betet dann: „Kostbare Drei Juwelen, unsere nie versagende Zuflucht, beweist euer großes Mitgefühl und eure Macht, möge meine Mutter von diesen Leiden befreit sein."

Sagt euch dann: „Möge sie von den Ursachen des Leidens befreit sein, von ihrem Karma und den negativen Emotionen. Wenn sie nur davon frei sein könnte! Ich werde sie davon befreien." Und betet dann dafür zum Buddha, Dharma und Sangha.

Wechselt auf diese Weise ab zwischen analytischer und ruhig verweilender Meditation und meditiert dann in gleicher Weise über euren Vater, eure Schwestern und dann über die Verwandten auf Seite eures Vaters, eure Brüder, Onkel und so fort. Vertreibt zum Schluss die drei Arten von Leiden der das All bevölkernden Wesen.

Wendet euch nun den Leiden in den drei niederen Daseinsbereichen zu, dem Leiden der Veränderung in den zwei höheren Bereichen der Menschen und Götter und dem alle zusammengesetzten Phänomene durchdringenden Leiden in den zwei höchsten Welten (der Welt der Form und der ohne Form).

Führt euch dann die für die Menschen spezifischen Leiden vor Augen: die Angst vor verhassten Gegnern, die Angst vor dem Verlust derer, die man liebt, das Leiden, nicht zu bekommen, was man möchte, das Leiden, das zu bekommen, was man nicht möchte, das Leiden von Geburt, Krankheit, Alter und Tod. Denkt daran, wie die menschlichen Wesen in diesem Leben von diesen Leiden verfolgt werden, im nächsten Leben von ihnen erwartet und im Zwischenzustand von ihnen gequält werden. Sagt euch: „Mögen sie frei sein von diesen Leiden und seinen Ursachen. Wenn sie doch davon frei sein könnten! Ich werde sie davon befreien." Und betet dann zu den Drei Juwelen Buddha, Dharma und Sangha.

Seid anschließend davon überzeugt, dass, obwohl Subjekt, Objekt und Tat in Erscheinung treten, sie keinerlei eigenständige Existenz haben.

Zwischen den Sitzungen meditiert voller Mitgefühl für jedes Wesen, dem ihr begegnet.

4. Mitfreude

Auch hier beginnt die Übung damit, dass ihr euch auf eure Mutter konzentriert. Erkennt eure Mutter in allen Wesen, denkt an ihre Güte, sehnt euch danach, sie ihnen zurückzuzahlen, meditiert über Liebe, d. h. den Wunsch, sie mögen glücklich sein, und über Mitgefühl, den Wunsch, sie mögen frei sein vom Leiden.

Dann meditiert über Mitfreude. Stellt euch vor, dass eure geliebte Mutter über Nahrung, Kleidung, ein Haus, Vermögen und Einfluss verfügt. Und darüber hinaus über gute Eigenschaften, eine harmonische Familie, einen bedeutenden Namen, Glück und Wohlergehen und so zum Objekt oder der Bezugspunkt eurer Mitfreude wird. Diese findet ihren Ausdruck in dem Gedanken, wie schön es ist, dass sie alles hat, was sie braucht. Denkt Folgendes: „Was immer meine Mutter an Wohlergehen und seiner Ursache hat, möge es nie weniger werden oder verloren gehen, sondern immer weiter zunehmen, und mögen die Ursachen des Glücks – heilsames Verhalten – mit dem daraus resultierenden Glück sie nie verlassen. Ich möchte so sehr, dass dies so sei. Ich werde dafür sorgen." Und betet dann zu den Drei Juwelen.

Denkt nun: „Mögen das von ihr erlangte Glück und seine Ursachen ihr nie verloren gehen, sondern derart anwachsen, dass sie kurzfristig die höheren Bereiche der Götter und Menschen erreicht und auf lange Sicht das dauerhafte Glück der Befreiung und Allwissenheit erlangt. Möge all dies immer mehr zunehmen. Und ich werde dafür sorgen, dass dies geschieht." Betet dafür zu den Drei Juwelen.

Meditiert auf diese Weise und wechselt dabei ab zwischen analytischer und ruhig verweilender Meditation, und erlangt die Gewissheit, dass in dieser Übung in Mitfreude Objekt, Subjekt und Tat, obwohl erscheinend, keine wirkliche Existenz haben.

Zwischen den Sitzungen solltet ihr in jeder Situation und jedem Augenblick euch mit den anderen freuen, wenn sie glücklich sind, und nicht eifersüchtig sein. Wenn eure Dharmagefährten sich Studium, Nachdenken und Meditation widmen, solltet ihr denken: „Mögen sie nie von dem sich daraus ergebenden Glück und den guten Eigenschaften getrennt sein. Mögen sie ganz im Gegenteil immer mehr zunehmen." Auf diese Art über Mitfreude zu meditieren, verhindert jedes etwaige Nachlassen in eurem eigenen Studium, eurer Kontemplation und Meditation.

Es ist die Pflicht eines Kindes, alles zu tun, um seine Mutter glücklich zu machen, und da ihr den Gedanken entwickelt habt, dass alle Wesen eure Mütter waren und ihr ihr Kind, solltet ihr euch auch darüber freuen, wenn es ihnen gelungen ist, ohne euer Zutun zu etwas Glück zu kommen. So zu meditieren macht es unmöglich, weiterhin eifersüchtig zu sein.

II. Bodhichitta, den Erleuchtungsgeist erwecken

Bodhichitta, den Erleuchtungsgeist zu erzeugen, kann unter drei Aspekten gesehen werden: Definition, Klassifizierung und die Art und Weise, ihn zu erzeugen.

(A) Definition

Hier gibt es zwei Punkte, der Regent Maitreya sagt:

> *Bodhichitta ist der Wunsch, zum Wohl der anderen vollkommene Buddhaschaft zu erlangen.*

Der erste Punkt: sich mit Mitgefühl auf alle Wesen einzustellen und zu denken, wie ihr Leiden und seine Ursachen beseitigt werden könnten.

Der zweite Punkt: sich mit Weisheit auf die völlige Erleuchtung einzustellen und zu denken, wie die kostbare Buddhaschaft, frei vom Leiden und seinen Ursachen, erlangt werden kann.

Keiner dieser beiden Aspekte darf fehlen. Wesen aus dem Leiden befreien zu wollen, ohne das Ziel, sie zur Buddhaschaft zu führen, ist Bodhichitta ohne wahres Mitgefühl.[176]

Sie zur Buddhaschaft bringen zu wollen, ohne wirklich an ihr Leiden zu denken, ist Bodhichitta ohne wahre Liebe.

(B) Klassifizierung

1. Klassifizierung nach den drei Stufen des Mutes

Die Klassifizierung des Erleuchtungsgeistes nach den drei Stufen des Mutes bezieht sich nicht auf den ersten der beiden Punkte, sich mit Mitgefühl auf das Wohl der Wesen einzustellen, sondern auf den zweiten.

Der Wunsch, zuerst vor allen anderen Buddhaschaft zu erreichen, wird „Bodhichitta mit dem großen Wunsch erzeugen" genannt oder „Bodhichitta nach der Art des Königs erzeugen".[177]

Der Wunsch, die Wesen und man selbst mögen zur gleichen Zeit Buddhaschaft erlangen, sich zu sagen: „Ich werde nicht als Erster gehen und die anderen hinter mir lassen, wir werden Buddhaschaft zusammen erreichen", dieser Gedanke wird „die Art des Fährmanns" genannt, den Erleuchtungsgeist zu erzeugen, oder „Bodhichitta mit Weisheit erzeugen".

Denkt dann Folgendes: „Seit anfangslosen Zeiten habe ich nichts als meine eigenen Ziele verfolgt und als Folge davon irre ich bis heute durch den Daseinskreislauf. Wenn ich so weitermache, wird es endlos weitergehen. Deshalb will ich von nun an, und was immer auch geschieht, zuerst alle Wesen zur vollkommenen Buddhaschaft bringen, und danach hat es keine Bedeutung, ob ich Befreiung erlange oder nicht." So zu denken bezwingt den Dämon der Ichhaftigkeit mithilfe des kostbaren Erleuchtungsgeistes. Dieser Wunsch, dass andere Wesen Buddhaschaft erlangen mögen, wird „Bodhichitta auf unvergleichliche Weise zu erzeugen“ genannt, oder auch „Bodhichitta nach Art des Schäfers zu erzeugen“.

Diese Vergleiche sind nicht schwer zu verstehen.

Jemand mit gewöhnlichen Fähigkeiten kann mit dieser Methode nach dreiunddreißig unermesslichen Kalpas Buddhaschaft erlangen, jemand mit höheren Fähigkeiten nach sieben und jemand mit überragenden Fähigkeiten nach drei Kalpas.

2. Klassifizierung hinsichtlich der Bodhisattva-Ebenen

Auf dem Pfad des Ansammelns und dem des Zusammenbringens wird Bodhichitta als Absicht erzeugt, weil es in diesem Stadium zwar möglich ist, relatives Bodhichitta zu erwecken, eine direkte Realisierung des absoluten Erleuchtungsgeistes jedoch noch nicht geschieht. Man hat nur eine abstrakte Vorstellung, eine Ahnung davon.

Von der ersten bis zur siebten Bodhisattva-Ebene wird das Erzeugen des Erleuchtungsgeistes „mit ausgezeichneter, völlig reinen Absicht erzeugen“ genannt. Während der Meditation gibt es kein emotionales Bewusstsein mehr, und selbst wenn sich ein subtiler Glaube an ein Ich manifestiert, schafft das kein Hindernis auf dem Weg.

Auf den drei reinen Ebenen wird das Erwecken von Bodhichitta „voll gereiftes Bodhichitta erzeugen“ genannt, weil sich die auf den Pfaden des Ansammelns und des Zusammenbringens gemachten Wunschgebete nun erfüllt haben – gleichsam wie im Herbst erntereif gewordenes Getreide – und wir das Wohl der Wesen in großem Maßstab bewirken können.

Auf der Ebene der Buddhaschaft ist das Erzeugen von Bodhichitta „ohne jegliche Trübung“, weil die zwei trübenden Schleier sowie die gewohnheitsbedingten Neigungen allesamt beseitigt wurden. Das früher gegebene Versprechen, den Erleuchtungsgeist zu erzeugen, „bis das Herz der Erleuchtung erlangt ist“, ist hinfällig geworden, aber „Bodhichitta erzeugen“ gilt immer noch, weil das vollständige und ungeminderte Erlangen des absoluten Bodhichitta den Anfang dafür markiert, dass sich der erleuchtete Geist auf die grenzenlose Zahl der anderen Wesen richtet.

Auf den Pfaden der Ansammlung und des Zusammenbringens kann völlig echtes relatives Bodhichitta entstehen, doch vom absoluten Bodhichitta gewinnt man erst auf dem Pfad des Ansammelns ein gewisses Verständnis und auf dem Pfad des Zusammenbringens einen Geschmack davon. In diesem Stadium wird die Sicht des Absoluten nicht durch direkte Erfahrung erlangt, sondern durch Schlussfolgerung, weshalb auf diesen beiden Pfaden das Erwecken des Erleuchtungsgeistes nur als Absicht praktiziert wird.

Der Pfad des Zusammenbringens gipfelt in der höchsten weltlichen Realisierung, gefolgt vom Erscheinen der ursprünglichen Weisheit und stellt die Verbindung mit dem Pfad des Sehens dar, denn ab dem Augenblick, in dem sie sich erhebt, befindet man sich auf Letzterem. Wenn drei unermessliche Kalpas nötig sind, um Buddhaschaft zu erlangen, so dauert es ein unermessliches Kalpa vom Pfad des Ansammelns bis zum Pfad des Sehens.

Auf dem Pfad des Sehens, der ersten Bodhisattva-Ebene, genannt Höchste Freude, sieht der Bodhisattva die Wahrheit der Dharmata. Hier wird die ursprüngliche Weisheit direkt und zum eigenen Wohl realisiert, und zum Wohl der anderen werden meditative Konzentration und die Wunderkräfte gemeistert. Durch die übernatürlichen Kräfte, wie z. B. ein Kalpa zu einem Augenblick schrumpfen zu lassen, und umgekehrt, einen Augenblick zu einem Kalpa auszudehnen, kann der Bodhisattva den Wesen immens viel Gutes tun, von daher heißt diese Bodhisattva-Ebene „Höchste Freude“. Hier und auf jeder der anderen sieben unreinen Ebenen sind die emotionalen Trübungen direkt bereinigt und die konzeptuellen trübenden Schleier indirekt abgeschwächt. Diese Ebenen werden unrein genannt, weil das durch die Vorstellung eines Ichs verunreinigte mentale Bewusstsein immer noch vorhanden ist. In der Nachmeditation können immer noch subtile ichhafte Gedanken auftauchen, doch weil sie sich spontan reinigen oder spontan verschwinden, kommen sie nicht mehr zum Tragen. Von daher die Bezeichnung „ausgezeichnete und reine Absicht“.

Was die anschließenden sogenannten drei reinen Ebenen betrifft, so heißen sie so, weil die Welten und die Aktivitäten rein sind.[178]

Ab der siebten Ebene sind alle emotionalen trübenden Schleier vollständig bereinigt und auf den drei folgenden Ebenen alle groben und subtilen konzeptuellen Trübungen. Und am Ende der zehnten Ebene sind auch die Trübungen durch gewohnheitsbedingte Neigungen voll und ganz beseitigt. Au diesem Grund wird Bodhichitta auf den drei reinen Ebenen „völlig rein" genannt.

Auf der zehnten Ebene angekommen, ist der Erleuchtungsgeist vom ersten Augenblick an von den Trübungen der eingespurten Neigungen befreit, dank der diamantgleichen Weisheit, die im nächsten Augenblick zur Weisheit der Allwissenheit wird. Die wird „das von allen trübenden Schleiern befreite Erzeugen des Erleuchtungsgeists" genannt. Im „nächsten Augenblick" soll nicht wörtlich genommen werden, sondern einen Vorgang bezeichnen.

In unserer Tradition werden die zwei Trübungen so interpretiert, wie es im *Erhabenen Kontinuum* steht:

Alle Gedanken[179]*, wie z. B. Geiz,*
bilden die emotionalen Schleier.
Alle Gedanken wie „Subjekt, „Objekt" und „Tat"
die kognitiven Schleier.

Für uns sind negative Emotionen, wie z. B. Gier, emotionale Trübungen, und Subjekt, Objekt und Tat für wirklich existierend zu halten, konzeptuelle Trübungen. Die Neue Schule hingegen behauptet, dass emotionale und konzeptuelle Trübungen eine gemeinsame Grundlage haben. Sie sehen die Vorstellung von etwas wirklich Existierendem als zu den emotionalen Trübungen gehörend an, die immer subtiler werden, um so zu konzeptuellen Trübungen zu werden, und dann so subtil, dass sie zu den gewohnheitsbedingten Neigungen werden. Das Ganze wird mit dem Geruch von Moschus verglichen, der in einer Flasche schwebt, in der er enthalten war, und dann immer schwächer wird.

3. Klassifizierung bezüglich der Natur von Bodhichitta

Die Klassifizierung zerfällt in relatives und absolutes Bodhichitta, so wie gesagt wird:

Eingeteilt in relatives und absolutes ist
Bodhichitta von zweierlei Art.

Relatives Bodhichitta tritt mit den Gedanken auf und verschwindet mit ihnen, während absolutes Bodhichitta der Zustand der ursprünglichen Weisheit ist, in dem alle Bewegungen der Gedanken im absoluten Raum zur Ruhe gekommen sind.

Relatives Bodhichitta hat zwei Aspekte: Absicht und Umsetzung. Ersteres ist das Gelöbnis, die Frucht zu erlangen. Letzteres das Gelöbnis, sich der Ursache zu verpflichten, d. h., die sechs Paramitas zu meistern, die die Ursache oder das Mittel zum Erreichen der Frucht sind. Beide Engagements müssen – wie mein Lehrer sagte – mit einem zusätzlichen eisernen Gelöbnis untermauert werden.

(C) Wie der Erleuchtungsgeist erzeugt wird

Um Bodhichitta zu erwecken, bedarf es eines Rituals. In den Lehren des Geheimen Mantrayana wird gesagt, dass absolutes Bodhichitta ebenfalls mithilfe eines Rituals erweckt werden kann, doch ist dies nicht der echte absolute Erleuchtungsgeist, sondern lediglich die als Weg genommene Absicht. Echtes absolutes Bodhichitta kommt nur durch die Kraft der Meditation auf, gestützt auf drei überragende Faktoren, die das *Schmuckstück der Mahayana-Sutras* so beschreibt:

Wenn die vollkommenen Buddhas erfreut worden sind,
und die Ansammlung von Verdienst und Weisheit erreicht ist,
erhebt sich die ursprüngliche Weisheit ohne Konzepte hinsichtlich der Phänomene.
Das ist, was sie überragend macht.

Die überragenden Lehrer sind zweifacher Art: äußere und innere. Die äußeren Lehrer sind die zahlreichen Meister und die voll erleuchteten Buddhas, denen gegenüber wir vom Pfad des Ansammelns bis zum Pfad des Sehens unser Bestes tun, sie zu erfreuen und nicht zu enttäuschen. Die inneren Lehrer sind Mitgefühl und Weisheit.

Die überragende Praxis besteht im Ansammeln von Verdienst mit Konzepten und der Ansammlung von Weisheit ohne Konzepte.

Wenn diese ihren Höhepunkt erreicht haben, erhebt sich die nicht konzeptuelle ursprüngliche Weisheit. Dies ist die „überragende Realisierung", die Realisierung der Weisheit des Pfads des Sehens.

Echtes absolutes Bodhichitta kommt wie gesagt nur durch die Kraft der Meditation auf und hängt ab von drei Faktoren: den Lehrern, der Praxis und der höchsten Realisierung.

Relatives Bodhichitta wird mithilfe eines Rituals erzeugt. Ob es ein Ritual der Tradition des Mittleren Weges, der Tiefgründigen Sicht, der Chittamatra-Tradition oder aber der Weiträumigen Aktivität ist, immer gibt es drei Teile: Vorbereitung, Hauptteil, d. h. das eigentliche Gelübde, und Abschluss, d. h. sich für sich selbst und für die anderen darüber freuen.

(1) Die Vorbereitung

Sie besteht darin, die zwei Ansammlungen zu praktizieren, den Geist zu trainieren und – nach Shantideva – die drei Objekte zu opfern.[180] Während die Madhyamikas sagen, Bodhichitta erhebe sich als Folge der zwei Ansammlungen, behaupten die Chittamatrins, dass es aus einem vollkommen klaren Geist geboren wird.[181] Hier sammeln wir Verdienst und Weisheit an mittels der Opferung in sieben Teilen, üben den Geist in den vier Grenzenlosen und dann geben wir die drei Besitztümer auf, was der Chöd-Praxis gleichkommt, weil ihr das Hängen an eurem Besitz durchtrennt und gleichzeitig euren Geist, so wie es hier gelehrt wird, trainiert.

(2) Der Hauptteil, das Gelübde

Vor dem Gebet, das so anfängt: „Denkt an mich …", erinnert euch an den Satz: „So weit sich das All erstreckt, ist es angefüllt mit fühlenden Wesen …" Geht vor, wie beschrieben, erkennt sie als eure früheren Mütter, ruft euch ihre Güte in Erinnerung, wünscht euch, ihnen ihre Güte zurückzuzahlen, und konzentriert euch mit Mitgefühl auf die Wesen und mit Weisheit auf die Erleuchtung, wobei keines von beiden fehlen darf. Sagt euch Folgendes: „Ich werde den kostbaren Erleuchtungsgeist der Absicht erzeugen, auf dass alle Wesen vom Leiden und seinen Ursachen befreit werden und die Ebene der höchsten Buddhaschaft erlangen. Und was den Erleuchtungsgeist der Umsetzung betrifft, so werde ich alles tun, um mich in den sechs Paramitas zu üben."

Betet sodann zu den Buddhas, Bodhisattvas und den spirituellen Meistern, den großen Vajra-Haltern, damit sie ihren Geist auf euch richten, und rezitiert dreimal:

Buddhas der zehn Himmelsrichtungen,
Bodhisattvas der zehn Ebenen,
und ihr, die großen Meister, Vajra-Halter,
ich bitte euch, denkt an uns!

Schafft dann die Grundlage, indem ihr Zuflucht mit den drei Merkmalen[182] nehmt und rezitiert dreimal:

Solange bis das Herz der Erleuchtung erlangt ist,
nehme ich Zuflucht zum Buddha,
nehme ich Zuflucht zum Dharma
und zur Versammlung der Bodhisattvas.[183]

Dieses war die Vorbereitung. Der Hauptteil besteht darin, dreimal das Gelöbnis zu rezitieren:

In gleicher Weise, wie alle Buddhas der Vergangenheit
den Erleuchtungsgeist erweckt haben

und sich Stufe für Stufe in den
Vorschriften der Bodhisattvas geübt haben,

will auch ich zum Wohl der Wesen
den Erleuchtungsgeist erwecken
und mich Stufe für Stufe darin üben,
diese Vorschriften zu beachten.

In den ersten beiden Zeilen wird gesagt, wie die Buddhas der Vergangenheit den Erleuchtungsgeist der Absicht erzeugt haben, und in den beiden nächsten Zeilen, wie den Erleuchtungsgeist der Umsetzung. Der erste Vers zeigt also, welchem Vorbild wir folgen sollen.

Im zweiten Vers heißt es, dass ihr selbst in die Fußstapfen der Buddhas tretet, indem ihr einerseits Erleuchtungsgeist der Absicht erzeugt und andererseits euer Möglichstes tut, um die sechs Paramitas als Ursache der höchsten Erleuchtung zu praktizieren.

Rezitiert diese Verse dreimal und stellt euch am Ende der dritten Rezitation vor, dass die Buddhas und Bodhisattvas ausrufen: „So muss es sein!“ Ihr antwortet darauf: „Wie wunderbar!“ Damit ist in eurem Geist festgeschrieben, dass ihr das Gelübde erhalten habt. Der genaue Zeitpunkt dafür ist, wie es heißt, das Ende der dritten Rezitation. In diesem Moment ist der Erleuchtungsgeist in euch geboren worden.

(3) Der Abschluss

Der Abschluss besteht darin, sich auch im Namen der anderen darüber zu freuen:

Heute hat mein Leben Frucht getragen,
mein menschliches Leben hat seinen Sinn bekommen,
ich bin in der Familie der Buddhas geboren
und nun ein Bodhisattva.

Während ihr diesen Vers und die folgenden rezitiert, freut euch über euch selbst und sagt: „Heute hat dieser menschliche Körper, den ich erlangt habe und der meine Stütze ist, Frucht gebracht und seinen Sinn bekommen. In welcher Weise? Weil ich diese menschliche Existenz nicht für etwas Negatives erlangt habe, sondern für einen positiven Zweck. Wie das? Weil das Juwel des Erleuchtungsgeistes in meinem Geist geboren wurde und ich ein Kind der Buddhas geworden bin. Zu einem Stellvertreter des Körpers der Buddhas, zu einem Wächter des Schatzes ihrer Worte und zum Halter des Geheimnisses ihres Geistes. Und als ihr Erbe bin ich nun ein Bodhisattva und werde mich um alle Wesen kümmern, die der Hilfe bedürfen."

Von nun an soll all mein Tun
in Übereinstimmung mit meiner Familie sein
und keine meiner Taten
darf diese makellose edle Linie beschmutzen.

„Was immer auch geschieht, selbst wenn mein Leben dadurch gefährdet wird, ich werde nicht den Fehler begehen, irgendetwas für mich selbst zu wollen. Ich will wie eine Königin dieser edlen Linie sein, in der es nur Qualitäten gibt und keinen der Fehler, die verbunden mit der Verfolgung persönlicher Interessen sind. Ich darf niemals durch mein Verhalten und egoistische Gedanken diese Linie entehren, sondern muss das unternehmen, was zu dieser edlen Familie gehört, nämlich die Aktivitäten eines Bodhisattva."

Gleich einem Blinden, der in einem Abfallhaufen
einen kostbaren Edelstein findet,
ist durch einen seltsamen Glücksfall
der Erleuchtungsgeist in mir entstanden.

„Wie konnte dieser Erleuchtungsgeist in mir entstehen? Wie jemand, der blind ist, habe ich in einem Abfallhaufen einen kostbaren Edelstein gefunden! Dieser kostbare Erleuchtungsgeist ist durch einen reinen Zufall oder durch ein günstiges Geschick in mir geboren worden!" Freut euch für euch selbst darüber.

Und fordert dann die anderen dazu auf, sich mit euch zu freuen:
Und so rufe ich im Beisein aller Buddhas
jedes Wesen dazu auf, zur Buddhaschaft zu gelangen
und bis dahin zu jeder weltlichen Freude!
Mögen die Götter, Halbgötter und alle anderen sich darüber freuen!

Während ihr dies rezitiert, denkt Folgendes: „Heute, um so und so viel Uhr, im so und so vielten Monat, im so und so vielten Jahr habe ich in Anwesenheit aller Beschützer – der Buddhas und Bodhisattvas – alle Wesen zum zeitweiligen Glück der Götter und Menschen aufgerufen und zur höchsten Glückseligkeit der Buddhaschaft. Freut euch also, ihr Götter, Halbgötter, menschliche und nicht menschliche Wesen, all ihr Wesen in den sechs Welten." Stellt euch dann vor, dass alle Götter –angefangen von denen der Berge, der Bäume, der Haine bis zu denen des Akanishta-Himmels –, einer nach dem anderen, verkünden: „An so und so einem Ort hat so und so einer gesagt, dass er alle Wesen kurzfristig zur Ebene der Götter und Menschen bringen wird und langfristig zur Ebene der vollkommenen Buddhaschaft, freuen wir uns also!"

Wenn ihr dann später in Gefahr seid, etwas zu tun, was eurem Versprechen zuwiderläuft, werdet ihr euch an das Gesagte erinnern und ein Gefühl der Scham gegenüber euch selbst und den anderen empfinden.

Wenn ihr Bodhichitta auf diese Weise erzeugt habt und kein radikales Vergehen begeht, das einen Verlust nach sich zieht, bekommt ihr einen anderen Namen und werdet nun Bodhisattvas genannt, Erben des Buddha. Auch ihr selbst ändert euch. Ihr werdet der Verehrung und der Opfergaben aller Wesen wert, inklusive der Götter, Brahmas und sogar unseres Lehrers, des Buddha. Der Bodhisattva Vajrapani wird immer an eurer Seite sein, und all die Wächter der Tugend – wie Brahma, die Götter der reinen himmlischen Bereiche, die siebzig ruhmreichen Beschützer usw. – wachen über euch und beschützen euch. Ihr werdet über wunderbare Qualitäten verfügen, wie die Macht, wo immer ihr seid, Krankheit und Armut zu lindern.

Es mag relativ einfach sein, Bodhichitta zu erzeugen, doch es wirklich zu einem Teil von sich zu machen, ist keine einfache Sache. Und aus diesem

Grund müsst ihr ständig und ernsthaft über die vier grenzenlosen Eigenschaften meditieren, oder über Liebe und Mitgefühl oder einfach nur über Mitgefühl. Weshalb das nötig ist? Wenn wir unser Versprechen brechen, täuschen wir nicht nur fünf oder sechs Personen – unsere Lehrer –, wie es der Fall ist, wenn wir die Pratimoksha-Gelübde brechen. Wenn ihr euer Bodhichitta-Gelübde brecht, haben alle vier schwarzen Dharmas[184] euren Geist besetzt. Indem ihr die täuscht, die Verehrung verdienen, täuscht ihr die Buddhas und Bodhisattvas. Und indem ihr die unzählig vielen Wesen täuscht, täuscht ihr ausnahmslos jedes Einzelne von ihnen. Kurz, ihr betrügt gleichzeitig die Wesen von Samsara und Nirvana, begeht also eine extrem negative Tat.

• Welche Vorteile das Erzeugen von Bodhichitta bringt

Der Erleuchtungsgeist allein genügt, um Buddhaschaft zu erlangen.
Wenn er fehlt, ist es nicht möglich, ein Buddha zu werden.
Möge dieses unfehlbare Samenkorn der Buddhaschaft,
der echte, erhabene Erleuchtungsgeist in mir wachsen und blühen.

Es genügt, Bodhichitta zu haben, um Buddhaschaft zu erlangen. Ohne Bodhichitta ist das Samenkorn der Buddhaschaft nicht entwicklungsfähig. Die Buddha-Natur hat ein natürlicherweise vorhandenes und ein zu entwickelndes Potenzial. Ersteres ist die ursprüngliche Weisheit der in jedem einzelnen Wesen vorhandenen Buddha-Natur und Ursache für das Erreichen der Buddhaschaft und Letzteres die dazu beitragende Bedingung, vergleichbar einem Samenkorn.

Wenn der Erleuchtungsgedanke im Geist aufkommt – wie oben erklärt –, bringt das drei Vorteile mit sich:

Euer Name und auch euer Wesen ändern sich; alle positiven Taten werden zur Praxis des Mahayana und bringen gleich Obstbäumen unaufhörlich Früchte hervor. Außerdem sind sie denen ohne Bodhichitta begangenen Taten weit überlegen, deren positives Resultat nur einmal erfahren wird und sich dann erschöpft hat, wie ein Bananenbaum, der nur einmal Früchte hervorbringt und dann vertrocknet.

Um das zu illustrieren: Wenn ihr auch nur eine einzige Butterlampe mit einem auf Buddhaschaft ausgerichteten Geist opfert, nimmt das sich daraus ergebende Verdienst immer weiter zu, bis es der Anzahl der großen Qualitäten der Buddhas und der Zahl der Wesen gleichkommt. Wenn der kostbare Erleuchtungsgedanke im Geist von jemandem aufgekommen ist, der negative Taten mit unmittelbarer Auswirkung begangen hat, wird derjenige nur für einen kurzen Moment – solange wie ein Ball braucht, vom Boden aufzuspringen – die Leiden der niederen Bereiche erfahren. Negative Taten mit ungewissen Folgen, wie Menschen und ihre Pferde töten, Häuser mitsamt ihrer Bewohner in Brand setzen, sind in dem Augenblick, in dem Bodhichitta im Geist aufkommt, wie trockenes Gras vom Feuer am Ende der Zeiten verzehrt. Alle durch Karma und negative Emotionen hervorgerufenen Trübungen sowie die kognitiven Schleier werden durch Bodhichitta gereinigt und vollständig beseitigt.

Im *Avatamsaka-Sutra* wird all dies detailliert beschrieben, weniger ausführlich im *Bodhicharyavatara* und kurz und knapp in diesem Vers aus dem *Gebet von Maitreya*[185]:

Er wendet uns ab vom Weg in die niederen Bereiche,
zeigt uns den zu den höheren Bereichen
und führt uns jenseits von Alter und Tod,
vor dem Erleuchtungsgeist verneige ich mich in Ehrfurcht.

Wenn ihr euch immer und in allen Situationen an die Vorteile des Erleuchtungsgeistes erinnert, wird er sich nie zurückentwickeln, und ihr werdet keine radikalen Zuwiderhandlungen und andere Fehler begehen.

III. Die Übung in den Richtlinien für Bodhichitta

Die Methoden, die verhindern, dass der Erleuchtungsgeist sich abschwächt und im Gegenteil immer mehr an Kraft gewinnt, sind die Regeln für den Erleuchtungsgeist der Absicht und des Umsetzens.

1. Die Regeln für den Erleuchtungsgeist der Absicht

Was verhindern kann, dass der Erleuchtungsgeist, wenn er einmal entstanden ist, sich abschwächt, ist der Erleuchtungsgeist der Absicht. Es gibt zwei Gründe für eine Minderung von Bodhichitta, nämlich Egozentrik und deren Gefährten, den Ärger. Diese beiden sind für ein Schwächerwerden von Bodhichitta und sein fehlendes Anwachsen verantwortlich. Wie kommt es zu dieser Degeneration von Bodhichitta? Wenn einer der beiden Aspekte des Erleuchtungsgeistes wegfällt, kommt das dem Durchtrennen der Wurzeln eines Baumes gleich: Die Zweige verlieren ihre Kraft und verwelken. Die Zweig-Vergehen vermeiden hilft nichts, wenn ein volles Wurzel-Vergehen begangen wurde. Ist die Wurzel beschädigt, ist es schwierig, das zu reparieren, während beschädigte Zweige leicht wiederherzustellen sind.

Wie beschädigt man die beiden Aspekte von Bodhichitta? Indem man die Wesen im Stich lässt und auf die allwissende Buddhaschaft verzichtet.

(A) Die Wesen nicht im Stich lassen

Wenn euch jemand Unrecht tut, vielleicht sogar euren Vater ermordet, oder wenn ihr einfach nur jemanden, den ihr nicht leiden könnt, provoziert, indem ihr sagt: „Was hast du da gesagt?“, wird eure eingefleischte Tendenz des Kreisens um euch selbst herausgereizt und reißt euch mit. In diesem Moment lasst ihr euch gegenseitig im Stich. Unsere Eigenliebe und unsere Wut machen, dass „Sich mit Mitgefühl auf die Wesen konzentrieren“ in Verfall gerät. Wenn aus einem Bündel mit eng zusammenstehenden Stöcken einer herausgezogen wird, fallen automatisch alle übrigen um. Wenn wir auch nur ein einziges Wesen ablehnen, ist das schlimm: Wir haben ein Wurzel-Vergehen begangen.

(B) Die allwissende Buddhaschaft nicht aufgeben[186]

Dies kann anhand eines Beispiels, nämlich das der Großzügigkeit, illustriert werden. Wenn Bodhisattvas Großzügigkeit praktizieren, sind die Objekte, die sie geben, ihre Köpfe und ihre Glieder. Empfänger sind alle lebenden Wesen, die Zeitspanne, für die sie diese Großzügigkeit praktizieren, entspricht der Dauer von Samsara, und wie oft sie ihren Kopf und ihre Glieder für die Wesen opfern, ist so unzählbar wie die Menge der Atome im Universum. Das Gleiche gilt für ihre Übung in allen anderen Paramitas. Wenn unser Lehrer, der Buddha, vor seiner Erleuchtung unter dem Bodhibaum so viele Male seinen Kopf und seine Glieder hergeben konnte, wie es der unzählbaren Menge der Atome des Universums entspricht, erübrigt es sich, zu erwähnen, bis zu welchem Grad er sich in den anderen Paramitas geübt hat. Wenn wir seinem Beispiel folgen und auf den Pfaden des Ansammelns und des Vereinens Verdienst und Weisheit ansammeln, kann es vorkommen, dass Mara uns Hindernisse schafft und wir den Mut verlieren und denken: „Es wird mir niemals gelingen, eine solch große Aufgabe zu bewältigen. Wäre es nicht besser für mich, den Weg der Shravakas oder Pratyekabuddhas zu gehen und zu versuchen, die Ebene eines Arhat zu erlangen?“ Und da ihr euch noch nicht die Sicht zu eigen gemacht habt, die auf dem Pfad des Sehens erworben wird, d. h. die Sicht, alle Phänomene als magischen Illusionen gleichend zu erkennen, verleiten euch derartige Gedanken dazu, das Ziel der vollen Erleuchtung aufzugeben.

Auf dem Pfad des Ansammelns und dem des Vereinens kommt diese Einstellung in erster Linie von eigennützigen Gedanken und Taten. Sie führen dazu, die Pratimoksha- und Bodhisattva-Gelübde der Sutratradition zu verlieren. Und das Beschädigen der Mantrayana-Gelübde – wenn man in Konflikte mit dem Vajra-Meister oder den Vajra-Brüdern und Vajra-Schwestern gerät – ist ebenfalls auf eigennütziges Denken und Handeln zurückzuführen. Wir müssen uns deshalb ständig die Nachteile der Egozentrik vor Augen führen und an die Vorteile des kostbaren Bodhichitta denken, wie oben ausgeführt.

Shantideva fasst es so zusammen:

Braucht es langatmige Erklärungen?
Man muss nur die kindischen Wesen,
die lediglich im eigenen Interesse handeln,
mit den Weisen vergleichen, deren Tun allein dem Wohl der anderen gilt.[187]

Die Siegreichen, die voll erleuchteten Buddhas, die die Maras bezwungen haben, die alle Qualitäten der Verwirklichung besitzen und über Samsara und Nirvana hinausgegangen sind, haben diese Ebene erlangt, weil sie nach dem Wohl der anderen streben. Die unreifen Wesen hingegen haben seit anfangslosen Zeiten nur ihre Eigeninteressen verfolgt, die Interessen dieses sogenannten Ichs. Solange sie damit fortfahren, zu ihrem eigenen Wohl zu handeln, für ihr Ich, werden sie ohne Ende in Samsara kreisen. Wenn es also in Samsara und in Nirvana irgendein Glück und Wohlbefinden gibt, so rührt es her vom altruistischen Erleuchtungsgeist.

Chandrakirti sagt:

Shravakas und Pratyekabuddhas haben ihren Ursprung im Großen Weisen und Buddhas in den Bodhisattva-Helden.
Mitgefühl, Nichtdualität, das Streben nach Buddhaschaft zum Wohl der anderen –
durch dieses werden die Nachkommen der Siegreichen gezeugt.

Alle Leiden, ob deutlich fühlbar oder subtil, dieses Lebens und der künftigen Leben, alle Leiden der drei Welten von Samsara beruhen auf ichsüchtigen Gedanken und Taten. Der Egoismus verdient es, „Dämon" genannt zu werden. Wenn man sogar eine Kuh, die sich nicht melken lässt, als Dämon[188] bezeichnet, so ist der wahre Dämon das egoistische Verhalten, das uns aller temporären Qualitäten der Bodhisattva-Ebenen beraubt, sowie der Qualitäten des höchsten Resultats, der allwissenden Buddhaschaft. Das Mittel, um diesen Dämon zu vertreiben, ist der Erleuchtungsgeist, den man auch „die Praxis, die den Dämon verjagt" nennt.

Wie fängt man an? Indem ihr euch darin übt, andere als gleichwertig zu betrachten, mit ihnen zu tauschen, und schließlich euch mehr um andere zu kümmern als um euch selbst. Auf diese Weise lasst ihr nicht zu, dass Bodhichitta sich abschwächt, und werdet fähig, den Dämon des Egoismus zu vertreiben.

1.1 Andere als gleichwertig betrachten

Ihr habt seit anfangslosen Zeiten andere nicht als euch gleichwertig angesehen, und als Folge davon hängt ihr an denen, die euch nahestehen, und verabscheut eure Widersacher und alles, was sie betrifft. Beides müsst ihr jetzt aufgeben. Attraktion und Aversion rühren her von egozentrischen Gedanken und Taten. Nun, da ihr diese Fehler erkennt, dürft ihr euch nicht mehr wie zuvor verhalten. Denkt daran, dass ihr und andere eine einzige Familie bilden. Wie erreicht man das?

Denkt, dass jedes lebende Wesen, soweit das All reicht, eure Mutter ist und ihr ihr einziges Kind seid. Das Glück oder das Unglück des einen ist ebenso wichtig wie das Glück oder Unglück des anderen. Wenn ihr so denkt, kommt das Verfolgen eurer Eigeninteressen zum Stillstand.

● Alle zusammen Glück finden

„Alle Wesen sind meine Familie, wir alle möchten glücklich sein und nicht leiden." Denkt voller Liebe, dass ihr zusammenarbeiten müsst, um zusammen Glück zu finden. Und ebenso sehr, wie ihr in Gedanken danach strebt, zusammen glücklich zu werden, solltet ihr auch alles unternehmen, damit dies geschieht.

Denkt nun: „Alle Wesen streben nach Glück, nur wissen sie nicht, dass es auf heilsamem Verhalten beruht und darauf, dem richtigen Weg zu folgen. Außerdem haben sie keinen spirituellen Lehrer, der ihnen Führung gibt, und wenn sie einen haben sollten, so befolgen sie seine Unterweisungen nicht. Ich aber habe einen Lehrer getroffen und die Unterweisungen des Großen Fahrzeugs erhalten. Ich bin im Prinzip jemand, der praktiziert, die spirituellen Meister aufgesucht hat und weiß, was zu tun und was zu meiden ist. Es ist also an mir, allen Wesen zu Glück zu verhelfen."

Verbindet euch mit den Wesen durch die drei Bindeglieder: Das Bindeglied des Wunsches: „Mögen alle Wesen Glück erfahren, angefangen mit dem der Götter und Menschen in den höheren Bereichen bis zum Glück der vollkommenen Buddhaschaft. Mögen sie die Ursachen des Glücks haben, d. h. Vertrauen, die Entschlossenheit, sich zu befreien, und den kostbaren Erleuchtungsgeist." Dann das Bindeglied des Bestrebens: „Wie sehr ich danach strebe, dass es so sein möge!" Und das Bindeglied der Verpflichtung: „Ich werde selbst darüber wachen, dass sie glücklich werden."

Danach betet zu den Drei Juwelen.

Meditiert über die drei Bindeglieder und das Gebet, indem ihr an das Glück der drei höheren Bereiche denkt, und dann an die Ursachen für Glück. Sagt euch: „In Gedanken und Taten werde ich von nun ebenso für das Wohl aller Wesen sorgen wie für mein eigenes. Ich wünsche, dass wir alle zusammen Buddhaschaft erlangen, und werde alles tun, damit dies geschieht."

● Das Leiden aller zusammen beseitigen

Denkt Folgendes: „Soweit der Raum reicht, gibt es Wesen, und überall wo es Wesen gibt, leiden sie aufgrund ihres Karma. Unter all diesen seit anfangslosen Zeiten vom Leiden heimgesuchten Wesen gibt es kein einziges, das nicht meine Mutter, mein Vater oder jemand mir Teures gewesen ist. Und unter diesen, meinem Herzen so teuren Wesen, war meine Mutter es nicht nur einmal, sondern unvorstellbar oft. Wenn ich es mit Erdkügelchen von der Größe von Wacholderbeeren zählen müsste, wie viele Male, würde die Erde des gesamten Planeten nicht ausreichen. Und immer haben meine Mütter mit großer Güte für mich gesorgt."

Ruft euch die Güte dieser Wesen, die eure Mütter waren, in Erinnerung: die Güte, euren Körper produziert, euch geboren, mit allem Lebensnotwendigen versorgt und in das Leben eingeführt zu haben.

Fasst den Wunsch, ihre Güte zurückzuzahlen. Alle streben sie nach Glück, doch wissen sie nicht, dass es auf heilsamen Taten und auf dem Praktizieren eines authentischen Weges beruht. Sie haben keinen Lehrer, der sie führt, und würden die Unterweisungen eines spirituellen Freundes auch nicht richtig befolgen. Sie kennen kein Glück – weder das der drei höheren Daseinsbereiche der Menschen und Götter noch die Glückseligkeit der Buddhaschaft. Sie wollen nicht leiden, doch sind sie direkt von den drei Arten von Leiden der drei samsarischen Welten betroffen und indirekt von ihrem Karma und den negativen Emotionen als den Ursachen des Leidens.

Richtet eure Gedanken auf all diese Wesen und erzeugt Unparteilichkeit ihnen gegenüber, indem ihr sie alle als gleichwertig betrachtet, da sie alle eure Mütter waren. Denkt dann daran, dass sie nicht glücklich sind, und erzeugt Liebe, indem ihr wünscht, dass sie Glück und die Ursachen für Glück kennen mögen. Denkt an ihre Leiden und seine Ursachen und erzeugt Mitgefühl, indem ihr wünscht, dass sie davon befreit sein mögen. Und da ihr ihr Kind seid und es Kindern obliegt, für das Wohl ihrer Eltern zu sorgen, erzeugt Mitfreude, denn es ist undenkbar, eifersüchtig zu sein, wenn sie ohne euer Zutun zu etwas Glück gekommen sind. Freut euch einfach mit ihnen darüber.

Lasst auf diese Weise die vier Grenzenlosen in euch entstehen, sowohl während der Meditation wie auch zwischen den Sitzungen und geht schrittweise vor, d. h. erkennt, dass die Wesen eure Mütter waren, erinnert euch an ihre Güte usw.

Denkt nun Folgendes: „Die Leiden der Wesen sind meine Leiden. Wenn ich Kopfweh habe, ist es das Leiden der Götter. Wenn ich Halsschmerzen habe, sind es die Schmerzen der Halbgötter. Wenn es das Herz ist, sind es die Schmerzen der Menschen. Wenn es der Bauch ist oder andere untere Körperteile, sind es die Schmerzen der Wesen der drei niederen Daseinsbereiche. Ich muss die Leiden aller Wesen lindern, so wie meine Hand die Schmerzen meines Fußes lindert. Die nach Glück und dem Ende ihrer Leiden strebenden Wesen verhalten sich so, dass sie ihr tiefstes Bedürfnis durchkreuzen. Sie sind wie Blinde, die ohne Begleitung in einer verlassenen Gegend umherirren. Ich aber habe einen Meister und die Lehren des Großen Fahrzeugs gefunden und weiß, was getan werden soll und was nicht. Ich wünsche mir so sehr, dass alle Wesen vom Leiden und seinen Ursachen frei sein mögen. Wenn es doch so sein könnte! Ich werde dafür sorgen und die Drei Juwelen bitten, mir zu helfen." Und wie ihr in Gedanken die Leiden der anderen sowie eure eigenen lindern sollt, müsst ihr es auch in Wirklichkeit tun. Wenn ein Wesen auch nur Kopfschmerzen hat, sollte ein Bodhisattva den Schmerz mental spüren. Und was das konkrete Umsetzen dieser Wünsche angeht, so solltet ihr beispielsweise, wenn ihr zu zweit in den Schnee hinausgehen müsst und nur einer von euch ein Paar Stiefel hat, fähig sein zu teilen, sodass ihr auf diese Weise beide einen Fuß habt, der leidet, und einen, der geschützt ist.

Wir müssen also das Glück der Wesen bewirken und ihr Leiden beseitigen. Wenn sie ohne eure Hilfe glücklich sind aufgrund ihrer Taten der Vergangenheit, freut euch mit ihnen. Wenn beispielsweise euer jüngstes Kind das Glück der höheren Bereiche genießen könnte, das mittlere Kind das Glück eines Shravaka oder Pratyekabuddha und euer ältestes Kind die Glückseligkeit der Buddhaschaft, freut euch mit ihnen. Freut euch, wenn sie über die Ursachen für Glück verfügen, wie Vertrauen und die anderen Qualitäten. Und wünscht, dass ihr Glück und Wohlbefinden nie abnimmt oder aufhört, sondern im Gegenteil immer größer wird. Tut alles, um alle zusammen Glück zu finden.

Je nachdem, ob eure Praxis ins Einzelne gehend, kurz oder sehr kondensiert ist, meditiert entweder über die vier Grenzenlosen oder über Liebe und Mitgefühl oder auch nur über Mitgefühl – den Wunsch, die Wesen vom Leiden zu befreien.

Dies war relatives Bodhichitta.

Absolutes Bodhichitta ist die durch viele Male wiederholtes Analysieren erlangte Gewissheit, dass Subjekt, Objekt und Tat, obwohl erscheinend, ohne Eigenexistenz sind.

Apu Rinpoche pflegte das oben Gesagte so zusammenzufassen:

Im Glück seid wie zweifarbige Elstern, im Leiden wie schwarze Raben[189]*:*
Zusammen sucht nach Glück, zusammen beseitigt das Leid.

Während wir noch auf dem Weg sind, besteht die Praxis andere und sich selbst als gleichwertig zu betrachten darin, sie und uns selbst in Gedanken und Taten gleichzustellen, und zur Zeit der Frucht, die Gleichheit des Selbst und der anderen zu realisieren. Wir selbst und die anderen sind gleich hinsichtlich unseres Wesens, der Leerheit. Gleich vom Standpunkt der Manifestation der Leerheit her. Gleich vom Standpunkt der Manifestation der relativen Wahrheit her. Gleich vom Standpunkt der Einheit von Erscheinung und Leerheit her.

Dies war die Meditation über die Gleichheit nach der Tradition der Sutras.

1.2 Mit den anderen tauschen

Nachdem man sich an die Meditation über die Gleichheit von sich und den anderen gewöhnt hat, geht man über zur Bodhichitta-Meditation, mit den anderen den Platz zu tauschen. Abu erklärt diese Praxis anhand eines Beispiels:

„Stellt euch vor, dass ihr unter einer Gruppe von Schäfern der Einzige seid, der einen Regenschutz besitzt. Ihn dazu benutzen, sich in die Mitte zu stellen und die um euch herum zu bedecken, würde bedeuten, andere und euch selbst als gleichwertig zu betrachten. Alle anderen damit zu bedecken und selbst draußen im Regen zu stehen, das ist mit den anderen zu tauschen gemeint."

So es einen Fehler gibt in der Meditation darüber, zusammen Glück zu finden und zusammen Leiden zu beseitigen, ist es der, dass wir uns in den Mittelpunkt dieser Meditation stellen. Diesen Dämon der Ichhaftigkeit müssen wir nun vertreiben, und der Gedanke, mit den anderen zu tauschen, wird zu Recht ein Ritual zum Verjagen des Dämons genannt.

Wir beginnen wieder damit, durch die Praxis zu gehen, alle Wesen als unsere einstigen Mütter zu erkennen, ihre Güte zu würdigen und zu wünschen, ihnen diese zurückzuzahlen. Sie haben, wenn es ihnen an Nahrung und Bekleidung mangelte, ihrem Kind das geringste Fetzchen Stoff gegeben, das sie fanden, und jeden guten Bissen zu essen, den sie auftreiben konnten. Sie haben ihm ohne das geringste Zögern all ihr Hab und Gut geopfert. Selbst wenn ihr Sohn ein universeller König geworden wäre, hätten sie immer noch alles geopfert, um ihn glücklich und zufrieden zu machen. Allen Gewinn und Sieg haben sie ihrem Kind überlassen und alle Arten von Leiden auf sich genommen, Elend, negative Taten, einen schlechten Ruf. Sagt euch also, dass es nun an euch liegt, die Leiden eurer geliebten Mütter zu beseitigen und mit großem Mitgefühl auf euch zu nehmen.

● Die Leiden mit grossem Mitgefühl auf sich nehmen

Fragt euch, ob eure Mutter glücklich oder unglücklich ist. Die Antwort ist: Sie ist nicht glücklich. Sie leidet immerzu, unter den Leiden dieses Lebens – Geburt, Krankheit, Alter und Tod. Im Bardo sind es die Leiden des Übergangs zum nächsten Leben, wo sie neues Leiden erwartet. Ohne Unterlass wird sie von Hass und Unwissenheit gequält und den daraus folgenden zehn unheilsamen Taten. Wünscht euch: „Wenn sie doch vom Leiden und seinen Ursachen befreit würde! Ich wünsche das so sehr! Ich werde dafür sorgen, dass es geschieht!" Betet zu den Drei Juwelen, dass euer Wunsch Wirklichkeit wird, indem ihr rezitiert: „Ach, mitfühlende Drei Juwelen …, siegreiche Beschützer der Welt …, Helden, die ihr die Kraft des Mitgefühls besitzt …"

Doch es genügt nicht, dies alles einfach aus der Distanz zu tun.[190] Ihr müsst beten, dass das Leid eurer Mütter und seine Ursachen hier und jetzt auf euch zurückfallen! Sagt euch: „Ich wünsche mir so sehr, dass dieses Leiden über mich kommt! Ich werde dafür sorgen, dass es geschieht. Und dazu rufe ich euch, die Drei Juwelen an, die unfehlbare Zuflucht, spart nicht mit der Kraft und Wirksamkeit eures Mitgefühls! Und möge in gleicher Weise all mein gegenwärtiges Glück, und sei es noch so klein, sowie das temporäre Glück der Bodhisattvas und die höchste Glückseligkeit der Buddhaschaft im Geist meiner liebevollen Mütter ohne jeden Aufschub, hier und jetzt reifen. Wie sehr ich mir wünsche, dass es so sein möge! Ich werde dafür sorgen, dass es geschieht und die Drei Juwelen um ihre Hilfe bitten!"

Um euch leichter an diese Idee zu gewöhnen, könnt ihr von Zeit zu Zeit den Atem zu Hilfe nehmen. Stellt euch vor, dass eure geliebte Mutter mit der Luft, die sie ausatmet, alles Leiden und seine Ursachen in Form von schwarzem Rauch ausstößt und dass dieser Rauch, wenn ihr einatmet, in eure Nasenlöcher dringt und ihr damit ihr Leiden in euch aufgenommen habt, während sie nun davon befreit ist, gleich der Sonne am Ende einer Sonnenfinsternis. Sagt euch immer wieder, dass ihr die Leiden eurer Mütter auf euch nehmen werdet. Alles, was ihr denkt, soll darauf abzielen, ihre Leiden auf euch zu nehmen, und alles, was ihr tut, ebenso.

● Sein Glück mit grosser Liebe hergeben

Denkt aufs Neue: „Mögen meine Mütter alles denkbare Glück erfahren, von dem der höheren Bereiche bis zur höchsten Glückseligkeit der Buddhaschaft. Ich wünsche mir das so sehr! Und ich werde dafür sorgen, dass es geschieht!" Betet darum. Und weiter: „Mögen meine Mütter die Ursachen für Glück besitzen, die da sind Glaube, die Entschlossenheit, frei zu werden, und der kostbare Erleuchtungsgeist. Ich wünsche mir das so sehr! Und ich werde dafür sorgen, dass es Realität wird." Dann betet darum.

Doch das allein genügt noch nicht. Opfert euren Müttern euer ganzes Glück und Wohlbefinden, jede Form von Glück und alle Ursachen für Glück. Widmet ihnen alles. Stellt euch vor, dass eure Mütter von euch, ihrem Kind, dieses Geschenk erhalten und nehmt dabei den Atem zu Hilfe: Beim Ausatmen stellt euch vor, dass aus euren Nasenlöchern eure Langlebigkeit, euer Verdienst, eure Chancen, euer Einfluss, eure Macht, euer Vermögen und alles, was euch glücklich macht, in einem Strom von weißem Rauch wie bei einem Rauchopfer hervorkommt und eure Mütter dies beim Einatmen in sich aufnehmen. Ihr habt jetzt nichts mehr an Glück und seinen Ursachen, es ist eure Mutter, die es nun hat, als wenn ihr eure Kleider ausgezogen und ihr angezogen hättet. Alles, was ihr denkt, sollte darauf gerichtet sein, euren Müttern Glück und seine Ursachen zu opfern. Und alles, was ihr tut, darauf, ihnen jedes Glück, und sei es das allerkleinste, zu verschaffen.

● Diese Übung auf alle Wesen ausdehnen

Dehnt dann schrittweise eure Meditation über Liebe auf euren Vater, eure Brüder, Schwestern usw. aus. Und denkt: „Mögen auch sie jedwedes mögliche Glück erfahren, vom zeitweiligen Glück der höheren Bereiche bis zur höchsten Glückseligkeit der Buddhaschaft, und mögen sie die Ursachen für Glück besitzen!“ Stellt euch vor, ihnen euren Köper, Besitz und die zukünftigen Quellen des Verdiensts zu opfern.

Fasst am Ende der Sitzung folgenden Wunsch: „Mögen alle körperlichen und mentalen Leiden der das All bevölkernden Wesen, alle Hindernisse, die der Erfüllung ihrer Wünsche entgegenstehen, und all ihre unheilsamen Taten, Verfehlungen und Verdunkelungen in mir heranreifen, hier und jetzt.“ Wendet dabei die drei Bindeglieder an und betet zu den Drei Juwelen. Atmet dann die unheilsamen Taten und Verfehlungen der Gesamtheit aller Wesen in Form von schwarzem Rauch ein, und stellt euch vor, dass dieser Rauch sich in den Dämon der Eigenliebe im Inneren eures Herzens hinein auflöst, so wie sich ein Färbemittel in Wolle auflöst, und ihr nun mit den Leiden der Wesen und seinen Ursachen beladen seid.

Denkt, dass alle Wesen euch nahestehen, wie kostbar sie für euch sind, wie notwendig und unentbehrlich. Um euch an diese Gedanken zu gewöhnen, nehmt wie zuvor den Atem zu Hilfe.

Meditiert dann über Mitfreude. Da alle Wesen eure Mütter waren und ihr ihr Kind seid, könnt ihr einfach nicht eifersüchtig sein, wenn eure Mütter glücklich sind. Für die aktuelle Praxis gilt, dass es außer Frage steht, aus Eifersucht zu handeln und anderen Leiden zu bereiten. Ihr müsst vielmehr alles tun, sie glücklich zu machen!

Wenn ihr in anderen das Gegenteil von dem seht, was euch lieb und teuer, kostbar, notwendig und unentbehrlich ist, kommt es daher, dass ihr nur an eure eigenen Interessen denkt und in diesem Sinn handelt. Diesen Dämon der ichsüchtigen Gedanken und Taten müsst ihr austreiben!

Nachdem ihr über die drei Bindeglieder meditiert („Mögen alle Wesen Glück erfahren“ usw.) und zu den Drei Juwelen gebetet habt, stellt euch vor, an die Gesamtheit der Wesen alles, was ihr habt, zu verteilen, zu schenken, zu überlassen, euer Leben, euer Verdienst, eure Chancen, euren Einfluss, eure Macht, euren Körper, euer Hab und Gut, alles, was euer Glück und Wohlbefinden ausmacht, und dass all dies in ihren Besitz übergeht. Nehmt dabei wieder den Atem zu Hilfe. All dies sollte sowohl in Gedanken wie auch in Taten geschehen.

Diese Praxis des mit den anderen Tauschens läuft im Wesentlichen darauf hinaus, den anderen Gewinn und Sieg zu überlassen und Verlust und Niederlage auf sich zu nehmen. Das ist Bodhichitta, der Erleuchtungsgeist: sich mit Mitgefühl den Wesen zuwenden und mit Weisheit der vollkommenen Erleuchtung. Mit Mitgefühl auf sich zu nehmen, betrifft den ersten und mit Liebe zu geben, den zweiten dieser beiden Aspekte.

Es gibt in dieser Praxis vier verschiedene Arten des Tauschens[191]. Die erste betrifft die Wahrnehmung von sich selbst. Anstatt zu sagen „Alle Wesen sind ich“, stellt euch vor, dass der obere Teil eures Körpers die drei höheren Daseinsbereiche sind und der untere Teil die drei niederen Bereiche. Das ist eine neue Art, sich selbst zu sehen. Und wenn ihr sagt: „Alle Wesen sind meine Mütter und ich bin ihr Kind“, müsst ihr sie nun wirklich als Teil von euch betrachten.

Die zweite Art des Tauschens besteht darin, das Wertschätzen der anderen an die Stelle der Eigenliebe zu setzen. Nachdem ihr – wie wir oben gesehen haben – darauf verzichtet habt, nur um euch selbst zu kreisen, betrachtet fortan alle Wesen als wichtig, als kostbar, erfreulich, notwendig, ja sogar als unentbehrlich.

Die dritte Art ist das Eintauschen von Glück gegen Leid. Bisher habt ihr Gewinn und Sieg für euch selbst reserviert und den anderen Verlust und Niederlage überlassen. Die Wärme war für euch, die Kälte für die anderen. Von nun an wird es umgekehrt sein. Ihr werdet allen Gewinn und Erfolg den anderen zueignen und jeden Verlust und alles Versagen auf euch nehmen. Ihr werdet den anderen die gemütliche Wärme lassen und die Eiseskälte für euch selbst reservieren. Kurz, ihr werdet alle Arten des Glücks und Wohlbefindens den Wesen geben und alles Leiden auf euch nehmen. Nehmt dabei wie vorher das Ein- und Ausatmen zu Hilfe.

Es ist sinnlos, an ein Ich oder ein Selbst zu glauben, wo keines ist. Euer Geist[192] ist ein umherziehendes Bewusstsein, das auch schon das der Götter und anderer Wesen gewesen ist. Und wenn ihr darüber nachdenkt, woher euer Köper stammt, so sind seine Ursache in erster Linie eure heilsamen und unheilsamen Taten der Vergangenheit und in zweiter Linie das Eindringen eures Bewusstseins in Ei und Sperma eurer Eltern. Euer Körper und euer Geist sind also Körper und Geist von anderen. Und dennoch betrachtet ihr beides als euch selbst. Seit anfangslosen Zeiten seid ihr gewohnt, an ein Ich zu glauben, das in der Vergangenheit existierte, in der Gegenwart existiert und in Zukunft existieren wird. Und aus diesem Grund möchtet ihr Profit, Lob, Vergnügen und Anerkennung für euch haben – in anderen Worten die vier günstigen Umstände unter den acht weltlichen Anliegen –, d. h., ihr reserviert Gewinn und Sieg für euch und überlasst den anderen Verlust und Niederlage, d. h. die vier ungünstigen Umstände unter den acht weltlichen Anliegen, nämlich Verlust, Kritik, Unerfreuliches, Beschämung. Aufgrund dieses Fehlers irrt ihr bis heute durch die samsarischen Bereiche.

Jetzt seht ihr, wie falsch es ist, seine eigenen egozentrischen Ziele zu verfolgen. Ihr erkennt, dass die anderen ihr seid und ihr die anderen. Versetzt euch an ihre Stelle und betrachtet sie als euch selbst. Opfert ihnen allen Gewinn und Sieg und nehmt Verlust und Niederlage auf euch. Indem ihr das tut, werden dank der Güte der Wesen eure zukünftigen Leben mit den acht Freiheiten und zehn Reichtümern ausgestattet sein, und am Ende werdet ihr Buddhaschaft erlangen.

Die Gewohnheit, an eure eigenen Interessen zu denken, war ein Fehler, der euch alle eure Leben hindurch seit anfangslosen Zeiten bis zum heutigen Tag durch Samsara wandern ließ und es weiterhin endlose Leben hindurch tun wird. Denkt also darüber nach, wie falsch es ist, um sich selbst zu kreisen, und welchen Vorteil es hat, andere mehr zu schätzen als sich selbst. Übt euch darin bei allen täglichen Aktivitäten, sei es Essen, Schlafen, Gehen, Sitzen oder was immer, und nehmt dabei Gebete wie dieses zu Hilfe:

Wenn ich glücklich bin, widme ich mein Glück allen Wesen.
Möge es das Universum mit Glückseligkeit füllen!
Wenn ich leide, will ich das Leid der anderen tragen.
Möge ich das Meer des Leidens austrocknen!

Oder:

Der Lebewesen sind so viele, wie das All weit ist,
mögen ihr Leiden und seine Ursachen sie verlassen und in mir heranreifen!
Mögen all mein Glück und mein Verdienst ohne Ausnahme
auf meine Mütter übergehen. Mögen sie alle Buddhaschaft erlangen.

Oder denkt an den Satz: „Drei Objekte, drei Gifte, drei Wurzeln der Tugend […].“[193]

Wenn ihr leidet oder seine Ursachen schafft und besonders wenn ihr die Samayas brecht, betrachtet dies nicht als unerwünscht, sondern nehmt die geschickten Mittel des Bodhisattva zu Hilfe, um es auf dem Pfad zu nutzen. Wenn ihr glücklich seid oder eine Ursache für Glück geschaffen habt, praktiziert als die Essenz von Bodhichitta das Geben eures Glücks und Verdienstes mit großer Liebe.[194] Wenn euch Leiden trifft oder wenn ihr eine Ursache für Leiden schafft, praktiziert das Auf-euch-Nehmen des Leidens der anderen mit großem Mitgefühl, damit dadurch kein Hindernis auf dem Pfad zur Erleuchtung entsteht. Bemüht euch mit diesen beiden Übungen, Glück und Leiden in den Pfad zu transformieren.

Wenn ihr auf diese Weise euer Glück und seine Ursachen den Wesen schenkt, so betrifft dies die vier günstigen Umstände unter den acht weltlichen Anliegen, und wenn ihr ihre Leiden auf euch nehmt, die acht ungünstigen.

Wenn ihr irgendeinen Schmerz oder ein Unwohlsein habt, und sei es so etwas Triviales wie Kopfweh, nehmt die Leiden aller Wesen in den drei Welten von Samsara in euch auf und denkt: „Möge ich dieses Kopfweh stellvertretend für alle Wesen haben. Wenn ich krank bin, möge es stellvertretend für alle an Krankheiten leidenden Wesen sein. Mögen meine Schmerzen stellvertretend für die Schmerzen aller Wesen sein. Wenn ich sterbe, möge mein Tod stellvertretend für den Tod der Wesen sein.“

• Negativen Gedanken entgegenwirken

Wenn die Ursachen des Leidens in Form von Gedanken der Gier, des Hasses oder der Konfusion in euch aufkommen, wendet den Erleuchtungsgeist an und praktiziert ihn.[195] Am Anfang erzeugt absichtlich einen Gedanken – z. B. der Gier in euch – und sagt euch dann Folgendes: „Möge dieser Gedanke der Gier an die Stelle aller negativen Gedanken treten, die die Wesen dazu bringen, unheilsame Taten, die Ursachen von Leiden, zu begehen. Mögen alle auf Gier beruhenden Gedanken der Wesen in mir zur Reife kommen. Mögen an die Stelle ihrer Gedanken des Hasses und der Konfusion meine Gedanken der Gier, des Hasses, der Konfusion treten. Mögen sie alle in mir zur Reife kommen. Mögen alle Wesen frei sein vom Leiden und seinen Ursachen – Gier, Hass, Konfusion – und möge ihr Leiden mir aufgebürdet werden."

Macht also richtigen Gebrauch vom Leiden aller Wesen und seinen Ursachen, indem ihr sagt: „Wenn ich krank bin, möge ich es stellvertretend für alle kranken Wesen sein. Mögen meine Schmerzen an die Stelle der ihren treten. Möge mein Unglück anstelle ihres Unglücks treten, und wenn ich sterbe, mein Tod anstelle ihres Todes.

• Verbindungen schaffen

Jede Verbindung mit einem Bodhisattva ist bedeutend. Wer eine gute Beziehung herstellen kann, wird Buddhaschaft in einem Leben erlangen. Und auch eine schlechte Verbindung mit ihm bedeutet für die Betreffenden den Anfang vom Ende von Samsara.

Über die Praxis des Auf-sich-Nehmens hinaus müsst ihr allen Wesen die drei Dinge geben, die geeignet sind, sie mit dem zu versorgen, was notwendig ist, um Glück zu erreichen, und mit den Bedingungen für die Beseitigung ihrer Leiden.

(A) Den eigenen Körper hergeben

Fasst den folgenden Wunsch: „Alle Körper, die ich in früheren Leben hatte, habe ich nicht sinnvoll genutzt. Von heute an, bis ich Buddhaschaft erlange und welchen Körper ich in der Zwischenzeit auch haben werde, sei er so groß wie der von Indra oder Brahma oder so klein wie eine Ameise, und egal, ob sich die Wesen positiv mit reiner Sicht auf mich beziehen oder auf negative Weise mit Begierde, Hass oder Unwissenheit, mögen alle, die meine Form sehen, meine Stimme oder die Geräusche, die ich mache, hören, die meinen Körper berühren, an mich denken oder sogar den Geruch meines verwesenden Leichnams riechen, dadurch von ihren Krankheiten geheilt und von negativen Einflüssen befreit werden. Mögen dadurch ihre körperlichen Schmerzen, ihre Ängste und ihre Frustration aufgrund unerfüllter Wünsche gemildert werden. Kurz: Möge ich fähig sein, alles Leiden der drei Welten zu stillen, alle negativen Emotionen wie Gier, Hass, Konfusion zu befrieden und alle von diesen hervorgerufenen Taten zu verhindern. Möge ich alle Wesen vom Leiden und seinen Ursachen befreien!"

Betet dafür, dass alle, die euch sehen, hören, an euch denken oder euch berühren, jede Art von Glück erfahren, von dem der höheren Bereiche der Menschen und Götter bis zur höchsten Glückseligkeit der Buddhaschaft, und dass sie die Ursachen für Glück besitzen, die in Vertrauen, dem festen Entschluss, sich aus Samsara zu befreien, und dem kostbaren Erleuchtungsgeist bestehen.

(B) Seinen Besitz hergeben

Da alles, was ihr in der Vergangenheit besessen habt, für sinnlose Zwecke ausgegeben und vergeudet wurde, betet auf folgende Weise: „Von heute an, ob ich ein Bettler bin, der nur einen Bettelstab sein eigen nennt, oder der Besitzer eines riesengroßen Vermögens, möge jede Berührung der Wesen mit dem, was ich besitze, sei es durch Sehen oder davon Hören oder durch die anderen Sinnesorgane, sei sie gut, weil auf Vertrauen und reiner Sicht beruhend, oder schlecht, weil auf Gier, Hass und Unwissenheit gegründet, ihrem Leiden und seinen Ursachen ein Ende bereiten. Mögen die

Kranken dadurch von ihrer Krankheit geheilt werden und die von negativen Kräften Besessenen davon befreit sein. Mögen die physischen und mentalen Leiden der Wesen und ihre Frustration aufgrund unerfüllter Wünsche dadurch schwinden. Mögen sie keine Gedanken der Gier, des Hasses und der Konfusion mehr haben. Mögen sie alle Glück finden, von dem der höheren Bereiche bis zur Glückseligkeit der Buddhaschaft. Und mögen die Ursachen für Glück –Vertrauen, die Entschlossenheit, sich aus Samsara zu befreien, und der Erleuchtungsgeist – in ihnen entstehen."

Betet dafür, dass eure Besitztümer alle, die sie sehen, berühren oder davon hören, zur Befreiung führen, und ruft die Wahrheit des Buddha, des Dharma und des Sangha an, dass dies geschehe.

(C) Sein Verdienst hergeben

Geht ebenso mit eurem Verdienst vor, den heilsamen Taten der Vergangenheit, Gegenwart und Zukunft. Sprecht wie vorher ein Gebet und ruft die Wahrheit der Drei Juwelen an: „Möge jede Verbindung, die die Wesen mit irgendeinem ihrer Sinne mit meinem Verdienst eingehen, sei es geringfügig oder aber das immense fleckenlose Verdienst, das zur Allwissenheit der Buddhaschaft führt, möge jede dieser Verbindungen, ob positiv, weil auf Vertrauen und reiner Sicht beruhend, oder negativ, weil auf Gier, Hass oder Unwissenheit beruhend, sinnvoll sein."

Dies alles war die Praxis des mit anderen tauschen.

I. 3 Andere mehr schätzen als sich selbst

Wenn ihr euch mental darin geübt habt, mit anderen den Platz zu tauschen, und wenn ihr euch wirklich daran gewöhnt habt, müsst ihr nunmehr die anderen höher schätzen als euch selbst. Diese Praxis, für die uns der Meister Maitriyogi ein Beispiel geliefert hat[196], ist als Ergebnis der Übung im relativen Bodhichitta auch für gewöhnliche Wesen möglich. Doch die tatsächliche Fähigkeit, andere wichtiger als sich selbst zunehmen, stellt sich erst ein, nachdem man die Weisheit des Pfades des Sehens verwirklicht hat und damit einhergehend die vier Gleichheiten:

- Die Gleichheit von sich und den anderen in der absoluten Wahrheit, frei von jedem Konzept[197]
- Die Gleichheit von sich und den anderen in der relativen Wahrheit als magische Illusionen
- Die Gleichheit von Buddhas und den Wesen
- Die Gleichheit von sich selbst und den Buddhas

Erst von da an könnt ihr das Wohl der Wesen tatsächlich bewirken. Wenn euch dann jemand den Kopf abhacken und wegtragen möchte, hängt ihr nicht mehr daran als an einem Stein oder einem Klumpen Erde. Dann habt ihr die Fähigkeit, an andere als wichtiger als euch selbst zu denken. Als Anfänger jedoch wird dies praktiziert, indem man sich im relativen Bodhichitta übt.

Es gibt zwei Wege, dem Glauben an ein Ich ein Ende zu setzen: durch die geschickten Mittel oder durch Weisheit. Zuerst müsst ihr die geschickten Mittel anwenden, indem ihr andere als gleichwertig betrachtet, mit anderen tauscht, und andere höher schätzt als euch selbst. Hierdurch durchtrennt ihr die um das eigene Wohl kreisenden Gedanken. Und dann könnt ihr dank der Weisheit, die die Realisierung der absoluten Wahrheit möglich macht und die aus der Praxis der geschickten Mittel hervorgeht, den Glauben an ein Ich entwurzeln.

Ihr müsst also zuerst relatives Bodhichitta fest in euch verankern, indem ihr ständig darüber meditiert, und danach absolutes Bodhichitta zum Gegenstand eurer Praxis machen. Die erste Praxis zügelt egoistische Gedanken, die zweite lässt sie völlig verschwinden.

Diese Übung in Bodhichitta reicht für ein ganzes Leben. Ihr solltet also alles, was euch geschieht, Glück und Unglück, in diesen Weg integrieren. Niemand ist ununterbrochen glücklich oder unglücklich. Manchmal ist man glücklich, manchmal unglücklich. Wenn alles Glück und Unglück, das euch widerfährt, zum Weg zur Erleuchtung wird und Leiden nicht mehr ein Hindernis auf dem Weg ist, seid ihr ein Bodhisattva, erfahren in geschickten Mitteln. Als Bodhisattva solltet ihr, wenn ihr glücklich seid, gelassen bleiben, und wenn ihr die Ursachen für Glück – Vertrauen, die Entschlossenheit, sich zu befreien, und den kostbaren Erleuchtungsgeist –

habt, nicht daran haften. Und da dies alles durch einen Anfall von Hass zerstört werden kann, solltet ihr, bevor dies geschieht, alles den Wesen widmen. Wenn euch Unglück und Leiden treffen, etwa eine Krankheit wie Lepra oder Pocken, wenn ihr durch einen Schlaganfall gelähmt werdet oder unter den Einfluss negativer Kräfte geratet, solltet ihr dies wie in der Praxis der Zufluchtnahme als das Mitgefühl der Drei Juwelen erkennen. Sagt euch, dass dank des Mitgefühls der Drei Juwelen alle im Lauf eurer vergangenen Leben angesammelten negativen Taten, die ihr Resultat in zukünftigen Leben zeitigen würden, jetzt heranreifen. Stellt euch vor, dass alle Leiden der das All bevölkernden Wesen zu eurem Leiden hinzugefügt werden und dadurch die ihrigen getilgt werden.

Wann immer Begehren oder Hass und andere Ursachen künftiger Leiden in euch aufkommen, sagt euch, dass es sich um eine Botschaft des Mitgefühls der Drei Juwelen handelt. Fasst den Wunsch, dass diese negativen Emotionen anstelle derer der Wesen treten und dass das Karma und die negativen Emotionen aller lebenden Wesen in euch heranreifen mögen.

Derart alle Leiden und seine Ursachen in den Weg zu integrieren, heißt, sie zu euren Gefährten auf dem Weg zur Erleuchtung zu machen, während unzähliger Leben begangene negative Taten zu läutern und die Ansammlung von Verdienst und Weisheit zu vervollständigen.

Wenn immer ihr jemanden etwas Negatives tun seht, wie z. B. seine Gelübde zu brechen, praktiziert *Tonglen* – Geben und (auf euch) Nehmen. Um eure eigenen Gelübde nicht zu brechen, nehmt die Gegenmittel wie Erinnerung und Wachsamkeit zu Hilfe und ihr werdet keine Fehler begehen, die zu einem ernsthaften Bruch führen, ähnlich wie eine noch nicht völlig tote Schlange nie von einer Krähe aufgefressen wird. Ohne Gegenmittel kann sich selbst der kleinste Fehler zu einem Bruch entwickeln, so wie eine einfache Krähe sich vor einer toten Schlange für einen Adler halten kann.[198] Es ist also wichtig, die Kraft der Gegenmittel zu stärken. Da ihr ein Bodhisattva seid, ein Schüler des Siegreichen, des perfekten Bhagavan Buddha, der einem Löwen vergleichbar ist[199], müsst ihr gleich jungen Löwen all euren Mut und eure Ausdauer mobilisieren, um zu verhindern, einen Bruch zu begehen. Solltet ihr jedoch selbstgerecht und hochmütig werden, weil ihr die Gelübde einhaltet und andere dazu bringt, es ebenfalls zu tun, und dann als etwas Realem daran haftet, ist dies das Werk von Mara und ihr müsst davon ablassen.

Wenn wir uns immer wieder darin geübt haben, im Geist mit anderen zu tauschen, erwerben wir die Fähigkeit, den „einen Geschmack" der acht weltlichen Anliegen zu entdecken, welche haben wollen und nicht haben wollen beinhalten, und können nun darüber meditieren, andere mehr zu lieben als uns selbst.

Sagt euch Folgendes: „Von nun an werde ich – egal, ob ich Erleuchtung erlange oder nicht – alle Leiden der Höllen, der Pretas und in den anderen der sechs Daseinsbereiche auf mich nehmen und ertragen und der Gesamtheit der Wesen mein ganzes Glück, alles was mich glücklich macht, schenken."

Seht in allen Wesen, vom Gipfel der Existenz bis hinab zur Hölle der höchsten Qual eure früheren Mütter. Denkt an ihre Güte und fasst den Wunsch, sie ihnen zurückzuzahlen. Wenn ihr sie dann aus ihrem Leiden befreien möchtet, sagt euch: „Mögen sich alle Wesen aus den drei Arten des Leidens und von dessen Ursachen befreien – den Geistesgiften Gier, Hass und Unwissenheit sowie von den davon herrührenden zehn negativen Taten, den fünf Verbrechen mit unmittelbaren Folgen, den fünf fast ebenso schweren Verbrechen, den vier schweren Fehlern, den acht bösartigen Taten[200] und Ähnlichem. Wie sehr ich mir wünsche, dass sie befreit werden! Ich selbst werde diese Aufgabe übernehmen." Betet sodann zu den Drei Juwelen.

Doch damit ist es noch nicht getan. Ihr müsst euch darüber hinaus sagen: „Mögen alle Leiden mir ohne Aufschub sofort aufgebürdet werden." Dann nehmt sie in eurer Vorstellung und tatsächlich auf euch. „Mögen ihre Leiden mir wirklich zuteilwerden, möge ich das Fleisch, Blut, die Knochen, die Krankheit, den Tod aller Lebewesen durch mein Fleisch, Blut, meine Knochen, meine Krankheiten und meinen Tod ersetzen. Auch wenn ich in den Höllen wiedergeboren werde, nehme ich alle Leiden der sich dort befindenden Wesen auf mich!" Oder stellt euch vor, dass euer Körper sich so oft vervielfacht, wie es nötig ist, den Körper jedes Wesens zu ersetzen, und so riesengroß ist, dass er die sechs

Daseinsbereiche der drei Welten von Samsara ausfüllt. Der obere Teil erduldet die Leiden der drei höheren Bereiche, vom Leiden der Veränderung bis zum alles durchdringenden Leiden dessen, was zusammengesetzt ist. Die Wesen der höheren Bereiche sind dadurch von allem Leiden befreit. Der untere Teil eures Körpers erfährt die Leiden der drei niederen Daseinsbereiche, angefangen mit den direkten Leiden. Alle Wesen in diesen Bereichen sind nun vom Leiden befreit und glücklich.

Denkt genau über das Leiden in den Höllen und den anderen Bereichen nach und nehmt es auf euch. Stellt euch vor, dass die dort lebenden Wesen, eure Mütter, dadurch von ihren Qualen befreit sind und alle Arten von Glück erfahren, vom Glück der Bereiche der Menschen und Götter bis zu dem der vollkommenen Buddhaschaft, und dass jedes einzelne Wesen Erleuchtung erlangt. Zum Schluss denkt, dass dies durch euer Verdienst ermöglicht wurde, und freut euch darüber. Gleichzeitig müsst ihr wissen, dass dies nicht in einem Augenblick geschehen kann. Aber selbst wenn es ebenso viele Kalpas braucht, wie es Sandkörner im Ganges gibt, das Wohl eines einzigen Wesens zu bewirken, ihr seid bereit, es zu ertragen.

Wünscht euch also, dass alles Leiden der Wesen auf euch zurückfällt und denkt: „Da ich dies auch in die Tat umsetzen muss, möge es genügen, daran zu denken, damit es auch tatsächlich geschieht. Möge alles Karma, alle negativen Emotionen, die dieses Leiden verursachen, ebenfalls auf mich zurückfallen.“ Gebt dann alles, was euer eigenes Glück und Wohlbefinden ausmacht, der Gesamtheit der Wesen und widmet es ihrem Wohl.

Das Geben mit großer Liebe geschieht mit folgenden Worten: „Von nun an soll es kein einziges Wesen mehr geben, dem ich nicht meinen Körper, mein Hab und Gut und mein in Vergangenheit, Gegenwart und Zukunft angesammeltes Verdienst schenke. Ich werde all dies großzügig so viele Male geben und widmen, wie es Staubkörnchen auf der ganzen Erde gibt. Und wenn ich alles gegeben habe, werde ich meinen Geist nicht nach außen wenden.[201] Ganz gleich, ob die Wesen mir Zaumzeug in den Mund und einen Sattel auf den Rücken legen, oder mir andere Leiden aufbürden, mögen sie mit mir machen, was sie wollen. Übrigens: Wenn ich den Dingen ein Selbst zuschreibe, wenn ich denke ‚mein Körper‘, ist das nicht die Art eines Bodhisattva. Wenn ich meinen Körper, mein Hab und Gut und mein Verdienst, ohne daran zu hängen und ohne zu zögern, hergebe, nützt das nicht nur den Wesen, sondern indirekt auch mir."

Dies waren also die Methoden, zu verhindern, dass der Erleuchtungsgeist des Bestrebens sich abschwächt. Dass der Erleuchtungsgeist der Umsetzung sich abschwächt, wird durch die Übung in den sechs Paramitas verhindert.

Nachdem ihr die beiden Bodhichitta-Gelübde abgelegt habt, müsst ihr euch in den jeweiligen Vorschriften üben.

2. Die Übung in den Richtlinien für den Erleuchtungsgeist des Umsetzens

Die Aktivitäten der Bodhisattvas, unendlich in ihrer Zahl, können zu den sechs Paramitas zusammengefasst werden. Diese lassen sich wiederum zusammenfassen in die Anhäufung von Verdienst mit Konzepten, mittels der ersten fünf Paramitas (Großzügigkeit, Disziplin, Geduld, Eifer, Konzentration) – was die Praxis der geschickten Mittel darstellt – und die nicht konzeptuelle Anhäufung von Weisheit – die sechste Paramita, transzendente Weisheit, der Aspekt der Sicht.

Die sechs Paramitas müssen begleitet sein von der Entschlossenheit, sich zu befreien, und von der Weisheit, die die Nichtexistenz eines Selbst realisiert. Fehlt die Sicht der Leerheit, sind sie begrenzt und führen lediglich zum Frieden der Shravakas und Pratyekabuddhas. Buddhaschaft ist jedoch nicht in den zwei Extremen zu finden; das Extrem von Samsara wird mittels der Sicht vermieden, und das Extrem von Nirvana durch Mitgefühl. Die sechs transzendenten Vollkommenheiten heißen so, weil durch sie „die andere Seite" erreicht werden kann, jenseits von Samsara und jenseits von Nirvana.

Geschickte Mittel und Weisheit dürfen nicht voneinander getrennt werden. Wenn die geschickten Mittel des großen Mitgefühls mit der Weisheit von der Leerheit gepaart sind, siegen die geschickten Mittel über das Extrem von Nirvana und Weisheit über das von Samsara.

Wer sich in den sechs Paramitas übt und noch auf dem Pfad des Bestrebens ist, für den sind die Paramitas nur dem Namen nach transzendent. Praktizierende auf dieser Stufe haben nicht wirklich die Fähigkeit, ihren Kopf und ihre Glieder herzugeben. Sie tun das in Gedanken und bewahren ihren Körper. Da sie keine direkte Vision der Leerheit, sondern nur ein abstraktes Verständnis davon haben, würden sie eine ernste Verfehlung begehen, wenn sie tatsächlich ihren Kopf und ihre Glieder opferten. Sie praktizieren Freigebigkeit, Disziplin, Geduld, Eifer, Konzentration und Weisheit nur als Bestreben und so sind die sechs Vollkommenheiten hier nicht transzendent zu nennen.

Die Praxis der sechs Paramitas ist erst authentisch ab dem Pfad des Sehens, wo die Wahrheit der Dharmata tatsächlich gesehen wird, wo Soheit gesehen wird, wo die höchste Vollkommenheit realisiert wird, wobei die verschiedenen Namen alle ein und dasselbe bezeichnen. Von dem Zeitpunkt an, da man auf dem Pfad des Sehens das realisiert hat, was zu realisieren ist, bis zur zehnten Bodhisattva-Ebene ist man während der Meditation frei von mentalen Konstruktionen. In der Nachmeditation müssen die sechs Paramitas noch vervollkommnet werden. Auf der ersten Bodhisattva-Ebene wird Freigebigkeit praktiziert und entsprechend danach die anderen Tugenden. Danach ist man fähig, seinen Kopf und seine Glieder tatsächlich herzugeben. Alles wird als Leerheit erkannt, die Meditation ist frei von Erscheinendem und in der Nachmeditation werden alle Dinge als die acht Gleichnisse für Illusion erfahren. Auf diese Weise sind die sechs Paramitas vervollkommnet.

In diesem Stadium bedeuten die Paramitas, z. B. Freigebigkeit nicht einfach das Geben von irgendetwas. Von Natur aus leer, aber von der Seite der Erscheinungen aus manifestieren sie sich z. B. unter dem Aspekt der Freigebigkeit. Sie sind die Aktivität der Leerheit und führen zum perfekten Resultat, von den provisorischen Etappen der zehn Ebenen bis zur vollkommenen Buddhaschaft. Und so sind auf den zehn Stufen alle transzendenten Vollkommenheiten authentisch, die zwei Anhäufungen sind gleichzeitig realisiert, die Meditation ist frei von Erscheinungen und in der Nachmeditation werden die Phänomene als Illusionen wahrgenommen.

Durch die Übung in den sechs Paramitas auf dem langen Weg, dem kurzen oder den raschen Pfad solltet ihr die drei Etappen zu Ende bringen: die Vervollständigung, die Reife, die Reinigung.

Mittels der sechs Paramitas wird die unendliche Ansammlung von Verdienst und Weisheit vervollständigt. Mittels der sechs Paramitas wird eine unendliche Zahl von Wesen zur Reife gebracht, indem sie auf die jeweiligen Wege der drei Arten von Erleuchtung etabliert werden. Und mithilfe der sechs Paramitas solltet ihr euch in der reinen Wahrnehmung unendlicher Welten, reiner und unreiner[202], üben im Einklang mit dem Wunsch: „Mögen sich dank des durch meine Übung in den sechs Paramitas erworbenen Verdienstes in der Zukunft die reinen und unreinen Welten, in denen ich meinen Geist trainieren möchte, nach meinen Wünschen manifestieren."

Verdienst stellt hier die primäre Ursache dar und die Wunschgebete die beitragenden Bedingungen. Beispiele für reine Welten sind das Buddha-Gefilde von Manjushri und das reine Land Sukhavati. Beispiel für unreine Welten ist unsere jetzige Welt, das Buddha-Gefilde von Buddha Shakyamuni.

2.1 Freigebigkeit

Als Anfänger-Bodhisattvas dürft ihr bei allem, was ihr tut, nie von Freigebigkeit und den anderen Paramitas abweichen. Praktiziert sie ununterbrochen in Gedanken, und in Taten übt euch darin, zuerst ein wenig zu geben und dann entsprechend euren Möglichkeiten mehr und mehr. Wer geizig ist, sollte Freigebigkeit auf folgende Weise entwickeln: Zuerst gibt man etwas von seiner linken in seine rechte Hand, und wenn man sich daran gewöhnt hat, kann man allmählich anderen etwas geben, Gemüse und später zubereitete Speisen und so fort, bis man dann am Ende seinen Kopf und seine Glieder hergeben kann.

Bodhisattvas üben sich in den sechs Paramitas von der ersten bis zur zehnten Ebene hauptsächlich mit Taten und weniger in der geistigen Haltung, während für Anfänger die Sicht am wichtigsten ist, weil dieser Glaube an ein „Ich" und an „mein" uns in Samsara gefangen hält. Das

Gegenmittel für dieses Haften an Ich und an mein ist der Weg des dreifachen Trainings, und das wichtigste Element dieses Weges ist die Weisheit, die im Rahmen der Wahrheit vom Weg die Nichtexistenz des Selbst realisiert. Wenn ihr diese Weisheit zu Hilfe nehmt, um herauszufinden, ob das Selbst von den fünf Aggregaten verschieden ist oder nicht, begreift ihr, dass die Vorstellung von einem Individuum keine Basis hat. Wenn ihr dann die fünf Aggregate – die Basis für ein vorgestelltes Selbst – als aus Teilchen und Momenten des Bewusstseins bestehend analysiert habt, werdet ihr zu dem Schluss kommen, dass die Aggregate keine ihnen innewohnende Existenz haben.

Auf diese analytische Meditation, die zur Erkenntnis der Nichtexistenz eines Selbst im Individuum und in den Phänomenen führt, solltet ihr euch konzentrieren.

Auf dem Pfad des Sehens wird die Sicht direkt erfahren und so die letztendliche Natur realisiert. Dann gewöhnt man sich auf dem Pfad der Meditation daran, indem man sie ständig aufrechterhält. Deshalb ist die Sicht für Anfänger ausschlaggebend.

Die sechs Paramitas können unter dem Blickwinkel ihrer Essenz und dem ihrer verschiedenen Aspekte klassifiziert werden. Die Meditation betrifft ihre Essenz, und in der Nachmeditation denkt man über ihre verschiedenen Aspekte nach. Teilt eure Praxis als Erstes ein in Perioden der Meditation und der Nachmeditation. Die Vorbereitungen für jede Sitzung sind so wie immer. Wenn ihr das Gebet sprecht, stellt euch vor, dass all die erstaunlichen Qualitäten der Paramita der Freigebigkeit oder der anderen Paramitas (als Gegenstand eurer Meditation), die im Weisheitsgeist eures Meisters gegenwärtig sind, sich nun in eurem eigenen Geist entfalten. Sein Weisheitsgeist mischt sich mit eurem Geist. Verweilt in diesem Zustand so lange wie möglich.

Im Hauptteil der Praxis ist der Gegenstand eurer Meditation Freigebigkeit. Die zu gebenden Dinge sind euer Körper, euer Besitz, euer Verdienst aus Vergangenheit, Gegenwart und Zukunft. Beginnt mit der Erkenntnis der Wesen als eurer früheren Mütter, ruft euch ihre Güte in Erinnerung und fasst den Wunsch, ihnen ihre Güte zurückzuzahlen. „Ich sammle alles, was ich besitze, angefangen mit meinem Körper und alles andere, was sich in meiner Meditationsklause befindet, sowie alle Körper, Besitztümer und Verdienste, die ich haben werde, bis ich Buddhaschaft erlange, und gebe und widme es meinen Müttern, um ihnen zu helfen, die Ursachen für vorläufiges Glück und höchstes Glück zu erlangen und alle ihre Leiden zu beseitigen."

Um es zusammenzufassen: Wem gelten eure Opfergaben? Allen Wesen. Was ist es, das ihr ihnen opfert? Euren Körper, euren Besitz und euer Verdienst. Zu welchem Zweck? Damit alle das vorläufige Glück der höheren Welten erfahren und am Ende zur Buddhaschaft gelangen. Wie gebt ihr es? Ohne etwas in diesem Leben zurückzuerwarten, oder in den Genuss des karmischen Effekts eurer Tat in künftigen Leben zu kommen.

Anschließend betet dafür, dass jede Verbindung, die ihr mit den Wesen eingeht, sinnvoll sein möge, ganz gleich, ob sie negativ ist, weil einige euch feindlich gesinnt sind, euch geschlagen oder euch auf andere Weise wegen ihrer Gier, ihres Hasses oder ihrer Unwissenheit schlecht behandelt haben, oder positiv, weil auf Vertrauen und reiner Sicht beruhend.

Während der Meditationssitzung müsst ihr euch die Gesinnung der Freigebigkeit angewöhnen, und wenn ihr dies zwischen den Sitzungen in die Praxis umsetzt, fangt mit dem Geben kleiner Gaben an, und lasst sie allmählich immer größer werden.

Opfergaben für die erhabenen Wesen und milde Gaben für gewöhnliche Wesen sind beides Teil der transzendenten Freigebigkeit.

Nehmt als Beispiel das Schenken von materiellen Dingen. Wenn ihr als Bodhisattva einen Bettler auf euch zukommen seht, solltet ihr hocherfreut sein, und wenn der Bettler euch anbettelt, euch nicht belästigt fühlen, sondern etwas finden, was ihr ihm geben könnt, und wenn es das ist, was ihr gerade im Begriff seid, zu essen. Sollte ein Gefühl des Geizes in euch aufkommen, müsst ihr euch an die Nachteile der Kleinlichkeit erinnern:

Der Geizhals wird in der Welt der Pretas wiedergeboren.
Und sollte er im Bereich der Menschen wiedergeboren werden,
wird er ein armer Schlucker sein.
Freigebigkeit ist also das Gegenmittel gegen Geiz.

Was Nahrung oder andere Dinge betrifft, die ihr gebt, so solltet ihr, wenn ihr die Wahl zwischen etwas Gutem und etwas Schlechtem habt, nicht das Schlechtere geben, dadurch würde die Disziplin der Freigebigkeit verletzt. Ihr müsst das Beste geben, was ihr habt, egal, wie viel es ist, im Verein mit einer völlig reinen Gesinnung. Gebt so viel, wie ihr euch leisten könnt in ein Gefäß, das keine Sprünge hat und nicht zerbrochen ist, und denkt dabei: „Im Moment habe ich nichts anderes zu geben, aber von nun an will ich meinen Körper, mein Hab und Gut und mein Verdienst den Wesen geben, angefangen mit diesem Bettler." Mit diesem Gedanken, und den Bettler als eure Mutter und euch als sein Kind sehend, schenkt ihm ein Lächeln, haltet eure Gabe in beiden Händen und reicht sie ihm. Werdet nicht gereizt, wenn er mehr will, sondern gebt ihm, was ihr noch übrig habt. Solltet ihr nichts mehr haben, erklärt es ihm und entschuldigt euch dafür. Danach widmet euren Akt der Freigebigkeit und das so sicher wie ein Kalb seiner Mutter folgende Verdienst dem Wohl aller Wesen, inklusive dem des Empfängers eurer Gabe und macht Wunschgebete.

Wenn ihr religiöse Opfergaben darbringt, stellt euch vor, dass die Stütze eurer Praxis, auch wenn es sich nur um ein Bild des Buddha handelt, die unendlichen Zufluchten personifiziert. Und wenn es sich bei dem, was ihr darbringt, auch nur um eine einzelne Butterlampe handelt, nie sollten Vorbereitung, Hauptteil und Widmung fehlen.

Im Hauptteil solltet ihr die Gewissheit entwickeln, dass die drei Dinge – Empfänger, Gabe und der Zweck des Gebens – zwar erscheinend, aber gleichzeitig leer, ohne eigenständige Existenz sind. Außerdem solltet ihr keine Belohnung erwarten, weder in diesem noch für zukünftige Leben.

Zum Schluss drückt eure Dankbarkeit[203] mit liebevollen Worten aus.

Die Gabe materieller Dinge, ohne dabei etwas zurückzuerwarten, wirkt als Gegenmittel für Geiz und gehört zum Pfad des Ansammelns.

Die große Gabe wird auf dem Pfad des Zusammenbringens praktiziert und die erhabene Gabe auf dem Pfad des Sehens.

Als Anfänger opfert man seinen Körper im Geist, in der Realität muss man ihn jedoch bewahren. Seine Besitztümer gibt man so reichlich, wie man es sich leisten kann, um Geiz entgegenzuwirken. Verdienst und Resultate opfert man in ihrer Gesamtheit.

Die Gabe des Dharma ist erst ab der ersten Bodhisattva-Ebene möglich, erst von da an könnt ihr wirklich das Wohl der Wesen bewirken. In der Zwischenzeit könnt ihr euch jedoch an einen Ort wie z. B. die Spitze eines Berges begeben und mit völlig reiner Gesinnung das Sutra rezitieren, das so anfängt: „*Namo arya dampa*, Verehrung den erhabenen Wesen …“ Dann praktiziert das Rauchopfer, das Geruchsopfer, das Opfer des Körpers und denkt, dass dadurch unzählige übelwollende Geister befreit werden. Für Anfänger ist dies ein geeigneter Ersatz für das Geben des Dharma.

2.2 Disziplin

2.2.1 Negatives Verhalten unterlassen

Disziplin ist etwas, was immerzu praktiziert werden muss, ohne einen Unterschied zu machen zwischen der Zeit der Meditation und danach. Sie besteht in einer auf das Vermeiden von negativen Taten mitsamt ihren Samen[204] konzentrierten Gesinnung. Dieser innere Verzicht ist Disziplin. Ohne ihn ist selbst das Unterlassen der zehn unheilsamen Taten nicht Disziplin. Disziplin zu wahren, hängt also davon ab, ob ihr diese innere Einstellung habt oder nicht. Legt deshalb das Versprechen ab, sie euch zu eigen zu machen, und dazu ein zweites Versprechen, es niemals zu brechen.

Im Hauptteil der Praxis müsst ihr im Geist auf alles unheilsame Tun verzichten, von den zehn negativen Taten angefangen bis zum Brechen der Samayas des Dzogchen, und den eisernen Entschluss hinzufügen, keinen Verrat an diesem Engagement zu begehen.

Für die folgenden Übungen gilt, dass ihr wie immer zuerst alle Wesen als eure Mütter erkennt, euch an ihre Güte erinnert und den Wunsch fasst, sie ihnen zurückzuzahlen.

Denkt dann: „Ich werde alle Wesen zur vollkommenen Buddhaschaft führen, und um dieses Ziel zu erreichen, werde ich von heute an, bis ich Buddhaschaft erlangt habe, lieber sterben, als einem Wesen das Leben zu nehmen. Lieber sterbe ich, als jemanden zum Töten zu verleiten oder mich daran zu erfreuen, wenn jemand getötet wird.“ Diese Gedanken entsprechen dem geistigen Verzichten. Fügt dann den eisernen Entschluss hinzu: „Ich gelobe, niemals, auch nicht um den Preis meines Lebens, dieses Versprechen zu brechen.“ Das Gelöbnis, nicht zu töten, beinhaltet gleichermaßen, alles Leben zu schützen.

Geht ebenso vor, was die nächsten Übungen betrifft.

Legt dann folgendes Versprechen ab: „Auch wenn ich am Verhungern bin, werde ich niemals etwas nehmen, was mir nicht gegeben wird. Ich werde niemals jemanden auffordern, zu stehlen, und mich niemals darüber freuen, wenn andere stehlen.“

Gelobt als Nächstes, euch niemals ungebührlichem Verhalten hinzugeben, und praktiziert in diesem Sinn sexuelle Enthaltsamkeit.[205]

Vermeidet es, zu lügen, und seid ehrlich. Wenn ihr mit jemandem redet, prüft euren Geist sorgfältig, und wenn ihr euch dabei ertappt, eine Lüge sagen zu wollen, sagt stattdessen die Wahrheit. Wenn ihr merkt, dass ihr bereits gelogen habt, legt das Versprechen ab: „Von nun an werde ich mir eher die Zunge abschneiden, als eine Lüge zu sagen.“

Enthaltet euch Zwietracht säender Reden, versöhnt stattdessen Leute, die unterschiedliche Meinungen haben, miteinander. Sagt euch: „Ich will eher sterben, als unter Freunden Zwietracht zu säen.“ Wenn ihr den Drang verspürt, etwas zu sagen, das Zwietracht sät, oder wenn ihr dabei seid, es zu tun, haltet inne und gebt euch selbst eine Ohrfeige oder schlagt euch an die Brust.

Äußert ebenfalls keine verletzenden Worte, sondern sprecht freundlich.

Gebt unnützes Geschwätz auf, zieht es vor, Mantras zu rezitieren. Apropos nutzloses Geschwätz: Wenn ihr in den Dörfern Rituale abhaltet, tut es auf perfekte Weise und vermeidet alles unnötige Gerede. Wenn ihr z. B. das Bekenntnis in vier Teilen und die Wiederherstellung (der Samayas) zusammen mit den vier wesentlichen Elementen korrekt praktiziert, wird derjenige, der die Zeremonie bestellt hat, Verdienst ansammeln und eure durch den Missbrauch von Opfergaben verursachten Verunreinigungen werden geläutert. Die vier Elemente des Bekenntnisses sind den Körper betreffend, Niederwerfungen, für die Rede die Rezitation des Hundertsilben-Mantras, für den Geist das innere Bekenntnis und für die drei zusammen das Bekenntnis mittels der Sicht in der Dimension des Absoluten. Die vier wesentlichen Elemente der Wiederherstellung betreffend den Körper sind die subtilen Kanäle, die weiße Essenz, die rote Essenz und die Energien. Dies entspricht dem Opfern von Amrita, Rakta, Torma und von Lampen. Führt diese Praxis richtig aus, indem ihr eure Sinne unter Kontrolle haltet, nicht redet und eurem Geist nicht erlaubt, anderen Gedanken zu folgen.

Fasst nun folgende Vorsätze: „Auch wenn man mir das Herz aus der Brust reißt, lieber sterbe ich, als habgierig nach dem Besitz anderer oder dem der Drei Juwelen zu schielen." Und übt euch im Loslassen.

„Lieber sterbe ich, als anderen Wesen Schaden zuzufügen, mich brutal ihnen gegenüber zu verhalten oder üble Absichten zu hegen." Und übt euch in Mitgefühl.

„Lieber sterbe ich, als falsche Ansichten über die Lehre vom Gesetz von Ursache und Wirkung zu nähren." Und erzeugt festen Glauben in das Gesetz der Kausalität.

Anlässlich der Zufluchtnahme habt ihr bereits die Laiengelübde erhalten und die fünf sie betreffenden Versprechen abgelegt, die vier Hauptgelübde und zusätzlich das, keinen Alkohol zu euch zu nehmen. Fügt den eisernen Entschluss hinzu, nie an dem, was ihr versprochen habt, Verrat zu üben.

Mönche, Novizen, aber auch Bodhisattvas und tantrische Yogis können dann Alkohol zu sich nehmen, wenn sie die „Wärme" der meditativen Versenkung erreicht haben und in der Lage sind, seine Farbe, seinen Geruch und Geschmack durch das Aussprechen der drei Silben zu verändern. Wenn ihnen das auch mit einem tödlichen Gift wie Akonit gelingt, können sie diese Substanzen zu sich nehmen, ohne dass sie ihnen schaden. Doch wenn Mönche, Novizen, Bodhisattvas oder andere Praktizierende aus Gier Alkohol trinken, haben sie nach unserem Lehrer, dem Buddha, damit das Band zwischen Lehrer und Schüler durchschnitten.

Wer Alkohol trinkt, ist nicht mein Schüler,
und ich bin nicht sein Lehrer.

Novizen legen ein Gelöbnis für jede dieser vier Vorschriften ab, sowie ein fünftes, das Konsumieren von Alkohol betreffend: „Selbst um den Preis meines Lebens werde ich diesen Fehler nicht begehen." Außerdem legen sie 30 Gelöbnisse ab, die die 30 sekundären Fehler betreffen.

Voll ordinierte Mönche legen vier Gelöbnisse ab für die vier Hauptvergehen, 13 für die 13 Vergehen mit Resten, 30 Gelöbnisse für die Vergehen, ein Aufgeben betreffend, 90 für 90 Verhaltensweisen, die zum Fall führen, vier für die vier Taten, die einzeln bekannt werden müssen, und 112 Gelöbnisse, die 112 Übeltaten nicht zu begehen.[206]

In der Bodhisattva-Tradition der Tiefen Sicht gibt es 20 Gelöbnisse, die 20 Hauptvergehen zu vermeiden, und 80 Gelöbnisse, die 80 sekundären Vergehen zu vermeiden. In der Tradition der Weiten Aktivität gibt es 4 Entschlüsse, die vier Hauptvergehen zu vermeiden, und 46 die 46 sekundären Vergehen betreffend. Da in diesen beiden Traditionen der Hauptakzent auf der Praxis des Erleuchtungsgeistes des Bestrebens und der Umsetzung liegt, gibt man hier zwei eherne Versprechen.[207] Für den Erleuchtungsgeist des Bestrebens: „Eher lasse ich mir den Kopf abhacken, als die Wesen im Stich zu lassen!" Und für den Erleuchtungsgeist des Umsetzens: „Lieber sterbe ich, als die sechs Paramitas nicht zu beachten, und lieber sterbe ich, als ihr Gegenteil zu tun!"

Was die Samayas des Vajrayana betrifft, so werden im Mahayoga 5 Hauptvergehen und 5 sekundäre Vergehen vermieden. Im Anuyoga werden drei Gelöbnisse für die drei hauptsächlichen Samayas von Körper, Rede und Geist abgelegt und 25 für die 25 sekundären Samayas. Im Dzogchen unterlassen jene, deren Verwirklichung allmählich ist und für die es noch etwas zu beachten gibt, die Hauptsamayas betreffend Körper, Rede und Geist des Meisters zu übertreten, die in 27 unterteilt sind, sowie die 25 sekundären Samayas. Diejenigen, deren Verwirklichung plötzlich ist, unterlassen es, die ihrem Weg eigenen 4 Samayas zu brechen.

Im Übrigen müsst ihr zu der Überzeugung gelangen, dass, obwohl die Samayas auf diese Weise eingehalten werden sollen, derjenige, der sie einhält, und der sich daraus ergebende Gewinn alle ohne eine ihnen innewohnende Existenz sind.

Praktiziert in den Pausen zwischen den Meditationssitzungen die drei Formen der transzendenten Disziplin, die darin bestehen, unheilsames Verhalten zu unterlassen, positive Taten auszuführen, und das Wohl der Wesen zu bewirken.

In der Tradition der Bodhisattvas gibt es zweierlei Gelübde, die Pratimoksha-Gelübde und die Bodhichitta-Gelübde mit ihren beiden Aspekten. Die Pratimoksha-Gelübde können in den höheren Gelübden (des Mahayana und des Mantrayana) mit inbegriffen sein, die Gelübde des Mantrayana jedoch nicht in den niederen Gelübden. Alle, die die drei verschiedenen Gelübde abgelegt haben, enthalten sich der Fehler, die in den Pratimoksha-Vorschriften, den Bodhichitta-Vorschriften und denen des Mantrayana erwähnt werden.

Die Pratimoksha-Gelübde laufen zusammengefasst darauf hinaus, den Wesen keinen Schaden zuzufügen und es auch nicht zu beabsichtigen. Die Bodhichitta-Gelübde darauf, das Wohl der Wesen herbeiführen zu wollen und es auch zu tun. Und die Gelübde des Mantrayana, zu erkennen, dass Körper, Rede und Geist die drei Vajras sind.

Disziplin zu praktizieren besteht also darin, auf physische Gewaltausübung, verletzende Worte, böse Absichten zu verzichten, kurz gesagt, physisch, verbal und mental nicht das Geringste zu tun, was anderen schadet.

2.2.2 Positive Taten begehen

Heilsame Taten bedeuten, sich in den sechs Paramitas zu üben. Für Anfänger heißt dies, mit Körper, Rede und Geist positive Taten, und seien sie noch so klein, auszuführen. Dazu gehört z. B., die Kopfbedeckung vor einem Bild des Buddha oder vor einem Stupa abzunehmen, eine Niederwerfung zu machen, das „Bekenntnis der Fehler“ zu rezitieren, einen Moment lang positive Gedanken zu haben. All dies ist die Disziplin, positive Taten zu begehen.

2.2.3 Das Wohl der Wesen bewirken

Der Zeitpunkt, von dem an man tatsächlich das Wohl der Wesen bewirken kann, ist gekommen, wenn man auf dem Pfad des Sehens die Wahrheit der Essenz der Wirklichkeit erkannt hat. Dann sammelt man mithilfe der vier Arten der Anziehung die Wesen um sich und bringt sie auf den Weg der Reifung und der Befreiung.

Um die drei Formen der Disziplin zu veranschaulichen, nehmen wir das Beispiel des Umgangs mit einer Laus. Wenn ihr sie fangt und daran denkt, sie nicht zu töten, damit alle Wesen in den Weiten des Alls Buddhaschaft erlangen mögen, ist das die Disziplin, sich vor dem Begehen negativer Taten zu hüten. Wenn ihr sie nicht nur nicht tötet, sondern darüber hinaus auch noch ihr Leben schützt, ist das die Disziplin, das Wohl der Wesen zu bewirken. Und wenn ihr anschließend das sich aus eurer positiven Tat ergebende Verdienst dem Wohl aller Wesen widmet, ist das die Disziplin, positive Taten zu begehen.

Kurz, Disziplin zu praktizieren, besteht einerseits darin, die zehn unheilsamen Taten so gut wie möglich zu unterlassen, und andererseits, alles zu tun, oder tun zu wollen, was heilsam ist; und schließlich: Körper, Rede und Geist als die drei Vajras zu betrachten.

In der Nachmeditation hütet euch vor jedem unheilsamen physischen, verbalen und mentalen Verhalten. Begeht so viel wie möglich positive Taten, wendet dabei die drei erhabenen Methoden an und erweckt die Gewissheit, dass die Dinge zwar erscheinen, aber ohne eine ihnen innewohnende Existenz sind.

2.3 Geduld

Geduld besteht darin, nicht gereizt zu werden. Gereiztheit ist ein mentaler Vorgang und Wut ist ihr physischer oder verbaler Ausdruck.

Es heißt, dass ein Anfall von Hass während tausend von Kalpas angesammeltes Verdienst zerstört. Im *Bodhicharyavatara* (VI.1) steht:

Ein Ausbruch von Hass genügt,
um verdienstvolle Taten, wie

Freigebigkeit oder Opfergaben an die Glückseligen,
in tausend Kalpas angesammelt, zu vernichten.

Was zerstört, ist der Hass, und was zerstört wird, sind die Quellen des Guten im Zusammenhang mit Verdienst. Heilsame Taten, ausgeführt mit den drei erhabenen Methoden, können durch Hass nicht aufgezehrt werden, anders als bei gewöhnlichen Taten, selbst wenn ihr nur über ein Stück halb verbranntes Holz wütend werdet. Im Hinayana gilt, dass das Verdienst zunichtegemacht ist, wenn Anhänger des Weges der Shravakas und Pratyekabuddhas aufeinander wütend werden. Es wird jedoch lediglich vermindert, wenn sie ärgerlich auf gewöhnliche Wesen werden. Wenn ein Bodhisattva auf einen Shravaka oder Pratyekabuddha wütend wird, zerstört das sein Verdienst nicht, so wie Eisen nicht von einem Stück Torf zerschnitten werden kann, aber es wird geschwächt. Wenn er jedoch über einen anderen Bodhisattva wütend wird, ist sein Verdienst zerstört, wie Eisen von Eisen zerschnitten. Wenn ein Bodhisattva auf dem Pfad des Ansammelns oder Zusammenbringens auf einen Bodhisattva, der auf einer der zehn Stufen angelangt ist, wütend wird, ist damit sein Verdienst vollständig aufgezehrt.

Vom ersten Augenblick auf dem Pfad des Ansammelns an müsst ihr den Erleuchtungsgeist entwickeln. Shantideva sagt dazu im *Bodhicharyavatara* (VI.2):

Da kein Fehler schlimmer ist als Hass
und keine Askese größer ist als Geduld,
bemüht euch auf jede erdenkliche Weise,
Geduld zu entwickeln.

Nach Shantideva werden die während tausend Kalpas durch Freigebigkeit und Disziplin angesammelten Quellen des Guten durch Hass zerstört, nach der *Einführung in den Mittleren Weg* sind es hundert Kalpas angesammelten Verdienstes.

Hass vertreibt den Erleuchtungsgeist, sodass nichts mehr von ihm übrig bleibt. Wenn man hasserfüllt ist, kann man nicht gleichzeitig Bodhichitta haben, genauso wenig wie Feuer und Wasser in ein und demselben Gefäß koexistieren können. Und umgekehrt, wenn man den Erleuchtungsgeist hat, kann man nicht gleichzeitig Hass in sich nähren. Die letztendliche Folge von Hass ist Wiedergeburt in den Höllenbereichen, während die von Bodhichitta Buddhaschaft ist.

Nachdem ihr euch auf diese Weise die Vorteile der Geduld und die Nachteile des Hasses bewusst gemacht habt, übt euch also in der Paramita der Geduld, die „die größte Askese ist".

Um über Geduld zu meditieren, muss zuerst der Hass ausgehungert werden. Wenn ihr also das in euch aufsteigen fühlt, von dem Hass sich ernährt, nämlich Unzufriedenheit, müsst ihr um jeden Preis Geduld entwickeln.

Zwischen den Meditationssitzungen denkt über die drei Formen der Geduld nach: die Geduld, Böses zu ertragen, was euch andere antun; für den Dharma Mühsal zu ertragen, und keine Angst davor zu haben, dem tiefen Sinn ins Auge zu sehen. Und vergesst nicht, dass der Moment gekommen ist, über Geduld zu meditieren, wenn Unzufriedenheit, die Nahrung des Hasses, in euch aufkommt.

2.4 Eifer

„Was ist Eifer?", fragt Shantideva und antwortet: „Begeisterung für Heilsames."

Gefallen an negativen Taten der gewöhnlichen Welt zu finden, ist Trägheit. Sich dafür zu begeistern, Gutes zu tun, ist Eifer. Hier bezieht sich Eifer weniger auf heilsame Taten von Körper und Rede, sondern mehr auf die geistige Einstellung einer großen Freude, Gutes zu tun.

Eifer wird dadurch hervorgerufen, dass man über die Vorteile von heilsamem Verhalten nachdenkt und über die Nachteile von negativen Taten. Im Sutra *König der Juwelen* findet sich eine Beschreibung der Vorteile. Darunter sind unter anderem die Reinigung von Verbrechen mit unmittelbaren Folgen, nicht von Hass überwältigt zu werden und die Zufluchtnahme und der Erleuchtungsgeist.

Wenn ihr den Erleuchtungsgeist erzeugt, ändert ihr euren Namen und euer Ziel. Wie mit einem tapferen Geleitschutz könnt ihr dadurch über die gewissen negativen Taten triumphieren und wie durch das Feuer am Ende der Zeiten die ungewissen negativen Taten zunichtemachen.[208]

Nach dem Bild der Früchte des Wunsch erfüllenden Baumes sind die Auswirkungen des Erleuchtungsgeistes des Bestrebens unerschöpflich, und die des Erleuchtungsgeistes der Umsetzung wachsen nicht nur mehr und mehr, sondern auch die Ursachen selbst[209] entwickeln sich immer weiter.

Denkt über all diese Vorzüge nach und wappnet euch mit Begeisterung und Eifer.

2.4.1 Eifer wie eine Rüstung

Um Eifer wie eine Rüstung zu haben, ist es erforderlich, eine derartig umfassende Einstellung zu gewinnen, wie sie einem gewöhnlichen Wesen niemals möglich wäre. Führt euch all das vor Augen, was die Buddhas und Bodhisattvas während so vieler Großer Kalpas, wie es Sandkörner im Ganges gibt, an Vollendung, Reifung und Reinigung[210] vollbracht haben. Zu denken: „Ich will das Gleiche wie sie tun, und zwar in jedem Augenblick", ist Eifer wie eine Rüstung. Sagt euch dann: „Alle Taten sind Nachahmungen, ich werde also in die Fußstapfen der Buddhas und Bodhisattvas treten und das Gleiche an Vollendung, Reifung und Reinigung hervorbringen." Oder sagt euch, wenn ihr hört, durch welche Härten und Prüfungen die Vidyadharas der Vergangenheit gegangen sind: „Auch wenn ich es wahrscheinlich nicht besser machen kann als sie, darf es zumindest auch nicht weniger sein. Solange, bis alle Wesen Buddhaschaft erlangt haben, werde ich ihnen die Mahayana-Lehren erteilen und ihnen helfen, Bodhichitta zu erzeugen. Und wenn es ein Kalpa braucht, sie dazu zu bringen, die Regeln für Bodhisattvas zu praktizieren, ich werde keinen Augenblick lang den Mut verlieren!" Dies ist das Gegenmittel zur Trägheit, die darin besteht, sich mutlos und untauglich zu fühlen.[211]

All dieses ist im *Gebet um ausgezeichnetes Verhalten* zusammengefasst, in dem das Wort Ozean oft wiederholt wird[212], oder auch in dem folgenden:

Möge ich im Lauf aller meiner Leben
unerschöpfliches Verdienst und Weisheit gewinnen
und ein unerschöpflicher Schatz an Methoden, Wissen,
Konzentration, Befreiung und Qualitäten werden![213]

Dies ist der Wunsch, das Wohl der Wesen zu bewirken. Er erstreckt sich über die Unendlichkeit des Raumes und besteht so lange, wie es Wesen in Samsara gibt. Wenn ihr euch fragt: „Kann ich das wirklich? Solange bis Samsara geleert ist?“ So ist die Antwort „Ja! Weil kein Leiden damit verbunden ist.“ Wie Shantideva im *Bodhicharyavatara* (VII.28) sagt:

Da ihr Körper glücklich ist aufgrund ihres Verdienstes,
und ihr Geist glücklich aufgrund ihrer Weisheit,
warum sollten die Mitfühlenden unglücklich sein,
wenn sie zum Wohl der Wesen in Samsara bleiben?[214]

Als Folge der sichtbaren Ansammlung von Verdienst werdet ihr in den temporären Genuss der Geburt in einer edlen Familie der höheren Bereiche kommen, z. B. in einer königlichen Abstammungslinie, unter Brahmanen oder als Familienoberhaupt, mit dem Glanz und Reichtum der damit einhergeht. Auf der physischen Ebene werdet ihr frei sein von Leiden und den Zustand der meditativen Versenkung erreichen, der Leiden in Glück verwandeln kann. Und wenn ihr mithilfe der Weisheit das Nichtvorhandensein eines Selbst realisiert und erkennt, dass in der absoluten Wahrheit die drei Welten von Samsara von allen mentalen Konstruktionen frei sind, und in der relativen Wahrheit Geburt und Tod, Glück und Leid magischen Illusionen gleichen, gibt es auch kein mentales Leiden mehr. Für das Wohl der Wesen in Samsara zu bleiben, wird euch dann niemals mehr den Mut verlieren lassen.

2.4.2 Eifer in der Anwendung, im Handeln

Bis man höchste Buddhaschaft erlangt hat, ist stets etwas zu realisieren und etwas zu eliminieren. Deshalb müsst ihr euch immerzu in den sechs Paramitas üben. Das heißt, ihr müsst euch Tag und Nacht in Gedanken und Taten um Heilsames bemühen, ohne euch mit Körper, Rede und Geist jemals vom Dharma zu entfernen.[215]

Ihr müsst ebenfalls eine eifrige Anwendung praktizieren, die darin besteht, Respekt und Enthusiasmus gegenüber dem äußeren Lehrer, d. h. eurem Meister, zu entwickeln, für die Lehren des Mahayana, die er euch erteilt, sowie für Bodhichitta in eurem Geist. Das Wort Anwendung hat hier den Sinn von „sich niemals davon trennen".

Wenn es vorkommt, dass ihr während einer Belehrung ermattet, müsst ihr loslassen, worin eine der vier Stützen, Hingabe, Festigkeit, Freude und Loslassen, besteht. Loslassen kann temporär oder definitiv sein. Hier handelt es sich um vorübergehendes Loslassen. Definitives Loslassen findet nach Beendigung einer Aufgabe statt, wenn z. B. für den Lehrer die Aufgabe erledigt ist, aber nicht für den Schüler, denn er muss nun die erhaltende Unterweisung praktizieren.

2.4.3 Nicht aufzuhaltender Eifer

Unersättlicher Eifer besteht darin, niemals zu denken, ihr hättet Freigebigkeit und die anderen Paramitas ausreichend praktiziert. Denn bis ihr Buddhaschaft erlangt habt, müssen fortlaufend Trübungen bereinigt und weitere positive Qualitäten entwickelt werden. Und solange das der Fall ist, müsst ihr viel Energie aufwenden und die Paramita des Eifers über einen langen Zeitraum hindurch praktizieren.

2.5 Konzentration

2.5.1 Auf Ablenkungen verzichten

Um Konzentration zu praktizieren, müsst ihr zuerst zwei grundlegende Bedingungen dafür schaffen, d. h. die beiden Formen der Abgeschiedenheit. Physische Abgeschiedenheit, d. h. sich von ablenkenden weltlichen Aktivitäten fernhalten, und mentale Abgeschiedenheit, die darin besteht, Gedanken fernzuhalten.

Euch physisch zu isolieren heißt, alle großen und kleinen Projekte des weltlichen Lebens fallen zu lassen. Mentale Abgeschiedenheit heißt, aufzugeben, etwas im weltlichen Leben erreichen zu wollen, heißt, an nichts anderes als den Dharma zu denken, über nichts anderes nachzudenken als über den Dharma, nichts zu tun als Dharma (Aktivitäten), nichts zu meistern als den Dharma, also nur eines im Sinn zu haben: den Dharma.

Diese zwei Arten der Abgeschiedenheit entsprechen dem allgemeinen Fahrzeug.[216] Im außerordentlichen Bodhisattva-Fahrzeug bedeutet Abgeschiedenheit, sich von seiner Ichhaftigkeit zu isolieren. Wenn ihr euch nicht von euren selbstsüchtigen Gedanken isoliert, wird es euch so gehen, wie in der *Kondensierten Transzendenten Weisheit* beschrieben:

> *Und wenn er während Millionen von Jahren in einer*
> *von Schlangen wimmelnden Gebirgsschlucht lebte,*
> *der Bodhisattva, der diese Abgeschiedenheit nicht kennt,*
> *bliebe stolz und selbstgefällig.*

Physische Abgeschiedenheit von weltlicher Geschäftigkeit und mentale Abgeschiedenheit von Gedanken besteht also darin, weltliches Tun und diskursives Denken aufzugeben.

(A) Auf Weltliches verzichten

Dies bedeutet einerseits, das Haften an materiellen Dingen aufzugeben, und andererseits das Hängen an den Wesen.

(1) Haften an materiellen Dingen

Bedenkt zuerst den Nachteil materieller Güter: die Mühe, sie zu erlangen, zu schützen und zu vermehren.

Materielle Güter kann man auf gewöhnliche Weise oder über den Dharma erwerben. Die gewöhnliche Weise ist die von Leuten, die im

Sommer Banditen sind und im Winter Diebe. Sie bereichern sich auf Kosten von Leiden und negativen Taten. Die Methode über den Dharma: In Tibet heißt es, dass ein Kind, sobald es lesen kann, seinen Lebensunterhalt verdienen kann. Einzig und allein an diesem Leben interessiert, wird es nun, wenn es Mönch oder Lama wird, alles versuchen, den Dharma gegen Besitztümer einzutauschen und in diesem Leben erfolgreich zu sein.[217]

Um seinen Besitz zu bewahren, muss er vor Feinden geschützt werden, vor Dieben, wilden Tieren und anderen Gefahren. Bei Tag muss er von Männern bewacht werden und bei Nacht von Hunden.

Denkt daran, wie viel Anstrengung es kostet, ihn zu vermehren, wie qualvoll die Überlegungen sind, wie man aus eins zehn machen könnte, aus zehn hundert und aus hundert tausend!

(2) Darauf verzichten, an den Wesen zu hängen.

Um das Hängen an den Wesen aufzugeben, benutzt die detaillierte Form der Meditation über die vier Gedanken, die von Samsara abwenden, oder die kürzere über die vier Eckpunkte der Vergänglichkeit.

Fangt mit eurer eigenen Situation an: Als ihr geboren wurdet, wart ihr allein, nichts von dem, was ihr früher besessen hattet, ist euch gefolgt. Und auch für eure zukünftigen Leben gilt das Gleiche, keiner eurer heutigen Freunde und Verwandten wird euch folgen. Da ihr also allein auf die Welt gekommen seid und allein sterben müsst, ist es besser, auch jetzt allein zu bleiben, an einem einsamen Ort.

Nachdem ihr das Hängen an Besitz und anderen Wesen aufgegeben habt, ist die Zeit gekommen, in einer Einsiedelei in Klausur zu gehen. Ihr müsst euch aber davor hüten, in eines der beiden Extreme zu fallen, was eure Versorgung betrifft. Ersteres ist das Extrem der Gier, die euer Verdienst ruiniert. Dies wird vermieden, wenn ihr euch mit einem einfachen Leben wie z. B. in einer Höhle begnügt, mit Nahrung, die ihr leicht finden oder erbetteln könnt, und mit Kleidung, die weggeworfen wurde. Das andere Extrem, das ihr vermeiden müsst, ist eine übertriebene Askese, die eure Gesundheit und euer Leben in Gefahr bringen könnte.

(B) Diskursives Denken aufgeben

Wenn ihr an einem einsamen Ort angekommen seid, ist es wichtig, diskursives Denken aufzugeben. Ganz allgemein sollten alle ablenkenden Gedanken aufgegeben werden, besonders Gedanken der Begierde im Zusammenhang mit den fünf Sinnesobjekten, die das Kennzeichen der Welt der Begierde sind, und insbesondere begehrliche Gedanken, die das weibliche Geschlecht betreffen.[218] Ihr müsst sie unbedingt aufgeben, weil sie euch ablenken und nie in Ruhe lassen.

Bedenkt die Nachteile des sexuellen Verlangens nach einer Frau. Wenn ihr einmal unter den Einfluss der Frau geraten seid, die ihr begehrt, kommt ihr nicht mehr von ihr los. Daher ein (tibetisches) Wort für Partner: „kein Entkommen". Eine andere Bezeichnung für eine Frau ist „Verheerende", weil sie wie ein auf ein Feld von bestem Reis fallender Hagel aus glühendem Eisen die heilsamen Faktoren des Erleuchtungsgeistes zerstören kann. Um dem Verlangen nach einer Frau entgegenzusteuern, denkt über diese drei Dinge nach: wie schwierig es ist, die Bedingungen zu schaffen, in ihren Besitz zu gelangen; die unreine Natur ihres Körpers; und als das Ergebnis eurer Vereinigung eine Menge Elend.

Was die Bedingungen angeht, die ihr schaffen müsst, um in ihren Besitz zu gelangen: In Tibet eine Braut zu finden, ohne einen Preis dafür zu zahlen, ist unmöglich. Wenn ihr auch nur ein klein wenig euer eigen nennt, ihr könnt die Braut nicht haben, ohne ihrer Familie eine Anzahl von Pferden und Dzos auszuhändigen. Selbst von einem Mönch wird erwartet, dass er seine Damaru, seine Glocke, seine Mönchsroben usw. der Familie der Frau übergibt.

Der Körper eurer Begehrten, in deren Besitz ihr zum Preis von Missetaten und Leiden gelangt, ist außerdem seiner Natur nach unrein, weil aus 36 wenig appetitlichen Substanzen zusammengesetzt. Im Moment könnt ihr den Blick nicht von ihr wenden, doch wenn ihr genauer hinseht, so ist Lymphe die Ursache für ihren hellen Teint und Blut für dessen rosigen Glanz! Ihr Körper ist in Wirklichkeit ein Sack aus Haut, gefüllt mit Lymphe, Blut und anderen Unreinheiten. Um euch davon zu überzeugen, benutzt das Skalpell der Weisheit, um das Objekt eurer Begierde von Kopf bis Fuß aufzuschlitzen. Alles ist unrein: Ihr Körper riecht unangenehm, die Innereien drehen euch den Magen um, und das Gehirn im Schädel, der Schleim in der Nase, die Tränen in den Augen, alles ist abstoßend. Es gibt keinerlei Grund, diesen Körper zu begehren, ihr habt euch von seiner Form, dem Teint und der Berührung betören lassen.

Heilmittel für das Begehren dieser Formen ist es, darüber zu meditieren, dass der Körper eurer Geliebten nur noch aus übrig gebliebenen Stücken von Fleisch besteht, den ein wildes Tier verschlungen hat. Gegenmittel für das Bewundern ihres Teints ist es, sich ihren Körper ohne Haut vorzustellen, aufgetrieben, im Zustand der Verwesung und von Maden zerfressen. Oder auch, dass ihr Kopf und ihre Glieder verbrannt und verkohlt sind. Das Heilmittel für Verlangen nach körperlicher Berührung ist im *Schatz des Abhidharma* so beschrieben:

> *Alles, was ihr begehrt, ist ein Skelett. Stellt euch vor, dass die Knochen*
> *sich bis zum Ende des Ozeans erstrecken*
> *und sich dann wieder zusammenfügen. Es wird gelehrt, dass man am*
> *Anfang zwischen dem Skelett und der*
> *Hälfte des Schädels abwechseln soll, bis man geübt ist. Indem man sich*
> *auf den Punkt zwischen den Augenbrauen*
> *konzentriert ist der mentale Vorgang abgeschlossen.*[219]

Stellt euch vor, dass euer eigener Körper oder der Körper der Begehrten ein Skelett ist, ohne Haut und ohne Fleisch, nur noch die Sehnen sind da, von denen die Gelenke zusammengehalten werden. Oder aber stellt euch vor, dass zwischen ihren Augenbrauen eine Wunde von der Größe eines Fingerabdrucks erscheint. Der weiße Knochen wird sichtbar, umgeben von Eiter und Lymphe. Dann löst sich alles darum ab, bis nur noch ein Skelett übrig bleibt. Dieser Vorgang breitet sich über das gesamte Universum aus, bis alles auf Erden die Form eines Skeletts annimmt. Dann, von den Ufern der Meere her, nehmen das Universum und die Wesen wieder ihre vorherige Form an. Die eine Hälfte des Körpers oder Schädels eurer Begehrten ist wieder von Fleisch bedeckt, die andere ein weißes Skelett.

Diese Meditation ist im Hinayana das Gegenmittel zu Begierde. Die Methode der Bodhisattvas ist, zu denken, dass alle, von denen wir uns sexuell angezogen fühlen und die älter sind als wir, unsere Mütter oder Väter sind, Gleichaltrige unsere Brüder oder Schwestern und Jüngere unsere Söhne oder Töchter. Man kann dies dahin gehend vereinfachen, dass man alle Wesen als seine Mütter, als Eltern betrachtet. Dies ist die Methode für Anfänger-Bodhisattvas.

Im Vajrayana werden alle Wesen als männliche oder weibliche Gottheiten gesehen, und es ist ausgeschlossen, Begierde für das Spiel der Manifestationen der Kayas und Weisheiten zu empfinden.

Ohne diese Meditation gilt:

Die, die ihr begehrt, führt euren Ruin herbei,
in diesem Leben und in allen folgenden.

Sich an diese Meditationen zu gewöhnen, wird euch von Begierde befreien und den Wunsch in euch erwecken, an einem einsamen Ort zu bleiben.

Solltet ihr die Einsamkeit nicht mehr ertragen, ruft euch ihre Vorteile in Erinnerung: Es gibt nichts mehr, was euch ablenken könnte, wie begehrenswerte Personen, und alle negativen Emotionen, die ihre Gegenwart hervorrufen würde, werden gegenstandslos. „Vögel und wilde Tiere sind unkomplizierte Gefährten …“[220] Nur dadurch, dass sie an einsamen Orten blieben, haben die Bodhisattvas und Vidyadharas der Vergangenheit die Frucht des Weges erlangt.

Diejenigen, die dem außerordentlichen Weg der Bodhisattvas folgen, müssen darüber hinaus alle ichhaften Gedanken von sich fernhalten. Nachdem ihr euch an einem einsamen Ort eingerichtet habt, müsst ihr perfekte Disziplin einhalten, denn es heißt: „Konzentration beginnt mit Disziplin.“ Praktiziert also Konzentration, sie ist die Grundlage für einen nicht abgelenkten Geist.

Mit durchdringender Einsicht und geistiger Ruhe
werden alle negativen Emotionen entwurzelt.
Sucht also zuerst nach geistiger Ruhe, die von denen
gefunden wird, die der Welt mit Freude entsagen.[221]

Nachdem man sich Disziplin angewöhnt hat, wird dadurch, dass man sie aufrechterhält, die Flagge von Mara gesenkt und das Siegesbanner der Lehre des Buddha gehisst. Solltet ihr in eurer Disziplin nachlassen, dürft ihr nicht denken, das würde nichts ausmachen. Ihr müsst es bereuen und bekennen, so wie es euch gelehrt wurde. Indem ihr euer Verhalten auf diese Weise wiedergutmacht, senkt ihr Maras Flagge und hisst das Siegesbanner des Buddha aufs Neue.

Wenn ihr darüber hinaus über die Erzeugungs- und Vollendungsphasen meditiert, müsst ihr die drei Gelübde mit ihren Vorschriften auf perfekte Weise einhalten, ein Engagement, das als feste Grundlage eurer Konzentration dient.

2.5.2 Die eigentliche Konzentration

Konzentration wird definiert als die Abwesenheit von Ablenkung. Ob ihr geht, sitzt, esst oder schlaft, haltet euren Geist fest mit dem Seil der Erinnerung angebunden. Shantideva sagt:

Bindet den wilden Elefanten eures Geistes
fest an die Säule des Nachdenkens über die Lehren,
ohne ihm zu erlauben, wegzulaufen.[222]

Bindet euren Geist, ohne abgelenkt zu sein, an den Gegenstand eurer Konzentration, so wie man ein Tier an einen Pfosten bindet, und ohne zu vergessen, was getan und was nicht getan werden soll. Benutzt Achtsamkeit als Wächter darüber, ob euer Geist an Ort und Stelle bleibt. Achtet wie eine frisch verheiratete Braut sorgfältig darauf, was zu tun und was zu unterlassen ist, damit euer Geist, sobald er abgelenkt ist, wieder zum Gegenstand der Konzentration zurückkehrt.

Anfänger sollten abwechseln zwischen analytischer und ausruhender Meditation, sich nicht von Gegenständen der äußeren Wahrnehmung ablenken lassen und darüber wachen, was ihr Geist macht.

Setzt euch dazu auf ein Kissen, ungefähr einen Quadratmeter groß, und hinten etwa dicker als vorn, oder auch auf die Matratze eures Bettes und nehmt die Sieben-Punkte-Haltung von Vairochana ein. Wenn ihr geistige Ruhe praktiziert, sollte euer Körper entspannt sein und euer Geist gelassen.

Geistige Ruhe wird entweder mit Objekt oder ohne praktiziert. Im ersten Fall konzentriert euch auf Liebe oder einen anderen heilsamen Gedanken. Benutzt dabei die Unterstützung der Erinnerung und der Wachsamkeit und vermeidet es, Gedanken an die Vergangenheit und an die Zukunft zu folgen, und lasst euch nicht ablenken von gegenwärtigen Gedanken im Zusammenhang mit Objekten der sechs Sinneswahrnehmungen.

Dabei ist der Grad der Konzentration eures Geistes eine individuelle Frage, die von eurem Temperament abhängt. Wenn ihr das für euch richtige Gleichgewicht gefunden habt, lasst euren Geist darin verweilen, ohne ihn zu manipulieren oder zu verändern.

Für die Praxis der geistigen Ruhe ohne Objekt konzentriert euch nicht auf Liebe oder irgendetwas anderes. Lasst ihn einfach so, wie er ist, frei, weit und entspannt, ohne ihn zu verändern. Nehmt von Zeit zu Zeit Erinnerung und Wachsamkeit zu Hilfe.

Wenn euer Geist dann mehr und mehr an Stabilität gewinnt, müsst ihr die verschiedenen Arten der Konzentration unterscheiden können.

(A) Die Konzentration unreifer Wesen

Über Liebe und Ähnliches zu meditieren, wird als Konzentration der unreifen Wesen qualifiziert, weil sie dazu neigen, mehr und mehr an den meditativen Erfahrungen anzuhaften, wie Glückseligkeit; einer Euphorie ohne besonderen Grund; Klarheit, das Gefühl, dass man – wenn der Schlamm der Gedanken sich gesetzt hat –, das, was außerhalb des Zimmers ist, genauso gut sehen kann, wie das, was innen ist; und Abwesenheit von Gedanken, d. h., wenn man schaut, ob Gedanken aufkommen, sieht man keine.

Wegen des Haftens an diesen Erfahrungen führt diese Konzentration nicht zur Befreiung. Ganz im Gegenteil, die Befreiung, d. h. die Realisierung der Nichtexistenz des Ichs, wird verhindert, weil noch der Glaube an ein Selbst im Individuum vorhanden ist: „meine" Glückseligkeit, „meine"

Klarheit, „meine" Abwesenheit von Gedanken, sowie der Glaube an ein Selbst in den Phänomenen, der sich als das Haften an diesen Erfahrungen äußert.

Wenn man sich an diese Konzentration gewöhnt, geht man durch verschiedene Haupt- und sekundäre Konzentrationen bis zur Versenkung ohne Form. Sie gipfeln im Erlangen spezieller Fähigkeiten – die verschiedenen Augen, die sechs Hellsichtigkeiten, Wunderkräfte und Ähnliches, die alle die spezifischen Qualitäten dieser meditativen Konzentrationen sind.

(B) Klar unterscheidende Konzentration

In dieser auf die vorherige folgende Konzentration benutzt man sein Unterscheidungsvermögen, um die Existenz eines Selbst im Individuum und in den Phänomenen zu examinieren. Geistige Ruhe und Leerheit sind hier untrennbar vereint, wie Wasser mit Milch vermischt. In der Art der Wahrnehmung vollzieht sich eine Veränderung. Man haftet nicht mehr an der Erfahrung von Glückseligkeit, Klarheit und Abwesenheit von Gedanken. Aber man kann sich noch nicht vom Haften an der Leerheit als dem Gegenmittel trennen.

Die Konzentration unreifer Wesen gehört zum Pfad des Ansammelns, die klar unterscheidende Konzentration zu dem des Zusammenbringens.

(C) Die außerordentliche Konzentration der Tathagatas

Was die außerordentliche Konzentration der Tathagatas genannt wird, entspricht der den Tathagatas eigenen Konzentration. Sie wird auf dem Pfad des Sehens erlangt, wenn Geistige Ruhe und Durchdringende Einsicht nicht mehr voneinander zu trennen sind, man nicht mehr an einer wirklichen Existenz und an der Leerheit haftet, und ohne konzeptuellen Standpunkt die wirkliche Seinsweise der Dinge erkennt.

2.6 Weisheit

Weisheit ist, die Phänomene auf perfekte Weise voneinander unterscheiden zu können. Der Ausdruck „Phänomene“ (*dharmas*) gilt hier für alle erkennbaren Objekte von Samsara, Nirvana und auf dem Weg.

Der edle Nagarjuna sagt:

Die vom Buddha gelehrten Dharmas
laufen auf die beiden Wahrheiten hinaus:
die relative Wahrheit der gewöhnlichen Welt
und die absolute Wahrheit.[223]

Basis der Klassifizierung der Weisheit ist demnach alles, was ganz allgemein gewusst werden kann, und dies kann in die zwei Wahrheiten unterteilt werden.

● Die relative Wahrheit

Es gibt mehrere Synonyme für die relative Wahrheit: „völlig verdunkelt“, „völlig falsch“, „lügnerisch“. Für wen ist diese Wahrheit wahr? Sie scheint für den verblendeten Geist der gewöhnlichen, oder auch als unreif bezeichneten Wesen wahr und ist für sie das, was „die unfehlbare Wahrheit der karmischen Kausalität der bedingten Phänomene“[224] genannt wird. Abu definiert die relative Wahrheit als den verblendeten Geist und sein Objekt, während sie für Lama Mipham das ist, „was gekannt, ausgedrückt oder ausgeführt werden kann“.

In unserer Tradition ist relative Wahrheit demnach alles, was mit dem konzeptuellen Geist gewusst, durch Worte ausgedrückt und mit dem Körper ausgeführt werden kann.

Gemäß der Neuen Tradition gehört zur relativen Wahrheit alles, was man mithilfe einer auf konventionelle Weisheit gegründeten Analyse herausfinden kann.

● Die absolute Wahrheit

Andere Bezeichnungen für die absolute Wahrheit sind: höchster Sinn, absolute Dimension, Soheit, die natürliche Seinsweise der Dinge, höchste Vollendung, Leerheit etc. Für wen ist die absolute Wahrheit wahr? Sie ist wahr oder unfehlbar für die erhabenen Wesen als Objekt der Weisheit, die sich selbst erkennt, daher die Bezeichnung absolut.[225] Abu definiert die absolute Wahrheit als den Geist transzendierend, nicht ausdrückbar und unvorstellbar. Nach Lama Mipham ist sie das, was nicht gekannt, nicht ausgedrückt und nicht ausgeführt werden kann. Absolute Wahrheit ist demnach alles, was vom konzeptuellen Geist nicht erkannt, nicht durch Worte ausgedrückt und nicht mit dem Körper ausgeführt werden kann.

Wer ist in der Lage, die absolute Wahrheit zu erkennen? Es sind die erhabenen Wesen, ihre sich selbst erkennende Weisheit nehmen sie ohne die Dualität von Subjekt und Objekt wahr. Der ruhmreiche Chandrakirti bemerkt dazu: „Nicht sehen ist das Große Sehen der Bodhisattvas, nicht sehen ist das Große Sehen der Buddhas.“[226] Und in der *Einführung in den Mittleren Weg* erklärt er:

> *Wenn das Nichtgeborene Soheit ist, ist auch der Geist nicht geboren.*

Anders gesagt, wenn der nicht geborene Geist, oder der Geist frei von mentalen Konstruktionen, ein nicht geborenes Objekt, oder ein Objekt frei von mentalen Konstruktionen widerspiegelt, nennt man dies „das wahre Wesen der Wirklichkeit sehen“. Dieses Sehen wird beschrieben, als gäbe es ein Subjekt und ein Objekt, man kann es aber auch negativ ausdrücken, indem man sagt, dass es keine Unterscheidung zwischen Subjekt und Objekt gibt. Tatsächlich handelt es sich um ein Sehen (des Wesens der Wirklichkeit) ohne die geringste vom Geist fabrizierte Charakteristik.

In der Neuen Tradition wird die absolute Wahrheit definiert als das, was am Ende einer auf logischen Kriterien fußenden Untersuchung des höchsten Sinns gefunden wird. Die Vertreter der Neuen Tradition behaupten, wenn man unterstellt, dass das Absolute jenseits von dem ist, was mit den beiden konventionellen Arten der Weisheit – direkt oder durch Schlussfolgerung – erkannt werden kann, es überhaupt nicht erkannt werden kann, so wie ein Schöpfergott nicht erkannt werden kann, was auf die Sicht von Hashang hinausläuft.[227]

Die Erläuterungen zu den beiden Wahrheiten sollten von einem authentischen spirituellen Meister Schülern mit den erforderlichen Qualitäten gegeben werden, die dann die verschiedenen Definitionen studieren müssen. Die unterschiedlichen Definitionen beziehen sich alle auf die gleiche Sache – die zwei Wahrheiten –, aber nach dem Bild von Pferden, die alle an dem gleichen Rennen teilnehmen, jedoch mit unterschiedlicher Geschwindigkeit, sind diese Definitionen verschieden, je nach der Kapazität der Wesen, zu verstehen, was die Essenz der beiden Wahrheiten ist.

Die zwei Wahrheiten in den verschiedenen Traditionen:[228]

(A) Die zwei Wahrheiten in der Sicht der Shravakas[229]

Für die Shravakas bezieht sich die relative Wahrheit auf alle auf grobe Weise[230] wahrgenommenen Phänomene, wie z. B. die fünf Aggregate. Was die absolute Wahrheit betrifft, so ist sie das, was realisiert wird, nachdem man erforscht hat, ob das Selbst im Individuum verschieden ist von den fünf Aggregaten, und es nirgendwo finden kann. Wenn man versucht, ein Selbst in den Phänomenen zu finden und sie zu diesem Zweck auf ihre Bestandteile reduziert, kommt man zu der Schlussfolgerung, dass es unteilbare subtile Partikel gibt und unteilbare subtile Bewusstseinsmomente.

(B) Die zwei Wahrheiten in der Sicht der Sautantrikas

Die Sautantrikas nennen absolute Wahrheit das, was erscheint und eine Wirksamkeit hat, d. h. spezifische Merkmale besitzt und eine Funktion erfüllen kann. Was keine Funktion hat und abstrakte Merkmale, ist die relative Wahrheit.[231]

(C) Die zwei Wahrheiten in der Sicht der Chittamatrins

Die Chittamatrins teilen die Phänomene in drei Kategorien ein: imaginäre, abhängige und perfekt existierende.

Was imaginär ist und was abhängig ist, betrifft die relative Wahrheit, das perfekt existierende die absolute Wahrheit.

Die imaginäre Wahrheit ist unterteilt in „rein imaginär" und in „konventionell imaginär". Zur ersten Kategorie gehören die Hörner eines Hasen, das Kind einer unfruchtbaren Frau, Blumen am Himmel; zur zweiten Kategorie Dinge wie Säulen oder Vasen.

Die abhängige Wahrheit ist unterteilt in „rein abhängig" und in „unrein abhängig". Die unreine abhängige Wahrheit sind die trügerischen Wahrnehmungen aufgrund von verzerrtem Denken, d. h. die Welt und ihre Bewohner, so, wie sie den Wesen erscheinen. Die reine abhängige Wahrheit, auch einfache relative Wahrheit genannt, ist das, was in der Nachmeditation von den erhabenen Wesen wie ein Traum oder eine Illusion wahrgenommen wird. Die abhängige Wahrheit entspricht dem (gewöhnlichen) Geist und dem, was er produziert, sie manifestiert sich aufgrund eines Zusammenspiels von Ursachen und Bedingungen.

Die perfekt existierende Wahrheit ist das sich selbst erkennende und erhellende Bewusstsein. Sie ist frei von Dualität und Imaginärem, sie hat die „drei Pforten der vollkommenen Befreiung". Sie ist Subjekt in Sinn der sich selbst erkennenden Weisheit, und Objekt als der Aspekt der Leerheit, d. h. der Abwesenheit von Dualität und Imaginärem in der Natur des Abhängigen. Sie ist die Dimension des Absoluten.

(D) Die zwei Wahrheiten in der Sicht der Madhyamikas

Die Verfechter des Mittleren Weges (Madhyamika) teilen sich auf in zwei Schulen, Svatantrikas und Prasangikas.

(1) Die Svatantrikas

Sie legen die Betonung auf ein „nominales Absolutes", das in der Nachmeditation eine gewisse Anzahl von Behauptungen mit einschließt. Was das „nicht nominale Absolute" betrifft, sind sie einer Meinung mit den Prasangikas. Für Letztere ist dies von Anfang an die absolute Dimension, in der alle mentalen Konstruktionen aufhören, ein Zustand frei von jeder Behauptung, vergleichbar der Weisheit in der meditativen Versenkung der drei Arten von erhabenen Wesen. Während der Unterschied zwischen Prasangika und Svatantrika im edlen Land Indien bekannt gewesen ist, waren die Bezeichnungen *rangtong* und *shengtong*, die von tibetischen Meistern stammen, in Indien nicht geläufig.

Die grundlegenden Madhyamaka-Schriften sind die *Sammlung der Überlegungen über den Mittleren Weg*, in der der edle Nagarjuna die vom Buddha gelehrten 17 „Mutter und Sohn Sutras" der Prajnaparamita kommentiert und aufzeigt, dass er hier ausdrücklich von der Leerheit spricht. Die verborgene Bedeutung wurde dann vom Regenten Maitreya im *Ornament der klaren Realisation* erhellt als das, was auf dem Pfad realisiert wird. Die wichtigsten Abhandlungen sind Nagarjunas *Sammlung* und die *Vierhundert Verse über den Mittleren Weg* von Aryadeva, die weder von den Prasangikas noch von den Svatantrikas infrage gestellt werden und als „Der ursprüngliche Mittlere Weg" bekannt sind. Sie sind die grundlegenden Schriften beider Schulen und werden von ihrer jeweiligen Sicht her verstanden.

Der Meister Buddhapalita, ein Brahmane von Geburt, interpretiert Nagarjunas *Abhandlung über den Mittleren Weg* aus der Sicht der Prasangikas, ohne die Bezeichnungen „inhärente Existenz" und „wahre Existenz" zu verwenden. Der Meister Bhavaviveka, Kshatriya von Geburt, der Nagarjuna vom Standpunkt der Svatantrika her kommentiert, widerspricht dem Nichtverwenden dieser Bezeichnungen, weil das dazu zwingen würde, zu sagen „das Auge existiert und gleichzeitig existiert es nicht". Nach ihm müsste es heißen: „Das Auge hat keine inhärente Existenz in der absoluten Wahrheit."

Die Svatantrikas werden in eine obere und eine untere Schule eingeteilt. Die untere Schulrichtung mit Meistern wie Shri Gupta vertritt die Ansicht, dass, obwohl letztlich alles wie eine magische Illusion ist, magische Illusionen dennoch als solche existieren. Die Vertreter der oberen Schule sind Jnanagarbha, Shantarakshita und Kamalashila[232], „die drei östlichen Svatantrika-Lehrer" genannt. In der folgenden Diskussion geht es um ihre Sichtweise.

In der Abhandlung über *Die zwei Wahrheiten* steht:

Die relative Wahrheit ist zweifach:
eine korrekte und eine irrationale.
Obwohl ähnlich scheinend,
kann die eine eine Funktion erfüllen, die andere nicht.

Zur relativen Wahrheit zählt einerseits alles, was seine eigenen Merkmale hat und funktioniert, ohne den Geist zu täuschen, wie Feuer, das brennt und verbrennen kann, oder Wasser, das löscht. Andererseits gehört alles, was uns erscheint, ohne dass es eine Funktion erfüllen kann, wie zwei Monde am Himmel oder eine auf Leinwand gemalte Lampe, zur irrationalen relativen Wahrheit.

Die absolute Wahrheit wird als nominale absolute Wahrheit folgendermaßen definiert: Alle Phänomene von der Form bis zur Allwissenheit sind weder eines noch vieles, deshalb heißt es: „Form ist Leerheit." Durch diese Feststellung wird das Extrem verhindert, das darin besteht, zu denken: „Weil das und das erscheint, existiert es." Die Feststellung „Leerheit ist Form" bezieht sich darauf, dass sich die Phänomene auf abhängige und ununterbrochene Weise aus der Leerheit – die nicht qualifizierbar ist – manifestieren, was das Extrem verhindert, zu denken: „Weil die Dinge leer sind, existieren sie nicht." Die beiden weiteren Zeilen „Leerheit ist nichts anderes als Form" und „Form ist nichts anderes als Leerheit" bedeuten, dass Leerheit und das Entstehen in Abhängigkeit nicht voneinander zu trennen sind.

Auf diese Weise werden für Anfänger die vier extremen Sichtweisen eine nach der anderen widerlegt.

Heutzutage wird von einigen behauptet, die nicht inhärente Existenz sei die Besonderheit des Denkens der Prasangikas. Diese Sichtweise ist jedoch nicht viel besser als die der nominalen Wahrheit der Svatantrikas. Überflüssig zu sagen, dass dies nicht die nicht nominale absolute Wahrheit ist, die im *Schmuck des Mittleren Weges* so beschrieben wird:

Sie ist wahrhaft frei von allen mentalen Konstruktionen.

Wenn eines Tages unsere Meditationspraxis an Kraft gewonnen hat und wir durch die sich selbst erkennende ursprüngliche Weisheit die absolute Dimension direkt sehen, sind wir frei von den vier oder acht konzeptuellen Extremen wie Existenz, Nichtexistenz, beides zusammen, weder Existenz noch Nichtexistenz: Dies ist die nicht nominale absolute Wahrheit. Alle Positionen wie Existenz oder Nichtexistenz sind einfach nur das Werk des Geistes und hier haben alle Bewegungen des dualistischen Geistes aufgehört, sogar das Konzept der Befreiung von mentalen Konstruktionen ist verschwunden. Hier trifft sich die Sicht der Svatantrikas mit der der Prasangikas.

(2) Die Prasangikas

Zur Definition der zwei Wahrheiten in der Tradition der Madhyamika Prasangikas: Chandrakirti sagt in seiner *Einführung in den Mittleren Weg*:

> *Die durch Unwissenheit verschleierte Natur*
> *ist völlig verdunkelt,*
> *und alles, was aus Unwissenheit hervorgeht,*
> *ist eine Täuschung.*
> *Dies wird vom Buddha „verdunkelte Wahrheit" genannt.*

Alle Phänomene der relativen Wahrheit, die nur von der Unwissenheit produziert werden und an denen man festhält, tragen den Namen „verdunkelte Wahrheit". Die relative Wahrheit ist hier nicht wie bei den Svatantrikas rational oder irrational im Bezug auf das Objekt, sondern im Bezug darauf, ob der Geist verblendet ist oder nicht. Die Objekte des sechsfachen Sinnesbewusstseins eines nicht verblendeten Geistes gehören zur rationalen relativen Wahrheit, während das, was einem z. B. durch ein Phlegma-Problem oder andere Ursachen gestörten Sinnesbewusstseins erscheint, irrationale relative Wahrheit ist.

Was die absolute Wahrheit angeht, so wird sie nicht wie bei den Svatantrikas unterteilt in eine nominale und eine nicht nominale absolute Wahrheit, sondern von Anfang an als ursprüngliche Weisheit angenommen, die der Meditation der drei Arten von erhabenen Wesen entspricht. Diese von allen Extremen freie Weisheit jenseits aller Positionen wird als die wahre Natur der Dinge gesehen. Nagarjuna sagt dazu:

Weil ich keine Position beziehe,
kann ich gar nicht anders, als ohne Fehler sein.

Wenn Nagarjuna nichts bestätigt, tut er das nicht aus Angst davor, sich der Kritik auszusetzen, wenn er die These einer Existenz oder Nichtexistenz vertritt, sondern weil das wahre Wesen aller Dinge sich jeder Einordnung entzieht. Für diese Schule sind die beiden Wahrheiten nur in dem Maße verschieden, was die Behauptung über ihre Identität angeht. Die obere Svatantrika-Schule hält die zwei Wahrheiten ihrem Wesen nach für identisch, aber mit verschiedenen Aspekten. Für die untere Svatantrika-Schule sind sie essenziell verschieden.

● Meditation über die Abwesenheit eines Selbst im Individuum und in den Phänomenen

Das oben Gesagte hat uns eine allgemeine Idee von den zwei Wahrheiten gegeben. Was nun die Meditationspraxis angeht, so solltet ihr eure Zeit in Sitzungen mit dazwischenliegenden Pausen einteilen. Geht zuerst durch die vorbereitenden Übungen für jede Sitzung und konzentriert euch dann auf die eigentliche Meditation.

Wenn die Rede ist von „allen Phänomenen“, bedeutet das, alle Dinge, die man wissen kann. Diese können in die fünf Aggregate zusammengefasst werden und diese wiederum in Materie und Geist. Deshalb muss über die Abwesenheit eines Selbst in den Phänomenen und die Abwesenheit des Selbst im Individuum meditiert werden.

Dafür müssen wir uns zuerst darüber klar werden, was nicht haltbar ist, nämlich die Art, wie die Phänomene uns erscheinen. Was wir für das Individuum halten, ist ein Kontinuum, und was wir als Phänomen bezeichnen, hat keine Merkmale. Wenn ihr an das Kontinuum eurer Aggregate denkt mit dem Gefühl: „Nachdem ich seit anfangslosen Zeiten existiert habe, bin ich heute an diesem Punkt angekommen und werde von hier an weiterhin existieren", ist dieses Konzept eines Ichs das, was das Selbst im Individuum genannt wird. Wie wir dieses Ich oder Selbst verstehen, ist unterschiedlich. Wenn ihr sagt: „Ich bin krank", haltet ihr die Aggregate für das „ich", wenn euch aber jemand fragt, was euch wehtut, und ihr dann antwortet: „Mein Kopf", haltet ihr die Aggregate für „mein".

Sich auf ein Kontinuum zu beziehen bedeutet, an ein individuelles Selbst zu glauben, dessen Objekt zwangsläufig das Individuum ist. Die Basis für die Bezeichnung Individuum, d. h. die fünf Aggregate, sind das Objekt des Glaubens an ein Selbst in den Phänomenen, und der Glaube an ihre Realität ist der Glaube an ein Selbst in den Phänomenen.

Der Glaube an ein Selbst im Individuum äußert sich in dessen Wahrnehmung als dauernd, einmalig und unabhängig. Erforscht also als Erstes, ob dieses sogenannte Selbst des Individuums das gleiche ist wie die fünf Aggregate oder davon verschieden. Wenn es das Gleiche ist, dann müssten auch die Aggregate dauernd, einmalig und unabhängig sein. Oder aber es ist wie die Aggregate unbeständig, vielfach und abhängig. Mittels dieser Art von Analyse versteht man, dass das Selbst und die Aggregate nicht ein und dasselbe sein können.

Wenn das Selbst etwas anderes ist als die Aggregate, sollte man in der Lage sein, festzustellen, dass sie voneinander verschieden sind. Das ist aber nicht das, was wir sehen, weil sie es vom Ort, von der Zeit und der Erscheinung her nicht sind. Die Schlussfolgerung daraus ist, dass es für ein Selbst keine Basis gibt.

Ihr denkt möglicherweise, dass vielleicht das Selbst nicht existiert, aber doch zumindest die Aggregate existieren. Doch wenn ihr sie einer Analyse unterzieht, werdet ihr herausfinden, dass auch sie keine Realität haben. Da der materielle Körper ein Phänomen der Form ist, besteht er aus einer Ansammlung von Atomen und ist von gleicher Natur wie diese nicht weiter teilbaren Partikel (d. h. Leerheit).

● Analyse der äusseren Phänomene

Analysiert nun die äußeren Phänomene, Berge, Felsen, Häuser und Ähnliches. Denkt z. B. an ein Haus. Auf den ersten Blick nehmt ihr es als ein Ganzes wahr, weil ihr nicht genau nachdenkt. Wie sich aber bei der Analyse dessen herausstellt, was Haus genannt wird, ist es eine Kombination von verschiedenen Materialien, von Steinen, Ziegeln, Lehmmauern, hölzernen Balken und Ähnlichem. Wenn ihr jedes dieser einzelnen Teile auseinandernehmt, seht ihr das Haus nicht mehr als solches, sondern als Erde, Steine und andere Bestandteile, die ihrerseits wiederum eine Anhäufung von kleinsten Teilchen sind. Spaltet einen Stein in vier Teile auf und ihr nehmt ihn nicht mehr als einzelne Entität wahr. Teilt die Fragmente in obere, untere Teile usw. auf, und auch diese hören auf, eine eigenständige Existenz zu haben.[233] Deshalb heißt es im *Herz-Sutra*: „Form ist Leerheit."

Wenn wir die Dinge nicht auf diese Weise hinterfragen und analysieren, nehmen wir sie in Form von Häusern usw. wahr. Die Tatsache, dass die in Abhängigkeit entstehenden Phänomene unaufhörlich aus der Leerheit entstehen, die nicht auf irgendeine Weise qualifiziert werden kann, drückt der Satz aus: „Leerheit ist Form." Diese beiden Aussagen beseitigen die zwei Extreme, die darin bestehen, zu glauben, weil die Phänomene erscheinen, existierten sie, oder zu glauben, weil sie leer sind, gäbe es nichts. Und wenn es dann weiter heißt: „Form ist nichts anderes als Leerheit, Leerheit ist nichts anderes als Form", bedeutet dies, dass Leerheit und Erscheinungsformen nicht voneinander zu trennen sind. Meditiert darüber, bis ihr zu einer echten Gewissheit gelangt.

Nehmen wir ein anderes Beispiel, das Zelt, in dem ihr wohnt.[234] Euer erster Reflex wird sein, an eine Einheit, genannt Zelt, zu denken. Wenn ihr jedoch die Tür und die inneren Teile entfernt, seht ihr es nicht mehr als eine einzelne Entität. Was ihr nun habt, ist das Konzept von einer Tür und einem Inneren, doch auch dieses löst sich auf, wenn ihr die einzelnen Zeltbahnen aus gesponnenem Yakhaar entfernt. Was euch nun bleibt, ist das Konzept von Zeltbahnen. Wenn ihr die Zeltbahnen auf die einzelnen Schnüre reduziert, gibt es auch das Konzept von Zeltbahnen nicht mehr, es wird ersetzt durch das Konzept von Schnüren. Wenn ihr die Schnüre in die einzelnen Wollfäden aufteilt, habt ihr kein Konzept mehr von Schnüren und es verbleiben euch nur noch einzelne Yakhaare, die wiederum in allerkleinste, räumlich ausgerichtete Teilchen[235] aufgeteilt werden können, und die Schlussfolgerung daraus ist, dass auch diese keine eigenständige Existenz haben.

Dank dieser Analyse – dem Nachdenken über die vierfache Wahrheit: „Form ist Leerheit. Leerheit ist Form. Es gibt keine andere Leerheit als Form. Es gibt keine andere Form als Leerheit" – wird die Gewissheit erlangt, dass Erscheinungsformen und Leerheit nicht voneinander zu trennen sind.

Analysiert auf diese Weise die äußere Welt, von den Gebirgen, den Kontinenten, den Grassteppen und den Wäldern bis hin zu den goldenen Bergen, den Meeren der Ausgelassenheit und dem Berg Meru.

● Analyse der inneren Phänomene, der eigenen Aggregate

Prüfen wir nun unsere eigenen Aggregate. Was wir unseren Körper nennen, halten wir für etwas Dauerhaftes, Einheitliches und Unabhängiges, und das ist, was wir jetzt erforschen und analysieren werden.

Fragt euch zuerst, ob euer Körper etwas dauerhaft Bestehendes ist. Die Antwort ist nein, weil er sich aus einer Zelle, zehnmal kleiner als ein Sesamkorn, die aus der Vereinigung von Samen- und Eizelle eurer Eltern stammt, schrittweise entwickelt hat, um dann zur Welt zu kommen, und vom Stadium eines Kindes am Ende das eines Greises erreicht. Dies ist die deutliche Vergänglichkeit. Doch dieser Körper ist auch einer subtileren Vergänglichkeit unterworfen, weil er sich wie das Wasser eines Flusses von Augenblick zu Augenblick ändert.

Nun fragt euch, ob euer Körper etwas Einheitliches ist. Auch hier ist die Antwort nein. Er setzt sich zusammen aus Fleisch, Haut, Blut, Lymphe, Knochen, Schleim, Sehnen. Es gibt allein 360 einzelne Knochen, die ihrerseits aus vielen Molekülen bestehen. Euer Körper hat 30 Zähne, 21 000 Kopfhaare, 30 000 000 Körperhaare usw. Er setzt sich also aus vielen einzelnen Teilen zusammen.

Auch die Antwort auf die Frage, ob der Körper selbstbestimmt ist, lautet nein. Er hängt ab vom Karma und den negativen Emotionen. Seine Krankheiten, seine angenehmen und schmerzhaften Befindlichkeiten, ob er schön ist oder weniger schön, all dies beruht auf eurem Karma.

Ihr stellt euch sicherlich euren Körper als ein einheitliches Ganzes vor, aber es genügt, ihn in vier Teile zu zerschneiden, um dieses Konzept verschwinden zu lassen. An dessen Stelle tritt nun das Konzept von vier einzelnen Teilen. Wenn ihr jetzt einen dieser Teile zertrennt in Schulterblatt, Oberarm, Unterarm, Hand, werdet ihr das Konzept „Glieder" haben. Weil diese sich wiederum aufteilen lassen in Fleisch, Haut, Blut, Knochen, habt ihr nun noch das Konzept von Fleisch, Haut, Blut und Knochen. Wenn ihr diese weiter reduziert auf obere Partien und untere Partien, werdet ihr herausfinden, dass all diese Teile nicht eigenständig existieren, und ihr kommt zu der Schlussfolgerung, dass „der Körper Leerheit ist". Er ist wie Raum geworden. Und da er sich wie alle interdependent entstehenden Phänomene kontinuierlich aus der Leerheit manifestiert, heißt es: „Leerheit ist der Körper, Leerheit ist nichts anderes als der Körper, der Körper ist nichts anderes als Leerheit."

Auf diese Weise habt ihr das Extrem entkräftigt, das darin besteht, zu denken, etwas, das erscheint, müsse existieren: weil der Körper zwar erscheint, aber keine wirkliche Existenz hat. Das Extrem, das darin besteht, zu denken, weil etwas Leerheit ist, sei es nichts, ist ebenfalls entkräftigt: weil die Leerheit das Potenzial hat, sich in Form von interdependenten Phänomenen zu manifestieren. Damit habt ihr die Unteilbarkeit von Leerheit und dem Entstehen in Abhängigkeit begründet, wie der Prinz Könchog Bang[236] es sagt:

Formen und Töne sind frei von mentalen Konstruktionen,
und was frei ist von mentalen Konstruktionen, manifestiert sich als Formen und Töne.
Was frei ist von mentalen Konstruktionen, kann als nichts anderes als Formen und Laute gesehen werden.
Und Formen und Laute können als nicht anderes gesehen werden als das, was frei ist von mentalen Konstruktionen.

Auf diese Weise wendet man sich mit der Weisheit, die alle äußeren und inneren Phänomene sorgfältig erforscht, den Objekten der Wahrnehmung zu, um sie zu überprüfen, bis man die Gewissheit erlangt hat, die den Namen trägt: „Weisheit, die aus vertiefter Analyse entsteht", oder „analytische Sicht".

Die Sicht von Dzogchen und Mahamudra stützt sich auf diese analytische Sicht und wendet sich nach innen, um mit der „sich selbst erkennenden Weisheit, die das Subjekt erforscht" den eigenen Geist als das Subjekt zu erforschen. Dies wird „die Sicht der in Ausgeglichenheit verweilenden Weisheit" genannt. Der erste Fall betrifft den denkenden Geist und im zweiten handelt es sich um die ursprüngliche Weisheit, die alles Mentale transzendiert.

Der Unterschied zwischen beiden ist größer als der zwischen Himmel und Erde.

Wenn ihr durch die analytische Meditation gegangen seid und nicht damit fortfahren möchtet, lasst euren Geist ruhen, ohne irgendetwas ändern zu wollen. Dies entspricht der Sicht der in Ausgeglichenheit verweilenden Weisheit. Wenn dann wieder Gedanken aufkommen, kehrt zur analytischen Meditation zurück, um danach wieder in Ausgeglichenheit zu verweilen. Wechselt auf diese Weise ab zwischen analytischer Meditation und in Ausgeglichenheit ruhender Meditation. Dadurch wird euer Geist flexibel und tut, was ihr von ihm verlangt.

• Analyse des Geistes

Als Nächstes schaut nach innen und analysiert euren eigenen Geist. Ihr haltet ihn für etwas Dauerhaftes, Einheitliches und Autonomes. Doch er ist nicht dauerhaft, er ist wie das Wasser eines Flusses, weil er aus einer ständigen Abfolge von Gedanken besteht, die aufkommen und wieder verschwinden. Er ist keine Einheit, weil er alle möglichen negativen Gedanken haben kann, gierige, konfuse, hochmütige, eifersüchtige usw., alle möglichen positiven Gedanken wie Vertrauen, Entschlossenheit, frei zu werden, oder Bodhichitta und alle möglichen neutralen Gedanken wie die Erinnerung an Orte, die ihr aufgesucht habt, was ihr gesagt habt, was ihr gegessen habt und Ähnliches. Er ist seiner Natur nach vielfältig durch das Vorhandensein der acht Arten von Bewusstsein, der einundfünfzig mentalen Faktoren usw.

Nun zur Frage, ob der Geist autonom, d. h. unabhängig, ist. Er ist es nicht, weil er von den wahrgenommenen Objekten abhängt. Wenn er mit einem begehrenswerten, einem unangenehmen oder einem neutralen Objekt in Kontakt kommt, manifestieren sich je nachdem Gier, Widerwillen oder eine Art von konfuser Neutralität. Auch wenn es sich um die Entschlossenheit, frei zu werden, und um gläubiges Vertrauen handelt, hängt der Geist von seinem Objekt ab: Er hat Vertrauen in Nirvana und ist entschlossen, sich aus Samsara zu befreien.

Schauen wir uns nochmals unsere Gedanken an. Da man nicht sagen kann, die vergangenen Gedanken seien irgendwo aufbewahrt, können sie nicht existieren. Da die gegenwärtigen Gedanken sich sofort von selbst, ohne Spuren zu hinterlassen, verflüchtigen, können sie ebenfalls nicht existieren. Und obwohl man meinen könnte, zukünftige Gedanken seien bereit, von irgendwoher aufzutauchen, so finden wir sie nirgends, sie haben sich noch nicht manifestiert, wir haben sie noch nicht gehabt – also können auch sie nicht existieren.

Auf diese Weise nach dem Geist in Vergangenheit, Gegenwart und Zukunft suchend und nichts findend, gelangen diejenigen mit überlegenen Fähigkeiten zur Gewissheit, dass der Geist nicht wirklich existiert. Diejenigen, deren Fähigkeiten weniger ausgeprägt sind, finden zwar mithilfe dieser Analyse ebenfalls nichts, doch die Vielzahl der sich manifestierenden Gedanken verleitet sie dazu, zu glauben, dass der Geist wahrscheinlich doch existiert. Deshalb müssen sie das Kommen, Bleiben und Gehen der Gedanken[237] einer Analyse unterziehen.

• Woher kommen die Gedanken, wo verweilen sie, wohin gehen sie?

Ihr mögt denken: „Zuerst hatte ich diesen Gedanken der Gier gar nicht, er ist ganz plötzlich von irgendwoher aufgetaucht, er ist also da!" In diesem Fall müsst ihr danach suchen, wo dieser Gedanke geboren wurde, von woher er sich manifestiert hat. Wenn ein Gedanke aufgetaucht ist, muss er von den sechs Sinnesobjekten im Außen, von den sechs Sinnesorganen innen oder von irgendwo dazwischen gekommen sein. Fangt mit den sechs äußeren Sinnesobjekten an: Mit der Form für das Sehbewusstsein, dem Ton für das Hörbewusstsein, dem Geruch für das Riechbewusstsein, dem Geschmack für das Schmeckbewusstsein, der Berührung für das taktile Sinnesbewusstsein und – auf diesen basierend – den Objekten des mentalen Bewusstseins, dem Bereich der mentalen Phänomene.

Zuerst zur Form, als dem Objekt eures Sehbewusstseins: Reduziert sie mithilfe der „Weisheit, die aus der konzeptuellen Analyse hervorgeht" zu Elementarteilchen, und diese in obere und untere Teile usw., bis ihr keine eigenständige Existenz mehr finden könnt. Da Formen also nicht wirklich existieren, können sie nicht der Ort sein, von woher die Gedanken kommen.

Da auch die anderen Sinnesobjekte Phänomene sind, die sich aus Elementarteilchen zusammensetzen, benutzt die Weisheit, die aus der konzeptuellen Analyse kommt, dazu, um alle aus Atomen zusammengesetzten Phänomene in vier Teile zu teilen, dann jedes Teil wieder in vier Teile und so fort, bis ihr zu Teilchen gelangt, die vierzig mal kleiner sind als ein in einem Sonnenstrahl tanzendes Staubkörnchen. Wenn ihr diese üblicherweise als unteilbar gesehenen Teilchen nun ihrerseits nach ihrer räumlichen Ausrichtung zerteilt, haben sie keine Realität mehr. Was bleibt, ist nur noch Leerheit, ohne Ursprung, ohne Fundament: Es gibt kein Objekt, von dem her der Geist, oder anders gesagt, die Gedanken entspringen könnten.

Wie ist es dann möglich, dass sich etwas manifestiert? Es geschieht durch das unaufhörliche Entstehen in Abhängigkeit, als Entfaltung der Leerheit, als das „große Ornament" der Leerheit. Wenn ihr das versteht, gelangt ihr zur Gewissheit, dass Leerheit und das Entstehen in Abhängigkeit ein und dasselbe sind. Und da die sechs äußeren Objekte keine reale Existenz haben, ist es nicht möglich, dass von ihnen her die Gedanken erscheinen, so wenig, wie es möglich ist, dass ein Kind ohne Mutter geboren wird.

Kommen die Gedanken vielleicht von den sechs Sinnesorganen her, also von innen? Die Antwort ist auch hier nein. Fünf dieser Sinnesorgane – Augen, Ohren, Nase, Zunge und die Haut – herrschen (*dbang byed*) über die Wahrnehmung ihrer jeweiligen Objekte, daher werden sie „Herrscher" (*dbang po*) genannt. Weiter heißt es:

> *Das Bewusstsein, das auftritt, sobald die fünf anderen innehalten,*
> *ist das (6.) mentale Bewusstsein.*

Das heißt, wenn die fünf Arten von Sinneskräften innehalten, tritt das nicht konzeptuelle mentale Bewusstsein in Erscheinung, um kurz darauf von dem konzeptuellen mentalen Bewusstsein, das mit Gedanken verbunden ist, ersetzt zu werden.

Wenn ihr nun die fünf Sinnesorgane mithilfe der gleichen Methode analysiert, wie vorher zur Analyse des Körpers benutzt, kommt ihr zu der Schlussfolgerung, dass auch die allerkleinsten Atome keinerlei wirkliche Existenz besitzen. Folglich ist es nicht möglich, dass die Gedanken von euren Sinnesorganen, also von innen, herkommen, so wenig, wie es möglich ist, dass ein Kind ohne Vater geboren wird.

Liegt die Herkunft der Gedanken dann irgendwo zwischen den Sinnesorganen und ihren Objekten? Auch hier ist die Antwort nein. Weil es in diesem Zwischenraum auch wieder nur Atome gibt, helle bei Tag und dunkle bei Nacht. Sie bestehen ihrerseits aus immer kleineren Teilchen, die ohne reale Partien sind. Der Zwischenraum zwischen den Sinnesorganen und ihren Objekten kann also nicht das sein, von woher die Gedanken kommen.

Auf diese Art analysiert, macht der Geist den Eindruck, nicht zu existieren. Doch einmal aufgetaucht, bleiben die Gedanken eine gewisse Zeit lang. Deshalb meint ihr, dass es wohl einen Ort geben müsste, wo der Geist wohnt. Aber einen solchen Ort gibt es nicht. Um das Beispiel des Kindes einer unfruchtbaren Frau zu zitieren, wenn ein Kind nicht geboren ist, kann es auch keinen Ort geben, an dem es verweilt. Diese Art von Frage zu stellen, ist also sinnlos.

„Trotzdem", so werdet ihr denken, „ich habe einen Geist." Setzt also eure Überprüfung fort, sucht wie vorher in den sechs Sinnesorganen, in ihren sechs Objekten und dazwischen, und ihr müsst erkennen, dass es nirgendwo einen Ort gibt, an dem er zu finden ist.

„Aber“, so insistiert ihr möglicherweise, „wenn der Geist nirgendwo geboren wird und nirgendwo weilt, so verschwindet er am Ende doch irgendwohin.“ In diesem Fall zieht wieder das Beispiel des Kindes einer unfruchtbaren Frau heran. Wenn niemand geboren ist, niemand verweilt, gibt es niemanden, der stirbt. Wenn ihr die Objekte der sechs Sinne, die Sinnesorgane und das, was dazwischen liegt, reduziert auf allerkleinste Elementarteilchen und auf gerichtete Partien, werdet ihr nichts wirklich Existierendes finden. Es gibt also auch hier keinen Ort, wohin der Geist verschwinden könnte.

Wenn ihr trotz des vergeblichen Versuchs, herauszufinden, woher der Geist kommt, wo er wohnt oder wohin der geht, beim plötzlichen Auftauchen eines Gedankens denkt, das sei der Geist, so ist es nicht so. Wenn der Geist als etwas Konkretes existieren würde, müsste er eine Form oder eine Farbe haben, weil ohne diese beiden Merkmale nichts Konkretes existieren kann. Wenn ihr herauszufinden versucht, ob der Geist rund oder viereckig ist, kreisförmig oder halbkreisförmig, lang, kurz, rechteckig, glatt oder uneben, findet ihr nichts. Versucht herauszufinden, ob er weiß, gelb, rot oder von einer anderen Farbe ist, und ihr findet nichts. Fragt, ob er männlich, weiblich, oder ein Zwitter ist, die Gestalt eines Pferdes, eines Elefanten oder was auch immer hat, auch hier findet ihr nichts.

Doch ihr insistiert vielleicht immer noch, indem ihr sagt: „Da ist trotzdem etwas.“ Schaut deshalb, ob es in den äußeren Sinnesobjekten, den inneren Sinnesorganen, irgendwo im Inneren des Körpers oder außen einen Geist gibt, den ihr sehen könnt. Aber der Geist hat keine sichtbare Form. Er macht kein Geräusch, das ihr hören könntet. Sogar ganz gewöhnliche Leute würden, wenn sie nichts mit den Augen sehen und mit den Ohren hören können, nicht sagen: „Da ist etwas“, sie würden sagen: „Da ist nichts!“

Doch ihr fragt vielleicht immer noch, ob der Geist nicht doch einen Geruch hat, den man mit der Nase riechen, oder einen Geschmack, den man mit der Zunge kosten könnte, oder ob ihr ihn mit der Hand innerhalb oder außerhalb eures Körpers berühren könntet. Ihr könnt suchen, soviel ihr wollt, aber da ist nichts. Aus diesem Grund heißt es: Der Geist ist leer.

Doch sofern man ihn nicht dieser Analyse unterzieht, erscheint der Geist in der Tat als das unaufhörliche Wirken des abhängigen Entstehens, das aus der Leerheit – die nicht als etwas qualifiziert werden kann – hervorgeht.

Ähnlich wie der Mond und sein Spiegelbild im Wasser lassen sich Leerheit und das Entstehen in Abhängigkeit nicht voneinander trennen: „Leerheit ist nichts anderes als der Geist, Geist ist nichts anderes als Leerheit." Damit gelangt ihr zur Gewissheit über die Einheit der vierfachen Leerheit, die euch niemals mehr verloren gehen kann.

Zu der gleichen Gewissheit müsst ihr gelangen, was die Phänomene betrifft, deren Analyse keinerlei Realität ergibt und die sich dennoch ununterbrochen durch das Entstehen in Anhängigkeit manifestieren, entsprechend den acht Sinnbildern der Illusion.

Sieben dieser Vergleiche sind leicht zu verstehen, doch dasjenige der magischen Illusion wird am besten durch die Allegorie des Zauberers Khyungpo Poukha verdeutlicht. Wenn er seine Zauberformel *om thibi thibi svaha* über den Zweigen und Kieseln sprach, die ihm als Grundlage dienten, ließ er damit für die Augen der anderen die illusorischen Formen von Elefanten und Pferden erscheinen. Am Ende ließ er mit der Formel *om mithi mithi svaha* diese Illusionen sich wieder auflösen und sie wurden wieder Zweige und Kieselsteine. In gleicher Weise erscheinen – wenn der alte Magier, eure Unwissenheit, die magische Formel der sekundären Ursachen, d. h. Karma und negative Emotionen, über der primären Ursache, dem Glauben an Subjekt und Objekt, rezitiert – die verschiedenartigen Wahrnehmungen der sechs Klassen von Wesen vom Gipfel der Existenz bis zur Vajra-Hölle, gleich einem magischen Schauspiel.

In der Allegorie des Zauberers gibt es zwei Momente, in denen die magischen Erscheinungen sich nicht produzieren, nämlich am Anfang, bevor die Zauberformel über den Zweigen und Kieseln rezitiert wurde, und am Ende, wenn der Zauber mit der Rezitation der zweiten Formel verschwunden ist. Die illusorischen Phänomene produzieren sich nur in der Zeitspanne dazwischen aufgrund der Interaktion der besonderen Bedingungen. Das Gleiche gilt für die Natur des Geistes, die Essenz der Buddhaschaft. Zu Anfang, da der Grund ohne Verblendung ist, und am

Ende, wenn perfekte Buddhaschaft erlangt wurde, existieren die irrigen, magischen Illusionen gleichenden Wahrnehmungen nicht. Es geschieht lediglich unter dem Einfluss einer vorübergehenden Verblendung, dass man sich wie bei einem magischen Schauspiel täuscht.

Meditiert deshalb immer und immer wieder über die verblendeten Wahrnehmungen, indem ihr sie mit magischen Illusionen und den anderen Metaphern vergleicht, und wechselt dabei ab zwischen analytischer und ausruhender Meditation.

Schließt eure Sitzung wie üblich ab und lest in der Zeit dazwischen Texte, die von der Weisheit handeln, und denkt sorgfältig darüber nach.

Damit ist das Kapitel über die Richtlinien für den Erleuchtungsgeist des Umsetzens abgeschlossen.

Nyoshul Lungtok Tenpai Nyima (1829–1901/2),
Patrul Rinpoches Schüler, der Die Worte meines vollendeten Lehrers *an Khenpo Ngawang Pelzang übermittelte*

3. Kapitel

Meditation über den Lehrer als Vajrasattva und Rezitation seines Mantra, um alle Widrigkeiten, negativen Taten und Trübungen zu bereinigen

I. Wie negative Taten durch Bekennen gereinigt werden

Die Bezeichnung „Trübungen" bezieht sich auf vier Arten von Trübungen, nämlich karmische Trübungen, Trübung durch negative Emotionen, konzeptuelle Trübungen sowie die Trübung durch gewohnheitsbedingte Tendenzen.

Da das Hindernis für das Aufkommen der außerordentlichen Erfahrungen und Verwirklichungen des tiefgründigen Weges vorwiegend in den durch negative Taten entstandenen trübenden Schleiern besteht, sollten sich Anfänger zuallererst darauf konzentrieren, die karmisch bedingten Schleier zu bereinigen.

(A) Die karmischen Trübungen

Es gibt zweierlei Arten von negativen Taten: solche, die von Natur aus schädlich sind, und solche, die gegen bestimmte Vorschriften verstoßen.

Ersteres ist beispielsweise das Töten, das nicht allein deshalb negativ ist, weil der Buddha es verboten hat.

Vergehen, die gegen bestimmte Vorschriften verstoßen, müssen nicht unbedingt schädlich sein, wenn von Laienpersonen begangen; sie sind es aber, wenn von Mönchen oder Nonnen begangen, wie das Schneiden von frischem Gras.

Die unabhängig von den Geboten des Buddha schädlichen Taten beinhalten u. a. die zehn negativen Verhaltensweisen, die fünf Verbrechen mit unmittelbaren Folgen usw.

Eine Tat, die von Natur aus negativ ist und gleichzeitig die Verletzung der Gebote des Buddha bedeutet, ist das Wurzel-Vergehen[238] des Tötens.

Von Natur aus negativ insofern, als man Leben vernichtet hat, und ein Wurzel-Vergehen, weil damit ein Wurzel-Gelübde gebrochen wurde. Der Mönch, der frisches Gras mäht, und die Laienperson, die ein Tier tötet, begehen also beide eine gleich schwerwiegende negative Tat.

Die Vergehen, die die Gebote des Buddha brechen, sind die Übertretungen der Pratimoksha-Gelübde, der inneren Bodhisattva-Gelübde und der geheimen Samayas des Mantrayana.

Je höher die Ebene der Gelübde, desto schwerwiegender die Übertretung. Wenn jemand Gewöhnliches eine Laus tötet, begeht er damit die negative Tat, Leben zu vernichten. Für einen Bodhisattva kommt das Verbrechen dazu, seine Mutter getötet zu haben. Doch weil es sich dabei nicht um die Mutter handelt, die ihn in diesem Leben zur Welt gebracht hat, ist es kein Verbrechen mit sofortiger Auswirkung. Nur wenn man die Mutter tötet, von der man in diesem Leben geboren wurde, erfährt man die unmittelbare Folge. Was die Praktizierenden des Mantrayana angeht, die eine Laus töten, so kommt zu der negativen Tat, Leben vernichtet und seine Mutter damit getötet zu haben, hinzu, Vajrasattva getötet zu haben und die 42 Gottheiten der Aggregate, Elemente und Sinnesbereiche der Laus.[239]

Auf diese Weise steigert sich die Schwere einer negativen Tat von einer Ebene zur nächsten. Wenn z. B. ein Mönch seine Robe nicht wie vorgeschrieben trägt, begeht er eine Übertretung seiner Pratimoksha-Gelübde.[240] Da diese Übertretung zu den Bodhisattva-Gelübden der Disziplin gehört, die darin besteht, negative Taten zu vermeiden, begeht ein Mönch, der die Bodhisattva-Gelübde abgelegt hat und seine Robe nicht wie vorgeschrieben trägt, ein Hauptvergehen. Ein Mönch, der das geheime Mantrayana praktiziert, hätte damit das Hauptvergehen begangen, die Vorschriften des Buddha zu übertreten.[241]

Alle Übertretungen, ob von Natur aus negativ oder aber Verletzungen der Gebote des Buddha, gehören zu den karmischen trübenden Schleiern. Was wird von ihnen verschleiert? Der Zugang zum Zustand der Götter und Menschen der höheren Daseinsbereiche.

(B) Die trübenden Schleier der Emotionen

Sie bilden sich aus den 84 000 negativen Emotionen, die Anlass zum Begehen der oben erwähnten negativen Taten sind. Die negativen Emotionen lassen sich zu den fünf oder drei Geistesgiften zusammenfassen oder aber auf negative Gedanken reduzieren.[242]

Was wird verschleiert? Das Erreichen der Befreiung der Arhats und der Pratyekabuddhas.

(C) Die konzeptuellen Trübungen

Sie bestehen aus der Vorstellung, dass Subjekt, Objekt und Aktion etwas real Existierendes sind.

(D) Der trübende Schleier der gewohnheitsbedingten Neigungen

In den Sutras wird der Schleier der gewohnheitsbedingten Tendenzen als eine sehr subtile Form der konzeptuellen Trübungen angesehen. In den Tantras ist er ebenfalls ein sehr subtiler Schleier, genannt „gewohnheitsbedingte Tendenz der drei Übertragungen“: die sehr subtile Tendenz des weißen Elements als Ursache des groben Körpers, die sehr subtile Tendenz des roten Elements als Ursache für die gröbere Rede und die Tendenz der sehr subtilen Bewegung der Energie, die das weiße und rote Element vereint und Ursache für den konzeptuellen Geist ist.

Was wird von diesen Schleiern[243] verhüllt? Die Verwirklichung der allwissenden Weisheit.

Die verschiedenen Trübungen verschleiern im Besonderen den Zugang zu den drei höheren Bereichen, zur Befreiung und Allwissenheit und ganz allgemein den natürlichen Zustand, die Soheit, oder auch die Essenz der Wirklichkeit genannt, oder höchste Essenz, höchste Perfektion, absolute Dimension, unbefleckte Essenz aller Phänomene, Buddha-Natur. All diese Benennungen gelten für das Sutra- und Mantrafahrzeug. Doch im Mantrayana spricht man darüber hinaus auch von der natürlich reinen Buddhaschaft, der Buddhaschaft der ursprünglich reinen Essenz oder der Buddhaschaft des spontan gegenwärtigen Grundes.

Im *Heruka-Galpo-Tantra* heißt es dazu:

> *Der natürliche Zustand, Fundament der Natur so, wie sie ist,*
> *erhabener Dharmakaya, weder gefangen noch befreit.*[244]

Diese beiden Zeilen drücken aus, dass die Natur des Geistes, oder sein ursprünglicher Zustand, seine wirkliche Seinsweise, in der die absolute Dimension und Weisheit ungetrennt sind, niemals von Karma und negativen Emotionen verunreinigt ist. Wie das All oder die Sonne sind die Qualitäten der drei Kayas der Siegreichen von Anbeginn vorhanden, ohne dass nach ihnen gesucht werden müsste. Zur Zeit des Grundes, im Stadium eines gewöhnlichen Wesens, ist die Natur des Geistes nicht schlechter, sind die Qualitäten nicht weniger. Zur Zeit der Frucht, im Zustand der Buddhaschaft, ist sie nicht verbessert, nehmen die Qualitäten nicht zu. Frei von hinzugekommenen Befleckungen, ohne eine Zunahme oder Minderung der Qualitäten, ist die Essenz der Natur des Geistes seit jeher rein, und die seit jeher reine ursprüngliche Weisheit, die jenseits von Gefangensein und Befreiung ist, wird der natürliche Zustand, der Grund der Natur, so wie sie ist, genannt, oder auch der von jeher präsente, universale Grund von allem.

Wenn man diesen Grund realisiert, hat man Nirvana realisiert und das, was Samsara hervorbringt. Wenn man ihn nicht realisiert, ist er der Grund für alle Phänomene von Samsara, die sich ohne ihn nicht manifestieren könnten. Daher die Bezeichnung „Grund".

Die Tatsache, von jeher die Buddha-Natur zu haben, will aber nicht heißen, dass ihr Buddhas seid. Wie im *Hevajra-Tantra* steht:

Alle Wesen sind Buddhas, nur dass dies
durch hinzugekommene Verunreinigungen verhüllt ist.

Die Erklärung dafür, dass wir nicht tatsächlich Buddhas sind, ist, dass wir verdunkelt sind von der Befleckung durch dualistische Täuschungen, die die Natur des Grundes verdecken. Sie bestehen aus den 84 000 negativen Emotionen, die man auch auf die fünf Aggregate zurückführen kann oder auf die Gedanken, die unausweichlich einer auf den anderen folgen. Dies ist die eigentliche Ursache aller illusorischen Wahrnehmung der Phänomene von Samsara, und auch ihre Auswirkung.

Damit die Verwirklichung wie ein Widerschein im Spiegel des Allurgrundes erscheinen kann, müssen alle Schleier beseitigt sein. „Wenn die Schleier beseitigt sind, erhebt sich die Realisierung von selbst." Anfänger müssen sich zuallererst von den karmischen trübenden Schleiern befreien. Zu diesem Zweck hat der Buddha, geschickt in den Methoden und voll großen Mitgefühls, jenen, die die Pratimoksha-Gelübde abgelegt haben, erklärt, wie radikale Vergehen, restliche Fehler usw. gereinigt werden. Bodhisattvas können das *Sutra in drei Teilen* zu Hilfe nehmen, das seinen Namen den drei Abschnitten Verehrung, Bekenntnis der negativen Taten und Widmung verdankt. Daneben gibt es auch andere Bekenntnisse, wie das *Sutra der Großen Befreiung*.

Kurz gesagt ist jede heilsame, positive Praxis nichts anderes als ein Mittel, negative Taten zu reinigen. Wenn das authentische Bekenntnis von jemandem, der den Weg der individuellen Befreiung praktiziert, alle für diesen Weg geltenden Verfehlungen und ihre Reifung reinigt, so gilt dies nicht für die Fehler, welche die Bodhichitta-Gelübde betreffen. Die dem Weg des Erleuchtungsgeistes und dem Mantrayana eigenen Bekenntnisse hingegen reinigen nicht nur von Vergehen, die im Zusammenhang stehen mit den entsprechenden Gelübden, sowie von ihrer karmischen Auswirkung, sondern auch von den Auswirkungen der Fehler, die mit den niederen Fahrzeugen verbunden sind.

Unter allen in den Traditionen von Sutra und von Mantra gelehrten Methoden des Bekennens ist die Meditation über Vajrasattva und die Rezitation seines Mantras die beste. Als Vajrasattva auf dem Pfad war, auf dem es noch zu Lernendes gibt,[245] fasste er diesen Wunsch: „Mögen in der Zukunft alle Wesen, die lediglich an meinen Namen denken, von ihren negativen Taten und ihren Vergehen gereinigt werden. Wenn nicht, möge ich nicht zu einem Buddha werden." Dann sammelte er eine unermessliche Anhäufung von Verdienst und Weisheit an und machte Wunschgebete, die sich erfüllten: Er wurde zum Buddha unter dem Namen Vajrasattva. Statt zu versuchen, euer Bekenntnis vor jedem Buddha der zehn Himmelsrichtungen abzulegen, meditiert also über Vajrasattva als untrennbar von eurem Meister als dem Ort, von dem her alle Mandalas ausstrahlen und wieder zurückkehren. Dies ist die beste Methode von allen.

Hier meditieren wir über Vajrasattva als „Juwel, das alles in sich vereint".[246]

II. Wie man negative Taten bekennt

Bei jedem Bekenntnis müssen die vier Kräfte als Gegenmittel vollständig beisammen sein. Wie Shantideva erklärt:

> *Was muss gereinigt werden? Die negativen Verhaltensweisen unter ihren sechs Aspekten.*[247]
> *Wodurch wird die Reinigung bewirkt? Durch das Gegenmittel der vier Kräfte.*
> *Wie reinigen sie? Mittels der drei erhabenen Methoden.*

1. Die Kraft der Stütze

Für den Pratimoksha-Weg sind die Stütze oder das das Objekt, vor dem ihr eure negativen Taten bekennt, Khenpos, Lehrer und die klösterliche Gemeinschaft. Für die Bodhisattva-Gelübde sind es der Lehrer oder spirituelle Freund, eure spirituellen Gefährten, die 35 Buddhas des Bekennens, oder die Buddhas der 10 Himmelsrichtungen, wie im *Sutra der*

Großen Befreiung erwähnt. Und im Mantrayana sind es der Lehrer und die Gottheiten des Mandalas. In unserem Fall ist es der Lehrer als Vajasattva.

Die Kraft der Stütze hat einen inneren und einen äußeren Aspekt. Hier ist die äußere Kraft die Meditation über den Lehrer als Vajrasattva. Die innere Kraft der Stütze besteht darin, Zuflucht zu nehmen, den Erleuchtungsgeist zu erwecken, und ganz besonders, großes Mitgefühl zu erzeugen. Hier ist also das Wichtigste die richtige Gesinnung. Gläubiges Vertrauen ist die Essenz der äußeren Kraft der Stütze.

2. Die Kraft des Bedauerns

Ihre Essenz ist das Bereuen.

3. Die Kraft des Entschlusses

Ihre Essenz ist der Entschluss zur Reparierung[248], das Versprechen, nie wieder eine negative Tat zu begehen.

4. Die Kraft des Handelns als Gegenmittel

Dieses Gegenmittel besteht im Wesentlichen in dem intensiven Wunsch, den Dharma zu praktizieren.

III. Die eigentliche Meditation

Beginnt mit der Meditation über die Kraft der Stütze. Es gibt dafür verschiedene Arten der Praxis: Man visualisiert Vajrasattva über seinem Scheitel und den eigenen Körper als Gottheit, oder aber über dem Scheitel seines Körpers in dessen gewöhnlicher Form, doch ohne an seine Realität zu glauben. Hier, in dieser Praxis, betrachtet ihr euch als ein Wesen mit schlechtem Karma, als hartnäckigen Übeltäter, eine widerliche Person. Auf dem Haarwirbel eures Kopfes erhebt sich der Stil eines Lotos, vier Fingerbreit hoch, dessen weiße Blüte mit 100 000 Blütenblättern voll geöffnet ist. In ihrer

Mitte entfalten sich orangefarbene Staubfäden, zu einem Drittel bedeckt von einer Vollmondscheibe. Auf ihr thront euer glorreicher Meister, dieser unvergleichliche Schatz des Mitgefühls, in Form der Silbe HUNG, von weißer Farbe und einen Fingerbreit groß. Das HUNG schaut in die gleiche Richtung wie ihr. Nun betet mit großer Inbrunst zu eurem Meister, indem ihr an die sieben Arten denkt, ihn als einen Buddha zu sehen.[249] Als Antwort auf euer Gebet fließt die Silbe HUNG über von Mitgefühl und scheint zu beben, wie in einem Zustand großer Glückseligkeit. Dann wird die Silbe HUNG, so wie ein Fisch aus dem Wasser schnellt[250], zum Lehrer Vajrasattva, „weiß wie ein von 100 000 Sonnen beschienener Schneeberg". – Diese Beschreibung ist leicht zu verstehen.

Stellt euch vor, dass Vajrasattva euch mit seinen übermenschlichen Augen anschaut, mit seinen übermenschlichen Ohren zuhört und mit seinem übermenschlichen Geist, der alles kennt, an euch denkt. Sein Gesicht ist euch zugewandt. Mit einem ernsten Ausdruck und offensichtlich nicht zufrieden, hört er euch an und denkt an euch.

Sehr wichtig ist es, gleichzeitig Bodhichitta zu erzeugen, und das Vertrauen, dass der Meister weiß, was am besten für euch ist.

Sowie ihr die Kraft der äußeren Stütze entwickelt habt, konzentriert euch auf die Kraft der inneren Stütze, d. h. auf Vertrauen, Zufluchtnahme und das Erzeugen des Erleuchtungsgeistes.

Die Kraft des Entschlusses zur Wiedergutmachung wird angewendet auf das, von dem es sich zu reinigen gilt, d. h. den negativen Taten, die unter sechs Gesichtspunkten gesehen werden:

1. Die Zeit: Euer Bekenntnis sollte folgendermaßen aussehen: Alle negativen Taten, die ich seit anfangslosen Zeiten in Samsara bis zum heutigen Tag angehäuft habe, solche, die ganz selbstverständlich negativ sind oder aber Übertretungen der Vorschriften, alle in diesem Leben begangenen, an die ich mich erinnere, sie in einem bestimmten Jahr, in einem bestimmten Monat, an einem bestimmten Tag, zu einer bestimmten Zeit begangen zu haben, die ich immer wieder getan habe, zu denen ich andere angestiftet und an denen ich Gefallen gefunden habe, ich bekenne sie offen mit meinen Worten, halte nichts heimlich in meinem Körper und in meinem Geist zurück.

Wenn ihr meint, dass Fehler, die von niemandem gesehen wurden, auch von den Buddhas und Bodhisattvas nicht gesehen würden, irrt ihr euch:

Deine heimlichen negativen Taten
Entgehen nicht den perfekten Augen
der Rishis, Götter und Yogis.

Und wie Abu sagt:

Das Gift böser Gedanken bleibt in eurem Körper versteckt,
im Moment eures Todes aber kommt es hervor.

Die Buddhas und Bodhisattvas umgeben euch wie eine Schar von Sehenden einen Blinden, keine eurer negativen Taten bleibt ihnen verborgen. Bekennt also beschämt und voller Reue und Angst alles, an das ihr euch erinnern könnt, zusammen mit allem, was ihr vergessen habt, was der allwissenden Weisheit der Buddhas und Bodhisattvas jedoch nicht entgangen ist.

2. Die geistige Gesinnung: Das heißt, Unwissenheit, Gier und Hass als Grundlage für negative Taten.

3. Die Ansammlung negativer Taten, die mit Körper, Rede und Geist begangen wurden.

4. Die Natur der Tat: Sie bezieht sich auf die verschiedenen Kategorien negativer Taten, solche, die an sich negativ sind, wie die zehn negativen Taten, die fünf Taten mit unmittelbaren Auswirkungen sowie alle Verletzungen der Vorschriften, die zu einem Sturz führen, d. h., alle Übertretungen der äußeren Pratimoksha-Gelübde, der inneren Bodhisattva-Gelübde und der geheimen Samayas der Vidyadharas des Mantrayana.

5. Das Objekt: Alle im Hinblick auf Samsara oder Nirvana begangenen negativen Taten.

6. Die Auswirkung: Die Konsequenzen eurer negativen Taten und Vergehen, die in diesem Leben z. B. zu einem frühzeitigen Tod führen, zu allerlei Krankheiten, Armut, Angst vor Feinden und in Zukunft dazu, endlos durch die niederen Daseinsbereiche irren zu müssen.

Denkt mit großer Reue an all diese negativen Verhaltensweisen, so als hättet ihr ein tödliches Gift verschluckt, und legt folgendes Bekenntnis ab: „Vajrasattva, richte deinen Blick auf mich, höre mein Gebet an, denk an mich! Ich habe nichts Gutes zu sagen. All meine seit anfangslosen Zeiten angesammelte Negativität, ich bekenne sie dir, ohne etwas zu verheimlichen. Ich weiß, dass ich schlecht gehandelt habe, und bereue es zutiefst." Fahrt fort mit einem Gefühl der Verzweiflung: „Reinige mich von meinen schlechten Taten! Hier und jetzt! Ohne Aufschub! Ich überlasse mich dir rückhaltlos!"

Wenn Leute einander mit der Energie der Verzweiflung bedrängen, um etwas Geringfügiges zu bekommen, warum solltet ihr nicht mit der gleichen Energie euer Bekenntnis ablegen, um euch von euren negativen Taten zu reinigen?

Die Kraft der Wiedergutmachung besteht darin, durch euer Bekenntnis die gebrochenen Pratimoksha-, Bodhisattva- oder Mantrayana-Gelübde wieder herzustellen, so als würdet ihr eine eingestürzte Wand reparieren, und dann zu geloben, sie selbst zum Preis eures Lebens niemals wieder zu brechen.

Wenn man einmal alle diese Gelübde abgelegt hat, ist es jedoch unmöglich, völlig fehlerfrei zu bleiben, und es nützt auch nichts, zu verkünden, diese Fehler nie wieder zu begehen. Heutzutage rezitieren Lamas und Mönche aus dem *Bekenntnis der Fehler*: „Ich bekenne meine Vergehen, ohne etwas zu verbergen, und ich gelobe, nie wieder so etwas zu tun." Sie sagen dies, aber in der Zwischenzeit denken sie an nichts anderes, als negative Taten zu begehen.

Nehmen wir zuerst einmal einen einzelnen Punkt: das Gelöbnis, niemandem das Leben zu nehmen. Wenn ihr das Versprechen ablegt, Wesen nicht zu töten, die zu töten ihr normalerweise gar nicht in der Lage seid, so erntet ihr trotzdem die positiven Folgen, die mit der damit verbundenen Disziplin einhergehen. Wenn ihr hingegen diese Wesen nicht tötet, ohne das entsprechende Gelöbnis, so habt ihr lediglich diese negative Tat nicht begangen, aber erntet nicht das Verdienst, das mit dem Einhalten des Versprechens verbunden ist. Wenn ihr als Laienpersonen gelobt, Löwen, Nagas, Elefanten und ähnlichen Tieren nicht das Leben zu nehmen, sammelt ihr dadurch Verdienst an. Für Mönche oder Nonnen gilt das Gleiche. So könnt ihr zu Anfang geloben, niemals, auch nicht, wenn es euch das Leben kosten sollte, einen Löwen zu töten. Dann legt ein zweites Gelöbnis ab, niemals, auch nicht um den Preis eures Lebens, dieses Versprechen aufzugeben. Dehnt dann dieses Gelöbnis auf andere Arten von Lebewesen aus. Als Nächstes versprecht, niemals zu stehlen oder eine der neun anderen negativen Taten zu begehen, und untermauert dies mit einem zweiten unverbrüchlichen Gelöbnis wie z. B.: „Selbst wenn man mich zu Tode foltert, indem man mir die Haut abzieht, sterbe ich lieber, als mein Gelübde aufzugeben." Geht in gleicher Weise mit jedem der fünf Verbrechen mit sofortigen Folgen vor, den fünf ähnlich schweren Verbrechen und mit jedem der vier schweren Fehler, die darin bestehen:

In der Sitzreihe der Gelehrten den ersten Platz einzunehmen[251],
sich den Besitz eines Tantrikas anzueignen,
die Verbeugung eines voll ordinierten Mönchs zu akzeptieren,
die Vorräte eines Praktizierenden aufzuessen.

Letzteres bezieht sich nicht auf die Nahrung irgendeines Praktizierenden, sondern auf die mageren Vorräte von jemand, der während eines gewissen Zeitraums praktizieren will und auf sie angewiesen ist, weil er ohne sie nicht die vorgesehene Zeit in seinem Retreat bleiben könnte.

Wendet das gleiche Verfahren auf die acht schändlichen Verhaltensweisen an:

Gutes kritisieren, Böses loben.
Das Ansammeln von Verdienst eines tugendhaften Wesens unterbrechen.
Den Geist eines gläubigen Wesens verstören.
Den eigenen Meister, die Gottheit und die Vajra-Geschwister aufgeben.
Mit dem geheiligten Mandala brechen.

Die vier ersten unguten Arten des Verhaltens sind: 1. Heilsame Taten kritisieren, 2. Schlechte Taten loben, 3. Jemand Tugendhaftem Hindernisse in den Weg legen und bei der Ansammlung von Verdienst und Weisheit stören, 4. Jemanden, der Vertrauen hat und Heilsames praktiziert, kritisieren und dadurch verstören.

Die vier weiteren bestehen in Streitigkeiten, Beleidigungen und Kontroversen, die unter den in einem Mandala des Geheimen Mantrayana zugelassenen Schülern ausbrechen können, wodurch 5. der Meister, 6. die Gottheit, 7. die Vajra-Geschwister und 8. das sakrale Mandala entweiht werden.

Ihr müsst also das Gelöbnis ablegen, keinen dieser acht Akte zu begehen.

Was die Vorschriften für die äußeren Pratimoksha-Gelübde betrifft, legen Laienpersonen 5 Versprechen ab im Zusammenhang mit den 4 Hauptgelübden, plus dem, keinen Alkohol zu konsumieren. Novizen legen ein Versprechen ab für jedes ihrer 10 Hauptgelübde und ihrer 30 Nebengelübde. Voll ordinierte Mönche legen die 4 Versprechen ab, selbst um den Preis ihres Lebens die 4 Gelübde bezüglich der radikalen Fehler nicht zu brechen, sowie 13 Versprechen für die 13 restlichen Fehler. Sie legen die gleichen Versprechen ab für die 30 Vergehen, die ein Aufgeben bedeuten, die 90 einfachen Vergehen, die 4 Fehler, die eines speziellen Bekenntnisses bedürfen, und die 112 einfachen Fehler. All diese Versprechen müssen mit dem eisernen Entschluss untermauert werden, sie zu halten.[252]

Wenn ihr dem Bodhisattva-Weg folgt, legt ihr in der Tradition der Tiefen Sicht 20 Versprechen ab, die 18 radikalen Übertretungen nicht zu begehen und die Vorschriften des Erleuchtungsgeistes der Absicht und der Umsetzung nicht zu übertreten – was zusammen 20 macht –, und außerdem die 80 zusätzlichen Fehler nicht zu begehen. In der Tradition der Weiträumigen Aktivität betreffen die Versprechen die 4 Initiationen, die 8 Anwendungen und die 46 Fehler.

Im Mantrayana beziehen sich die Versprechen auf das Beachten der 25 Arten der Yoga-Praxis, die äußeren und inneren gemeinsamen Gelübde[253], die 5 inneren und äußeren Buddha-Familien und auf die 14 radikalen und die 8 weniger schweren Vergehen. Im Dzogchen betreffen die Versprechen das Nichtübertreten der 27 grundlegenden Samayas, der 25 zweitrangigen Samayas und der 4 Samayas genannt „Nichtexistenz", „Offenheit/Gleichheit", „Nur das" und „Spontane Gegenwärtigkeit".

Jedes dieser Versprechen wird mit dem eisernen Entschluss besiegelt, es selbst um den Preis des eigenen Lebens einzuhalten. Versprecht es so: „Ich verspreche, die Gelübde, die ich einhalten kann, nicht zu brechen, und werde alles, was mir möglich ist, geben, die nicht zu brechen, die es mir schwerfällt, einzuhalten. Vajrasattva segne mich, auf dass ich völlig gereinigt werde." Auf diese Weise wird euer Geist immer reiner werden. Hingegen wird nichts geschehen, wenn ihr euer Versprechen, nicht rückfällig zu werden, auf die leichte Schulter nehmt.

Was die Kraft des Handelns als Gegenmittel angeht, so besteht sie in unserem Fall – obwohl jede heilsame Tat ein Gegenmittel für unheilsame Taten ist – darin, den Prozess der Reinigung mittels des „Regen von Nektar"[254] zu visualisieren.

Lasst, wenn ihr für euer eigenes Wohl die Dharmakaya-Rezitation praktiziert, ein außerordentlich gläubiges Vertrauen in die Buddhas und Bodhisattvas in euch entstehen und praktiziert danach das Aussenden von Lichtstrahlen. Wenn ihr die Rupakaya-Rezitation zum Wohl der anderen praktiziert, meditiert mit einem unendlichen Mitgefühl über die Wesen, erkennt sie als eure Mütter, erinnert euch an ihre Güte und praktiziert dann das Aussenden und Absorbieren der zurückkommenden Lichtstrahlen.[255]

4. Kapitel

Das Mandala-Opfer als Ansammlung von Verdienst und Weisheit

Sich von ungünstigen Bedingungen, d. h. von negativen Taten und trübenden Schleiern, zu reinigen, reicht nicht. Es müssen darüber hinaus günstige Bedingungen geschaffen werden durch die Ansammlung von Verdienst und Weisheit. So wie auf dem Weg des Kausalen Fahrzeugs der Merkmale Ansammlung und Reinigung ein unermesslich langes Kalpa praktiziert werden muss, um schließlich auf dem Pfad des Sehens die Wahrheit der absoluten Natur zu erkennen, müsst ihr hier die Praxis der Ansammlung und der Reinigung vervollständigt haben, damit die außerordentliche Verwirklichung des tiefgründigen Weges in euch aufkommen kann.

Im Kapitel über Vajrasattva wurde erklärt, wie man sich von negativen Taten reinigt. Nun kommt die Beschreibung, wie für die Ansammlung von Verdienst und Weisheit vorzugehen ist.

I. Die Notwendigkeit der beiden Ansammlungen

Obwohl die Aktivitäten der Bodhisattvas zur Ansammlung von Verdienst und Weisheit unendlich sind, sprechen wir hier von zweien: die Ansammlung von Verdienst mit und die Ansammlung von Weisheit ohne Bezugspunkt.[256]

Erstere beinhaltet die Praxis der ersten fünf Paramitas (von Freigebigkeit bis zur Konzentration), was die geschickten Mittel bedeutet, und die

Ansammlung von Weisheit ohne Bezugsrahmen als die Praxis der Weisheit.

Das Resultat der beiden Ansammlungen ist die Realisation der zwei Körper. In der Neuen Tradition wird dies folgendermaßen erklärt: Die Ansammlung von Verdienst mit Konzepten – oder Bezugspunkt – schafft die direkte Ursache und die Ansammlung von Weisheit ohne Konzepte schafft die beitragende Bedingung für das Erlangen des Rupakaya, während die Ansammlung von Weisheit ohne Konzepte die direkte Ursache und die Ansammlung von Verdienst mit Konzepten die beitragende Bedingung für die Realisierung des Dharmakaya ist.

Gemäß der Alten Tradition sind alle Qualitäten der drei Körper der Buddhas von Anbeginn in der ursprünglich reinen Buddha-Natur perfekt und vollständig gegenwärtig, ohne dass nach ihnen gesucht werden müsste. Sie manifestieren sich jedoch erst dann unverkennbar, wenn die zusammenwirkenden Ursachen, d. h. die beiden Ansammlungen, vollbracht wurden. Die Qualitäten können mit Sonnenstrahlen verglichen werden, die natürlicherweise mit der Sonne vorhanden, aber nicht sichtbar sind, wenn die Sonne von Wolken verdeckt ist. Um sie zu vertreiben, muss sich der Wind erheben und sie wegblasen. Obwohl er die Ursache für das Verschwinden der Wolken ist, so ist nicht er es, der die Sonne erschaffen hat. In ähnlicher Weise kann ohne die Ansammlung von Verdienst und Weisheit das Resultat, die zwei Kayas, nicht erlangt werden, sie sind aber nicht die wirkliche Ursache für die zwei Kayas, sondern beitragende Bedingungen, hier Ursachen genannt.

Keine der Ebenen der Frucht – von der der Shravakas und Pratyekabuddhas bis hin zur vollständigen Erleuchtung – kann ohne die Ansammlung von Verdienst und Weisheit erlangt werden, wobei die angewendeten Methoden nicht völlig identisch sind. Für Shravakas und Pratyekabuddhas geschieht die Anhäufung von Verdienst mit Bezugspunkt durch die Praxis der Disziplin und Konzentration und die Anhäufung von Weisheit ohne Konzept durch das Realisieren des Nichtvorhandenseins eines Selbst im Individuum und, anflugsweise, des Nichtvorhandenseins eines Selbst in den Phänomenen. Für sie bedeuten die unteilbaren Atome der wahrgenommenen Phänomene und die unteilbaren Augenblicke des Bewusstseins die absolute Wahrheit. Nicht dass Shravakas und Pratyekabuddhas zu einer logischen Analyse nicht fähig wären, nur wagen sie es nicht, weiter vorzudringen. Sie argumentieren, dass die Herausbildung des Universums und der Wesen nicht möglich sei, wenn es die unteilbaren Atome nicht gäbe. Und wenn es die unteilbaren Bewusstseinsmomente des Subjekts nicht geben würde, gäbe es keine Basis für das Gesetz von Ursache und Wirkung und Samsara. Für sie existieren diese Dinge also wirklich.

Für Bodhisattvas entspricht die Ansammlung von Verdienst mit Konzepten den fünf Paramitas, was die Praxis der geschickten Mittel bedeutet. Die Ansammlung von Weisheit ohne Bezugsrahmen besteht in der Perfektion der transzendenten Weisheit. Unter dem Blickwinkel der geschickten Mittel gesehen, gibt es für jede der Paramitas eine sichtbare Anhäufung von Verdienst, und unter dem Blickwinkel der Leerheit die nicht sichtbare Ansammlung von Weisheit ohne Bezugspunkt.

Von Anfängern werden die zwei Ansammlungen nicht zusammen, sondern einzeln praktiziert. Doch für jene, die eine der Bodhisattva-Ebenen erreicht haben, manifestiert sich die Leerheit – erhaben in allen Aspekten – in Form der sechs Paramitas, sodass sie unter dem Blickwinkel der Sichtbarkeit die Ansammlung von Verdienst praktizieren. Doch unter dem Blickwinkel der Leerheit, oder auch, weil sie sich von jedem Glauben an eine Realität der Konzepte einer Tat befreit haben, beschäftigen sie sich mit der Ansammlung von Weisheit.

Man könnte fragen, ob die von Shravakas, Pratyekabuddhas oder Bodhisattvas praktizierten Ansammlungen alle das Gleiche sind: Sie sind es nicht. Es besteht ein völliger Unterschied zwischen ihnen, sowohl, was die Ursache, d. h. die Motivation, betrifft, als auch die Praxis mit dem Objekt, dem sie gilt, sowie die Frucht, die realisiert wird.[257]

Im Mantrayana stellen in den drei äußeren Tantras alle Yogas, die Konzepte benutzen, die Ansammlung von Verdienst mit Bezugspunkt dar, und Yogas ohne Bezugspunkte die Ansammlung von Weisheit ohne Konzept. Was die inneren Tantras betrifft, so ist im Mahayoga das, was die Erzeugungsstufe – die geschickten Mittel – betrifft, die Ansammlung von Verdienst mit Objekt. Die Vollendungsstufe – im Zusammenhang mit Weisheit – ist die Ansammlung von Verdienst ohne Bezugspunkte. Im Anuyoga gehören ein Teil der Erzeugungsphase und alle Übungen zur Meisterung der Kanäle, Energien und Essenzen sowie das Sichmanifestieren unter dem Aspekt des illusorischen Körpers der Gottheit in der Nachmeditation zur Ansammlung von Verdienst mit Bezugspunkt. Während die Weisheit der aus diesen geschickten Mitteln herrührenden vier Freuden die Ansammlung von Weisheit ohne Bezugsrahmen ist. Was den Atiyoga betrifft, ist es nicht unrichtig, die Bezeichnung „Ansammlung von Verdienst" im Trekchö – basierend auf der ursprünglichen Reinheit – auf die Weisheit der essenziellen Natur anzuwenden und die Bezeichnung „Ansammlung von Weisheit" auf die Weisheit des natürlichen Ausdrucks, die Klarheit. Man kann auch sagen, dass die vier Visionen der spontanen Gegenwärtigkeit der Ansammlung von Verdienst entsprechen und dass Trekchö die Ansammlung von Weisheit bedeutet. In diesem Fall ist das Kriterium der Klassifizierung, die Kapazität der beiden Arten von Praxis zur Realisierung der zwei Körper zu führen.

Von Anfängern kann trotzdem etwas praktiziert werden, was den beiden Ansammlungen zusammengenommen gleichkommt. Im Fahrzeug der sechs Paramitas[258] beginnen sie mit dem durch vielfach wiederholte Analyse der einzelnen Tugenden gewonnenen Verständnis der Leerheit und meditieren dann inspiriert durch die acht Metaphern der Illusion. In den drei äußeren Tantras praktizieren sie die zwei Ansammlungen zusammen – d. h. Yoga mit und ohne Bezugspunkte –, deren Frucht die Realisation der Gottheiten der Drei Familien ist. Im Mahayoga meditieren sie über Essenz, Klarheit und sichtbare Manifestation bzw. Leerheit, großes Mitgefühl und die Keimsilbe, deren Transformation im Erscheinen des Mandala mit dem Palast und den Gottheiten gipfelt. Im Anuyoga praktizieren sie die beiden Ansammlungen zusammen, indem sie sich in Gestalt der illusorischen Form der Gottheit – rein oder unrein – manifestieren, die die Einheit des Körpers des Buddha, des illusorischen Körpers, und des Geistes des Buddha, das illustrative Klare Licht und das wahre Klare Licht, ist. Im Atiyoga besteht im Trekchö die Einheit der beiden Ansammlungen in der leeren Essenz der Weisheit des strahlenden inneren Mitgefühls und der natürlich leuchtenden Weisheit und im Thögal im Strahlen der ursprünglichen Weisheit und ihrer Essenz, der großen, seit jeher reinen Leerheit. Mit anderen Worten, es handelt sich um die Untrennbarkeit der absoluten Dimension und der Weisheit. Die wirkliche Praxis der beiden Ansammlungen zusammen ist jedoch erst möglich, nachdem man die erhabenen Bodhisattva-Ebenen erreicht hat.

Die Ansammlung von Verdienst und Weisheit auf dem Weg der Sutras und dem der Tantras hat also mannigfaltige Formen, so wie beispielsweise das siebenteilige Opfer. Sie alle sind Mittel, um die beiden Ansammlungen zu vollbringen, doch das hier gelehrte Mandala-Opfer umfasst sie alle, es ist einfach auszuführen, sehr wirksam und für Anfänger ohne Schwierigkeit zu praktizieren. Es ruft euch in Erinnerung, wie die Buddha-Gefilde der drei Kayas angeordnet sind, und damit im Sinn solltet ihr eure Opferung darbringen. Wie Abu und Khenpo Pema Dorje[259] es ausdrücken:

Die Art, wie die Phänomene erscheinen, ist das Nirmanakaya-Mandala,
ihre reale Seinsweise ist das Samboghakaya-Mandala,
und was alles umfasst, ist das Dharmakaya-Mandala.

(A) Das gewöhnliche Mandala des Nirmanakaya

Aus der Bettelschale, die Vairocana-Himasagara[260] in seinen in der Geste der Meditation ruhenden Händen hält, erheben sich fünfundzwanzig Lotosblüten, eine über der anderen, bis zu der Erhöhung auf seinem Haupt. Auf Höhe seines Herzens befindet sich im Zentrum der frischen Staubfäden der dreizehnten Blüte, von oben gezählt, das Universum ohne Angst[261], bestehend aus tausend Millionen von Welten.

Wenn man als eine Welt die Gesamtheit der vier Kontinente, den Berg Meru und den Bereich der Götter zählt, so bilden tausend dieser Welten ein erstes Universum, umgeben von einem Ring von Bergen aus Eisen, von gleicher Höhe wie der Bereich der „Götter ohne Kampf“.

Wenn man dieses tausendfältige erste Universum mit tausend multipliziert, erhält man ein sogenanntes dazwischenliegendes zweites Universum aus tausend mal tausend Welten, das von Bergen aus Eisen umgeben ist, die so hoch sind wie der Bereich der Götter der ersten Konzentration.

Dieses mit tausend multipliziert ergibt ein großes Universum aus tausend Millionen von Welten bestehend, umgeben von einem Ring aus eisernen Bergen, so hoch wie der Bereich der Götter der vierten Konzentration. Es bildet den Bereich eines einzigen Nirmanakaya-Buddhas.

Dies alles betrifft nur einen einzigen der Buddhas der fünf Familien, Vairocana-Himasagara. Zieht nun die fünf Buddhas in Betracht, oder vielmehr die fünfundzwanzig, denn jede Familie ist wiederum in fünf unterteilt. In jedem Atom der Blütenblätter und Staubfäden des Lotos, der sich vor ihnen erhebt, erscheint in aller Deutlichkeit eine unermessliche Anzahl von Buddha-Gefilden. In einem so winzigen Teil wie der Spitze eines Haares (dieser Buddhas) erscheinen Nirmanakaya-Buddha-Gefilde in so unvorstellbarer Zahl wie die Atome ihres Körpers.[262] Um nur eines dieser Buddha-Gefilde als Beispiel heranzuziehen, so befinden sich in jedem unendlich kleinen Tropfen duftenden Wassers, das aus jeder Pore der Haut dieser Buddhas perlt, wiederum eine unermessliche Anzahl von Universen. Führt euch diese Nirmanakaya-Buddha-Gefilde vor Augen, mit all der Pracht ihrer Götter- und Menschenwelten und bringt eure Opfergaben dar, zu denen ihr alles hinzufügt, was euch teuer ist, euer Leben, euer Glück, eure Macht, Kraft usw.

Dies war das gewöhnliche Nirmanakaya-Mandala.

(B) Das außergewöhnliche Mandala des Sambhogakaya

Die reine Natur[263] all dieser unreinen Gefilde des Nirmanakaya ist das Sambhogakaya-Gefilde mit den fünf Vollkommenheiten.

- Der vollkommene Ort besteht aus der unendlichen Entfaltung von Buddha-Gefilden, wie das der „unübertroffenen dichten Anordnung“. Da sie die spontanen Visionen der ursprünglichen Weisheit und unermesslich sind, ist der Ort erhaben.
- Die Buddhas der fünf Familien stellen den vollkommenen Lehrer dar: Vairocana-Himasagare in der Mitte, Vajrasattva-Himasagara im Osten, Ratnasambhava-Himasagara im Süden, Amitabha-Himasagara im Westen und Amoghasiddhi-Himasagara im Norden. Unterteilt in

die Unterfamilien sind es die fünfundzwanzig Himasagara-Buddhas, mit den fünf Buddhas der Familie des Körpers in der Mitte, im Osten die fünf Buddhas der Vajra-Familie, im Süden die fünf Buddhas der Familie der Qualitäten, im Westen die fünf Buddhas der Lotos-Familie und im Norden die fünf Buddhas der Karma-Familie.

- Die vollkommene Versammlung setzt sich zusammen aus den Bodhisattvas der zehnten Stufe.
- Die vollkommene Unterweisung ist die des Mahayana.
- Die vollkommene Zeit ist das Rad der ewigen Kontinuität.

Dies als Beispiel dafür nehmend, wie der Sambhogakaya eines Buddha mit den fünf Vollkommenheiten ausgestattet ist, stellt euch die Sambhogakaya-Buddha-Gefilde aller Buddhas der drei Zeiten und zehn Himmelsrichtungen vor, mit ihren fünf Vollkommenheiten, ihrer Basis, ihren Dimensionen, ihrer Ausschmückung, ihren Palästen, in denen sich Wolken von Schönheiten und andere Göttinnen befinden, die eine unermessliche Zahl von Opfergaben darbringen. Stellt euch all dies unter den verschiedenen Aspekten der jeweiligen Buddha-Familien vor und fügt die innere Opfergabe der Kanäle, Energien und Essenzen eures eigenen Vajra-Körpers hinzu, die alle rein sind, weil ihre Natur Weisheit ist.

Dies war das Sambhogakaya-Mandala-Opfer.

(C) Das besondere Mandala des Dharmakaya

Das Dharmakaya-Mandala ist allgegenwärtig, sowohl in den als unrein wahrgenommenen Nirmanakaya-Buddha-Gefilden als auch in den als rein wahrgenommenen Sambhogakaya-Buddha-Gefilden. Der Dharmakaya ist die ursprüngliche Weisheit, die keinen Unterschied macht zwischen Samsara und Nirvana und keine Dualität von Existenz und Nichtexistenz kennt. Stellt euch die ganze machtvolle Entfaltung dieser Weisheit vor, alle unreinen Phänomene in Samsara, die reinen Phänomene des Weges und von Nirvana, und insbesondere die vier Visionen der Spontanen Gegenwärtigkeit. Stellt euch all dies nicht als kleine Opferhäufchen vor[264], sondern als seit jeher gegenwärtig, und fügt alle Gedanken hinzu, die durch die ununterbrochene Kreativität eures ungeborenen Geistes als Weisheit aufkommen und nicht abgelehnt werden müssen.

Dies ist das Dharmakaya-Mandala.

Für eine Beschreibung der Berge, Kontinente und anderen Teile des Nirmanakaya-Mandala verweist die Tradition (von Patrul Rinpoche) auf die Erklärung im *Kommentar des Kompendiums der Weisheit des Meisters*.[265]

Wenn ihr das Mandala-Opfer ausführt, beginnt die Anhäufung von Verdienst mit der Reinigung des Zimmers und besprenkelt den Boden mit Safranwasser. Stellt sicher, dass vor der Praxis alles Notwendige bereit ist, Opferschalen, die rituelle Nahrung, Lampen, Räucherstäbchen usw., all das abhängig von euren Möglichkeiten.

II. Das Mandala der Vervollkommnung

Visualisiert das Verdienstfeld wie in der Praxis der Zufluchtnahme und ordnet für das Mandala der Vervollkommnung die Opferhäufchen an. Ihr braucht ebenfalls eine Statue, die ihr euch gegebenenfalls leihen könnt – oder ein Bild des Buddha als Repräsentation seines Körpers; die *Kurzgefasste Prajnaparamita* oder den Wurzeltext des *Guhyagarbha-Tantra*, stellvertretend für die Rede des Buddha; und einen Stupa, z. B. im Stil Kadam[266], als Repräsentation seines Geistes. Stellt alles auf eine Unterlage, die ihr mit einem Tuch bedeckt habt.

III. Das Opferungs-Mandala

Das Opferungs-Mandala und die einzelnen Dinge, die ihr darauf häuft, ist ein Ausdruck eurer Möglichkeiten und sollte nicht mit Geiz befleckt sein. Da ihr dabei eure Wahrnehmung des Universums[267] reinigt, versichert euch, dass die Körner sauber und von guter Qualität sind und keine Steine, zerbrochenen Körner, kein Stroh und kein Vogelkot darunter sind. Dann tränkt alles mit Safranwasser.

Teilt eure Zeit in Sitzungen und dazwischenliegende Pausen ein und geht vor der Sitzung durch die vorbereitenden Übungen und wendet euch dann der eigentlichen Praxis zu. Was diese angeht, so wird nach der Art von Tsampa Tsang[268] und Abu vor jeder Sitzung die detaillierte Fassung der vorbereitenden Übungen[269] rezitiert. Wer der Vorgehensweise von Shabdrung Tulku[270] folgt, rezitiert diese lange Version einmal im Morgengrauen und vor den folgenden Sitzungen aus dem *Gebetbuch des Dharma von Mindroling* die kurze Version der vier Gedanken, die von Samsara abwenden, angefangen mit „Dank der Freiheiten und Vorteile, die so schwer zu erlangen sind …“ bis zu „… wie Bienen in einem Glasgefäß“.[271]

Praktiziert danach Zufluchtnahme, Erleuchtungsgeist und Vajrasattva so viele Male, wie ihr könnt. Lernt, eurer Sitzung eine bestimmte Praxis hinzuzufügen und eine andere wegzulassen. So könnt ihr beispielsweise mit einer kurzen Meditation über die vier Gedanken, die von Samsara abwenden, beginnen und das Gleiche für die folgenden Sitzungen tun. Bis zur Mandala-Praxis folgt einfach der Reihenfolge der Übungen von den vier Gedanken, die von Samsara abwenden, bis zur Vajrasattva-Praxis.[272]

Danach rezitiert die *Anrufung der Drei Juwelen* und den Vers „Er wendet uns vom Weg der drei niederen Bereiche ab“[273] und fahrt fort mit der Praxis aus dem *Gebetbuch des Dharma von Mindroling*, vom Segnen des Bodens bis zur Einladung und der Bitte, auf dem Thron Platz zu nehmen.

Rezitiert dann nach eurem Belieben Lobpreisungen wie die *Zwölf Taten des Buddha*, der *Eine Vers* oder die *Zwei Verse*[274]. Schließt das *Gebet des Guten Verhaltens* an, von „Zu allen Buddhas der drei Zeiten, diesen Löwen unter den Menschen“ bis zu „Ich singe das Loblied aller Sugatas“.[275]

Nun reinigt die Mandalaplatte, während ihr dabei das Mantra in Hundert Silben rezitiert, dreimal in Uhrzeigersinn und dreimal im Gegenuhrzeigersinn, indem ihr sie mit der Innenseite des Handgelenks reibt, weil dort ein Kanal verläuft, der mit dem Zunehmen der Weisheit in Zusammenhang steht. Dies ausführend, denkt, dass ihr mit der Wahrheit vom Weg – die Weisheit der Realisation des Nicht-Selbst – alle irrigen Wahrnehmungen reinigt und wegwischt, die das Mandala des Grundes verschleiern.

Rezitiert dann:

Um diesen kostbaren Geist zu fördern,
Bringe ich den Sugatas Opfergaben dar,
und dem geheiligten Dharma, dem makellosen Juwel,
sowie den Bodhisattvas, diesen Ozeanen der Qualitäten.[276]

In anderen Worten: Mit der reinen Gesinnung, das kostbare Juwel des Erleuchtungsgeistes zu besitzen, und nicht mit dem profanen Ziel, euch vor Ängsten zu schützen oder euer Schicksal zu verbessern, macht ihr eine perfekte Darbringung reiner Opfergaben für die perfekten Empfänger, die Drei Juwelen, und nicht für nicht buddhistische Lehrer oder andere Wesen.

Die Opfergaben sollten aus edlen Substanzen bestehen, von guter Qualität und schön angeordnet sein. Wenn ihr etwas aus Gold und etwas aus Silber habt, solltet ihr, da es die edlere Substanz ist, den Drei Juwelen das Gold opfern. Jeder sollte das Beste, über das er verfügt, geben. Wenn ihr reines Gold habt und weniger reines, gebt das reinere. Des Weiteren könnt ihr Butter, frisches Gemüse und frischen Käse opfern, aber keinesfalls etwas Verwelktes, Ranziges oder Verschimmeltes. Ob euer Altar mehrere Ebenen hat oder nur eine, reinigt sie sorgfältig und ordnet die Opfergaben in dieser Reihenfolge an: *shalze*[277], Blumen, Wasserschalen. Letztere müssen in einer völlig geraden Linie und nicht gekrümmt angeordnet sein. Der Abstand zwischen ihnen sollte, wenn es sich um große Schalen handelt, einen Fingerbreit betragen, und wenn es kleine sind, zwei Gerstenkörner breit sein. Achtet darauf, sie nicht zu voll oder ungenügend zu füllen und kein Wasser auf dem Altar zu verschütten. Als Nächstes kommt die Opfergabe einer Lampe und von Räucherstäbchen, die überkreuzt angeordnet sein sollten. Die Aufstellung erfolgt von links (rechts, vom Altar her gesehen). Die Wärme der Lampe darf die Butter des *shalze* nicht zum Schmelzen bringen und die Asche von den Räucherstäbchen darf nicht in die Wasserschalen fallen. Wenn es an der Zeit ist, die Schalen zu leeren, fangt damit von rechts an.

All dies, das Aufstellen und Entfernen der Opfergaben, soll mit einem Gefühl für Zurückhaltung, mit Ehrfurcht und Respekt geschehen.[278]

Heutzutage ist es üblich, wichtigen Lamas die Teetasse in hocherhobenen Händen zu servieren, sollte es da angebracht sein, gegenüber den Buddhas und Bodhisattvas weniger Respekt zu zeigen?

Nehmt nun die Mandalaplatte in die Hand, platziert darauf die Opferhäufchen und bringt das siebenunddreißigteilige Opfer-Mandala dar. Rezitiert dann dreißigtausendmal „*Om Ah Hung*. Der Kosmos von einer Milliarde von Welten …“[279] während ihr das Mandala mit der linken Hand haltet und mit jeder Rezitation – die ihr mit einer Mala zählt – ein Häufchen anbringt.

Dann macht die Darbringung sechzigtausendmal – plus die zusätzlichen zur Reparierung von Irrtümern und Auslassungen – und rezitiert dabei folgendes Gebet von Tulku Shabdrung:

Ich opfere in Gedanken euch, glorreicher Meister, alle Reichtümer
und alles Verdienst der Vergangenheit, Gegenwart und Zukunft, meines und das anderer,
sowie die unendlichen Buddha-Gefilde der drei Kayas.
Nehmt sie an und gewährt uns die gewöhnlichen und höchsten Siddhis.
Om guru buddha bodhisattva ratna mandala puja megha samudra spharana samaya ah hung.

Am Ende der Sitzung rezitiert die Mandala-Verse von Ngari Penchen:

Namo! Der mächtige, unermessliche Palast …
Das kostbare Mandala aus Gold und Türkisen …
Die kostbare Entfaltung von Körper und Geist …
Die mit duftendem Wasser gereinigte Basis …
Das auserlesene Mandala, das erfreut …

Schließt daran das *Gebet des Guten Verhaltens* an, ab der Zeile: Den Siegreichen bringe ich die schönsten Blumen dar …

Und lest das Ritual für das Bodhichitta-Gelübde. Geht danach durch die übrigen Texte der vorbereitenden Übungen von der Kusali-Ansammlung bis zum Guruyoga. Schließt die Sitzung ab wie gewöhnlich.

5. Kapitel

Die Kusali-Ansammlung, die die vier Dämonen mit einem einzigen Streich vernichtet

Yogis, die der Geschäftigkeit dieses Lebens entsagt haben, in der Einsamkeit der Berge umherwandern und keine gewöhnlichen Beschäftigungen mehr haben, außer zu essen, zu schlafen und ihre Notdurft zu verrichten, besitzen keine äußerlichen Dinge, die sie zur Ansammlung von Verdienst benutzen könnten. Sie müssen stattdessen von innen her das Hängen an ihren Aggregaten durchtrennen. In der *Kurzgefassten Transzendenten Weisheit* ist zu lesen:

> *Den geschickten und mächtigen Bodhisattvas mit den vier Ursachen*
> *können die vier Dämonen nichts anhaben. Sie sind durch nichts zu erschüttern,*
> *sie wenden die Unterweisungen an und sind gesegnet von den Sugatas.*

Dieser Vers beinhaltet die ganze tiefgründige Praxis des Chöd. Die vier Dämonen sind die beiden äußeren und die zwei inneren Dämonen, die es zu vernichten gilt. Leerheit und Mitgefühl sind die beiden Wege der Weisheit und der geschickten Mittel, mit deren Hilfe der Dämon der Arroganz des Glaubens an ein Ich entwurzelt wird. Man könnte auch sagen, dass er durch das große Mitgefühl bezwungen und durch die große Weisheit unterworfen wird. „Die Unterweisungen anwenden" bezieht sich auf alles, was für die Vorbereitung, den Hauptteil und den Abschluss des Chöd praktiziert werden muss, oder auch auf die verschiedenen Ebenen der Samayas. „Sie sind gesegnet von den Sugatas", meint alle Ermächtigungen, die von einem Meister empfangen werden, der die Linie des tiefgründigen Chöd hält.

(A) Der Körper als Opfergabe

Da in *Die Worte meines vollendeten Lehrers* nur die verschiedenen Etappen der Visualisierung beschrieben werden, erklären wir hier kurz den Sinn.

Was zerstört werden muss, sind die vier Dämonen, die im Kausalen Fahrzeug der Merkmale Folgendes sind: der Dämon der Aggregate, das, was stirbt; der Dämon der negativen Emotionen, oder das, was den Tod herbeiführt; der Dämon des Herrn des Todes, der Tod als solcher; und der Dämon Sohn der Götter, der daran hindert, dass der Friede frei vom Tod erlangt wird.

Ein Dämon ist nicht etwas mit gähnendem Rachen und glotzenden Augen. Ein Dämon ist das, was die Leiden in Samsara hervorruft und das Erlangen der Befreiung, Nirvana, verhindert. Kurz: Alles, was Körper und Geist schadet.

Woher rühren die Leiden in Samsara? Wenn es die fünf inneren Aggregate nicht gäbe, gäbe es keinen Ort, keine Basis, kein Gefäß und keine Stütze für Leiden. Sowie die Aggregate anwesend sind, sind sie Ort, Basis, Gefäß und Stütze aller Leiden und deshalb spricht man vom Dämon der Aggregate.

Was die negativen Emotionen angeht, so gibt es 84 000, die zu fünf oder auch drei zusammengefasst werden können. Letztere lassen sich zusammenfassen als die falsche Vorstellung[280] von den Aggregaten als das Ich ausmachend und sie für rein, angenehm und dauerhaft zu halten. Das als das Ich anzusehen, was man auf verblendete Weise wahrnimmt, ruft in uns die negativen Emotionen der Begierde, des Hasses und der Konfusion hervor. Unter ihrem Einfluss werden negative Taten angesammelt, deren Kraft unweigerlich zu Geburt und Tod in Samsara führt. Es ist also sehr wohl der Dämon der negativen Emotionen, der uns den Tod bringt.

Der Dämon des Todes ist der Tod als solcher. Auf einer vereinfachten Ebene ist es so, dass auf die Geburt zwangsläufig der Tod folgt, und die

Wesen diesem Leiden hilflos ausgeliefert sind. Auf einer subtileren Ebene ist es die natürliche Vergänglichkeit, die Tatsache, dass alles in ständiger Veränderung begriffen ist, was ebenfalls nichts anderes als Leiden bedeutet. Deshalb spricht man vom Dämon des Herrn des Todes.

Der Dämon Sohn der Götter – die Ablenkung, die das Erlangen des Friedens frei vom Tod verhindert – besteht in Gedanken, die unser Bewusstsein veranlassen, äußeren Objekten nachzugehen, was den Weg der Befreiung und Allwissenheit versperrt. Wir sind ständig davon überschattet, weshalb im Kausalen Fahrzeug der Merkmale vom Üblen Schwarzen Dämon und seinen Knechten gesprochen wird und im Mantrayana vom Herrn der Höchsten Freude. Obwohl es sich bei Letzterem um einen Gott der Welt der Form handelt, muss er aufgrund seines Hängens an den Objekten seiner Begierde etwas entfernt vom eigentlichen Paradies von Tushita leben.[281]

(B) Der Sinn der Chöd-Praxis[282]

Im Mantrayana werden die vier Dämonen so beschrieben:

Der fassbare Dämon und der nicht fassbare,
der Dämon des Triumphierens und der Dämon der Überheblichkeit
sind alle der Dämon der Arroganz.

Der fassbare Dämon sind alle äußeren Gefahren, Feuersbrunst, Überschwemmung, Abgründe, Blitzschlag, wilde Tiere, Feinde, Räuber, Diebe, Giftschlangen, fleischfressende Bestien, fleischfressende Geister und anderes Schreckliches, was Körper und Geist Schaden zufügt.

Der nicht fassbare Dämon sind die negativen Emotionen, wie Begierde, Hass, Konfusion und die anderen 84 000 negativen Emotionen, die die Quelle der Leiden in Samsara ausmachen.

Der Dämon des Triumphierens ist das, was ihr verspürt, wenn ihr euch an furchteinflößende Orte[283] oder in die Einsamkeit der Berge begebt. Oder wenn ihr denkt, dass euer Meister anders ist als andere Meister, seine Unterweisungen anders sind als die anderer Meister, dass eure Praxis sich von der anderer unterscheidet und dass eure Vajra-Geschwister bei Weitem anderen überlegen sind. Um es kurz zu machen, der Dämon des Triumphierens besteht darin, das kleinste Zeichen des Erfolgs in eurer meditativen Versenkung als etwas ganz Spezielles zu betrachten und daran festzuhalten.

Auf den Dämon der Arroganz sind die anderen drei Dämonen zurückzuführen. Der arrogante Glaube an „Ich" und „mein" ruft die Vorstellung von den Aggregaten als „Ich" und „mein" hervor. Wenn man diesen inneren Dämon entwurzelt, sind alle äußeren Dämonen automatisch vernichtet, so wie alle Blätter und Zweige verdorren, wenn ein Baum gefällt wird. Da die Wurzel der drei anderen hier beschriebenen Dämonen im Dämon der Arroganz enthalten ist, ist er es, den ihr vernichten müsst. Dafür gibt es zweierlei Methoden, die geschickten Mittel und Weisheit.

Shravakas und Pratyekabuddhas bezwingen zwar die gröberen Dämonen und erlangen Befreiung, überwinden aber nicht die subtilen vier Dämonen, wie die gewohnheitsbedingte Tendenz der Unwissenheit, den mentalen Körper, die unbefleckten Taten sowie die Unbegreiflichkeit von Tod und Wiedergeburt.[284]

Bodhisattvas hingegen müssen alle gröberen und subtilen Formen, die die vier Dämonen annehmen, überwinden. Das Gleiche gilt für die Vidyadharas auf dem Weg des Mantrayana[285], doch in den dafür angewendeten geschickten Mitteln besteht ein großer Unterschied.

(1) Den Glauben an ein Ich mithilfe der geschickten Mittel durchtrennen

Seit anfangslosen Zeiten ist der Glaube an die Existenz des Ichs Ursache für alle Leiden, durch die ihr bis zum heutigen Tag gehen musstet. Wenn ihr ihn nicht aufgebt, wird es endlos so weitergehen. Ihr müsst also die Nachteile dieses Glaubens an ein Ich erkennen. Gleichzeitig müsst ihr erkennen, dass im Gegensatz dazu der kostbare Erleuchtungsgeist die Quelle aller Qualitäten der höheren Bereiche in Samsara ist, sowie der Bodhisattva-Ebenen und am Ende der Allwissenheit der Buddhaschaft.

Um Bodhichitta, den kostbaren Erleuchtungsgeist, zu erwecken, müsst ihr über die vier Grenzenlosen meditieren und euch in der Bodhichitta-Praxis üben, andere als euch gleichwertig zu sehen und mit den anderen zu tauschen, solange bis ihr das Festhalten am Ich vollständig ausgerottet habt. Denkt an alle Wesen als eure Mütter und opfert ihnen, damit sie zeitweiliges und das höchste Glück erlangen, euren Körper, euren Besitz und euer Verdienst der Vergangenheit, Gegenwart und Zukunft. Wenn ihr das Haften an diesen drei Dingen aufgeben könnt, gibt es keine Basis mehr für den Glauben an ein Ich.

Den Geist auf diese Weise zu trainieren und den Dämon der Ich-Arroganz zu vernichten, macht aus euch einen Praktizierenden des Chöd. Nicht nötig, eine Handtrommel zu rütteln, eine Glocke zu schwingen, eine Knochentrompete zu blasen, sich lange Haare wachsen zu lassen und eine Schädelschale in Händen zu halten! Wer mit dem Juwel des Erleuchtungsgeistes den inneren Hochmut des Glaubens an das Ich spurlos verjagt, ohne etwas anderes zu tun, von dem wird gesagt: „der liegende Chöd-Praktizierende ist der beste".[286]

Im Gegensatz dazu gibt es einige, die nicht verstanden haben, dass es der innere Dämon der Arroganz ist, der vernichtet werden muss. Sie sehen überall Gespenster und Dämonen und meinen, das zu Vernichtende befinde sich irgendwo in der Außenwelt. Sie rufen „Phet", reißen ihre Augen auf, blasen Knochentrompeten, rütteln ihre Handtrommeln und verstören damit die Menschen, verängstigen die Hunde und provozieren die Geister, als handelte es sich um die bittersten Feinde.[287] Diese Chöpas sind „die schlimmsten Praktizierenden des Chöd, nach Art von bellenden Hunden". An sie dachte Machik Labdrön, als sie das Erscheinen des „falschen Chöd, Lehre der Dämonen" prophezeite. Es sind diese Anhänger des Chöd mit ihren verfilzten langen Haaren[288], denen man heutzutage begegnet. Die sich brüsten, Götter gesehen zu haben, obwohl sie keine gesehen haben, Dämonen gesehen zu haben, obwohl sie keine gesehen haben, und Meisterschaft erreicht haben, obwohl sie nichts dergleichen erreicht haben. Sie verbringen ihre Zeit mit Pferderennen, Bogenschießen, Trinken und den Frauen hinterherzulaufen. Sie benehmen sich so, als hätten sie Meisterschaft erlangt, und reden sich und anderen ein, sie wären Siddhas. Diese Chöpas befestigen sich einen Stein um den Hals, der sie und die anderen in die Tiefe der Hölle zieht. Sie sind die Emanation der Dämonen des falschen Chöd, des „neunmal schwarzen Chöd", Freunde des Bösen, Dämonen, die die Wesen in die Irre führen. Haltet euch von ihnen fern!

(2) Den Glauben an ein Ich mithilfe von Weisheit durchtrennen

Der Glaube an das Vorhandensein eines Ichs, dieser Hochmut, den wir hinsichtlich unserer Aggregate haben, muss vernichtet werden, was die Realisierung des Sinns der Prajnaparamita voraussetzt. Diese Realisierung muss dann mithilfe der Meditation aufrechterhalten und durch Handeln verstärkt werden. Um die Dinge leichter verständlich zu machen, konzentrieren wir uns hier auf die Aggregate, weil der Dämon, der vernichtet werden muss, in dem Glauben besteht, sie seien „mich" und „mein".

Um zu beweisen, dass sie ohne Fundament und ohne Ursprung sind, erforscht, ob das individuelle sogenannte „Ich" das Gleiche wie die Aggregate ist, oder sich von ihnen unterscheidet, und ihr werdet zu der Schlussfolgerung kommen, dass es nicht in irgendeiner Weise existiert, weder das Gleiche ist noch von ihnen verschieden, dass es keine Basis dafür gibt, dass es wie der Raum ist. Reduziert die fünf Aggregate, denen wir das Ich zuschreiben, zu groben Teilen und diese wiederum zu subtilen, die räumlich ausgerichtet sind. Versucht zu sehen, ob die Aggregate in Augenblicke teilbar sind mit einem Anfang und einem Ende, schaut, ob sie eine Form, eine Farbe, Merkmale und Ähnliches haben, und ihr werdet nichts finden. Auf diese Weise gelangt ihr zu der unwiderruflichen Schlussfolgerung über die wirkliche Seinsweise der Phänomene: Sie ist unvorstellbar, nicht auszudrücken, wie der Raum, jenseits von Konzepten, frei von allen mentalen Konstruktionen – die Natur der Großen Mutter, der Prajnaparamita.

(C) Die eigentliche Praxis des Opferns seines Körpers

Wenn man zu dieser Erkenntnis gekommen ist, bewahrt man die Kontinuität der Weisheit und gewöhnt sich daran. Praktizierende, die Ermächtigung empfangen, ihre Samayas rein gehalten und einige Zeichen des

Erfolges in der Sicht und Meditation haben, oder zumindest etwas Stabilität in der Erzeugungsphase, können sich dann ihren Ängsten stellen und Hindernisse und ungünstige Umstände akzeptieren. Die Methode praktizierend, Hindernisse in Erfolg und ungünstige Zeichen in günstige zu verwandeln, begeben sie sich an Plätze, an denen es spukt, in die Einsamkeit der Berge oder an andere Orte dieser Art. Dort nutzen sie Geister, die sie tatsächlich sehen oder deren Anwesenheit sie fühlen, um Angst zu provozieren. Wenn diese dann zu intensiv wird, halten all ihre Gedanken an. In der aus der Unterbrechung der Gedankenkette entstandenen Leere offenbart sich der natürliche Zustand des Geistes, transzendente Weisheit, nackt, von allen Gedanken entblößt. Dies gilt es zu entdecken. Wenn das noch nicht geschehen ist, müssen Praktizierende des Chöd diese Realisierung zu ihrem eigenen Wohl erreichen, und wenn es geschehen ist, weiter fortschreiten. Zum Wohl der anderen denken sie dann mit Liebe, Mitgefühl und Bodhichitta an alle Götter und Dämonen. Sie als ihre Mütter betrachtend, geben sie – um ihnen ihre Güte zurückzuzahlen – ihnen den eigenen Körper als Nahrung hin. Auf diese Weise können sie immateriellen Wesen wie Göttern und Dämonen helfen, und sie dem Dharma zuwenden. Geister, die so wild sind, dass sie nicht auf diese Weise an den Dharma herangeführt werden können, werden mit der zornvollen Form des Mitgefühls unterworfen, nach dem Bild einer Mutter, der es nicht gelingt, mit sanften Methoden ihre Kinder zur Vernunft zu bringen, und die ihr Mitgefühl in gespieltem Zorn ausdrückt, indem sie ihnen einen festen Klaps gibt. Als Yogi, der den inneren Dämon der Arroganz völlig ausgerottet hat, bringt ihr also Götter und Dämonen mit großem Mitgefühl unter eure Macht und besiegt sie mit der großen Weisheit.

Als Erstes müsst ihr erkennen, dass diese Geister eure Mütter waren, ihr müsst euch ihre Güte in Erinnerung rufen und wünschen, sie ihnen zurückzuzahlen. Erzeugt ein fast unerträgliches Mitgefühl, diesen Wunsch, sie von ihren Leiden und dessen Ursachen zu befreien, und visualisiert das Strahlen dieses Mitgefühls in Gestalt der Vajrayogini oder einer anderen Gottheit, um Götter und Dämonen zu unterwerfen. Mit der Sicht der transzendenten Weisheit, der Großen[289] Mutter, löst ihr dann alles, euch selbst, den Ort, Götter und Dämonen auf in die absolute Dimension, frei von den drei Konzepten, und verweilt entspannt und in Gleichmut in der Leerheit, die nichts ausschließt, weder die Phänomene der samsarischen Existenz noch die des Friedens von Nirvana. Auf diese Weise werden alle dualistischen Vorstellungen, so wie Untertanen von ihrem König von der Höhe seines Throns, in der absoluten Dimension beherrscht.

Dann opfert den Göttern und Dämonen, ohne zu zögern und ohne daran zu haften, euren Körper, in welcher Form auch immer sie es wünschen, und gebt jeden Glauben an die Realität eurer Aggregate auf. „Auch wenn ihr Geister meinem nutzlosen alten Körper keinen Schaden zufügt, ihn sogar beschützt, wird ihn eines Tages niemand mehr retten können. Wer will, kann sich seiner bedienen! Kommt herbei! Nehmt mit, was ihr wollt! Was immer auch geschehen soll, es soll geschehen! Und wenn etwas Unangenehmes geschieht, möge alles Schlechte, was existiert, hinzugefügt werden."

Im krassen Gegensatz dazu gibt es einige, die sich als die Mutigen aufspielen und Götter und Geister verachten. Sie haben nur Ruhm und die anderen sieben weltlichen Anliegen im Sinn. Um zu verhindern, dass Götter und Geister ihre Lebensspanne verkürzen, ihnen die Lebensader durchtrennen oder die Lebenskraft[290] rauben, tun sie so, als ob sie ihren Körper opfern würden, geben vor, Exorzismus an Orten, wo es spukt, durchzuführen und hundert Quellen aufgesucht zu haben.[291] Sie rezitieren furchterregende Mantras, visualisieren den Schutzwall, rufen zum Lehrer und denken, wenn sie über Mitgefühl meditieren, sollte es zornvoll sein, und wenn sie über Leerheit meditieren, sollte es zornvoll sein. Solche Leute, statt den Dämon der Ich-Arroganz zu vernichten, werden von ihm weggerissen. Ob ihr in einem Dorf lebt oder einsame, von Gespenstern heimgesuchte Orte aufsucht, es ist dieser innere Dämon der Arroganz, der beseitigt werden muss. Das höchste Ziel der tiefgründigen Praxis des Chöd ist nichts anderes, als mithilfe der Weisheit, deren Essenz Leerheit ist, den Glauben an „Ich" und „mein" durchzuschneiden.

Wenn ihr das Opfern eures Körpers praktiziert, müsst ihr zu Anfang klar erkennen, wie sehr ihr an ihm hängt. Alle Güter dieses Lebens wie Nahrung, Kleidung, Behausung und des Weiteren werden zum Preis von

Leiden und schädlichen Taten zusammengetragen, um seine unersättlichen Bedürfnisse zu befriedigen. Der Körper ist uns das Allerwichtigste im Leben. Wenn ihr diese Tatsache voll ans Licht gebracht habt, denkt an alle Wesen, vor allem Götter und Dämonen, als eure früheren Mütter und an ihre Güte. Fasst den Wunsch, sie ihnen zurückzuzahlen, und opfert zu diesem Zweck euren Körper den vier Klassen von Gästen.[292]

Wenn ihr dabei seid, Mandala-Opferungen anzuhäufen, führt das weiße Fest in der Morgendämmerung aus, das vielfarbige mittags und das rote bei Sonnenuntergang, oder praktiziert diese drei bei jeder Sitzung.

Im Fall von durch starke negative Kräfte verursachten Krankheiten und für Geister, die nach Fleisch und Blut gieren und mit dem weißen Fest nicht zu befrieden sind, muss das rote Fest dargebracht werden. Das schwarze Opferfest sollte nur dann ausgeführt werden, wenn die anderen Festopfer keine Wirkung zeigen oder wenn es zu lange dauert, bis diese eintritt. Aber führt sie niemals aus, weil ihr ungeduldig oder verärgert seid, das stünde im Gegensatz zum Pfad des Erleuchtungsgeistes. Obwohl Patrul Rinpoche gelegentlich die Visualisierung für das schwarze Fest gelehrt hat, hat er sie nie schriftlich festgehalten.

Khenpo Ngawang Pelzang (1879–1941)

6. Kapitel

Guruyoga, höchste Methode, um die Weisheit der Verwirklichung zu erwecken

I. Die Rolle des Meisters in den neun Fahrzeugen

Für jedes der neun Fahrzeuge des Weges, der zur völligen Befreiung führt, gilt, dass das Resultat durch die Realisierung der Weisheit erlangt wird. In der Neuen Tradition, wo es heißt: „Auch Shravakas meditieren über Leerheit mit dem Resultat der Beendigung", gibt es keine Sicht, die höher, und andere, die niedriger wären. Doch in der Alten Tradition des Mantrayana gibt es Unterschiede in der Sicht. Shravakas und Pratyekabuddhas sind zwar nicht ohne Weisheit, aber sie ist begrenzt. Die Weisheit der Bodhisattvas hingegen ist weit und hoch und grenzenlos. Zwischen dieser Sicht und der der Shravakas und Pratyekabuddhas besteht also ein ganz großer Unterschied.

● Das Fahrzeug der Shravakas und Pratyekabuddhas

Shravakas und Pratykabuddhas suchen zuerst nach einem Abt oder Meister, der alle erforderlichen Eigenschaften aufweist. Mit der Entschlossenheit, sich zu befreien, legen sie dann die Pratimoksha-Gelübde ab, praktizieren das kostbare dreifache Training und erlangen die Befreiung. Für sie ist Weisheit das zentrale Element des gesamten Weges, Disziplin und meditative Versenkung sind die Hilfsmittel. Sie erreichen die Ebene des Arhats, indem sie die Wahrheit vom Weg praktizieren und nicht durch die alleinige Kraft des Vertrauens in ihren Meister oder Abt.

In einem Sutra hingegen werden die Worte des Buddha wiedergegeben, der sagt: „Es geschieht durch Vertrauen, dass die absolute Weisheit realisiert wird." Dies könnte glauben machen, Vertrauen allein genüge, die Nichtexistenz des Ichs zu erkennen. Doch das ist nicht der Fall. Dieser Satz bedeutet vielmehr, dass es ohne Vertrauen keinen Zugang zum Weg gibt. Vertrauen ist die Eingangspforte zur Gesamtheit des Dharma und deshalb muss es am Anfang stehen. Aber es allein genügt nicht, um die die höchste Wahrheit zu realisieren. Vertrauen muss auch deshalb erzeugt werden, um Hindernisse auszuschalten, die durch negatives Verhalten gegenüber dem Abt oder Meister, von dem die Gelübde empfangen wurden, geschaffen werden könnten. Doch es reicht nicht aus, um die Ebene eines Arhat zu erreichen, wenn nicht gleichzeitig über die vier Wahrheiten meditiert wird.

● Das Fahrzeug der Bodhisattvas

Für Bodhisattvas gilt, dass sie, ohne sich auf einen spirituellen Lehrer als äußeren Lehrer zu verlassen und auf das Üben von Liebe, Mitgefühl und Bodhichitta als inneren Lehrer, nicht die Wahrheit der Dharmata auf dem Pfad des Sehens erkennen werden. Deshalb heißt es:

> *Suche als Lehrer jemanden, der friedlich, diszipliniert, vollkommen friedvoll ist,*[293]
> *im Besitz von überlegenen Qualitäten und in Kenntnis der Schriften;*[294]
> *sie voll versteht und geschickt erklärt,*
> *der voller Liebe ist und nie müde wird zu lehren.*

Bodhisattvas folgen einem Meister, der die zehn Qualitäten hat, oder zumindest einem spirituellen Freund, der seinen Geist in Liebe, Mitgefühl und Bodhichitta geübt hat, und verlassen sich mit verehrender Hingabe auf ihn. Doch der Buddha hat nicht gelehrt, die Wahrheit der Dharmata auf dem Pfad des Sehens könne allein durch gläubiges Vertrauen erkannt werden, ohne vorher den Erleuchtungsgeist erzeugt und die immensen Übungen der Perfektion, der Reifung und der Reinigung des Bodhisattva-Weges praktiziert zu haben, was auf das Praktizieren der sechs transzendenten Tugenden hinausläuft. Wenn Bodhisattvas ihren Lehrer beeinträchtigen, den Glauben an ihn verlieren, schaffen sie damit ein äußerst negatives Karma.

Wer für seine Wohltäter,
die Erben der Siegreichen, negative Gedanken hegt,
der – so sagte es der Weise – wird in den Höllen bleiben
so viele Kalpas lang, wie er diese Gedanken gehabt hat.[295]

Alle Quellen des Heilsamen, die diese Bodhisattvas bis dahin angesammelt haben, sind damit zerstört, so wie Eisen von Eisen zerschnitten.

Bodhisattvas müssen damit beginnen, vom Weg der Ansammlung an einen Vorrat von Verdienst zu schaffen, aber nirgendwo heißt es, dass sie die Weisheit der Realisierung durch hingebungsvolles Beten zu ihrem Lehrer, ihn als einen Buddha sehend, erlangen können, obwohl sie dadurch nach Shantideva immenses Verdienst erzeugen:

Doch wer seinen ganzen Glauben in sie setzt,
wird einen großen Reichtum an Früchten ernten.[296]

● Die drei äusseren Tantras

Die Vidyadharas, die Bodhisattvas auf dem Weg des Mantrayana sind, erhalten zuerst von einem authentischen Vajra-Meister die zur Reife bringenden Initiationen, d. h. die fünf allgemeinen Weisheits-Initiationen, die Einführung in die fünf Buddha-Familien mit der Wasser-Initiation, der Kronen-Initiation etc. sowie die Erlaubnis-Initiation. Sie überwachen ihren Geist, indem sie die Samayas der Initiationen perfekt einhalten, und sie praktizieren den Weg, indem sie über den Yoga mit und ohne Merkmale meditieren. Wenn der Erfolg ihrer Praxis sich manifestiert, z. B. in Form einer Butterlampe, die sich von selbst entzündet, oder dem Erscheinen von Regenbogen, nehmen sie die Zeichen der Meisterung der

Praxis[297] und erlangen so die gewöhnlichen Siddhis, die sie den Göttern der Welt der Begierde und der Form gleichstellen. Dann gehen sie auf wundersame Weise, ohne ihren Körper aufzugeben, in ein Buddha-Gefilde wie den Potala-Berg, wo sie Avalokiteshvara begegnen, oder Manjushri oder einigen anderen Gottheiten, und erlangen auf der Stelle die höchsten Siddhis. Am Ende von fünf, sechs oder sechzehn Leben erreichen sie den Stand eines Vajra-Halters der drei, vier oder fünf Buddha-Familien.

Wer auf dem Weg des Mantrayana eine Auseinandersetzung mit seinem Vajra-Meister hat, wird dadurch daran gehindert, die Siddhis zu erlangen. Andererseits wird allgemein nicht gesagt, die Weisheit der Realisierung komme dadurch auf, dass jeder Konflikt mit dem Meister vermieden, er als ein Buddha gesehen und zu ihm gebetet wird, obwohl dies nicht ganz auszuschließen ist. In den drei äußeren Tantras wird also nicht gelehrt, dass ohne die vom Meister gelehrten Yogas mit und ohne Merkmale zu praktizieren, die höchsten Siddhis allein durch verehrende Hingabe zum Vajra-Meister erlangt werden können.

● Die drei inneren Tantras

Mahayoga

In den drei inneren Tantras erhalten die Praktizierenden zuerst die äußeren Ermächtigungen als den Eingang zum Mahayoga. Nachdem sie die vier Stufen der Initiation in ihrer Gesamtheit erhalten haben, üben sie ihren Geist in der Disziplin, ihre Samayas völlig rein zu halten, und praktizieren die Erzeugungs- und Vollendungsstufe des Weges. Dadurch und besonders durch die Praxis der Energien in der Vollendungsstufe manifestiert sich in ihnen das illustrative klare Licht, eingeleitet durch die vier Erfahrungen der Leerheit. In der Zeit nach der Meditation manifestieren sie sich – mit dem klaren Licht der drei Erscheinungen als Ursache und den fünffarbigen Lichtstrahlen der Energien als Bedingung – als der illusorische Körper der Gottheit. Wenn dann die Zeit gekommen ist, das wahre klare Licht zu realisieren, führen sie die Gruppenpraxis aus. Wenn sie abgeschlossen ist, empfangen sie bei Einbruch der Dunkelheit die Siddhis von der Gottheit, um Mitternacht von den Feinden und bei Tagesanbruch von der Mudra.[298] Auf diese Weise erhebt sich in ihnen das klare Licht und in der Nachmeditation manifestieren sie sich auf dem Pfad des Lernens als Gottheit der Einheit.[299]

In dieser Tradition ist es im Fall eines Konfliktes mit dem Vajra-Meister ebenso unmöglich, auch nur die geringsten Siddhis zu erlangen, wie es unmöglich ist, ein Wesen wiederzubeleben, dem der Kopf abgeschnitten wurde. Darüber hinaus wird man ein kurzes Leben haben, oft krank und mit vielen anderen unerwünschten Ereignissen konfrontiert sein und im kommenden Leben in der Vajra-Hölle wiedergeboren werden, aus der es schwierig ist, sich zu befreien. Wenn man dagegen zum Vajra-Meister, ihn als einen Buddha sehend, betet, wird man die Weisheit der Realisierung, die höchste Errungenschaft gewinnen. Doch ist dies nicht ein Punkt, auf dem die Schriften des Mahayana insistieren. Sie lehren eher, dass, um diese Errungenschaft schnell zu erreichen, vor allem die Gruppenpraxis ausgeführt werden muss, gefolgt von einer ausdauernden Mudra-Praxis, in der der Körper einer anderen Person eine Rolle spielt.

Anuyoga

Im Anuyoga erhalten die Praktizierenden zu Anfang von einem qualifizierten Lehrer alle äußeren, inneren und geheimen zur Reife bringenden Ermächtigungen und kontrollieren danach ihren Geist, indem sie die Samayas perfekt einhalten. Anschließend besteht ihr Weg darin, die Erzeugungsphase teilweise zu praktizieren, um sich in der Vollendungsphase hauptsächlich darauf zu konzentrieren, über die Essenzen zu meditieren. Wenn die Kanäle dann gestreckt, die Energien gereinigt und die Essenzen gemeistert sind, erhebt sich eingeleitet durch die vier Freuden das illustrative klare Licht in ihnen. In der Nachmeditation manifestieren sie sich als der illusorische unreine Körper der Gottheit. Durch ausdauernde Anwendung der vereinfachten Mudra-Praxis auf den Körper eines anderen vertrauend, welches die Aktivität ist, die die rasche Realisierung des wahren klaren Lichtes fördert, erreichen sie ihr Ziel. In der Nachmeditation manifestieren sie sich auf dem Pfad des Lernens als eine Gottheit der Einheit.

In den Schriften des Anuyoga heißt es lediglich, dass, um die Realisation der authentischen Weisheit zu erlangen, hauptsächlich die Vollendungsphase praktiziert werden muss und die Mudra-Praxis als ein Mittel, Fortschritte zu machen. Nirgendwo ist zu lesen, es sei möglich, höchstes Siddhi zu erlangen allein durch verehrende Hingabe zum Meister. Wenn die Anhänger des inneren Mantrayana sagen: „Es wird gelehrt, dass die Siddhis vom Lama abhängen", ist damit gemeint, dass die Siddhis weniger vom Yidam und den Dakinis abhängen als vom Lama. Das ist jedoch eine individuelle Frage, manche haben Vertrauen zum Lama, manche zum Yidam, andere zur Dakini. Wenn wir ein derartiges gläubiges Vertrauen in den Meister haben, dass wir ihn als einen Buddha sehen, wird die Weisheit der Realisierung in uns aufkommen, ohne über die Erzeugungsphase und die Vollendungsphase zu meditieren. Die Anhänger der Neuen Tradition sind ebenfalls dieser Meinung. Wie dem auch sei, für Mahayoga und Anuyoga bleiben die hauptsächlichen Meditationen die der Erzeugungs- und der Vollendungsphase.

Doch wer in Konflikt mit dem Meister und den Vajra-Geschwistern gerät, von dem wird gesagt:

Die Kanäle degenerieren, die Energien und alles andere;
Mit offenem Mund und wild starrend über die Gottheit zu meditieren,
wird man zu einem Gespenst.

Wenn man dagegen über den Meister als die Essenz der Gottheit meditiert und nicht in Konflikt mit ihm und den Vajra-Geschwistern gerät, sind die Siddhis in Reichweite und der Segen kommt rasch.

Atiyoga

In der besonderen Tradition des Atiyoga empfangen die Praktizierenden zuerst von einem authentischen Meister die vier Arten der Ermächtigung des Dzogchen: ausführliche, einfache, sehr einfache und allereinfachste. Dann üben sie die Disziplin, ihre Samayas perfekt einzuhalten. Für diejenigen, bei denen sich die Realisation stufenweise vollzieht und die an Vorschriften gebunden sind, sind es die siebenundzwanzig Wurzel-Samayas bezüglich Körper, Rede und Geist des Lehrers sowie die fünfundzwanzig untergeordneten Zweig-Samayas. Für die, deren Realisation plötzlich ist und für die es nichts Einzuhaltendes gibt, sind es die vier Samayas genannt „Nichtexistenz", „Offenheit/Gleichheit", „Nur das" und „Spontane Gegenwärtigkeit".

Die Praxis besteht aus zwei Wegen: Trekchö, basierend auf ursprünglicher Reinheit, und Thögal, basierend auf spontaner Gegenwärtigkeit.[300] Im Atiyoga wird im Unterschied zu den beiden vorherigen Wegen nicht gelehrt – ganz gleich, ob es sich um Praktizierende handelt, die konzeptuelle Bezugspunkte brauchen, oder um solche, bei denen die Erleuchtung spontan eintritt –, dass das hauptsächliche Mittel, die Realisation zu beschleunigen, ihre Abschwächung zu verhindern und sie wachsen zu lassen, die Gruppenpraxis oder die Mudra-Praxis sei. Hier wird vielmehr gelehrt, dass sich die Weisheit der Realisation dadurch erhebt, dass man zu seinem Meister mit verehrender Hingabe betet und ihn als einen Buddha sieht.

Sechs Monate niemals schwankender Hingabe,
und ihr erreicht die Ebene von Vajradhara.

Oder auch:

Mit verehrender Hingabe zum Meister braucht es nur Monate
oder Jahre, um die Ebenen und Pfade zu erreichen.

Ihr müsst also in eurem Meister einen Buddha sehen. Und wie das? In der Pratimoksha-Tradition genügt es, den Lehrer, wenn nicht als Shravaka oder Pratyekabuddha, so doch als eine gewöhnliche Person mit guten Qualitäten zu sehen. In der Mahayana-Tradition sollte er als Nirmanakaya-Buddha gesehen werden, oder als Bodhisattva auf einer der erhabenen Ebenen, oder auch nur auf dem großen Pfad der Ansammlung.[301] In der Tradition des Dzogchen dagegen reicht es nicht aus, den Meister als ein gewöhnliches gelehrtes Wesen oder einen erhabenen Arhat, einen erhabenen Bodhisattva oder als einen Sambhogakaya-Buddha zu sehen. Ihr müsst ihn als Dharmakaya-Buddha sehen. Wenn ihr das könnt und mit unerschütterlicher Hingabe zu ihm betet, kann sich die Weisheit der Realisation in eurem Geist erheben, ohne dass ihr euch auf irgendwelche anderen Faktoren des Weges verlassen müsst. So geschah es in vielen Fällen. In Indien zeugten davon Naropa, Nagabodhi, der Meister Ghandhapa und in Tibet Sogpo Lhapal, der große allwissende Longchenpa und der Vidyadhara Jigme Lingpa.

Um in eurem Meister den Buddha zu sehen, müsst ihr fünf Dinge wissen: dass er ein Buddha ist, dass jede seiner Taten die Aktivität der Buddhas ist, dass, was euch betrifft, seine Güte die aller anderen Buddhas übertrifft, dass dieser so überaus gütige Meister jedwede Zuflucht verkörpert und dass, wenn ihr an all dies denkt und zu ihm betet, sich die Weisheit der Realisation in euch erhebt, ohne dass ihr von anderen Faktoren des Weges abhängig seid.

(A) Wissen, dass der Meister ein Buddha ist

Man kann dies sowohl vom Gesichtspunkt des vorläufigen Sinns als auch des endgültigen Sinns her beschreiben.

(1) Der vorläufige Sinn

Diesem zufolge ist der Meister ein Nirmanakaya-Buddha. Als Antwort auf die Wünsche der Wesen manifestieren die Buddhas sich vorübergehend als Rupakaya, um jedem Wesen in Einklang mit dessen Bedürfnissen zu helfen.[302] Gleich der Widerspiegelung des Mondes im Wasser erscheinen sie einerseits in Abhängigkeit von ihren Wunschgebeten und der Kraft ihres Mitgefühls und auf der anderen Seite vom Verdienst der Wesen. Wenn ihr dies begreift und zu eurem Meister mit verehrender Hingabe betet, wird der Segen der Buddhas euch auf ganz natürliche Weise zuteil. Wenn ihr hingegen aus Mangel an Weisheit und an eure unreine Wahrnehmung glaubend ihn als eine physische Form mit realen und substanziellen Merkmalen seht, haltet ihr ihn für ein gewöhnliches Wesen und eure Gebete werden nicht der perfekte Weg sein, die ursprüngliche Weisheit zu erlangen. Der Buddha selbst hat gesagt:

Wer mich als eine Form sieht,
wer mich mit Worten gleichsetzt,
ist auf dem falschen Weg
und sieht mich nicht.

Aber er erklärte auch, dass die Meister seine Manifestationen sind:

Ananda, sei nicht traurig.
Ananda, klage nicht.
Am Ende von fünfhundert Epochen[303]
werde ich in Gestalt eines spirituellen Freundes wiederkommen
und dir und deinesgleichen helfen.

So also wird in beiden Traditionen, Sutras und Tantras, der Meister als Buddha gesehen.

(2) Der endgültige Sinn

Im außerordentlichen endgültigen Sinn ist der Meister wahrhaft der Dharmakaya, was durch Überlegung und durch die Schriften nachgewiesen werden kann.

(A) Überlegung

Ob man es versteht oder nicht, der Geist des Meisters ist die Weisheit des Grundes, Tiefgründigkeit und Klarheit nicht voneinander zu trennen. Seine Essenz ist die ursprüngliche reine Buddhaschaft, der ewige, konstante, unwandelbare und nicht zusammengesetzte Dharmakaya.

Erkennt den Buddha als Dharmata
und die Führer als Dharmakaya.

Die schöpferische Macht oder die Manifestation des Dharmakaya, wo Grund und Frucht unteilbar sind, ist der Rupakaya, ein leerer Widerschein, als Mandala der unerschöpflichen Ornamente von Körper, Rede und Geist des Meisters wahrgenommen. Die Essenz des Rupakaya ist der Dharmakaya und der Ausdruck des Dharmakaya ist der Rupakaya. Diese beiden Aspekte sind nicht voneinander zu trennen, sie sind die große Gleichheit, Vajradhara der Einheit, Samantabhadra, Vajrasattva der Herrscher aller Buddha-Familien und aller Mandalas, die große Weisheit, die die Gesamtheit von Samsara und Nirvana durchdringt, der Dharmakaya aller Buddhas. Deswegen wird gesagt:

Ich nehme Zuflucht zum äußeren Universum, die ruhmreichen Lamas.
Ich nehme Zuflucht zu den Wesen des Universums, die männlichen und weiblichen Gottheiten.
Ich nehme Zuflucht zu allen Phänomenen, die Fülle der ruhmreichen Meister.[304]

Was im Inneren Körper, Rede und Geist des Meisters bedeuten, ist die höchste Weisheit, der Geist des Meisters, der Dharmakaya, und um dies zu zeigen, manifestiert er sich als der symbolische Meister.

(b) Nachweis durch die Schriften

In den Schriften finden sich vielfache Zitate dazu, wie dieses „Er ist der wahre selbst geborene Buddha …"

(B) Wissen, dass jede seiner Taten die Aktivitäten des Buddha sind

Es gibt zwei Arten von Aktivität eines Meisters: allgemeine und erhabene. Ersteres sind die vier Aktivitäten wie Befrieden, Vermehren, Ansichziehen und Unterwerfen. Sie können sowohl die gewöhnliche Welt als auch den spirituellen Bereich betreffen. Wenn ihr nicht in allen weltlichen Aktivitäten eures Meisters die Buddha-Aktivität erkennt, ist es ein Widerspruch, zu denken, dass euer Meister ein Buddha ist, seine Taten aber nicht die eines Buddha sind. Wenn er im Alltagsleben als Schiedsrichter und Friedensstifter auftritt, um Konflikte und Streitereien zwischen den Menschen zu schlichten, seht also darin die Buddha-Aktivität des Befriedens. Wenn er seine Zeit damit verbringt, Reichtum anzuhäufen, Landwirtschaft zu betreiben, Häuser zu bauen, einträgliche Geschäfte zu machen, denkt daran, dass dies die Buddha-Aktivität des Vermehrens ist. Durch sein Charisma mag er auf Männer und Frauen anziehend wirken, aber selbst wenn er hundert Frauen pro Tag verführt, erkennt darin die Aktivität des Ansichziehens. Und sollte er Probleme schaffen, Konflikte provozieren und jeden Tag hundert Tiere schlachten, erkennt darin seine Aktivität des Unterwerfens.

(Was den spirituellen Bereich betrifft:) In von ihm ausgehenden weißen Lichtstrahlen seht die Aktivität des Befriedens, das die acht oder sechzehn großen Gefahren wie Krankheiten, Kriege und Hungersnöte besänftigt. Gelbe Lichtstrahlen bedeuten die Aktivität des Vermehrens, die es ermöglicht, die sechs Reichtümer wie Langlebigkeit, Verdienst, Ruhm, materielle Güter etc. zu erlangen. Rote Lichtstrahlen sind seine Aktivität des Ansichziehens, die mithilfe der vier Arten von Wünschen die drei Welten unter Kontrolle bringt. Und dunkelgrüne Lichtstrahlen bedeuten seine Aktivität des Unterwerfens, die alle Feinde und die, die Hindernisse schaffen, verjagen und vernichten.

Die erhabene Aktivität des Meisters besteht darin, den Weg zur Befreiung und die drei Arten der Erleuchtung zu lehren und die Wesen zur Befreiung und Allwissenheit zu bringen.

(C) Wissen, dass seine Güte euch gegenüber die aller anderen Buddhas übertrifft

Wir, die Wesen dieser Zeit, wo die fünf Arten des Niedergangs sich beschleunigen, sind wie Papier zusammengedrückt unter dem Gewicht von Steinen[305] und keiner der Buddhas der Vergangenheit konnte uns helfen. Doch der Buddha Vajradhara ist, uns mit großem Mitgefühl anschauend, in Gestalt eines menschlichen Wesens erschienen, um uns als Schüler zu führen. Was seine Qualitäten der Befreiung und Realisation angeht, ist er wie alle anderen Buddhas, doch was uns angeht, ist seine Güte noch weitaus größer als die ihre. Weder ein Vater, eine Mutter, ein Ehepartner noch ein wegen seiner Hochherzigkeit weltberühmter Herrscher könnte uns so helfen wie er.

Auf welche Weise, so könnt ihr fragen, hilft uns der Meister? Indem er euch lehrt, wie negative Verhaltensweisen aufgegeben werden, verschließt er die Tür zu den niederen Daseinsbereichen. Indem er euch zeigt, wie positive Taten begangen werden, richtet er die Leiter auf, die das Erreichen der höheren Bereiche und der Befreiung ermöglicht. Er bringt euch dazu, Bodhichitta zu erzeugen, und sät dadurch den Samen der allwissenden Buddhaschaft in euch. Er zeigt euch Gewahrsein als den Dharmakaya auf, der sein Vermächtnis an euch ist. Versteht also, dass die Güte eures Meisters die aller Buddhas übertrifft.

(D) Wissen, dass der Meister die Weisheit unzähliger Zufluchten verkörpert

Äußerlich verkörpert der Meister die Drei Juwelen. Sein Körper ist der Sangha, seine Rede der Dharma, sein Geist der Buddha.

> *Der Geist, in dem es nichts zu reinigen und nichts zu erlangen gibt, ist der Buddha,*[306]
> *seine unwandelbare, unbefleckte Natur der Dharma,*
> *seine spontan vollkommenen Qualitäten der Sangha,*
> *deshalb ist die Essenz des Geistes erhaben.*

Innerlich ist der Meister die Essenz der drei Wurzeln. Wurzel des Segens ist der Meister, sein Geist ist der absolute Meister, und wer das aufzeigt, ist der symbolische Meister, eine körperliche Form in Gestalt eines Mönchs oder Tantrikas. Wurzel der Siddhis ist der Yidam. Auch hier ist die absolute Gottheit der Geist des Meisters, die große Weisheit, während die symbolischen Gottheiten, die unzähligen friedlichen und zornvollen Yidams, die Manifestationen dieser Weisheit sind. Wurzel der Aktivitäten ist die Dakini, die kreative Kraft des Mitgefühls, die sich ununterbrochen manifestiert und sich mit ihrem Erscheinen in die Dimension der absoluten Natur des Geistes des Meisters, die große Weisheit, befreit.

Virupa sagt dazu:

Mitgefühl und Leerheit in einem Körper,
Essenz der Glückseligkeit der drei Welten,
frei von der Befleckung durch mentale Konstruktionen,
zu deinen Füßen, Vajradhara, verneige ich mich.

Der Geist des Meisters ist der Dharmakaya, seine Rede der Sambhogakaya, sein Körper der Nirmanakaya, seine Qualitäten sind die Reichtumsgottheiten und seine Aktivitäten die Dharmaschützer. So wie von der Sonne Lichtstrahlen ausgehen und auf sie zurückgehen, manifestieren sich aus dem Geist des Meisters, der großen Weisheit, unzählige Zufluchten und sind alle auf diese Weisheit zurückzuführen.

(E) Wissen, dass sich, wenn ihr zum Meister betet und all dies im Sinn habt, die Weisheit der Realisation in euch erhebt, ohne dass ihr von anderen Faktoren auf dem Weg abhängig seid

Wenn es euch nicht gelingt, die absolute Überzeugung zu gewinnen, dass unzählige Quellen der Zuflucht von der mitfühlenden Weisheit des Meisters ausstrahlen und er ihre Essenz ist, gleicht ihr Marpa, der, als er die Wahl zwischen seinem Meister Naropa und dem Yidam Chakrasamvara hatte, Letzteren für wichtiger hielt. Naropa prophezeite ihm daraufhin, dass zwar die Linie der Lehren Marpas länger als ein Fluss sein würde, seine Familienlinie jedoch so schnell wie eine Blume verwelken werde.[307] Oder aber ihr seid wie die Prinzessin Djomo Tcham, die den Yidam Vajrakilaya für wichtiger hielt als ihren Meister Padmasambhava, der sie daraufhin nicht als Schülerin annahm und seine Lehre Yeshe Tsogyal anvertraute.[308]

Das Mitgefühl der unzähligen Zufluchten ist wie die Wärme der Sonne, unser Geist der Zunder und der Meister das beides verbindende Brennglas. Wenn ihr in eurem Meister einen Buddha seht, mit verehrungsvoller Hingabe zu ihm betet und dabei wie ein guter Bogen weder zu gespannt noch zu entspannt seid, wird – wie vorher schon gesagt – die Weisheit der Realisation in euch erstehen, ohne dass ihr andere Faktoren wie die Erzeugungs- und Vollendungsphase nötig habt.

Die hier gegebenen Erläuterungen stehen in Beziehung zu der Stelle in *Die Worte meines vollendeten Lehrers*, wo es heißt: „Unser erhabener und glorreicher Beschützer repräsentiert die Natur jedes Heruka und dessen Essenz in jedem Mandala …“[309]

II. Wie Guruyoga praktiziert wird

Die fünf Punkte im Sinn, den Meister als Buddha zu erkennen, können verschiedene Methoden benutzt werden, die Ebene des Lama zu meistern. Die äußere Methode ist Guruyoga der vorbereitenden Übungen, die innere Methode ist „Die Versammlung der Vidyadharas“, die geheime Methode „Der Große Mitfühlende“, die äußerst geheime Methode „Das Siegel des essenziellen Tropfens“.[310] Dem Großen Allwissenden nach meistert man äußerlich den Nirmanakaya, innerlich den Sambhogakaya, geheim die Dakini und äußerst geheim den Meister als Weisheit durch die Meditation.

Hier beschäftigen wir uns mit der äußeren Methode, Guruyoga. Hierzu sagt Abu:

> *Der Weg, dem Meister zu folgen, besteht in verehrender Hingabe und nicht in höflicher Rede.*
> *Das Mittel, die Ebene des Meisters zu erreichen, ist verehrende Hingabe und nicht das Rezitieren von Gebeten.*

Und der Beschützer der Wesen, Gemang Rinpoche, präzisiert:

Die Praxis, die den Weg des Dzogchen beschleunigt, ist Guruyoga, die verehrende Hingabe zum Lama.

Es ist also von großer Wichtigkeit, Hingabe zu entwickeln, wie der große Meister von Oddiyana es empfiehlt:

Wenn ihr keine Zweifel habt, könnt ihr alles erreichen, was ihr wünscht;
habt überzeugtes Vertrauen, und der Segen ist euch gewiss.

Und weiter:

Von allen, die an mich glauben, ob Mann oder Frau,
habe ich, der Lotosgeborene, mich nie entfernt, ich schlafe vor ihrer Tür.

Es gibt zwei Arten der Praxis, um die Ebene des Meisters durch Hingabe zu erreichen. In der einen wird das Erscheinungsbild des Meisters verändert, in der anderen nicht. In der Tradition des Allwissenden Meisters[311] gibt es keine Transformation. Andere Meister der Vergangenheit sagen, dass alles vom Einzelnen und dessen Fähigkeiten abhängt. Außergewöhnliche Praktizierende haben es nicht nötig, das Erscheinungsbild des Meisters zu ändern. Die übrigen sind jedoch nicht in der Lage, ihn als Buddha zu sehen, wenn sie ihn nicht zuvor in einer anderen Gestalt visualisiert haben. Aus diesem Grund wird gelehrt, dass die Transformation nötig ist.

Es gibt ebenfalls drei verschiedene Methoden der Visualisierung. Die Methode des „Juwels, das alles vereint“ [312] bewirkt rasch den Segen. Für die Zufluchtspraxis und beim Gebet sind die Lamas einer über dem anderen angeordnet, und zur Ansammlung von Verdienst werden sie als eine Menge bildend visualisiert.

Was den eigenen Körper betrifft, so visualisiert man sich für die Zufluchtspraxis und für die Reinigung von Befleckungen in seiner gewöhnlichen Form. Für die Guruyoga-Praxis visualisiert man sich als die Yidam-Gottheit mit dem Meister oberhalb seines Kopfes oder in der ungreifbaren Weite des Raumes. In unserem Fall visualisiert ihr euch als Vajrayogini, denn wenn ihr eure gewöhnliche Form beibehaltet, werden die damit verbundenen Gedanken das Erhalten des Segens behindern.

1. Die Visualisierung des Verdienstfeldes

Teilt euch eure Zeit ein in Sitzungen und dazwischenliegende Zeiträume. Nachdem ihr durch die vorbereitenden Übungen gegangen seid, beginnt die Hauptpraxis der Sitzung – Guruyoga – mit der Visualisierung des Verdienstfeldes.

„Emaho“ ist ein Ausruf des Staunens, des Staunens über die unendliche Reinheit der Phänomene. Abu beschreibt die verschiedenen Arten von Wahrnehmung folgendermaßen:

Die illusorische, sich auf verblendete Gedanken gründende Wahrnehmung ist die unreine, irrige Wahrnehmung des Universums und seiner Bewohner, wie sie dem sich täuschenden Bewusstsein der sechs Arten von Lebewesen erscheinen.

Die Wahrnehmung der Phänomene als illusorisch und interdependent ist die der Bodhisattvas der zehn Ebenen, wenn sie in der Nachmeditation die Phänomene der relativen Wahrheit wie magische Erscheinungen, wie den Widerschein des Mondes im Wasser usw. sehen. Unter den zwei Arten der relativen Wahrheit – der relativen und der „einfach relativen“[313] – ist hier die Letztere gemeint, die Phänomene werden nicht für wirklich gehalten, sondern nach Art der acht Sinnbilder der Illusion wahrgenommen.

Die authentische Wahrnehmung der Weisheit hat die natürliche Seinsweise als Objekt, die gleiche Natur aller Phänomene. Wenn diese manifest geworden ist, erscheinen alle Phänomene als Kayas und Weisheit.

Die falsche, auf verblendeten Gedanken beruhende Wahrnehmung und die Wahrnehmung der Phänomene als illusorisch und interdependent bezieht sich auf die Art, wie die Dinge erscheinen. Die authentische Wahrnehmung der Weisheit bezieht sich auf die Art, wie die Dinge sind.

Der Zusammenhang zwischen der Art und Weise, wie die Phänomene wirklich sind, und der, wie sie erscheinen, ist von gewöhnlichen Wesen nicht wahrnehmbar, für erhabene Wesen bis zu einem gewissen Grad, und nur die Buddhas können ihn wirklich sehen.

Haltet euch, da ihr noch auf dem Weg seid, an die Sicht der allwissenden Buddhas und visualisiert die unendliche Reinheit der Phänomene, das Mandala der reinen im ursprünglichen Grund weilenden Phänomene, aus dem sie sich erheben.[314] In der Erzeugungsphase wird die Art und Weise, wie die Dinge erscheinen, als rein visualisiert, doch handelt es sich dabei um eine mental erzeugte, künstliche Reinheit. Hier, in dieser Praxis, werden die Dinge so visualisiert, wie sie sind, als Kayas und Weisheit, die Reinheit der natürlichen Seinsweise. Visualisiert also alles als diesen unendlich reinen natürlichen Zustand.

Was die Form der Visualisierung betrifft, so sind die Gottheiten, angefangen mit der wichtigsten im Zentrum, dem aus dem See geborenen Vajra-Meister, bis zu den Dämonen der Leichenfelder im untersten Teil der Peripherie, unter dem Aspekt einer zentralen Figur und ihres Gefolges präsent, haben aber die gleiche Natur, nämlich die unermessliche Weisheit des Geistes des Meisters. Ihr Körper ist mit den großen und kleineren Merkmalen der Buddhas geschmückt; ihre Rede hat die Qualitäten der Stimme von Brahma und ihr Geist Wissen, Liebe und Macht. Untrennbar vom Meister im Zentrum, visualisiert sie alle als vollkommen und makellos, als die Essenz der einzigen höchsten Weisheit.

Nun rezitiert – um den gewöhnlichen dualistischen Gedanken entgegenzuwirken – die Verse zur Einladung der Gottheiten des Verdienstfeldes. Stellt euch vor, dass sich im selben Augenblick der Glorreiche Kupferfarbene Berg mit seinen Gottheiten euch nähert, gleich einer Wolke, die am Himmel segelt, und desgleichen – wie Vögel unwiderstehlich von ihrem Futter angezogen – alle Lehrer, mit denen ihr eine spirituelle Verbindung habt. Die Gottheiten, der Palast und alles Übrige lösen sich dann in das hinein auf, was ihr visualisiert habt.

2. Die Opferung in sieben Teilen

Die Ansammlung, die auf dem Weg der Sutras zahllose Kalpas dauert, kann auf dem Weg des Mantrayana in jedem Augenblick erfolgen. Dieser große Unterschied erklärt sich aus der vollkommenen Reinheit des Verdienstfeldes und der Absicht.

Das Verdienstfeld ist rein, weil ihr nicht dem Yidam, der Dakini oder einer anderen Gottheit die Opfergaben darbringt, sondern dem Meister als dem höchsten, unübertroffenen, allererhabensten Verdienstfeld.

Die Absicht ist rein, weil sie in dem Wunsch besteht, in einem Leben und in einem Körper zum Wohl der Wesen die Ebene Vajradharas zu erreichen, die Einheit von Kayas und Weisheit. Dies hat nichts mit Egozentrik zu tun, im Gegenteil, jemand, der Tantra praktiziert, empfindet ein unerträgliches Mitgefühl, wenn er sieht, dass alle Wesen die Buddha-Natur haben, dies aber nicht realisieren.

Wenn ihr euch keine Sorgen mehr um euch selbst macht,
seht ihr deutlich die Leiden der verwirrten Wesen
und ein unerträgliches Mitgefühl bringt euch zum Weinen,
ihr tauscht dann mit den anderen, um ihr Wohl zu bewirken.[315]

Auch die Opfergaben sind rein, weil sie mittels Gottheiten, Mantras und Konzentration hervorgebracht sind.

Die verschiedenen Methoden, um Verdienst und Weisheit anzusammeln, sind alle in der siebenteiligen Opferung enthalten, die zusammengefasst werden kann in diese drei: Ansammlung, Reinigung, Vermehrung. Niederwerfungen und Bekenntnis gehören zur Reinigung, Freude und Widmung zur Vermehrung und die anderen drei zur Ansammlung (von Weisheit und Verdienst).

2.1 Niederwerfungen als Gegenmittel zum Hochmut

Niederwerfungen sind ein Gegenmittel zum Hochmut, der darin besteht, zu denken, man wäre besser als andere. Was die gewöhnliche Welt betrifft, so glauben wir etwas Besonderes zu sein wegen unserer Herkunft, unserer

Abstammung väterlicher- und mütterlicherseits, wegen unserer bedeutenden Familiengeschichte. Aber bei uns Tibetern gibt es keine höhere oder niedere Kaste, keine „dicken oder dünnen Knochen", kein „großes oder kleines Fleisch".[316] Und da wir Tibeter von einem Affen abstammen, sind wir allesamt kleine Affen.[317]

Im spirituellen Bereich werden wir eingebildet, wenn wir einige Kenntnisse in den Schriften erworben und ein wenig Erfahrung in der Praxis haben. Daher der Ausdruck „Die Qualitäten werden zum Dämon". Wenn Freigebigkeit mit dieser Art von Hochmut geübt wird, ist es „Freigebigkeit eines Dämons". Das Gleiche gilt für Disziplin und die anderen transzendenten Tugenden. Deshalb heißt es auch:

Das Wasser guter Qualitäten
wird niemals in den eisernen Block des Hochmuts eindringen.

Nicht nur, dass wir unsere eigenen Fehler nicht erkennen, wir sehen auch die guten Eigenschaften anderer nicht. Niederwerfungen wirken dem entgegen. Anstatt sich um einen Platz in vorderster Reihe zu streiten[318], solltet ihr diejenigen, die ihre Samayas brechen oder ihre Gelübde nicht halten, mit Achtung behandeln. Grüßt sie respektvoll und redet höflich mit ihnen.

Es gibt drei verschiedene Arten von Niederwerfungen. Die beste ist „Die Sicht erkennen", d. h., zu wissen, dass die drei Elemente der Niederwerfung – das Objekt, vor dem man sich niederwirft, der, der sich niederwirft, und der Akt der Niederwerfung – keine wirkliche Existenz haben.

Die mittlere Niederwerfung besteht darin, „Sich in der Meditation (zu) üben", d. h., man wirft sich nieder und vervielfältigt dabei seinen Körper im Geist unzählige Male, jeder mit unzähligen Köpfen, deren unzählige Zungen unzählig viele Lobgesänge singen. Wenn ihr nun meint, diese Praxis gehöre zur Erzeugungsstufe, so ist das nicht der Fall, weil die Körper, die ihr imaginiert, keine reinen Körper sind, sondern gewöhnliche.

Die gewöhnliche Niederwerfung schließlich ist einfach ein Ausdruck der Verehrung. Mit dem Körper wirft man sich nieder, mit der Rede drückt man Verehrung aus und geistig erzeugt man Hingabe, wobei Letztere das Wichtigste ist. Man denkt dabei an die Qualitäten der zahllosen Zufluchten.

Ihr müsst besonders darauf aufpassen, nicht jene Mitglieder des Sangha zu verachten, die ihre Samayas gebrochen haben und ihre Gelübde nicht einhalten. Behandelt jedermann, ob gut oder schlecht, mit Respekt. Denn in den *Zehn Rädern des Kshitigarbha* steht:

Ob sie ihre Vorschriften einhalten oder nicht,
und wie schwach sie auch sein mögen, meine Schüler
sind hundertmal mehr wert als gewöhnliche Leute.

Für die Frauen und Männer, die keine Regeln anerkennen, so wird gesagt, ist Samsara ohne Ende. Aber die, die sie akzeptieren, und selbst wenn sie dann die Vorschriften übertreten, werden die Frucht ihres speziellen Weges – des Shravaka-Weges oder eines anderen – ernten, wenn der Buddha *Unendliches Streben* in unserer Welt erscheint. Ähnlich wie ein Fisch am Angelhaken früher oder später aus dem Wasser und an Land gezogen wird, werden diejenigen, die das Samenkorn der Befreiung gepflanzt haben, früher oder später zum Land der Befreiung gelangen.

2.2 Die Opferung als Gegenmittel zum Anhaften

Die Opferung soll als Gegenmittel zu Anhaften und Geiz wirken. Die Benennung „Opferung" bezeichnet sowohl religiöse Opfergaben als auch Mildtätigkeit oder einfaches Geben.

Die Opferung ist verbunden mit den drei Reinheiten: die Reinheit dessen, was geopfert wird, dessen, dem geopfert wird, und die Reinheit der Absicht. Opfergaben können in Dinge aufgeteilt werden, die jemandem oder niemandem gehören. Letzteres wird im *Sutra der geschickten Mittel des Großen Geheimnis* erwähnt.

Bringt solange Opfergaben dar, bis ihr Erleuchtung erlangt habt. Wenn ihr dazu Gottheiten, Mantras und Konzentration zu Hilfe nehmt, wird es sein, als hätte Vajradhara selbst sie gesegnet. Auf Basis eurer konkreten Opfergaben bringt zusätzlich nach Art von Samantabhadra[319] unermessliche geistige Opfergaben dar: riesige Wolken von Gaben, die das All anfüllen und überdauern, bis Samsara geleert ist, äußere, innere und geheime

Opfergaben, die das Wohlgefallen der sechs Sinne der Buddhas finden und eine außerordentliche unbefleckte Glückseligkeit erzeugen. Eine solche mental erzeugte Darbringung ist eine Manifestation der Natur des Geistes, des Wunsch erfüllenden Juwels. Sie ist außergewöhnlich und erhaben. Wenn ihr auf diese Weise mental geben könnt, werdet ihr materiell nie arm sein. Geshe Chengawa sagte: „Am Anfang habe ich ein Räucherstäbchen mit vier Inhaltsstoffen geopfert, das die Nasenlöcher gereizt hat, aber am Ende habe ich jedes Mal eines geopfert, das fünfhundert Maß Gold wert war.“[320]

Es heißt:

Lasst ab von allen Sorten der Opfergaben,
mit Ausnehme der perfekten Opfergabe für den Meister.

Die Darbringung für den Meister, dem Herrn aller Mandalas, ist demnach allen anderen bei Weitem überlegen.

2.3 Das Bekennen unheilsamer Taten als Gegenmittel zu Hass

Im Bekenntnis müssen die vier Kräfte vollständig enthalten sein. Die Kraft der Stütze ist äußerlich die Visualisierung des Verdienstfeldes und innerlich die Zufluchtnahme und das Erzeugen von Bodhichitta, wobei es nicht nötig ist, die entsprechenden Texte zu rezitieren, es genügt, an den Sinn zu denken. Die Kraft des Bedauerns ist die Reue, die man beim Gedanken an begangene negative Taten unter ihren sechs Aspekten empfindet. Die Kraft des Entschlusses ist der Vorsatz, nie wieder negative Taten zu begehen, und die Kraft des Verhaltens ist die Anwendung der hier beschriebenen Gegenmittel.

2.4 Mitfreude als Gegenmittel zu Eifersucht

Wenn ihr jemand heilsame Taten ausführen seht, davon hört oder einfach nur daran denkt, hütet euch davor, Unzufriedenheit zu empfinden und euch eifersüchtig damit messen zu wollen. Freut euch vielmehr über alle Quellen des Guten der Buddhas, ihrer Söhne, der Bodhisattvas, ihrer Schüler, der Shravakas und Pratyekabuddhas, der Vidyadharas sowie der gewöhnlichen Wesen. Auf diese Weise werdet ihr das gleiche Verdienst wie sie ernten, ohne es zu zerstören und abzuschwächen.

Man kann allenfalls das Gewicht des Berges Meru und einer Milliarde von Universen berechnen,
aber nicht das Verdienst durch Mitfreude.

Worüber freut man sich? Über alle Quellen des Verdienstes, seien sie verunreinigt oder nicht. Hinsichtlich ihrer eigentlichen Natur sind alle Quellen des Guten, die zur absoluten Wahrheit gehören, unbefleckt und solche, die zur relativen Wahrheit gehören, befleckt. Was den Weg betrifft, so ist jedes Verdienst auf dem Pfad des Ansammelns und des Zusammenbringens verunreinigt und das auf dem Pfad des Sehens und der Meditation rein. Alles, was zur Ansammlung eines günstigen Schicksals führt, ist befleckt, während das Verdienst, das zur Ansammlung von Weisheit führt, unbefleckt ist. Was die Meditation und die Nachmeditation angeht, so ist die Meditation der edlen Wesen nicht befleckt, doch ihr Verdienst in der Nachmeditation ist es noch.[321] Verdienst, das verbunden ist mit Weisheit – dem Wissen über die Dinge, die erfassbar sind, und die, die es nicht sind – ist unbefleckt.[322] Verdienst, das nicht mit dieser Weisheit verbunden ist, ist befleckt. Von Mahamudra, Dzogchen und dem Mittleren Weg her gesehen, wo Meditation und Nachmeditation, Samsara und Nirvana nicht voneinander zu trennen sind, sind Sicht, Meditation und Verhalten ihrem Wesen nach unbefleckt, aber das Verdienst auf der Ebene, wie die Dinge erscheinen, ist es.[323]

Kurz gesagt, freut euch über das Verdienst – der relativen und der absoluten Wahrheit –, das die Buddhas und die Bodhisattvas der drei Zeiten angesammelt haben, indem sie zuerst den Erleuchtungsgeist erzeugten, Verdienst und Weisheit ansammelten und dann die vollständige Erleuchtung oder die Frucht ihres jeweiligen Weges erlangten, um danach zum Wohl der Wesen zu wirken. Freut euch über das Verdienst, das die Vidyadharas der drei Zeiten angesammelt haben, indem sie zuerst den Erleuchtungsgeist erzeugten, danach die Yogas der zwei Stufen praktizierten und die Frucht ihres Weges erlangten. Und schließlich freut euch über das Verdienst aller Wesen in Vergangenheit, Gegenwart und Zukunft.

Mitfreude bedeutet, sich ohne die geringste Spur von Neid über das Verdienst anderer zu freuen, darüber glücklich zu sein, es als nützlich, ja sogar als unentbehrlich zu betrachten.

Da übrigens die einzelnen Segmente der siebenfachen Opferung unabhängig voneinander praktiziert werden können, praktiziert sie bei jeder Gelegenheit, die sich bietet.

2.5 Die Buddhas drängen, das Rad des Dharma zu drehen als Gegenmittel zur Unwissenheit

Vor den Buddhas, die, nachdem sie Erleuchtung erlangt haben, noch nicht das Rad des Dharma in Bewegung setzen, vor den Shravakas, den Pratyekabuddhas, vor den Bodhisattvas und den Vidyadharas, die ermüdet von der Undankbarkeit derer, die ihrer Hilfe bedürfen, nicht den Dharma lehren, vor all diesen erhabenen Wesen in den sich über das All erstreckenden unzähligen Buddha-Gefilden manifestiert unzählige Brahma und Indra[324] gleichende Körper, die goldene Räder mit tausend Strahlen in den Händen halten, weiße, nach rechts drehende Muscheln darbringen und sprecht dann dieses Gebet:

Rührt die Trommel des erhabenen Dharma,
blast das Muschelhorn des erhabenen Dharma,
entzündet die Fackel des erhabenen Dharma,
erhebt die Fahne des erhabenen Dharma,
hisst das Siegesbanner des erhabenen Dharma.

Welches Rad des Dharma bittet ihr die Buddhas in Bewegung zu setzen? Gemang Rinpoche gibt die Antwort: Das Rad der Lehre, das der Natur, den Fähigkeiten und den Bestrebungen der Wesen entspricht, denen es zu helfen gilt. Ihr bittet also die Buddhas, den Wesen entsprechend ihren Anlagen die drei Fahrzeuge zu lehren, die in neun unterteilt sind:

drei sogenannte äußere Fahrzeuge, deren Ausgangspunkt der Ursprung des Leidens ist; drei innere Fahrzeuge, verbunden mit asketischer Praxis im Stil der vedischen Tradition; und drei geheime Fahrzeuge, die kraftmachtvolle Methoden lehren.

2.6 Die Buddhas bitten, nicht in Nirvana einzugehen, als Gegenmittel für falsche Sichtweisen

In den unendlichen Buddha-Gefilden in den Weiten des Raumes gibt es vollendete Buddhas, die, nachdem sie die elf Taten abgeschlossen haben, nun die zwölfte begehen möchten: in Nirvana einzugehen. Desgleichen ihre Söhne, die Bodhisattvas, ihre Schüler, die Shravakas und Pratyekabuddhas sowie die Vidyadharas. Auch sie möchten in ein anderes Buddha-Gefilde überwechseln. Betet zu ihnen, bis zum Ende von Samsara nicht in Nirvana einzugehen, sondern in dieser Welt zu bleiben. Unterstreicht eure Bitte, indem ihr allen Reichtum der Götter und Menschen als Opfergaben darbringt, und denkt, dass sie sie akzeptieren und, eure Bitte erhörend, unzählige Kalpas lang bleiben.

Derart für ein langes Leben unserer Lehrer und auch unserer Vajra-Geschwister zu beten, ist eine tiefgründige Praxis, die Hindernisse beseitigt, welche unser eigenes Leben bedrohen.

2.7 Die Widmung als Gegenmittel für Unsicherheit[325]

Zeugen eurer Widmung sind die Buddhas und Bodhisattvas. Was ihr widmet, ist euer vergangenes, gegenwärtiges und zukünftiges Verdienst, dem ihr alle reinen Quellen des Guten der Buddhas und Bodhisattvas hinzufügt, sowie die heilsamen, aber verunreinigten Taten der gewöhnlichen Wesen. Vereint all dieses Verdienst in eurem Geist. Wem ihr es widmet, das sind alle Wesen, besonders aber die Kranken und jene, die ihre Krankheit verursachen[326], die Toten und die, von denen sie getötet wurden.

Wozu dient die Widmung? Um die zwei Ziele und besonders das zweite zu realisieren, die Frucht des Weges, allwissende Buddhaschaft.

Wie solltet ihr widmen? Es gibt zwei Möglichkeiten: eine authentische Widmung, die frei ist von der Vorstellung von Subjekt, Objekt und Tat, und die ersatzweise Widmung. Da Anfänger zu einer authentischen Widmung nicht fähig sind, machen sie eine ersatzweise Widmung. Die erhabenen Wesen machen, da sie frei vom Glauben an eine Realität von Subjekt, Objekt und Tat sind, eine authentische Widmung, deren Kern die Leerheit in allen ihren Aspekten ist[327] und die Form von Widmungen und Wunschgebeten hat. Gewöhnliche Wesen können sich der authentischen Widmung annähern, indem sie die Gewissheit erzeugen, dass die drei Kreise – Subjekt, Objekt und Tat – zwar erscheinen, aber ohne eine wirkliche Existenz sind. Wenn das nicht gelingt, können sie, dem Beispiel der Buddhas und Bodhisattvas folgend, rezitieren: „Dem Vorbild von Wesen wie Manjushri folgend …“[328], was ebenfalls eine wirkungsvolle Widmung darstellt.

Widmung und Gebete sind nicht nur deshalb wichtig, weil sie unseren Bestrebungen eine Richtung geben. Der Buddha hat gelehrt, dass man nicht wissen kann, wohin heilsame Taten ohne eine Richtung führen. Deshalb sollten sie auf ein gewünschtes Ziel gerichtet werden, von einer Geburt in den höheren Daseinsbereichen bis zum Erlangen der Buddhaschaft. Wenn ihr eine Widmung macht, müsst ihr dazu eine Quelle des Guten haben. Wenn ihr nichts Besonderes zu widmen habt, könnt ihr ein auf ein zu erlangendes Ziel gerichtetes Wunschgebet sprechen.

Wenn ihr eine Widmung oder Wunschgebete macht, ist es wichtig, sich vorzustellen, dass die Buddhas und Bodhisattvas es zur gleichen Zeit ebenfalls tun.

3. Mit festem Vertrauen um die Siddhis der vier Vajras beten

Mit festem Vertrauen heißt, aus der Tiefe unseres Herzens zu beten. Was die Siddhis betrifft, so kann man sie unter fünf Aspekten sehen, nämlich: die Basis; das, was man versucht zu erreichen; die Methoden, um es zu erreichen; die Art und Weise, wie dies geschieht, und schließlich das Resultat, die Frucht.

Die Basis ist die Buddha-Natur, die absolute Wirklichkeit, die spontane Gegenwärtigkeit, die drei unwandelbaren Pforten.[329] Das ist es, was durch Ermächtigung reift, durch die Sicht realisiert und durch den Weg erlangt wird. Auf einer gröberen Ebene handelt es sich um die drei Pforten (Körper, Rede, Geist) und ihre Essenz[330], d. h. die drei gröberen Vajras. Auf einer subtileren Ebene sind es die Kanäle, Energien, die Tropfen und ihre Natur. Auf der subtilsten Ebene ist es die Natur des Geistes mit den drei Weisheiten.[331]

Was man versucht zu meistern, ist der Zustand der vier Vajras. Die gereinigten Kanäle sind der Vajra des Körpers, der Nirmanakaya. Die Energien sind der Vajra der Rede, der Sambhogakaya. Der Geist ist der Vajra des Geistes, der Dharmakaya, und die Essenz der Wirklichkeit ist die Einheit dieser drei, der Svabhavikakaya.

Die Methode, die Siddhis zu erreichen, umfasst Guru-, Yidam-, Dakini-Sadhanas und andere. Hier ist es die Guru-Sadhana.

Die Art und Weise, wie dies geschieht, sind, was den Geist betrifft, verehrende Hingabe und für die Rede Gebet. Wie es Abu sagt: „Die Art und Weise, dem Meister zu folgen, ist Hingabe …“ Doch, wie eine solche Hingabe erzeugen? Durch die fünf Arten, den Meister als einen Buddha zu erkennen, und sich bewusst zu werden, dass sein Körper der Rupakaya ist und sein Geist der Dharmakaya und dass er ihre Einheit ist. Und wenn Abu weiter sagt, dass der Meister das Wesen des Heruka in welchem Mandala auch immer repräsentiert[332], so deshalb, weil im Meister die absolute Dimension (*he*) vereint (*ru*) ist mit der Weisheit (*ka*). Wenn Abu hinzufügt, dass jeder Aspekt seiner Qualitäten unauslotbar ist, deutet er auf die unvorstellbaren Geheimnisse seines Körpers, seiner Rede und seines Geistes hin. Überall in den Weiten des Raumes ist sein Dharmakaya präsent, und wo sein Dharmakaya präsent ist, ist sein Sambhogakaya präsent, und wo sein Sambhogakaya präsent ist, ist sein Nirmanakaya präsent.[333] Sein allgegenwärtiger Körper, seine allgegenwärtige Rede und sein allgegenwärtiger Geist

manifestieren sich jeweils als die allgegenwärtigen Qualitäten der größeren und kleineren Zeichen, als die melodiöse Stimme von Brahma und als Liebe und Mitgefühl.

Der allgegenwärtige Körper des Meisters erscheint den Bodhisattvas der zehnten Stufe als Sambhogakaya und allen anderen als Nirmanakaya und die vielfältigen Emanationen wie die unermessliche Erhöhung über dem Scheitel des Buddha. Der Bodhisattva *Halter der Kraft* konnte dank seiner Wunderkräfte eine unvorstellbare Zahl von Universen über dem Buddha erblicken, doch niemals das äußerste Ende dieser Erhöhung. Nur einmal schien es, dass eine alte Bettlerin sie ergreifen und auf ihren Knien halten konnte.

Seine allgegenwärtige Rede manifestiert sich als alle Formen der Sprache, z. B. als die Sprache der Götter oder der Nagas.

Sein allgegenwärtiger Geist entfernt sich nie von Weisheit, Liebe und Macht, für uns kann es aber manchmal so aussehen, als ob er ärgerlich sei oder begierig.

Abu sagt weiter, wenn der Zeitpunkt gekommen ist, die Siddhis mit dem Gebet „Erhabener und kostbarer Meister …" zu erhalten, muss dieses Gebet vielmals hintereinander rezitiert werden. Wenn ihr die *Sieben Kapitel* rezitiert, so jedes im geeigneten Augenblick, wie es im Text gesagt wird.[334]

Die Frucht besteht temporär in der Verwirklichung der vier Vidyadhara-Ebenen und endgültig in der der vier Vajras. Hier, in unserem Fall, empfangt ihr durch den Segen, der aus diesem Gebet und dieser Praxis hervorgeht, in eurem Geist die authentische Übermittlung und werdet die natürliche Seinsweise sehen. Ein Zeichen dafür ist das Wachsen von Liebe, Mitgefühl, Bodhichitta, dem Entschluss, sich aus Samsara zu befreien, und der Weisheit, die alle Phänomene unterscheidet. Da sich diese Zeichen jedoch ebenso vor der Realisation manifestieren können, ist es wichtig, zwischen Erfahrungen und der eigentlichen Verwirklichung zu unterscheiden. Ihr müsst wissen, dass die Realisation der Essenz der Wirklichkeit allein die Frucht der Praxis ist. Longchenpa erklärt:

> *Wenn ihr Erfahrungen nicht von der Realisation zu unterscheiden wisst,*
> *verwechselt ihr die Realisation mit Erfahrungen durch Gewöhnung.*
> *Realisation ist gleichbleibend, wird niemals besser oder schlechter.*
> *Wenn man so praktiziert, manifestieren sich die Qualitäten.*[335]

4. Die vier Initiationen

Die hier beschriebenen Initiationen sind die des Weges. Im Allgemeinen unterscheidet man drei Arten von Ermächtigungen: die Initiation des Grundes, des Weges und der Frucht.

1. Die Initiation des Grundes wird so genannt, weil sie die Initiation in Nirvana ist, in die Realisierung der Natur des Geistes, *Sugatagarbha*. Wenn die Natur des Geistes nicht realisiert wird, bedeutet sie die Initiation in die drei Welten des Samsara. Die Realisierung reift heran durch die Grund-Initiation der Weg-Initiation

2. Die Weg-Ermächtigung ist ebenfalls unterteilt in Grund, Weg und Frucht. In der Grund-Ermächtigung erhält man zuerst von einem authentischen Meister die Initiation in das Mandala einer friedvollen oder zornvollen Gottheit der Tantra-Kategorie oder in das Mandala der acht Herukas aus der Kategorie der Sadhanas. Während der Initiation realisiert jemand mit herausragenden Fähigkeiten die Sicht des wahren Sinns der Initiation. Jemand mit mittleren Fähigkeiten macht die Erfahrung von Glückseligkeit, Klarheit und Abwesenheit von Gedanken, und jemand mit geringen Fähigkeiten erlangt eine feste Überzeugung, ohne von anderen Gedanken gestört zu werden, dass Körper, Rede und Geist die drei Vajras sind. Wird die Initiation auf diese Weise empfangen, dient sie als Basis dafür, den Weg des Vajrayana zu gehen. Solltet ihr dagegen eine Ermächtigung nach der anderen erbitten, ohne dass in eurem Geist die geringste positive Veränderung vor sich geht, werdet ihr möglicherweise mit einem abgeflachten Kopf enden, aber keine echte Initiation erhalten haben.

Bezüglich der Weg-Ermächtigung innerhalb der Weg-Ermächtigung gilt, dass nach dem Erhalt einer authentischen Initiation alle folgenden, seien sie Selbst-Initiationen oder von jemand anderem erteilt, Mantrayana-Reparierungen und Reinigungen und Weg-Ermächtigungen sind.

Die Frucht-Initiation der Weg-Initiation bezieht sich auf die Initiation der großen Lichtstrahlen[336] oder im Mantrayana auf die Initiation der nicht voneinander zu trennenden Tiefgründigkeit und Klarheit.

Nach dem Erhalten der drei Weg-Initiationen löst die mit dem wirklichen Sinn der Initiation verbundene Weisheit alle Schleier der gewohnheitsbedingten Neigungen oder „habituellen Neigungen der drei Erfahrungen der Übertragung" auf.

3. Die Ermächtigung der Frucht (innerhalb der Weg-Ermächtigung) ermöglicht, direkt nachdem sie erhalten wurde, das Meistern der Weisheit der Allwissenheit und die Macht über alle Phänomene von Samsara und Nirvana.

Um auf den vorliegenden Text zurückzukommen: Es handelt sich hier um die Initiation des Weges innerhalb der Weg-Ermächtigung, die so beginnt: „Von der leuchtenden Silbe OM zwischen den Augenbrauen des Guru ..."[337] Diese wie Mondlicht leuchtenden Lichtstrahlen reinigen euch von der Auswirkung der drei physischen negativen Taten wie Töten usw. Sie reinigen alle Trübungen der Kanäle, von denen her sich der Körper entwickelt, der Segen des Vajra-Körpers wird euch zuteil und ihr empfangt die Ermächtigung der Vase. Durch die mit dieser Initiation verbundene Weisheit sind eure Aggregate, Elemente und eure zwölf Bereiche der Wahrnehmung gereinigt und werden zum Mandala des Netzes der magischen Illusionen. Die Weisheit von nicht voneinander zu trennender Leerheit und Erscheinungen erhebt sich in euch: Erscheinungsformen, Laute, Gedanken sind befreit als das Mandala der Gottheiten, als Mantras und als Weisheit. Ihr seid ermächtigt, die Erzeugungsstufe als Weg zu praktizieren. Als Frucht des Weges habt ihr nun das Potenzial, kurzfristig die Vidyadhara-Ebene der völligen Reife zu erlangen und langfristig die Ebene des Nirmanakaya.

Von der Silbe AH gehen rubinrote Lichtstrahlen wie Blitze aus, die euch von den vier negativen Taten der Rede wie z. B. Lügen reinigen und die Trübungen der Energien beseitigen, aus denen sich die Sprache entwickelt. Der Segen der Vajra-Rede wird euch zuteil und die Weisheit der Klarheit-Leerheit – der Sinn dieser Initiation – erhebt sich in eurem Geist. Die drei Etappen des Atmens – Einatmung, Ausatmung und Anhalten des Atems – sind befreit als Mantras.

Von der Silbe HUNG kommen Lichtstrahlen wie lange Rauchfahnen von Räucherwerk, die euch von den drei negativen Verhaltensweisen des Geistes wie z. B. Habgier reinigen und die Trübungen der Essenzen beseitigen, aus denen sich der Geist entwickelt[338]. Die mit dieser Initiation verbundene Weisheit der Glückseligkeit-Leerheit manifestiert sich in euch und eure Aggregate, Elemente und die zwölf Bereiche der Wahrnehmung sind befreit in Glückseligkeit-Leerheit.

Dann schießt wie eine Sternschnuppe aus der Silbe HUNG ein zweites HUNG[339] und reinigt euch vom Karma des Urgrundes, vom Schleier, der das fundamentale Bewusstsein trübt, vom konzeptuellen Schleier – dem Glauben an eine Realität der drei Kreise etc.[340] Die aus sich selbst geborene Weisheit, die mit dieser Initiation verbunden ist, erhebt sich in euch. Von ihr sagt Chandrakirti:

> *Soheit ist ungeboren und so ist es auch der Geist.*[341]

Und Abu:

> *„Wenn ihr behauptet, die Aggregate hätten das Charakteristikum, verschieden zu sein von der Dimension des Raumes*[342]*, wie könnten sie dann leer sein? Durch Analyse herausgefundene Leerheit ist nicht der endgültige Sinn.“*[343]

Und er kommentiert dazu:

> *„Wenn sich diese Weisheit in euch erhebt, befreit sich der Glaube an eine separate Existenz der drei Pforten in die absolute Natur.“*

Die Phase der Auflösung (in diesem Guruyoga) ist eine wesentliche Praxis, die der Bewusstseinsübertragung als Bestreben gleichkommt.[344] Angefangen mit Vers „Wenn mein Leben zu Ende geht …“[345] und mit einer klaren Visualisierung ausgeführt, ist sie ein subtiler Yoga, der zu der allgemeinen Vollendungsphase gehört.

Zwischen den Sitzungen lasst alles, was ihr tut – essen, schlafen, gehen, sitzen –, zu einem Teil des Weges werden, dem Weg der reinen Wahrnehmung. Ob ihr glücklich oder traurig seid, ob ihr die Ursachen für Glück oder Unglück schafft, nutzt alles dazu, die Hingabe zum Guru zu fördern. Wenn es sich um Glück oder seine Ursachen handelt, erinnert euch daran, dass dies die Güte eures Meisters ist, und betet zu ihm.

Opfert ihm den ersten Teil dessen, was ihr esst und trinkt, und seht alles als seiner Güte zu verdankend an. Wenn ihr Unglück oder seine Ursachen erfahrt, nutzt es ebenfalls als ein Mittel, eure Hingabe zum Guru zu vertiefen.

Sollte es euch nicht möglich sein, Hingabe und Vertrauen zu empfinden, betet zu eurem Meister, euch zu helfen sie zu erzeugen. Wenn ihr euch dumpf fühlt, betet zu ihm. Wenn ihr euch aufgewühlt fühlt, betet zu ihm und wendet gleichzeitig die geeigneten Körperhaltungen und Blickrichtungen an, um diese Probleme zu beheben. Wenn eure Sicht unstabil ist oder wenn euch Zweifel befallen, betet zu ihm. Wenn eure Meditation manchmal gut ist und ein anderes Mal schlecht, betet zu ihm. Wenn euer Verhalten von Attraktion und Aversion[346] bestimmt ist, betet zu ihm. Wenn ihr in Dualität fallt, die ein Hindernis für Sicht, Meditation und Verhalten ist, betet zu ihm. Was immer an Unerwünschtem euch zustößt – Krankheit, Hemmnisse, Attacken durch negative Kräfte –, erkennt mit reiner Sicht alles als Manifestation der Weisheit eures Meisters, betet zu ihm und betrachtet böse Geister, *gyalongs* und ihresgleichen als mit ihm identisch. Kurz, erinnert euch an folgende Lehre:

> *Wenn eure Gesundheit bedroht ist, heilt euch mit gläubigem Vertrauen und macht unerwünschte Umstände zu eurem Weg.*

Seht in allem, was euch widerfährt, seien es glückliche Momente oder schwere Zeiten, die Natur eures Meisters und betet mit verehrender Hingabe zu ihm.

Dritter Teil

Der direkte Pfad der Bewusstseinsübertragung

Diese Praxis ist ein Teil der Hauptpraxis. Solange euer Bewusstsein durch Umstände erschüttert wird, braucht ihr die Lehre über die Bewusstseinsübertragung. Jemand, bei dem es gleichbleibend stabil ist, kann ohne sie auskommen.

Deshalb heißt es:

Jene, die nicht ausreichend geübt sind, werden empfangen durch die Übertragung.

Dieser rasche Weg gehört zu den sechs Yogas von Naropa und zur Vollendungsstufe. Nach dem Bild einer Mutter mit mehreren Kindern, die ihre Liebe verdoppelt, wenn eines von ihnen krank ist, haben die Buddhas in ihrer großen Liebe für die Wesen, deren Karma und negative Emotionen sehr ausgeprägt sind, diese Anweisungen gegeben, mit denen das Bewusstsein großer Übeltäter übertragen werden kann.

Es wird gesagt, dass durch diese Unterweisungen Buddhaschaft erreicht werden kann, ohne zu meditieren. Obgleich es nicht nötig ist, beispielsweise die Meditationen der Erzeugung- und Vollendungsstufe zu praktizieren, die spezielle Meditation der Übertragung hingegen muss praktiziert werden.

I. Die fünf Arten der Bewusstseinsübertragung

1. Die höchste Übertragung in den Dharmakaya unter dem Siegel der Sicht

Sie wird von jenen erhabenen Wesen praktiziert, die auf dem Pfad des Sehens die Sicht der natürlichen Seinsweise erlangt haben und sie ohne Unterbrechung Tag und Nacht bewahren. Sie führen die Bewusstseinsübertragung aus, indem sie die Kernunterweisungen entweder gemäß der Trekchö-Praxis der ursprünglichen Reinheit oder der des Eintretens in das klare Licht der Praxis der spontanen Gegenwärtigkeit des Thögal anwenden.

Dann gibt es diejenigen Wesen mit völlig reinen Samayas, die nicht die gleiche Meisterung des Gewahrseins erlangt und nur im Wachzustand Kontrolle über ihre Wahrnehmungen haben und nicht im Schlaf. Wenn sie sterben und die äußeren und inneren Etappen der Auflösung stattgefunden haben, sowie die Phänomene der Klarheit, der Zunahme und des Erlangens, erscheint das klare Licht des Dharmakaya des Todesmoments wie der herbstliche Himmel, ohne die drei trübenden Bedingungen.[347] Das ist das „Mutter-klare-Licht der Zeit des Grundes". Das während der Zeit ihres Lebens erfahrene „Kind-klare-Licht" ist nun ihr Führer, und wenn sich das Mutter-klare-Licht und das Kind-klare-Licht treffen, sind diese Wesen in der ursprünglichen Reinheit, dem Urgrund, befreit.

Dann sind da jene, die eine anfängliche Verwirklichung des „Anwachsens der Erfahrungen und Visionen"[348] in der Thögal-Praxis erreicht haben. Wenn sie sterben und das klare Licht des Dharmakaya des Todesmoments erscheint, erkennen sie es zuerst nicht, weil ihnen die Realisierung fehlt, und werden deshalb nicht befreit. Wenn jedoch der reine Zwischenzustand der absoluten Realität erscheint, erkennen sie dieses klare Licht und bleiben eins mit ihm, wodurch sie von den spontanen Visionen des Zwischenzustands befreit sind.[349]

Diese zwei Arten der Befreiung – die höchste Befreiung in diesem Leben und die mittlere Befreiung im Zwischenzustand – zählen zur höchsten Übertragung in den Dharmakaya durch das Siegel der Sicht.

2. Die mittlere Übertragung in den Sambhogakaya durch die Vereinigung der Erzeugungs-und Vollendungsphase

Sie wird praktiziert von denen, die angefangen haben, die Weisheit der Vollendungsstufe zu realisieren, eine der vier klaren Unterscheidungen des Pfades des Verbindens gemacht[350], die Weisheit dieses Pfades in sich erweckt haben und fähig sind, in die Konzentration des illusorischen Körpers einzutreten und sie wieder zu verlassen. Wenn nicht: Weil sie in die reine Sicht eingeführt wurden[351], die Manifestation der Weisheit der untrennbaren Einheit der Erzeugungs- und Vollendungsphase der Gottheit und sich daran gewöhnt haben[352], lösen sie im Augenblick des Todes den illusorischen Körper in das klare Licht auf, so wie man am Ende der Erzeugungsphase die Gottheit auflöst. Wenn sie zur Zeit ihres Lebens das illustrative klare Licht realisiert haben, erkennen sie im Zwischenzustand das authentische klare Licht und manifestieren sich danach unter dem Aspekt des Yidam, das Große Siegel der Einheit auf dem Pfad des Lernens, und werden befreit.

3. Die niedere Übertragung in den Nirmanakaya durch unermessliches Mitgefühl

Diese Form der Übertragung wird von Anfängern auf dem Weg des Ansammelns praktiziert, die Initiationen erhalten haben, die damit verbundenen Samayas respektieren, ein genügendes Verständnis der Sicht haben und die Erzeugungsstufe – ohne sie zu meistern – praktiziert haben. Sie haben nicht die Sicherheit in das klare Licht des Todesmoments oder im Zwischenzustand der absoluten Realität befreit zu werden, doch wenn sie im Zwischenzustand (des Werdens) Zuflucht zu ihrem Meister nehmen und zu ihm beten, verschließen sie den Eingang in einen nicht wünschenswerten Mutterschoß und können eine günstige Wiedergeburt wählen. Von Mitgefühl und Bodhichitta angetrieben, wechseln sie über in ein Buddha-Gefilde oder werden als Nirmanakaya in einer Familie, die den Dharma praktiziert, wiedergeboren und dann befreit.

4. Die gewöhnliche Übertragung mithilfe der drei Metaphern

Sie ist gedacht für Anfänger, die den Dharma lediglich als Bestreben praktizieren und keinerlei Zeichen des Erfolgs auf dem Weg haben, die ihnen Befreiung in diesem Leben, im Augenblick des Todes, im Zwischenzustand oder im kommenden Leben verheißen. Sie wird praktiziert, indem man den mittleren Kanal als Straße, das Buddha-Gefilde der großen Glückseligkeit als Ziel und das Bewusstsein als den Reisenden imaginiert.

Wenn Anzeichen für das Eintreten des Todes erscheinen, prüft dreimal, ob sie unumkehrbar sind. Wenn keine Möglichkeit mehr besteht, den Tod abzuwenden, verschenkt euer Hab und Gut. Wenn euch nicht mehr die Zeit dazu bleibt, verzichtet im Geist auf alles, was euch gehört, um euch von eurem Anhaften zu befreien.

5. Für einen Sterbenden ausgeführte Bewusstseinsübertragung

Sie kann nur ausgeführt werden von jemandem mit höchster Verwirklichung. Der richtige Zeitpunkt dafür ist dann, wenn der äußere Atem aufgehört hat, der innere Atem jedoch weitergeht.[353] Selbst wenn derjenige, der die Übertragung in diesem Moment ausführt, kein realisiertes Wesen ist, so hilft die Visualisierung dieser Praxis trotzdem dem Sterbenden. Und auch wenn er nicht das absolute Bodhichitta hat, aber wenigstens das relative, ist das ebenfalls eine Hilfe, und selbst wenn nicht: „Es kann nichts schaden, wenn der Geist positiv ausgerichtet ist."

Um auf das oben Gesagte zurückzukommen: Den Augenblick des Todes als den Pfad des Dharmakaya zu nutzen, entspricht der Trekchö-Praxis. Den reinen Zwischenzustand[354] der absoluten Wirklichkeit als Pfad zu nutzen, entspricht der Thögal-Praxis, und die Wiedergeburt[355] als den Pfad des Nirmanakaya zu nutzen, entspricht der Bewusstseinsübertragung und der reinen Sicht.

II. Die Praxis der Übertragung mithilfe der drei Metaphern

Diese Praxis hat zwei Etappen: Training und tatsächliche Anwendung.

1. Training

Ihr müsst euch solange üben, bis Zeichen des Erfolges auftreten. Danach müsst ihr den gesamten Text der Praxis der Übertragung rezitieren oder zumindest täglich nach der abendlichen Meditationssitzung die Visualisierung ausführen.

2. Tatsächliche Anwendung

Die tatsächliche Anwendung besteht darin, sich selbst im Augenblick des Todes in ein Buddha-Gefilde zu überführen. Während des Vorgangs der stufenweisen Auflösung lösen sich zum Zeitpunkt der Klarheit die fünf Arten des Sinnesbewusstseins in das mentale Bewusstsein auf. Zum Zeitpunkt der Zunahme löst sich das mentale Bewusstsein auf in das emotionale Bewusstsein und zum Zeitpunkt des Erlangens löst sich das emotionale Bewusstsein auf im Allurgrund. Und zum Zeitpunkt des vollständigen Erlangens – wenn man wieder zu Bewusstsein kommt[356] – löst sich der Allurgrund im klaren Licht auf.

Wenn ihr euch völlig von eurem Besitz gelöst habt, bekennt und reinigt euch von allen negativen Taten, die ihr seit anfangslosen Zeiten angesammelt habt, und denkt, dass nun nur noch wenig davon übrig bleibt. Konzentriert euch ganz besonders darauf, etwaige Konflikte mit eurem Meister oder euren Vajra-Geschwistern zu bekennen. Widmet all euer Verdienst der Erleuchtung und betet, all eure Leben hindurch auf die Lehren und die Meister des Mahayana zu treffen. Im Augenblick des Todes habt keine Angst vor den Leiden im Zwischenzustand, wappnet euch mit Mut und Zuversicht und denkt: „Ich bin in der Vergangenheit bereits so viele Male gestorben und wiedergeboren, aber dieses Mal ist es anders. Ich habe eine menschliche Existenz mit ihren Vorteilen und Freiheiten erlangt, ich habe einen authentischen Meister getroffen, tiefgründige Unterweisungen erhalten und ich bin im Besitz der Kernunterweisungen über die Bewusstseinsübertragung. Ich weiß also, wie ich in ein Budhagefilde gehen kann. Welches Glück!"

Wenn ihr euch in der Bewusstseinsübertragung übt, teilt euch den Tag ein in Meditationssitzungen und in Perioden der Nachmeditation und praktiziert die Übertragung in den Nachmittags- und Abendsitzungen. Geht zuerst durch die gesamten vorbereitenden Übungen bis zu dem Gebet, das so endet: „Möge ich rasch die Ebene von Vajradhara erreichen" und praktiziert danach die Übertragung, wobei ihr euch in den beiden ersten Dritteln der Sitzung ausschließlich auf die Visualisierung konzentriert, und verbindet sie im letzten Drittel mit Rezitation und Meditation.

Die Silbe HIK bewirkt eine Verkürzung des Lebens. Wenn ihr sie ausprecht, zieht die Energie von unterhalb des Nabels in den oberen Teil des Körpers und verdreht die Augen unmittelbar nach oben.

Wenn von Energie und Geist die Rede ist, so meint Energie den Aspekt der Bewegung des Geistes und Geist den Aspekt des Bewusstseins, aber beide sind ein und dasselbe. Wenn ihr Geist und Energie in Form der „geheimen leeren Umfassung des Geistes"[357] vereint, denkt einfach, dass euer Geist nun die rote Silbe HRIH ist, ohne euch etwas anderes vorzustellen.

Visualisiert zwischen den acht großen Pfauen, die den Thron von Amitabha tragen, die Attribute der Fünf Familien – Rad, Vajra etc. In der Tradition der *Herz-Essenz der weiten Dimension* wird Amitabha allein visualisiert. In der Namchö-Tradition ist er in Begleitung der zwei Bodhisattvas[358] und in der des *Einstecken des Grashalms*[359] in Begleitung der Meister der Linie.

Praktiziert die Bewusstseinsübertragung als Bestrebung ständig, wenn ihr esst, schlaft, geht, sitzt etc. Erinnert euch an die drei Metaphern, haltet die Konzentration eures Bewusstseins über dem Scheitelpunkt des Kopfes aufrecht und rezitiert:

Buddha Amitabha, ich bete zu dir
Segne mich, auf dass ich im reinen Land der Glückseligkeit wiedergeboren werde.

Für den Fall, dass Hemmnisse während dieser Praxis auftauchen, drückt die obere Luft nach unten, entspannt die untere Energie, füllt den Nabelbereich auf, führt die Vajra-Rezitation der drei Silben[360] aus, konzentriert euren Geist auf die Fußsohlen und richtet den Blick nach unten. Dies wird die Hindernisse vertreiben.

● Kolophon

Als ich 18 Jahre alt war, hat mir mein erhabener und unvergleichlicher Meister, Lungtog Tenpai Nyima Gyaltsen Pal Zangpo, dessen Namen ich hier aus Gründen der Klarheit angebe, obwohl es mir nicht leichtfällt, ihn auszusprechen[361], diese Unterweisungen übermittelt, und zwar bis zu dem Teil, der den Erleuchtungsgeist der Anwendung behandelt. Im Jahr darauf fuhr er zwei Monate lang fort, die Unterweisungen ab dem Kapitel über die Vajrasattva-Praxis zu geben, und fügte detaillierte Erklärungen hinzu. Dann wurde er krank und konnte sein Vorhaben nicht zu Ende bringen. Doch ich hatte bei diesen beiden Gelegenheiten tatsächlich die Gesamtheit der Unterweisungen erhalten und Notizen gemacht, die ich dann aus der Erinnerung redigierte. Als Khen Rinpoche Pema Gyaltsen und Tulku Penor insistierten, dass ich diese gesammelten Notizen schriftlich zusammenfasse, und mich der kostbare Meister mit der dreifachen Güte[362] ebenfalls darum bat, konnte ich den Gedanken nicht ertragen, ihnen diese Bitte zu verweigern, und beeilte mich, was ich konnte, aufzuschreiben.[363] Möge es allen zum Wohl gereichen!

Nachträgliche Unterweisungen

Hier ein paar Ratschläge meines allwissenden Meisters Ngawang Palzang, auch bekannt als Ösel Rinchen Nyingpo Pema Ledratsal[364]:

Meditiert drei Tage über die Freiheiten,
vier Tage über die Vorteile,
einen Tag über die bildlichen Vergleiche, wie schwierig es ist, eine menschliche Geburt zu erlangen,
einen Tag über die zahlenmäßigen Vergleiche,
einen Tag über die acht eindringenden Umstände und die acht Unvereinbarkeiten,
einen Tag über die Vergänglichkeit des äußeren Universums,
drei Tage über die Vergänglichkeit der Wesen, die im Universum leben,
einen Tag über die Vergänglichkeit der heiligen Wesen,
einen Tag über die Vergänglichkeit der Mächtigen,
drei Tage über andere Beispiele der Vergänglichkeit,
einen Tag über die Ungewissheit der Umstände des Todes,
einen Tag über die Gewissheit der Vergänglichkeit,

denkt drei Tage nach über die Bedrängnis in Samsara,
einen Tag über die heißen Höllen,
einen Tag über die kalten Höllen,
einen Tag über die Eintagsleben-Höllen und die angrenzenden Höllen,
einen Tag über die Pretas, die gemeinschaftlich leben,
einen Tag über Pretas, die sich durch den Raum bewegen,
einen Tag über Tiere, die in der Tiefe leben,
einen Tag über Tiere, die verstreut an verschiedenen Orten leben,
einen Tag über die drei fundamentalen Leiden im Bereich der Menschen,

jeweils einen Tag über die Leiden von Geburt, Alter, Krankheit und Tod,
jeweils einen Tag über die vier anderen menschlichen Leiden, z. B. die Angst, einem verhassten Widersacher zu begegnen,
einen Tag über die Halbgötter
Einen Tag über die Götter,
drei Tage über negatives Verhalten,
drei Tage über positives Verhalten,
drei Tage über die alles entscheidende Qualität unserer Taten,
einen Tag über den Lohn der Befreiung,
drei Tage darüber, wie man dem spirituellen Freund folgt.
Im letzten Drittel jeder dieser Sitzungen über die Zufluchtnahme,
drei Tage über Liebe,
drei Tage über Mitgefühl,
drei Tage über Mitfreude
drei Tage über Unparteilichkeit,
drei Tage über Essenz und Klassifizierung von Bodhichitta,
drei Tage darüber, andere als gleichwertig zu betrachten,
drei Tage darüber, mit den anderen zu tauschen,
drei Tage darüber, andere wichtiger zu nehmen als sich selbst,
drei Tage jeweils über jede der sechs Paramitas.

Gebete

Komplette Fassung der Gebete, die Khenpo Ngwang Palzang erwähnt, wobei er im Allgemeinen nur den Anfang zitiert. Sie sind ebenfalls in Chatral Rinpoches *Gedächtnisnotizen* enthalten.

Siegreiche Beschützer der Welten,
die ihr zum Wohl der Wesen wirkt
und alle Ängste vertreibt.
Von jetzt an nehme ich Zuflucht zu euch.

Ich nehme Zuflucht zum Dharma,
der in eurem Herz ist,
und die Schrecken von Samsara vertreibt.
Und ich nehme Zuflucht zur Vielzahl der Bodhisattvas.

Von großer Angst getrieben
überlasse ich mich Samantabhadra
und Manjugosha, dem Sanften mit der melodiösen Stimme,
und vertraue mich ihnen restlos an.

Beschützer Avalokita,
dessen Mitgefühl bedingungslos ist,
ich rufe voller Verzweiflung zu dir,
beschütze mich sündhaftes Wesen.

Erhabener Akashagarbha und Kshitigarbha,
aus tiefstem Herzen rufe ich nach euch
und allen großen und mitfühlenden Beschützern
und nehme Zuflucht zu euch.

Vajrapani, Halter des Diamant,
dessen Anblick genügt,
um alle Gefahren und die Boten des Todes
in die Flucht zu schlagen,
ich eile zu dir, um Zuflucht zu nehmen.

Einst habe ich eure Anweisungen übertreten,
doch jetzt erkenne ich die Größe der Gefahr
und nehme Zuflucht zu euch. Ich flehe euch an,
befreit mich rasch von der Angst.

Diese Verse sind Auszüge aus dem Bodhicharyavatara (II.47–53),
mit kleinen, an diesen Zusammenhang angepassten Änderungen.

Mutiger, der du die Macht des Mitgefühls besitzt,
wir sind verbunden durch die Kraft karmischer Bande aus der Vergangenheit,
sei nicht gleichgültig, lass mich nicht fallen, bleibe nicht untätig.
Blick auf mich mit von Herzen kommender Liebe, O mitfühlender Herr der Buddhas.

Gebet aus Rudras klagendes Bekenntnis.

Oh! Mitfühlende Drei Juwelen,
ihr Siegreichen, deren Geist voller Liebe ist,
gewährt uns euren Segen, uns, die wir in den sechs Welten von Samsara leiden,
und befreit uns im gleichen Augenblick.

Diese Gebete wurden zusammengestellt für Anfänger auf der Suche nach den Texten.

Eine kurze Rezitation der vier Gedanken, die von Samsara abwenden

(aus den Sutras)

Mit diesen so schwer vorzufindenden Freiheiten und Vorteilen
kann Erleuchtung erlangt werden.
Wenn man sie jetzt nicht nutzt
Wie will man sie dann in Zukunft erlangen?

Die drei Welten sind vorübergehend wie Wolken im Herbst.
Leben und Sterben der Wesen sind nur ein kurzes Schauspiel.
Das Leben ist so flüchtig wie ein Blitz am Himmel
und rauscht wie ein Gebirgsfluss vorüber.

Wenn dem König die Stunde schlägt, muss er von dannen gehen
Und seine Güter, Familie und Freunde zurücklassen.
Doch den Wesen, wo sie auch weilen und wohin sie auch gehen,
folgen ihre Taten wie ein Schatten.

Getrieben von Unwissenheit, Verlangen und Werden, alle Wesen,
Menschen, Götter und die in den drei niederen Welten,
kreisen wie auf einer Töpferscheibe
töricht in den fünf Daseinsbereichen.
Die drei Welten brennen mit den Leiden des Alterns und der Krankheit,
das Feuer des Todes, vor dem es keinen Schutz gibt, wütet.
Die Wesen, denen die nötige Intelligenz fehlt, aus Samsara zu entkommen,
gleichen in einem Glas gefangenen Bienen und drehen sich endlos im Kreis.

Dies sind die unfehlbaren Worte des vollkommenen Buddha.

Das Gebet in sieben Teilen aus dem *Gebet des guten Verhaltens*

Allen Buddhas der drei Zeiten, diesen Löwen unter den Menschen,
die in den Universen der zehn Himmelsrichtungen weilen,
allen von ihnen ohne Ausnahme, erweise ich mit Körper, Rede und Geist
meine hingebungsvolle Verehrung.

Mit der Kraft dieses Gebetes des guten Verhaltens
werfe ich mich nieder vor allen Siegreichen,
mit so vielen Ebenbildern von mir, wie es Atome im Universum gibt,
und huldige ihnen voller Verehrung.

In einem Atom sind ebenso viele Buddhas
wie Atome im Universum, ein jeder von Bodhisattvas umgeben.
Und ich stelle mir vor, dass auf gleiche Weise
die Weiten des Raumes mit den Siegreichen gefüllt sind.

Ich preise sie mit einem Ozean unerschöpflicher Lobreden,
mithilfe von allen Worten und mit einem Ozean von Melodien.
Ich verkünde die Qualitäten aller Siegreichen
und singe das Loblied aller Sugatas.

Den Siegreichen bringe ich Opfergaben dar
von lieblichen Blumen, zierlichen Girlanden,
Zimbeln, Duftwasser, kostbaren Baldachinen,
hell brennenden Butterlampen und erlesenem Räucherwerk.

Von feinen Kleidern und köstlichen Düften,
von hoch wie der Meru angehäuftem arzneihaltigem Puder
und von allem, was von größter Schönheit ist.
All dies bringe ich den Buddhas dar.

Mit diesen immensen und makellosen Opfergaben
ehre ich in Gedanken alle Siegreichen.
Mit der Kraft meines Glaubens an das gute Verhalten
erweise ich ihnen meine Verehrung und bringe Opfergaben dar.

Ich bekenne jeden einzelnen meiner Fehler,
die mich Gier, Hass und Unwissenheit
getrieben haben,
mit Körper, Rede und meinem Geist zu begehen.

Ich freue mich über das Verdienst, angesammelt
von den Buddhas in den zehn Himmelsrichtungen,
von Bodhisattvas, Pratyekabuddhas, Arhats
und von gewöhnlichen Wesen.

Ich bitte alle Beschützer,
Licht der Welten in den zehn Richtungen,
die Buddhaschaft frei von Anhaften erlangt haben,
das Rad der unvergleichlichen Lehre zu drehen.

Mit zusammengelegten Händen flehe ich jene an,
die ihren Eingang in Nirvana manifestieren wollen,
so viele Kalpas lang hier zu bleiben, wie es Atome im Universum gibt,
zum Wohl und Glück der Wesen.

Das wenige Verdienst, das ich ansammeln konnte
durch Niederwerfungen, Opfergaben darbringen,
durch Bekennen, Michfreuen und bittendes Flehen,
all dies widme ich dem Ziel der Erleuchtung.

Anmerkungen

Abkürzungen:

AZR Alak Zenkar Rinpoche

PWR Pema Wangyal Rinpoche

KPS Khenpo Pema Sherab

Tib. Tibetisch

Skt. Sanskrit

WMVL *Die Worte meines vollendeten Lehrers*

Endnoten

1. Dieser Abschnitt aus Khenpo Ngakchungs Leben wurde aus folgenden Quellen zusammengestellt: Tulku Thondup, *Masters of Meditation and Miracles: The Longchen Nyinthig Lineage of Tibetan Buddhism* (Boston, Shambala Publications, 1996); mündliche Erzählungen von Nyoshul Khenpo Jamyang Dorje; Biografie von Sonam Tenpa *Der Gyude Khenpo von Kathok*; Nyoshul Khenpo *History of the Dzogchen Lineage*; und E.Gene Smith's Einführung zu Khenpo Ngakchungs Autobiografie.

2. Eine Butterlampe ist leichter zu reinigen, wenn sie noch warm und die Butter noch flüssig ist. Ein Schwein kann leicht abgewehrt werden, wenn man ihm mit einer Mörserkeule, wie sie in Tibet zum Zerstampfen von Korn benutzt wird, eins auf die Nase gibt. In Analogie dazu sollt man im gleichen Moment, wo ein negativer Gedanke auftritt, das Gegenmittel anwenden.

3. Erleuchtung wird nicht erlangt dadurch, dass man sich wie ein indischer Sadhu verfilzte Haare wachsen lässt und einen Stab trägt.

4. Name der vorherigen Inkarnation des Buddha

5. Das tibetische Wort für Übermittlung (*rlung*), bedeutet auch „Griff"; ein Wortspiel im Tibetischen, das nicht zu übersetzen ist.

6. Allwissenheit (*thams cad mkhyen pa*), Synonym für Buddhaschaft

7. Herr der Wesen (*skye dgu`i bdag po*), für Nicht-Buddhisten der Schöpfer des Universums.

8. Ein Hund, der sich irgendwo oben befindet, schaut immer nach unten und versucht, herunterzukommen. Ein Vogel auf dem Boden schaut nach oben und versucht, hochzufliegen.

9. Khenpo Ngakchung zitiert eine etwas andere Version dieses Verses als Patrul Rinpoche in WMVL.

10. *bka`*, dieser Teil des buddhist. Kanons besteht aus den vom Buddha selbst gegebenen oder direkt von ihm inspirierten Lehren, wie z. B. das *Herz-Sutra*, das vom Bodhisattva Avalokiteshvara in Anwesenheit des Buddha gelehrt wurde.

11. Theoretische Abhandlungen von Gelehrten und Erfahrungsberichte realisierter Yogis.

12. Diese Texte sind Longchenpas berühmter *Nyingtik Yabshi*, die vier Herz-Essenzen: *Khandro Yangtik* (Quintessenz der Dakinis) ist sein Kommentar zu *Khandro Nyingtik* (Herz-Essenz der Dakinis): *Lama Yangtik* (Quintessenz des Meisters) ist sein Kommentar zu *Vima Nyingtik* (*Vimalamitras Sangwa Nyingtik*, die geheime Herz-Essenz). Im *Zabmo Yangtik* (die tiefgründige Quintessenz) gibt er weitere Kommentare zu diesen vier.
13. Perlmutt-Buchstaben-Unterweisungen (*dung yig can*) von Vimalamitra. Teil des *Vima Nyingtik*.
14. Eine Möglichkeit der Interpretation dieses tib. Sprichworts wäre: „zustimmen, bevor man verstanden hat."
15. Der hier benutzte tib. Ausdruck *gzhug shor* bedeutet einen Fehler machen, wie z. B. bei der Herstellung von Joghurt, wo ein kleiner Irrtum das Endresultat ruinieren kann.
16. Der Spruch scheint zu bedeuten, dass es nichts nützt, zu hoch zu zielen, weil dann die Hauptsache fehlen wird.
17. Neben der Bedeutung von *thun mong*, gewöhnlich, und *thun min*, außergewöhnlich, gibt es auch die Bedeutung von allgemein, was hier von Khenpo Ngakchung erklärt wird.
18. Bezieht sich auf die Übungen der Erzeugungs- und der Vollendungsphase, die den Vorgang von Geburt und Tod und den Zwischenzustand reinigen.
19. Tib. *mdzo*, eine als Lasttier benutzte Kreuzung von Yak und Kuh.
20. In Tibet, wo die buddhistische Ethik allgemein akzeptiert war, wurde Jagen als schändlich betrachtet.
21. *dkor ma zhus na*, Lamas oder Mitglieder des Sangha, die von den Gläubigen Opfergaben erhalten und sie dann für andere Zwecke als den Dharma benutzen, häufen dadurch äußerst negatives Karma an und haben in der Folge die Halluzinationen der Höllenbereiche zu erleiden.
22. Wörtl. „die Tür mit Lehm versiegeln", bezieht sich auf den tib. Brauch, für einen strikten Retreat die Tür der Einsiedelei von außen mit Lehm zu versiegeln und nur eine kleine Öffnung für die Versorgung mit Nahrung zu lassen.
23. Zum Beispiel zu denken, die Gottheit sei eine konkrete Realität, und dann daran zu haften.
24. Dies ist die zweite Zeile aus *Sich von den vier Anhaftungen trennen.*
25. Die dritte Zeile aus *Sich von den vier Anhaftungen trennen.*

26. Eine andere Übersetzung könnte lauten: „Heutzutage sagen viele Leute: Ich habe keine Angst vor dem Tod, ich bin nicht verblendet. Ihr solltet meditieren." Aber alles hängt ab von ihrer Gesinnung, die allzu oft völlig ichbezogen ist (TPW).

27. Aus Gründen einer lesbaren Übersetzung wurde die Reihenfolge umgedreht, der erste Aspekt ist im Tib. „zum Wohl der anderen" und der zweite „der Wille, vollkommene Buddhaschaft zu erlangen".

28. Mitgefühl ist der Wunsch, alle Wesen mögen frei sein vom Leiden. Liebe ist der Wunsch, sie mögen Buddhaschaft, das höchste Glück, erlangen.

29. Ein Zitat aus Nagarjunas *Brief an einen Freund*, Vers 68.

30. Die Kritik und bösen Bemerkungen über die Belästigungen durch ihre Kinder, die sie bei deren Aufzucht zu ertragen hat. Bezieht sich nicht auf die Tatsache ihrer Schwangerschaft.

31. *Bodhicharyavatara* I.28

32. Wer einmal Pocken gehabt hat, wird nie wieder daran erkranken. Pocken waren zu Khenpo Ngakchungs Zeit eine verbreitete, gefährliche Krankheit.

33. Tib. *dge rtsa*, „Verdienst", oder auch „Quellen des Heilsamen" genannt.

34. *Bodhicharyavatara* VI.1

35. Eine weiße Perle, die an die Mala geknüpft wird, um zu zeigen, dass man z. B. das Mani 100 Millionen Mal rezitiert hat.

36. Die Stadt der Gandharvas erscheint manchmal als Vision mit Gebäuden und Bewohnern.

37. *Bodhicharyavatara* V.40

38. Die zwei höchsten indischen Kasten sind die der Brahmanen und der Krieger.

39. Dies sind die letzten Zeilen aus dem Widmungsgebet.

40. Sichtbare (*snang bcas*) Ansammlung von Verdienst und nicht sichtbare (*snag me*) Ansammlung von Weisheit. Nach AZR synonym mit: mit und ohne Konzepte.

41. Mantra (skr.) bedeutet nach den traditionellen Erklärungen, das, was den Geist (*man*) schützt (*tra*). Auf dem Weg des Mantrayana wird der Geist ohne Schwierigkeit (und rasch, denn es ist der kurze Weg) vor den negativen Emotionen geschützt.

42. *zung `jug* meint in diesem Zusammenhang die Einheit von Dharmakaya und Rupakaya.

43. Hunde werden in Asien allgemein verachtet, deshalb ist dies eine Bezeichnung für äußerste Minderwertigkeit.

44. Essenz der Vajrayana-Samaya ist reine Wahrnehmung: So werden die fünf Elemente (Erde, Wasser, Feuer, Wind und Raum) beispielsweise als die fünf Gefährtinnen der Dhyani-Buddhas gesehen. Sie auf gewöhnliche Weise zu sehen bedeutet eine Verletzung der Samaya.

45. Das heißt, der Dharmakaya

46. Siehe Glossar, WMVL, fünf Familien.

47. Da unsere Verdunkelungen uns daran hindern, die tatsächlich präsenten Buddhas, Buddha-Gefilde etc. wahrzunehmen, müssen wir sie visualisieren oder imaginieren. Doch wir imaginieren nicht etwas, was nicht existiert.

48. *nges don* oder auch „wirkliche Bedeutung".

49. So bedeutet z. B. die Aufforderung in den Tantras, den Vater, die Mutter zu töten, nicht, ihnen das Leben zu nehmen, sondern vielmehr, Hass und Gier zu zerstören.

50. *rton pa bzhi*, 1. Verlasse dich auf die Lehren, nicht auf das Individuum. 2. Verlasse dich auf die Bedeutung, nicht auf die Worte. 3. Verlasse dich auf die letztendliche Bedeutung, nicht auf die zweckdienliche. 4. Verlasse dich auf Weisheit, nicht auf intellektuelles Wissen.

51. „natürlicherweise verborgenen Geheimnisse" bezieht sich z. B. auf die Tatsache, dass alle Wesen die Buddha-Natur haben. Die „geheim gehaltenen Übungen" werden dem Schüler absichtlich geheim gehalten, bis er reif dafür ist, sie auszuführen.

52. Wörtl. „ob ihr nach oben oder nach unten geht".

53. Hier ist mit Freiheit „Befreiung" (*thar pa*) gemeint und nicht die Freiheiten (*dal*), von denen in diesem Abschnitt die Rede ist.

54. *dge sbyor*, positive, auf den Dharma bezogene Aktivitäten wie Niederwerfungen und Umschreitungen.

55. Dinge außerhalb des Retreatraums, wie auf die Toilette gehen, und innerhalb, wie Kochen oder Saubermachen.

56. Während eines intensiven Retreats schlafen Praktizierende oft in einer speziellen Kiste, die gleichzeitig als Bett und als Meditationssitz dient.

57. Ein Buchweizenkorn ist am Anfang fein und am Ende am dicksten, nicht wie ein Reiskorn, das mehr oder weniger überall gleich dick ist (TPW).

58. Die Technik, den verbrauchten Atem auszustoßen, variiert je nach den Traditionen oder Linien, und kann nur durch eine Vorführung richtig erlernt werden.

59. In Tibet wird Butter oft in Ledersäcken aufbewahrt, die mit der Zeit hart und steif werden.

60. *bsam gtan bzhi pai`grong*, die vier Himmel der Götter im Zustand der Konzentration. Nach AZR sieht der Ort aus wie das Gebiet eines Kohlebergwerks.

61. Im Traum hat man das Bewusstsein, einen Körper zu haben, obwohl dieser leer und nicht physisch ist (TPW). – Der Zustand der Konzentration dieser Wesen konstituiert in der Tat ihren Körper (KPS).

62. Nach der letztendlichen Bedeutung gibt es keinen tatsächlichen Ort, wo die langlebigen Götter existieren.

63. Möglicherweise ein Zitat aus dem Abhidharma (TPW).

64. Khenpo Ngakchung erklärt hier, dass diese langlebigen Götter nicht an physischen Orten leben, sondern dass Wesen, die als solche wiedergeboren werden, für extrem lange Zeiträume in diesem Zustand der Koma ähnlichen, mentalen Leere bleiben, in dem sie gestorben sind.

65. Khenpo Ngakchung folgt in der Erklärung über den Umgang mit den acht eindringenden Umständen einer anderen Reihenfolge als Patrul Rinpoche in WMVL.

66. Üble Lebensführung kann nicht durch Meditation beseitigt werden, sie muss aufgegeben und geändert werden.

67. Wörtlich: bevor die letzte der sechs Perioden eines 24-Stunden-Tages zu Ende ist.

68. Das heißt, die Mantra-Rezitation täglich praktizieren.

69. Die Tradition von Nagarjuna.

70. Die Tradition von Asanga.

71. *phyal ba*, der Sinn dieses Wortes bedeutet „Gleichheit“ (*mnyam pa*) (AZR).

72. In anderen Worten: Nomaden und Bauern werden an einem Ort wiedergeboren, wo sie den Dharma praktizieren können.

73. Wörtlich: „die Essenz aus dem kostbaren menschlichen Körper zu ziehen, die Essenz aus dem heiligen Dharma“; im Tibet. wird dafür ein Wortspiel benutzt.

74. Dies sind die Sanskrit-Worte, die bei einer Initiation oder in einer Sadhana benutzt werden, um Körper, Rede und Geist zu segnen.

75. Tibeter unternehmen weite Reisen, um an Salz zu gelangen; wenn sie schließlich ankommen, ist das *dzo* oft zu schwach, das Salz zurückzutragen.

76. *Bodhicharyavatara* VII.30

77. *Bodhicharyavatara* VII.28

78. *mos pa mtha' yas*, der letzte der tausend Buddhas dieses Kalpas.

79. Von der Vajra-Hölle heißt es, dass sie sich direkt unter dem Vajra-Thron befindet – eine Interpretation der zweckdienlichen Bedeutung im Hinayana.

80. Unter den sechs Götterbereichen der Welt des Verlangens befindet sich das Reich der Vier Großen Könige auf den Stufen des Meru, der Himmel der Dreiunddreißig auf seiner Spitze und die vier Himmelswohnorte im Himmel über ihm.

81. Ohne die Anwesenheit von Lebewesen ist alles vollkommen still. Kein Wind im Außen und auch nicht der subtile Wind des Atems der Lebewesen. Und gemäß des Entstehens in Abhängigkeit gibt es ohne Wind auch keinen Regen (AZR).

82. Siehe Kangyur Rinpoche, *Treasury of Precious Qualities*, Shambala Publications, 2001.

83. Die drei Pfade beziehen sich auf die stufenweise Auflösung der Elemente im Todesvorgang und auf die drei Geistesgifte. Erfahrene Praktizierende sind fähig, sie als Pfad zur Realisierung zu nutzen.

84. *blos mi thong*, wörtl. „dass unser Geist nicht fähig ist, herzugeben".

85. Nach AZR kann man vom Flugzeug aus diese drei Farben direkt nach dem Sonnenuntergang klar erkennen.

86. *'khor ba*, skt. *samsara*, wörtl. „kreisen".

87. *nges 'byung gi 'bras bu*, eine unumkehrbare Einstellung, in der man nicht von negativen Emotionen oder anderen Einflüssen beeinflusst wird, die zu einer samsarischen Existenz führen.

88. Kunkhyen Longchenpa und Kunkhyen Jigme Lingpa.

89. Der volle Wortlaut ist: *Om Yedharma hetu prabhava hetunte shanta thagato hya vadat. Te shanca yo nirodha evam badi maha shramana.* Quintessenzielle Formel der Lehre des Buddha, ursprünglich die Antwort des Mönchs Ashvajit auf die Frage des jungen Brahmanen, was der Buddha gelehrt habe.

90. Ein Shramana ist ein wandernder Asket, der Große Shramana ist der, der Samsara in seiner Gänze entsagt hat, der vollkommen erwachte Buddha.

91. Die fünf sophistischen Schulen: Sankhya, Aishvara, Jaina, Vaishnava, Nihilisten.

92. Gautama, einer der Namen des Buddha, mit dem ihn seine philosophischen Gegner, die ihn nicht als ein erwachtes Wesen betrachteten, bezeichneten.

93. Tibet. *lha chen*, skt. *Mahadeva*, „großer Gott" oder *Maheshvara*, „großer Allmächtiger".

94. Dies ist die Sicht des Sankhya, der eternalistischen Philosophie eines atheistischen Dualismus, in Indien ab dem 4. Jahrhundert systematisiert.

95. Nach AZR „schüttelt" *purusha* diesen „Sack" und die Partikel „fallen heraus".

96. Die Sankhya-Texte vergleichen dies mit einem Tänzer, der von der Bühne abgeht, oder einem schüchternen jungen Mädchen, das sich versteckt, wenn es merkt, dass es gesehen wird.

97. Maskari Goshalaputra, Purnakashyapa, Sanjayivairattiputra, Ajitakeshakambala, Kakudakatyayana, Nirgranthojnatiputra.

98. Bodhisattvas werden als die Kinder des Buddha (Söhne) bezeichnet, Shravakas und Pratyekabuddhas als seine Schüler.

99. Sie werden so genannt, weil ihr Resultat – Geburt in den Bereichen der Form und denen ohne Form – unausweichlich ist, während das Resultat anderer Verhaltensweisen von Umständen abhängen kann.

100. Wörtlich: „etwas zu tun haben" und „nichts mehr zu tun haben".

101. Mit den Ebenen eines Shravaka oder Pratyekabuddha sind hier nicht die Bodhisattva-Ebenen (skr. *bhumi*) gemeint.

102. Jamgön Kongtrul definiert die konzeptuellen Trübungen, die die Allwissenheit verdunkeln, als im Gegensatz zu den emotionalen Trübungen, die verhindern, sich aus den Ursachen für Samsara zu befreien.

103. Nach Khenpo Yonga wirken diese Faktoren des subtilen Entstehens in Abhängigkeit folgendermaßen: Auf Basis der hier beschriebenen Unwissenheit nimmt der mentale Körper als Stütze unbeflecktes Karma und nimmt unvorstellbare (Transformationen) von Tod und Übergang wahr.

104. Gemäß dem Mahayana bleiben Arhats eine gewisse Zeit lang in einem Zustand, in dem der Intellekt aufgehoben ist (die Beendigung, die sie angestrebt hatten), und werden dann in einem Buddha-Gefilde im Inneren einer Lotosknospe wiedergeboren, die dann vom Mitgefühl des Buddha geöffnet wird, um sie aus ihrer Konzentration zu wecken, damit sie auf dem Weg fortschreiten können.

105. Wörtl.: „sie binden ihren Geistesstrom“.

106. *sems byung sems pa*, auch als Absicht oder mentale Aktivität übersetzt, ist einer der fünf „stets alles begleitenden mentalen Faktoren“.

107. Siehe WMVL.

108. Gemischt in Absicht und Ausführung ist z. B. eine positive, mit reiner Absicht begangene Tat, bei der ein weltlicher Gedanke auftaucht und wieder verschwindet. Diese „gemischte“ Ursache gibt als gemischtes Resultat Wiedergeburt in einem glücklichen Bereich, aber mit viel Leiden.

109. Sie wurde als äußerst hässliches Wesen geboren. Verzweifelt betete sie mit großem Vertrauen zum Buddha und wurde daraufhin zu einer bezaubernden Schönheit.

110. Die geschickten Mittel (oder Methoden), tib. *thabs*, d. h., die Praxis positiver Taten muss mit Weisheit, tib. *shes rab* abgeschlossen werden.

111. *kun rdzob*, oft als relative Wahrheit übersetzt.

112. Das grundlegende Bewusstsein, das sich mit dem Körper und mit den wahrgenommenen Objekten identifiziert, Äquivalent des Bewusstseins des Allurgrunds (*kung gzhi´ rnam shes*), wenn von acht Arten von Bewusstsein gesprochen wird, oder des mentalen Bewusstseins, wenn von sechs Arten von Bewusstsein die Rede ist.

113. Wahrscheinlich ein Zitat aus Longchenpas *sems nyid ngal so*.

114. Das heißt, relativ gesprochen.

115. Wenn eine Verlobte zum ersten Mal in das Haus des Bräutigams kommt, verhält sie sich mit mit größter Sorgfalt, um keinen Fehler zu begehen und einen guten Eindruck zu machen (AZR).

116. Der Glaube an vergangene und zukünftige Leben und an das Gesetz von Ursache und Wirkung.

117. Alle drei beziehen sich auf die Initiation.

118. Der volle Wortlaut: „Er ist der Lehrer, er besitzt den Schatz der Lehren, hat den Strom der Ermächtigungen gemeistert, er hat Sinn für Verantwortung, ist bewandert in den Tantras und Ritualen, er verfügt über die Kernunterweisungen und hat die ‚Wärme‘ der Praxis erlangt. Dies sind die acht Qualitäten, die er besitzt.“

119. Die vier Ermächtigungen: ausführliche, kurz gefasste (unkomplizierte), sehr kurz gefasste und extrem kurz gefasste.

120. Hier ist ein kleiner Unterschied zu WMVL. Khenpo Ngakchung und AZR drücken es so aus: „Alle Schulen, ob buddhistische oder nicht buddhistische, haben Gelübde und Regeln, doch die, welche zur Befreiung führen, können nicht abgelegt werden, ohne vorher Zuflucht genommen zu haben."

121. *Bodhicharyavatara* VIII.4

122. Die Laien-Halter der dreifachen Zuflucht (*upasaka*) gehören zur 1. Kategorie der Laien-Schüler, die grundlegend ist und nur ein Gelübde beinhaltet, nämlich das Zufluchtsgelübde.

123. Drei erhabene Methoden: Vorbereitung, Hauptteil, Abschluss.

124. Eine andere Übersetzung würde lauten: Zu den Sugatas, den Drei Juwelen, den drei Wurzeln ...

125. Wenn das Gewahrsein das Chakra der großen Glückseligkeit auf dem Scheitel des Kopfes erreicht, strahlen die Realisation und die Qualitäten unendliches Licht aus, das alle Wesen berührt (AZR).

126. Durch diese innere Erkenntnis ist der Weg viel leichter als der Weg der Sutras, und schnell, weil es nicht nötig ist, zahllose große Kalpas hindurch Verdienst anzusammeln (TPW).

127. Die Praxis der drei Kayas ermöglicht es, Befreiung im Augenblick des Todes, des Zwischenzustands oder der (Wieder-) Geburt zu erlangen.

128. *ro ma*, wörtl. leichenartig, und *rkyang ma,* einsam, allein

129. *Gyaling* ist eine Art Schalmei.

130. Das tib. Wort *rlung*, (skt. *prana*) wird meist mit Energie übersetzt, bedeutet aber auch Wind oder Atem. In der tib. Medizin bedeutet es auch die Zirkulation der Energien, die muskuläre Aktivität.

131. Unerschütterlich wegen seiner einsgerichteten Konzentration und der Abwesenheit von Ablenkung in seiner Übung in Disziplin.

132. Dies ist nicht unbedingt die Sichtweise der Neuen Tradition in ihrer Gesamtheit. Es könnte sich um eine an einen Zeitgenossen von Khenpo Ngawang Palzang gerichtete Antwort handeln (TPW).

133. Oder auch die fünf Vollkommenheiten.

134. Beispielsweise für die Vajra-Familie: *vajra-vajra*, *vajra-ratna*, *vajra-padma*, *vajra-karma*, *vajra-buddha*.

135. Ewig und ständig sind beides Übersetzungen des tib. *rtag pa.*

136. Es könnte sich auch um Igel oder Krähen handeln, da tibetische Tiernamen von einer Region zur andern verschieden sind.

137. Er war der größte Künstler zu Zeiten des Buddha.

138. Bücher, Statuen, Gemälde mehren das Verdienst des Künstlers und des Käufers, wenn sie für den beabsichtigten Zweck geschaffen und gekauft werden.

139. Ein Zitat aus dem Sutra *Sich an die Drei Juwelen erinnern.*

140. Die acht Pratimoksha-Gelübde sind: für einen Tag abgelegte Gelübde, solche von Laien, Männern und Frauen, von Novizen, Männern und Frauen, von Mönchen und Nonnen und für ein Reinigungsfasten abgelegte.

141. Das heißt, die Realisierung der Leerheit.

142. Nagarjunas Tradition der *Tiefgründigen Sicht* und Asangas *Tradition der Weiträumigen Aktivität.*

143. Die anderen vierhundert sind: den Segen von hundert Buddhas zu erkennen, hundert Kalpas lang zu leben, hundert vergangene und gegenwärtige Kalpas zu kennen und hundert Türen zum Dharma zu öffnen.

144. Bodhisattvas auf der 2. Ebene haben zwölfhunderttausend Qualitäten, jene auf der 3. Ebene zwölfhundert Millionen und so fort.

145. *lta gon*, der Teil der Vorbereitung der Initiation, der am Tag vor der eigentlichen Initiation stattfindet.

146. Bier zu machen kann ebenso knifflig sein, wie Mayonnaise zuzubereiten. Wenn man in einem strengen Retreat ist, und Leute von draußen kommen zu Besuch, können sie alle Arten von Einflüssen mitbringen, die für die Praxis unheilvoll sind (TPW).

147. Wörtl. heißt es: „… dass sie leichtsinnig Flüsse durchwaten können, ohne ihre Schuhe auszuziehen", was sich auf den Brauch bezieht, die Schuhe auszuziehen und die *chuba* hochzubinden, bevor man in Tibet einen Fluss durchquert. Die Khampas aus dem östlichen Tibet, für ihre Verwegenheit berühmt, sind bekannt dafür, dass sie in voller Bekleidung das Wasser durchqueren (TPW).

148. Diese drei Objekte beziehen sich auf drei Stufen der Erfahrung in der Erzeugungsphase. Als Folge davon, eine lange Zeit die Gottheit zu visualisieren, wird das mentale Bild der Gottheit in dem Maße sehr klar und real, dass der Praktizierende meint, sie mit der Hand berühren zu können, um schließlich ein Stadium zu erreichen, bei dem durch die Kraft der Konzentration die Sinnesorgane beeinflusst werden und der Praktizierende die Gottheit tatsächlich

mit eigenen Augen sehen und auch die Wahrnehmung anderer von sich selbst beeinflussen kann (AZR).

149. Die äußere Form der Gottheit, die hohl ist und das System der Kanäle umfasst.

150. Einatmen, Halten, Rotieren, Ausatmen.

151. Die Praxis wird wiederholt, wenn das Resultat nicht erreicht wurde.

152. Bei dieser Praxis befreit der Yogi nicht zu bekehrende negative Wesen. Die drei Befriedigungen sind: Der Geist des negativen Wesens ist in die absolute Dimension befreit worden, ihr in Nektar verwandeltes Fleisch und Blut befriedigt die Dharmapalas, die Vitalkraft des Yogi nimmt zu.

153. Wenn man die Kanäle und Energien des eigenen Körpers bis zur völligen Beherrschung trainiert hat, kann man dazu übergehen „sich mithilfe des Körpers eines anderen", d. h. mit einem spirituellen Partner, zu üben. Dafür ist es unbedingt erforderlich, dass beide Partner eine stabile Realisierung der Leerheit haben.

154. Die von Zurpoche Shakya Jugne stammende mündliche Überlieferungslinie.

155. Die neun Zufluchtsobjekte sind die Drei Juwelen, die drei Wurzeln und die drei Kayas.

156. Die spezielle Motivation, die spezielle Dauer und das spezielle Objekt.

157. Dies scheint die Weisheit in Beziehung zum 3. Drehen des Rades zu sein, aber Khenpos Ngakchungs Text ist hier nicht ganz klar.

158. Die inspirierende Gottheit (*mos lha*) ist diejenige, für die man spontane Verehrung fühlt; die einem bestimmte ist die, auf die während der Initiation die Blume fällt (TPW).

159. Das heißt in Form einer Gottheit.

160. Der Mönch, der im Kloster die Musik und die Gesänge anführt.

161. In vielen Traditionen wird während der einhunderttausend Niederwerfungen das Zufluchtsgebet rezitiert. In der Longchen-Nyingtik-Tradition ist es üblich, die Niederwerfungen mit dem siebenteiligen Opferungsgebet im Guruyoga zu verbinden.

162. Rein heißt, ohne egoistische Absicht und frei von den drei Konzepten.

163. Patrul Rinpoche (Abu) benutzt hier einen Ausdruck, der massieren bedeutet im Sinne von Leder bearbeiten, damit es weicher und geschmeidiger wird.

164. *Bodhicharyavatara* I.5

165. Nach TPW bedeutet dies, dass Buddha, Sangha, Dharma lebendig sind als Körper, Rede, Geist des Meisters.

166. Diese drei Aspekte, diszipliniert, friedvoll und vollkommen friedvoll, stehen in Zusammenhang mit den drei Übungen in Disziplin, meditativer Versenkung und Weisheit.

167. Die Wesen der Höllenbereiche, die Pretas, die Tiere, die Menschen, die Götter.

168. Diese Textstelle ist unklar.

169. Skr. *madhyamakavatara.*

170. Die vier Fixierungen der Aufmerksamkeit.

171. Vor allem sollte man selbst unparteiisch sein und wünschen, dass auch die anderen es sein mögen.

172. Vor jeder Sitzung werden die vier Grenzenlosen praktiziert, wenn auch kürzer als in der Hauptpraxis (AZR).

173. Die Wesen, die sich im Zwischenzustand befinden und keinen materiellen Körper haben. Sie ernähren sich vom Geruch der Nahrung, die man ihnen opfert, indem man sie verbrennt.

174. Ausdruck aus dem Vokabular der Nomaden der Provinz Kham, bezieht sich auf den unschönen Anblick eines von Wind und Sonne ausgedörrten Gesichts.

175. *Bodhicharyavatara* I.28

176. Beispielsweise Tiere vor dem Schlachthaus zu retten, aber nicht daran zu denken, sie aus Samsara zu befreien (TPW).

177. Ein König ergreift zuerst Besitz von seinem Reich und festigt seine Macht, um sich danach um seine Untertanen zu kümmern.

178. Vor den drei reinen Ebenen führt man gewiss für die Wesen viele heilsame Aktivitäten aus, doch nicht alle; wenn man sie aber erreicht hat, geschieht alles, was man tut, sei es gehen oder schlafen, immer zum Wohl der Wesen (AZR).

179. Gedanken meint hier alles, was im dualistischen Geist aufkommt.

180. Körper, Besitz, Verdienst.

181. Ein Geist, der frei von negativen Emotionen und Konzepten ist (TPW).

182. Siehe Anmerkung Nr. 125

183. Verse aus dem *Bodhicharyavatara* (Kapitel III).

184. Die vier unheilvollen Taten: seine Lehrer belügen, bei denen, die Gutes tun, Bedauern darüber hervorrufen, Negatives zu denen sagen, die den Erleuchtungsgeist erwecken, andere Wesen betrügen.

185. Gebet aus dem 41. Kapitel des *Sutra der Aufeinanderhäufung der Juwelen.*

186. Die Allwissenheit der vollkommen erleuchteten Buddhas, im Gegensatz zur teilweisen Erleuchtung der Shravakas und Pratyekabuddhas, die immer noch einen Anteil von Unwissenheit hat.

187. *Bodhicharyavatara* VIII.130

188. Die tib. Nomaden nennen eine Kuh, die sich nicht melken lässt oder Fußtritte gibt, eine Dämonin (AZR).

189. Möglicherweise soll das heißen: Wenn man glücklich ist, ist man es nicht unbedingt auch im nächsten Augenblick, man behält nicht immer die gleiche Farbe (weiß). Oder: Wenn man glücklich ist, sollte man etwas für andere tun, die es nicht sind, und wenn man leidet, sollte man sich des Leidens der anderen bewusst sein. Kurz, Glück und Leiden sollten beide genutzt werden, um an andere zu denken (TPW).

190. Um tatsächlich das Bewusstsein eines anderen Wesens zu übertragen, braucht man übernatürliche Weisheit. Einfach das Ritual auszuführen reicht nicht. Mit Distanz ist gemeint, dass man von dem Wesen, dem man helfen muss, mental entfernt und nicht wirklich mitfühlend ist (TPW).

191. Im Text wird die vierte Art des Tauschens nicht ausdrücklich erwähnt: das Tauschen heilsamer Taten gegen unheilsame.

192. Geist meint hier den Geist unter dem Einfluss der Illusion.

193. Auszug aus *Die sieben tibetischen Geistesübungen* von Dilgo Khyentse Rinpoche, O.W. Barth.

194. Wenn wir glücklich sind, kommt uns normalerweise nie der Gedanke, diese Situation zu nutzen, um Erleuchtung zu erlangen oder andere vom Leiden zu befreien. Hier hingegen dürfen wir uns nie von der Gesinnung des Erleuchtungsgeistes trennen (TPW).

195. Eine andere Übersetzung wäre: Versetzt euch in die Sicht des Erleuchtungsgeistes.

196. Siehe WMVL.

197. Anders gesagt: In der absoluten Wahrheit hat jede Vorstellung von „ich" und „die anderen" keine Realität.

198. Die Krähe steht für die Möglichkeit eines Fehlers, die Schlange für die Kraft des Praktizierenden. Wenn diese zu schwach ist, einem negativen Gedanken entgegenzuwirken, kann der geringste Fehler großes Unrecht verursachen.

199. So wie der Löwe als König der Tiere gilt, wird der Buddha als König der Menschen angesehen.

200. In WMVL werden acht schlechte Taten genannt.

201. Wenn uns andere verletzten, neigen wir dazu, sie anzuklagen. Man muss sich aber nach innen wenden und sehen, dass man sich durch die Haltung des anderen verletzt fühlt, weil man nicht sieht, was im eigenen Geist vor sich geht. Man hat nicht verstanden, warum man sich so wichtig nimmt. Wenn man es versteht, sieht man, dass die ganze Situation illusorisch ist (TPW).

202. Die Welten sind nie unrein, unsere Wahrnehmung ist unrein. Wir üben uns darin, die trübenden Schleier zu beseitigen, die verhindern, dass wir sie als rein sehen. Für die Buddhas gibt es keine unreine Wahrnehmung, sie helfen jedoch den Wesen, die sich in den als unrein gesehenen Welten befinden, wie es bei Buddha Shakyamuni der Fall ist. Andere wie Amitabha helfen ihnen in den reinen Welten (TPW).

203. Dankbarkeit gegenüber der Person, die einem die Möglichkeit gibt, Freigebigkeit zu üben.

204. Die gewohnheitsbedingten Neigungen.

205. Dies betrifft diejenigen, die die Mönchsgelübde abgelegt haben, für Laien gilt es, sexuelles Fehlverhalten zu meiden.

206. Für mehr Information siehe *Treasury of Precious Qualities*, S. 255 ff.

207. Das eigentliche Versprechen, plus den eisernen Entschluss, es nicht zu brechen.

208. Taten, die man aus Unachtsamkeit begeht, oder ohne sich dessen bewusst zu sein (TPW).

209. Der Baum wächst weiter, auch wenn er Früchte gegeben hat.

210. Siehe Kapitel V über den Weg der Wesen mit großen Fähigkeiten.

211. Es gibt drei Arten von Faulheit: Gleichgültigkeit oder Apathie, an unnützen Tätigkeiten hängen, ein Gefühl des Ungenügens.

212. „Möge ich Ozeane von Universen reinigen, Ozeane von Wesen befreien, Ozeane von Lehren kontemplieren und Ozeane von Weisheit realisieren. Möge ich Ozeane von Aktivitäten vollbringen, Ozeane des Bestrebens erfüllen, den Buddhas Ozeane von Opfergaben darbringen, und ohne zu ermüden, Ozeane von Kalpas lang wirken."

213. Aus dem *Gebet der guten Taten.*

214. Dieser Vers wurde von Khenpo Palzang etwas verändert.

215. Diese Form der Anwendung wird „konstante Anwendung“ genannt.

216. Das Fahrzeug der persönlichen Befreiung und das der Bodhisattvas, mit dem, was ihnen gemeinsam ist (Nachdenken über das Leiden, Entsagung usw.).

217. Die Erziehung in Tibet erfolgte vor allem in Klöstern und ging oft Hand in Hand mit dem Besitz von Land und anderen Gütern und folglich der Möglichkeit, sich zu bereichern.

218. Khenpo Palzang würde, an Nonnen gerichtet, ein ähnliches Bild des Mannes zeichnen. TPW: Das Problem ist nicht die Person, die man begehrt, sondern das Begehren selbst.

219. Eine versuchsweise Übersetzung. Die Übersetzer haben keine verständliche Erklärung dieser Textstelle gefunden.

220. Siehe WMVL.

221. *Bodhicharyavatara* VIII.4

222. *Bodhicharyavatara* V.40

223. *Treatise of the Middle Way Called Wisdom* XXIV, 8.

224. Karma hat seinen Ursprung in den Konzepten der gewöhnlichen Wesen, seine Ursachen und Auswirkungen gelten für alle Wesen in Samsara (AZR).

225. Absolute Wahrheit heißt wörtlich „Wahrheit des höchsten Sinnes“ oder „Authentische Wahrheit“, die nur mit der ursprünglichen Weisheit begriffen wird.

226. Chandrakirti sagt zweimal „Nicht Sehen ist das große Sehen“, einmal, um die Bodhisattvas zu bezeichnen, und das zweite Mal die Buddhas.

227. Der chinesische Mönch, der anlässlich der großen Debatte von Samye von Kamalashila besiegt wurde.

228. Zusätzliche Informationen und verschiedene Interpretationen finden sich in *Treasury of Precious Qualities*, S. 427 ff.

229. Khenpo Palzang bezieht sich hier weniger auf die Shravakas, sondern mehr auf die Vaibashika-Tradition (AZR).

230. Die Art und Weise, Phänomene wahrzunehmen, ohne sie vorher analysiert und auf ihre subtilen Bestandteile reduziert zu haben (TPW).

231. Das Wort „Haus“ kann die Bezeichnung verschiedener Bauten beinhalten, aber es ist etwas Abstraktes, das nicht die Funktion erfüllen kann, jemanden zu beherbergen.

232. Diese drei Lehrer waren die aufeinanderfolgenden Halter der Linie von Shri Gupta.

233. Dieser Methode des Überlegens folgend, haben selbst die kleinsten Partikel logischerweise ein Oben, ein Unten und Seiten, und können deshalb mental in Teile geteilt werden, die ihrerseits wieder geteilt werden können, und so fort bis ins Unendliche. Aus diesem Grund kann man niemals behaupten, es gäbe konkrete und unteilbare Entitäten.

234. Die tib. Nomaden leben in Zelten aus zusammengenähten Filzplanen aus Yakhaaren (AZR).

235. In die verschiedenen Richtungen des Raumes.

236. Der Prinz Könchog Bang war eine der vorhergehenden Inkarnationen des Buddha.

237. Hier wurde das tib. Wort *sems* (der gewöhnliche, Illusionen unterworfene Geist) aus Gründen der Klarheit mit „Gedanken“ übersetzt oder je nach Kontext mit „Geist“, da der gewöhnliche Geist aus Gedanken besteht.

238. Ein Hauptvergehen ist ein Übertreten der Hauptgelübde. Es kann nicht repariert werden, im Gegensatz zu anderen Vergehen, und schließt den, der es begangen hat, aus der klösterlichen Gemeinschaft aus.

239. Gemäß dem Vajrayana ist das, was gewöhnliche Wesen als Aggregate, Elemente und Sinnesbereiche sehen, in Wahrheit das Mandala der 42 friedvollen Gottheiten.

240. Einer der 12 kleineren Fehler aus der letzten der fünf Kategorien der Vorschriften für voll ordinierte Mönche.

241. Bezieht sich auf die zweite der 14 Haupt-Samayas des Vajrayana, d. h., nicht die Vorschriften der drei Fahrzeuge zu übertreten.

242. Gedanken, die befleckt sind von negativen Emotionen.

243. Die Schleier der kognitiven und der gewohnheitsbedingten Neigungen.

244. Dies meint Samsara und Nirvana.

245. Die ersten vier Pfade. Der fünfte ist der, auf dem es nichts mehr zu lernen gibt.

246. Siehe WMVL.

247. Siehe den Abschnitt „Die eigentliche Meditation“.

248. In WMVL „Kraft des Entschlusses“ genannt.

249. Siehe Kapitel über Guruyoga.

250. Siehe WMVL.

251. Einen höheren Rang einnehmen, als einem zusteht.

252. Für die Details der verschiedenen Gelübde siehe *Treasury of Precious Qualities.*

253. Gemeinsam für die Alte und die Neue Tradition.

254. Bezeichnet hier die Vajrasattva-Praxis.

255. Siehe WMVL.

256. Anders gesagt: sichtbar und nicht sichtbar.

257. Siehe Anfangsseiten des Kapitels über das Erzeugen des Erleuchtungsgeistes.

258. Auch Fahrzeug der Merkmale genannt.

259. Ein Zeitgenosse von Patrul Rinpoche und Halter der Linie der „Herzessenz der weiten Dimension".

260. Wortl. „Meer der Schneeberge", was nach AZR Erhabenheit und Immensität ausdrückt.

261. Eine andere Übersetzung lautet: Universum des Ertragens.

262. Nach TPW hat diese Art der Beschreibung das Ziel, unsere engstirnige Vorstellung vom Universum und den Wesen zu durchbrechen. Wenn wir uns darin üben, das Universum auf diese Art zu visualisieren, wird unser Geist weiträumig, und der Gedanke, das Wohl der unendlich vielen Wesen herbeizuführen, erscheint uns dann nicht mehr so völlig unmöglich.

263. Die Nirmanakaya-Buddha-Gefilde werden von den gewöhnlichen Wesen als unrein wahrgenommen, doch in den Augen der Buddhas sind sie rein (AZR).

264. Die kleinen Opferhäufchen sind die Körner und andere Inhaltsstoffe, die die verschiedenen Mandalas symbolisieren.

265. Kommentar von Jigme Lingpa zu einem von Sangye Lingpa entdeckten Schatztext.

266. Ein an die Form einer Glocke erinnernder Stupa, der nichts mit der Kadampa-Tradition zu tun hat.

267. Indem wir unsere Umgebung als ein Buddha-Gefilde visualisieren. Eine Praxis, die zu den Aktivitäten der Bodhisattvas gehört.

268. Der übliche Name von Jigme Gyalwe Nyougou, dem Meister von Patrul Rinpoche.

269. Es muss unterschieden werden zwischen der Gesamtheit der vorbereitenden Übungen für die Hauptpraxis und den vorbereitenden Übungen für jede Sitzung.

270. Familiärer Name für Jamyang Khyentse Wangpo.

271. Siehe die Rezitation der vier Gedanken, die von Samsara abwenden, in den Gebeten am Ende des Buches.

272. Diese Textstelle ist unklar, möglicherweise fehlt ein Teil.

273. Auszug aus dem *Gebet von Maitreya.*

274. Wahrscheinlich handelt es sich um Lobgesänge des Buddha in seinen früheren Leben zu Ehren der Buddhas der Vergangenheit.

275. Siehe das *Gebet in sieben Teilen* am Ende des Buches.

276. *Bodhicharyavatara* II.1

277. Eine Art von kleinem, verziertem Kuchen als Symbol für Nahrung.

278. Die hier benutzten Worte drücken die Notwendigkeit aus, im Bewusstsein den Buddhas Opfergaben darzubringen, die größte Aufmerksamkeit und Sorgfalt auf das zu richten, was man tut.

279. Das *Gebet in zwölf Strophen* aus den vorbereitenden Übungen aus der *Herzessenz der weiten Dimension, klong chen snying thig.*

280. Die Vorstellung vom Körper beispielsweise als rein, schön, unvergänglich, Quelle des Glücks und ein Ich habend (TPW).

281. In anderen Worten, er befindet sich nicht am gleichen Ort wie die Tushita-Götter.

282. Tib. *gcod,* durchschneiden, zerstören.

283. Tib. *gnyan,* diese Orte sind schreckenerregend wegen der Reizbarkeit und der aggressiven Reaktionen der sich dort befindenden zahlreichen Geister, die jeden Versuch hemmen, irgendetwas zu unternehmen (AZR).

284. Unbegreiflich wegen der Art zu sterben und in andere Daseinsformen überzuwechseln. Ein Beispiel dafür ist der König Ashoka, der, obwohl er so viel für die Verbreitung der Lehre getan hatte, als Schlange wiedergeboren wurde, weil er im Augenblick des Todes Hassgefühle hatte (TPW).

285. Bodhisattvas auf einer der reinen Ebenen, die das Mantrayana praktizieren, um den Weg zu vollenden. Sie haben in diesem Stadium bereits eine der vier Ebenen der Vidyadharas erreicht (AZR).

286. Tib. *nyal nyal*, „liegend liegend", nach dem Bild einer liegenden Kuh, die nichts anderes tut, als sich auszuruhen (AZR).

287. Siehe WMVL.

288. In der Aufmachung von Yogis im Gegensatz zu Mönchen.

289. Der wirkliche Sinn der Großen Mutter (aller Buddhas) ist die transzendente Weisheit, die Leerheit, frei von allen mentalen Konstruktionen (KPS).

290. Tib. *bla*, als Stütze des Lebens (*srog*) definiert. Eine Art Geist des Lebens, aber nicht das Bewusstsein oder der mentale Körper, der im Bardo wandert. Während des Lebens hilft uns *bla*, unterstützt unser Leben. Wenn wir einen enormen Schrecken erleben, kann es verschwinden und unser Leben sich dadurch verkürzen. Nach dem Tod verlässt das Bewusstsein den Körper, das *bla* hingegen kann noch in der Nähe des Leichnams oder der Familie bleiben. Eine Vorstellung, die wahrscheinlich aus der Bön-Tradition kommt (AZR).

291. Manche Quellen sind bewohnt von mächtigen und gefährlichen Nagas. Für einen Meister des Chöd ist „Besucher der Quellen" eine Art Titel (AZR).

292. Die Ehrengäste – Buddhas, Bodhisattvas und die Drei Juwelen; die Gäste der Qualitäten –Yidmas, Dakinis, Dharmaschützer; die Gäste des Mitgefühls – alle Wesen der sechs Daseinsbereiche; die Gäste, bei denen man karmische Schulden hat.

293. Friedlich bezieht sich auf Konzentration, diszipliniert auf Disziplin und vollkommen friedvoll auf die Weisheit.

294. Das heißt, der Meister muss mehr Kenntnisse haben als die Schüler.

295. *Bodhicharyavatara* I.34

296. *Bodhicharyavatara* I.35

297. Dieser Ausdruck bezieht sich auf symbolische Gesten, wie z. B. verschiedene Stellen seines Körpers mit den Stützen der Praxis, die man zu Ende gebracht hat, zu berühren.

298. Die Feinde sind Wesen, die die schlimmsten Taten begangen haben und die man durch Rituale befreit. Mudra ist die Person, mit der man die Praxis der Vereinigung durchgeführt hat (KPS).

299. Die Vereinigung/Einheit ist das Einssein von Erscheinungen und Leerheit (KPS).

300. Sie entsprechen den zwei Typen von Wesen, solche, die mentale Ausarbeitung und solche, die unkomplizierte Übungen mögen.

301. Das heißt, ein Bodhisattva, der noch nicht die erste Ebene erreicht hat.

302. Die Buddhas selbst haben es nicht nötig, sich zu manifestieren (AZR).

303. Es steht geschrieben, dass die Lehre des Buddha zehn Mal „fünfhundert" andauert. Manche glauben, dass damit fünfhundert Zyklen von Blüte und Niedergang mit dem Erscheinen von Weisen oder von üblen Wesen gemeint ist.

304. Wenn man die Natur des Meisters erkennt, werden all unsere Wahrnehmungen rein. Die äußere Welt ist ein durch die kreative Macht seines Mitgefühls erscheinender Palast. Die Wesen darin sind Gottheiten, Selbstmanifestationen des Meisters (KPS).

305. Wie Papierblätter unter einem Gewicht, die der Wind nicht wegblasen kann, sind wir durch unsere negativen Emotionen in Samsara gefangen und auch die Buddhas der Vergangenheit konnten uns nicht helfen.

306. Die absolute Natur des Geistes muss nicht gereinigt werden, noch muss sie Qualitäten erlangen, die sie nicht schon hat. Sie ist also Buddha (KPS).

307. Die Kagyu-Linie floriert heute noch, im Gegensatz zu Marpas Familien-Linie, die mit dem Tod seines Sohnes Tarma Dode endete.

308. Während Padmasambhava einst die Vajrakilaya-Initiation gab, ließ er dessen Mandala mit großer Klarheit erscheinen. Als er Tsünmo Margyen (eine der Gemahlinnen von König Trisongdetsen), die dachte, nie zuvor ein solch schönes Mandala gesehen zu haben, fragte, von wem sie die Initiation erhalten möchte, sagte sie: „Vom Mandala." Atsara Sale, der ebenfalls anwesend war, konnte sich nicht entscheiden und sagte, er wolle einfach das, was am besten sei. Yeshe Tsogyal hingegen wünschte sich, die Initiation vom Meister zu erhalten. Als Folge davon erhielt Yeshe Tsogyal die vollständige Initiation, Tsünmo Margyen erhielt sie nicht und Padmasambhava vertraute Sale Yeshe Tsogyal an, die ihm, nachdem Padmasambhava Tibet verlassen hatte, die Initiation erteilte (TPW).

309. Siehe WMVL.

310. Es handelt sich um die vier Methoden aus dem Zyklus der „Herzessenz der weiten Dimension".

311. Der „Allwissende" ist eine Bezeichnung für Longchenpa oder Jigme Lingpa; hier ist wahrscheinlich Jigme Lingpa gemeint.

312. In diesem Fall verkörpert der Meister oder die Haupt-Gottheit alle anderen Meister und Gottheiten.

313. Die relative Wahrheit sind die illusorischen, von den gewöhnlichen, verwirrten Wesen wahrgenommenen Phänomene; „einfach relativ“ sind die von erhabenen Wesen mit dem Wissen wahrgenommenen, dass sie irrig sind.

314. „Im ursprünglichen Grund weilend“ bezieht sich auf die spontane Manifestation der Essenz der Realität oder Buddha-Natur und „die sich aus dem Grund erhebenden Phänomene“ auf die Visualisierung von sich selbst in Form der Gottheit.

315. Die erste Zeile bedeutet nach der Erklärung von KPS, dass wir unseren Körper, Besitz, unser Verdienst usw. als unwichtig betrachten, während unsere dualistischen Gedanken uns jedoch dazu verleiten, sich in erster Linie um all dies zu kümmern.

316. Tib. Wortspiel: Knochen bedeutet die väterliche Abstammungslinie, Fleisch die mütterliche.

317. In Tibet wird erzählt, dass die Tibeter von der Vereinigung eines Affen mit einer Dämonin abstammen. Siehe WMVL.

318. Die Mönche eines Klosters sitzen in einer Reihe nach ihrem Rang eingestuft näher oder entfernter vom Lehrer oder Abt.

319. Siehe WMVL.

320. Das heißt, dass man den Drei Juwelen alles opfern soll, was man hat.

321. Da die erhabenen Wesen – solche die eine der Bodhisattva-Ebenen erreicht haben – in der Meditation in der Realisation der Leerheit verweilen, kann ihre Meditation nicht verunreinigt werden durch die dualistische Wahrnehmung eines Beobachters und eines beobachteten Objekts. In der Nachmeditation ist jedoch die dualistische Wahrnehmung noch mehr oder weniger präsent, und deshalb werden ihre Taten als befleckt bezeichnet.

322. Erfassbar sind die Konzepte wie falsch, richtig usw., nicht erfassbar ist das, was die Konzepte transzendiert, z. B. die Leerheit.

323. Vom Blickpunkt dessen, wie die Dinge erscheinen, sind alle Taten von Körper, Rede und Geist befleckt, aber von dem, wie sie wirklich sind, sind sie es nicht (KPS).

324. Als Buddha Shakyamuni die Erleuchtung erlangt hatte, waren Indra und Brahma die Ersten, die ihn baten, zu lehren.

325. Ohne Widmung ist nicht sicher, welche Wirkung die begangenen positiven Taten haben werden.

326. Zum Beispiel böse Geister (AZR).

327. Diese Wesen machen eine Widmung und Wunschgebete, ohne die Realisierung der Leerheit zu verlassen (AZR).

328. Aus dem *Gebet der guten Taten.*

329. Die drei Vajras.

330. Die Essenz ist Leerheit (AZR).

331. Hier: die Weisheit der Essenz, die leer ist, die Weisheit der lichthaften Natur und die Weisheit des allgegenwärtigen Mitgefühls (KPS).

332. Siehe WMVL.

333. Diese drei Körper sind von gleicher Essenz und nicht voneinander zu trennen (KPS).

334. Diese Gebete werden üblicherweise zwischen den Sitzungen rezitiert.

335. Es muss unterschieden werden zwischen Erfahrungen verbunden mit Wahrnehmungen und den Erfahrungen, die mit den Erfahrungen der Realisation verbunden sind (AZR).

336. Gemäß dem Sutrayana strahlen in dem Moment, wo ein Bodhisattva zu einem Buddha wird, von der Unzahl der Buddhas in allen Richtungen des Raumes Lichtstrahlen aus und verschmelzen mit ihm.

337. Siehe WMVL.

338. In der *Herzessenz der weiten Dimension* heißt es weiter: „Der Segen des Vajra-Geistes dringt in mich, ich erhalte die Initiation der Weisheit und werde fähig, innere Hitze, Glückseligkeit und Leerheit zu praktizieren. Der Same, der mich befähigt die Ebene des Mahamudra-Vidyadhara zu erreichen, ist in mir gesät und damit die Kraft, den Dharmakaya zu realisieren."

339. Und weiter heißt es: „Von Neuem kommt aus dem HUNG in meinem Herz wie eine Sternschnuppe ein zweites HUNG, das wie ein Blitz niedergeht und sich mit meinem Geist vermischt."

340. „Der Segen der diamantenen Weisheit dringt in mich ein, ich erhalte die absolute Wort-Initiation und werde befähigt zur Praxis der ursprünglichen Reinheit des Dzogchen. Der Same, der mich befähigt, die Ebene eines spontan vollendeten Vidyadharas zu erreichen, ist in mir gesät und damit die Kraft, die höchste Frucht, den essenziellen Körper zu realisieren."

341. *Einführung in den Mittleren Weg* XI, 13

342. Raum ist hier die absolute Dimension der Leerheit (AZR).

343. Das soll heißen, dass die Aggregate und der Raum – oder Leerheit – nicht verschieden sind (AZR).

344. Es handelt sich um die Bewusstseinsübertragung des eigenen Geistes in den des Meisters am Ende der Guruyoga-Praxis.

345. „Wenn ich eines Tages sterbe, möge ich den glorreichen Chamara-Berg sehen, das Buddha-Gefilde des Einheits-Nirmanakaya, und an diesem Ort in Form von Vajrayogini, der funkelnden Form strahlenden Lichts, Buddhaschaft erlangen. Untrennbar vom Lotosgeborenen, der Manifestation der großen Weisheit, die sich als Glückseligkeit-Leerheit manifestiert, möge ich ein erhabener Herrscher, ein Führer werden für alle Wesen in den drei Welten. Mit diesem Gebet, das ich nicht nur aufsage, sondern in meinem tiefsten Wesen fühle, flehe ich dich an, aus dem Raum deines Geistes herbeizukommen, um mich zu segnen, auf dass sich meine Wünsche erfüllen."

346. Wen ihr in eurem Verhalten dem folgt, was euch gefällt und was nicht.

347. Die drei trübenden Bedingungen, versinnbildlicht durch Wolken, Nebel oder Dunst, sind die subtilen Zustande des Anhaftens, der Abneigung und der Konfusion, die, wenn sie vertrieben sind, nicht mehr das klare Licht des Dharmakaya verhüllen.

348. Die zweite der vier Visionen.

349. Das heißt, sie müssen nicht mehr durch die Visionen der fünf Buddha-Familien und die anderen Visionen des Zwischenzustands gehen.

350. Wärme, Gipfel, Geduld und höchste weltliche Ebene sind die vier Etappen auf dem Weg des Zusammenbringens.

351. In unserem gewöhnlichen Zustand erkennen wir die kreative Macht des Gewahrseins nicht, wir sehen nicht, dass die negativen Emotionen dessen Manifestationen sind. Reine Sicht heißt, in den Phänomenen, die uns aufgrund unserer gewohnheitsbedingten Neigungen real und konkret scheinen, die reinen Manifestationen des Gewahrseins, der ursprünglichen Weisheit zu sehen. Wenn man das erkennt, entdeckt man, dass das, was man als gewöhnliche Phänomene angesehen hat, in Wirklichkeit Gottheiten sind (PWR).

352. Das heißt, Stabilität in der Erzeugungsphase erreicht haben (KPS).

353. Wenn der Atem aufgehört hat, aber das Herz noch schlägt.

354. Das heißt, die reinen Phänomene, die im Bardo der Wirklichkeit erscheinen (KPS).

355. Im Bardo des Werdens.

356. Man kommt wieder zu Bewusstsein, nachdem es im Moment des Erlangens völlig ausgesetzt hat.

357. In Form des Tropfens – *tigle* – visualisiert (KPS).

358. Avalokiteshvara und Vajrapani.

359. Ein Gebet von Nyida Sangye, eines großen Meisters des 14. Jh. s, das während der Praxis der Übertragung rezitiert wird.

360. OM AH HUNG

361. Da es traditionellerweise respektlos ist, den Namen des Meisters direkt auszusprechen, werden Formeln wie „Vajra-Halter" oder „Herr der Zuflucht" benutzt.

362. In der Sutra-Tradition ist es der Meister, der die Gelübde, die Übermittlungen und Erklärungen gibt. In der Tantra-Tradition bezieht sich die dreifache Güte auf das Geben von Initiationen, Erklärungen der Tantras und die Kernunterweisungen.

363. Khenpo Ngawang Palzang scheint sagen zu wollen, dass er den Text in aller Eile redigiert hat, um seinem Meister nicht zu missfallen.

364. Ein anderer Name von Khenpo Ngawang Palzang.

Für weitere Informationen

siehe das Glossar in
„Die Worte meines vollendeten Lehrers"
von Patrul Rinpoche.

Gönpo Lekden

Gönpo Maning Nagpo

Ekajati

Khyabjuk Rahula

Damchen Dorje Lekpa

Tseringma